의례 역주 儀禮譯註

사관례 · 사혼례 · 사상견례

【一】

역주자 김용천(金容天)
동국대학교 대학원 사학과에서 석사 및 박사학위를 받았으며, 현재 대진대학교 사학과 교수로 재직 중이다. 한대의 종묘제·상복례를 중심으로 예학을 연구하고 있으며, 앞으로 위진남북조 시대의 예제로 그 연구 폭을 넓히고자 한다. 저서로『전한후기 예제담론』(2007),『중국고대 상복의 제도와 이념』(2007)이 있으며, 역서로『중국 전근대사상의 굴절과 전개』(1999),『중국의 공과 사』(2004),『후한 유교국가의 성립』(2011) 등이 있고,『천지서상지』(2007)를 주해하였다. "후한시대 묘의와 종법관념"(2007), "『석거예론』의 분석과 전한시대 예치이념"(2007), "『순자』·『예기』「왕제」의 예치 구상"(2009) 등 다수의 논문이 있다.

역주자 박례경(朴禮慶)
연세대학교 대학원 철학과에서 석사 및 박사학위를 받았으며, 서울대학교 규장각한국학연구원 책임연구원을 역임하였고 현재 대진대학교 학술연구교수로 재직 중이다. 역대 예제와 예제 현실의 예경학적 토대에 관한 연구를 진행해 왔다.
논저로는 "조선시대 국장에서 조조의 설행 논의와 결과"(『奎章閣』 31, 2007), "규범의 근거로서 친친 존존의 정당화 문제"(2008), "주자가례 속의 인간과 사회－새로운 종법 이해와 재구성의 고례적 맥락에 대한 성찰"(2010), "덕치의 상징체계로서 유교국가의 즉위의례"(2011),『왕실의 천지제사』(공저, 돌베개, 2011) 등이 있다.

의례 역주[一] 儀禮譯註 一
사관례·사혼례·사상견례

1판 1쇄 인쇄 2012년 12월 15일
1판 1쇄 발행 2012년 12월 26일

역주자 | 김용천·박례경
발행인 | 이방원

발행처 | 세창출판사
신고번호·제300-1990-63호 | 주소·서울 서대문구 냉천동 182 냉천빌딩 4층 | 전화·(02)723-8660
팩스·(02)720-4579 | http://www.sechangpub.co.kr | e-mail: sc1992@empal.com

ISBN 978-89-8411-398-5 94380
978-89-8411-397-8 (세트)

· 이 책은 한국연구재단의 지원으로 세창출판사가 출판, 유통합니다.
· 잘못된 책은 구입하신 서점에서 바꾸어 드립니다.
· 책값은 뒤표지에 있습니다.

이 도서의 국립중앙도서관 출판시도서목록(CIP)은 e-CIP홈페이지(http://www.nl.go.kr/ecip)와 국가자료공동목록시스템(http://www.nl.go.kr/kolisnet)에서 이용하실 수 있습니다.(CIP제어번호: CIP2012005912)

의례 역주 儀禮譯註

사관례 · 사혼례 · 사상견례

The Translation and Annotation of **"Yili"**

【一】

김용천 · 박례경 역주

세창출판사

옮긴이 말

본서는 『의례』 17편의 경문과 함께 이에 대한 최초의 완정한 주석이자 후대 『의례』 주석의 전범이 되었던 '정현鄭玄의 주注'를 우리말로 번역하고 주해한 것이다. 또한 번역과 주해 속에 『의례』의 명물도수名物度數에 관한 도상圖象, 정현의 주석을 둘러싸고 일어났던 예학사 상의 논쟁점, 새롭게 보완된 후대의 주요한 주석 등을 함께 정리함으로써 독자들로 하여금 본 번역을 통해 『의례』와 그 주석사의 맥락을 이해할 수 있도록 하는 데 주안점을 두었다.

『의례』는 한초漢初 고당생高堂生으로부터 전승된 것으로, 후에 『예기』, 『주례』와 더불어 '삼례三禮'로 칭해지게 되었다. 후한 말 정현이 『삼례목록三禮目錄』을 작성할 당시 『의례』의 전본傳本에는 '대대본大戴本', '소대본小戴本' 그리고 유향劉向의 '『별록別錄』본本' 등이 있었다. 정현은 '『별록』본'에 의거하여 주석 작업을 하였고, 이것이 오늘날 우리가 보는 『의례』 17편이다.

정현 '의례 주'의 특징으로는 '훈고訓詁'의 측면에서 ① 여러 이본異本들을 대조하여 글자에 대한 교감을 가하였고, ② 전 · 후한 시대 금문학파의 번쇄한 주석방식에서 벗어나 여러 학설을 망라하면서도 핵심적인 논점을 중심으로 종합하여 관통시키는 '회통會通'의 방식을 취하였으며, ③ 간략하면서도 심오한 기록 탓에 난해하였던 고례古禮의 행례 절차와 배경들을 구체적으로 이해할 수 있게 하였다는 점을 들 수 있다. 이와 함께 '의리義理'의 측면에서 보면, ① 외형적 행례 절차를 기록한 '경문'을 가시적으로 형상화시키면서 동시에 경문의 행례 과정이 담고 있는 예학적 의미를 밝혀냈고, ②『의례』 외에『주례』와『예기』 등 '삼례서三禮書' 전체에 대한 주석 작업을 통해 정현 자신이 도달한 성찰, 즉 고례의 원리와 체계에 대한 구조적 성찰을 반영시킴으로써 고대 예학의 세계상을 이해할 수 있게 하였다. 말하자면 정현의 주는 '삼례'의 원융한 예의 체계를 구축하고, 그 체계 속에 모든 경서를 정합적으로 포괄한다는 정현의 학문적 영위의 일환으로 저술되었던 것이다. 후대에 '예학禮學은 정학鄭學'이라고 칭해질 정도로 정현의 삼례주三禮注는 중국 고대 예학연구의 토대가 된다. 정현의 주석에 의거함으로써 우리는 비로소 '난독지서難讀之書'·'망이생외望而生畏'로 알려진『의례』에의 접근이 가능하게 된 것이다.『의례』의 경문과 더불어 '정현의 주'를 함께 번역하게 된 이유가 여기에 있다.

최근 한·중·일 동아시아 3국에서 예학연구는 새로운 각도에서 조명받는 학문영역 가운데 하나이다. '근대의 망루'에서 '예'는 동아시아 근대화를 가로막는 사상적 근원이자 제도적 고착으로서 비판받았다. 그러나 근대 자체가 상대화된 이후 이제 오리엔탈리즘의 시각에서 벗어나 그 '예'의 실체가 무엇이었으며 그것으로 지탱되던 전통시대 사회시스템의 실체는 어떠했는지를 객관적으로 구명하고자 하는 것은 시대적 요구가 되었다. 학문적 차원에서도 조선시대의 예송논쟁뿐 아니라 국가전례의 구체적 실상, 조선과 중국의 종묘제론, 종법론, 상복제도 나아가 일반 생활사의 영역에서도 예학에 대한 관심이 고조되고 있고, 새로운 시야가 개척되고 있다. 이러한 연구는 당연히 의식의 구체적 행위 절차를 규정한『의례』에 대한 접근을 선행적 조건으로 해야 하며, 따라서 엄밀한 학문적 차원에서『의례』등 주요한 예서를 역주하는 작업이 바탕이 되어야 할 것이다.

본서는 리쉐친李學勤 주편 십삼경주소정리본十三經注疏整理本『의례주소儀禮注疏』(北京, 北京大學出版社, 2000)를 저본으로 삼아 번역하였다. 이 저본은 가장 최근에 간행된『의례』본으로『의례』의 경문, 정현의 주, 가공언의 소를 단락별로 제시하였을 뿐 아니라, 다양한 판본에 대한 치밀한 교감이 이루어져 있기 때문이다. 우리말 번역에서의 표점은 기본적으로는 이 저본의 표점 원칙을 수용하였지만, 현재 우리나라에서 진행되는 각종 정본사업의 표점 원칙을 반영하였고, 또 옮긴이들의 관점에서 필요한 표점 방식을 만들어내어 적용하였으며, 인용부호, 강조점 등은 우리말 어법에 맞추어 바꾸었다. 리쉐친『의례주소』본의 표점에 오류가 있는 경우 역시 정정하였다.

옮긴이들은 정현의 주에 의거하여 경문을 번역하는 방식을 취하였는데, 정현의 해석은 매우 간오簡奧하기 때문에 한대의 언어학적 맥락을 짚어내지 못한다면 그 행간에 담긴 함의를 간취하기 어려운 측면도 있다. 따라서 경문과 정현의 주에 대한 후대 주석가들의 해석을 동원하지 않을 수 없었다. 이 점에서 청대 호배휘의『의례정의儀禮正義』는 매우 유용한 정보를 제공해준다. '표준적 해석'이라는 뜻에 걸맞게『의례정의』에는 송대의 오계공敖繼公·이여규李如圭를 비롯해서 명대의 장이기張爾岐, 청대의 오정화吳廷華·채덕진蔡德晉·저인량著寅亮·호광충胡匡衷 등 역대 주석가들의 논점을 정합적인 논거와 비판적인 안목으로 각각의 정현 주 아래에 덧붙여 소개하고 있다. 약간 번잡한 느낌이 없는 것도 아니지만, 이들 후대 주석가들의 논점을 각주에 상세히 정리함으로써,『의례』해석의 시대적·역사적 변화를 드러낼 수 있도록 함과 동시에, 해석의 정확성을 최대한 높이고자 하였다. 또한 매 편의 표제 아래에 정현의『삼례목록』을 번역하여 넣음으로써『의례』

17편에 실린 각 의례의 역사적 연원을 이해할 수 있도록 하였다. 그리고 각각의 행례의 절차가 시작되는 앞머리에 의례의 연원 및 의미, 각 의례의 행례 장소와 전반적인 행례 과정에 대한 간략한 개요를 제시하여 '해제'로 붙임으로써, 복잡한 각각의 의례 절차와 의의를 일목요연하게 파악한 후 본문 이해에 들어갈 수 있도록 하였다.

『의례』는 상대적으로 예의 이론적 측면을 논하는 『예기』와 달리 구체적 의식 절차를 기록한 매뉴얼이다. 따라서 그 번역은 단순히 우리말로 옮기는 것뿐 아니라, 그것의 실체를 입체적이고 구조적으로 이해할 수 있도록 궁실, 의복, 기물, 건축물 등 명물도수名物度數들에 대한 도상圖象과 도해圖解를 제시할 필요가 있다. 따라서 본 번역에서는 송대 양복楊復의 『의례도儀禮圖』와 섭숭의聶崇義의 『삼례도三禮圖』, 명대 유적劉績의 『삼례도三禮圖』, 청대의 『흠정의례의소欽定儀禮義疏(禮器圖)』와 장혜언張惠言의 『의례도儀禮圖』 및 황이주黃以周의 『예서통고禮書通考』에 수록된 도상과 도해뿐 아니라 양톈위(楊天宇), 이케다 스에토시(池田末利), 다니다 다카유키(谷田孝之) 등 현대 『의례』 연구자들의 성과물을 적극적으로 활용하였다.

'번역'이란 원문의 의미를 손상시키지 않고 자국의 언어로 이를 고스란히 되살려 내는 작업일 뿐 아니라 비전공자들도 쉽게 읽을 수 있도록 가독성을 높여야 한다는 상호 모순을 해소하는 과정이기도 하다. 『의례』와 같은 고문헌을 번역할 때에는 그러한 고심이 더욱 깊어질 수밖에 없는데, 특히 제기 등 기물의 명칭을 어떻게 우리말로 옮길 것인가를 두고 번역과정에서 여러 논란이 있었다. 가령 '변籩'과 '두豆'의 경우, '변'과 '두'로 옮기는 것이 가장 정확한 번역일 수 있지만, 『의례』 안에는 수많은 제기, 궁실, 건축물, 의복, 음식 등의 명칭이 등장하는데 이를 모두 원래의 명칭 그대로 표기한다면 번역문은 거의 기호의 나열이나 다름없어 가독성에 심각한 문제가 발생할 것으로 판단하였다. 이에 따라 본 번역에서는 명물名物에 대한 정현의 해석과 각종 문헌의 기록에 의거하여 그 기물의 특징과 성격을 드러낼 수 있는 적절한 우리말로 표기하기로 하였다. 정현은 '변籩'에 대해 "'변'은 대나무로 만든 제기이다"(『周禮』,「天官 · 籩人」, "'籩',竹器"), "말린 고기를 올릴 때에는 변을 사용하는데, 변은 말린 음식을 담는 데 적당하다"(『儀禮』,「鄕射禮」, "脯用籩, 籩宜乾物")고 하였고, '두豆'에 대해서는 "고기젓갈을 올릴 때에는 두를 사용하는데, 두는 젖은 음식을 담는 데 적당하다"(『儀禮』,「鄕射禮」, "醢以豆, 豆宜濡物也")고 하였다. 또『이아爾雅』「석기釋器」에서는 "나무로 만든 제기를 '두'라 하고, 대나무로 만든 제기를 '변'이라 한다"(木豆謂之豆, 竹豆謂之籩)고 하였다. 이에 따르면 '변'과 '두'는 그것을 만드는 재료의 측면에서는 '대나무'와 '나무'라는 차이가 있고, 기능적인 측면에서는 '말린 음식을 담는 제기'와 '젖은 음식을 담는 제기'라는 차이가 있다. 이러한 해석에 의거하여 본 번역에서는 '변'을 '대나무제기', '두'를 '나무제기'로 각각 표기하였다.

옮긴이들이 처음『의례』번역에 관심을 갖기 시작한 것은 1998년부터였다. 이봉규, 장동우, 이원택, 김용천은 각자 중국 고대철학, 다산 정약용, 조선시대 정치사상사, 중국 고대사라는 구체적인 전공분야는 달리하였지만, 모두 '예학'을 학문의 밑바탕으로 하고 있어 자연스레 모임이 결성되었다. 당시에는 '상례'에 대한 관심이 고조되어『의례』「상복」의 번역으로 시작하였다가, '삼례서'의 번역을 평생의 업으로 삼아보는 것이 어떻겠느냐는 이봉규 선생의 제안에 따라 청명문화재단의 지원 아래『예기』번역에 본격적으로 뛰어들었고, 모임의 이름도 '삼례사락三禮四樂'이라 하였다. 2005년에는『예기』전공자인 박례경 선생의 합류로 공부의 즐거움은 배가 되었다. '삼례사락'이라는 이름도 '삼례역락三禮亦樂'으로 바꾸었다. 그러고 보면 우리의 공부 모임도 벌써 15년이라는 짧지 않은 세월이 흐른 셈이다. 초창기에 비하면 내공의 깊이도 적지 아니 깊어진 느낌이다. 『예기』의 번역 초고가 마무리될 즈음, 2008년도에 본서가 한국연구재단의 '명저번역과제'로 선정됨으로써, '삼례서'의 두 번째 작업 『의례』의 번역을 개시하게 되었다.

예서 번역의 경우 매주 금요일마다 연세대학교에서 '삼례역락' 모임을 갖고 미리 번역된 초고를 상호 토론하여 수정하는 과정을 거쳤다. 난해한 구절이 등장하면 한 문장에 대한 해석을 놓고 몇 시간에 걸쳐 논쟁을 벌이는 일도 다반사였는데, 『의례』의 경우 번역 분량이 워낙 방대한 탓도 있어 이러한 방식으로는 주어진 기간 내에 완역은 불가능하였다. 따라서 모임에서는 용어의 통일 및 문체의 일관성을 유지할 수 있도록 초고에 대한 전반적인 검토 수준에 멈추고, 각자의 전공과 관련된 편들을 배당하여 번역하는 방식을 택하였다. 작업의 분담은 김용천 : 「사관례」1 · 「연례」6, 「빙례」8 · 「상복」11 · 「유사철」17, 박례경 : 「사혼례」2 · 「사상견례」3 · 「향음주례」4 · 「공사대부례」9 · 「근례」10 · 「특생궤사례」15, 이원택 : 「향사례」5 · 「대사의」7, 장동우 : 「사상례」12 · 「기석례」13 · 「사우례」14이며, 후에 참여하여 번역에 활기를 불어넣어 주신 이봉규 선생께서는 「소뢰궤사례」16의 번역과 더불어 '『의례』 해제'의 집필을 맡아 주셨다.

이제 기나긴 번역의 고투 과정을 마치고 탈고를 앞두고 있다. 한국연구재단의 최종 보고 이후 번역문 전체의 체계와 통일성을 기하기 위해 거의 매일같이 연구실의 불빛을 밝히고 몰두하면서 나름대로 열심히 하였다고 자부하지만, 여전히 '망문생의望文生義'의 엉뚱한 오역이 없으리라 장담하지 못하는 불안감도 감출 수 없다. 사계의 질정을 기다리며, 예학 전공자들의 연구에 조그마한 보탬이라도 되었으면 하는 마음뿐이다. 본서를 명저번역과제로 선정해 주고 경제적 지원까지 아끼지 않았던 한국연구재단 관계자분들께 감사의 말씀을 드린다. 예정보다 원고의 완성이 늦어져 마음으로 무척 초조했을 텐데도 옮긴이들에게 아무런 압박(?)도 가하지 않고 묵묵히 기다려 주신 세창출판사 김명희 실장님께도 미안함과 고마움의 마음을 전한다. 투박한 박석璞石의 문체를 꼼꼼한 교열과 윤문으로 깔끔하게 다듬어 옥조玉藻로 탈바꿈시켜 준 송경아 선생에게 누구보다 고맙다는 말을 전하고 싶다.

2012년 11월 12일

늦가을의 향기 그윽한 왕방산 아랫자락 연구실에서

옮긴이들을 대표하여 김용천 씀

차례

의례 역주【一】

의례 역주【二】

의례 역주【三】

의례 역주【四】

의례 역주【五】

공사대부례公食大夫禮 제9 · 박례경

―

근례覲禮 제10 · 박례경

의례 역주【六】

상복喪服 제11 · 김용천

의례 역주【七】

사상례士喪禮 제12 · 장동우

―

기석례既夕禮 제13 · 장동우

―

사우례士虞禮 제14 · 장동우

의례 역주【八】

특생궤사례特牲饋食禮 제15 · 박례경

―

소뢰궤사례少牢饋食禮 제16 · 이봉규

―

유사철有司徹 제17 · 김용천

1. 『의례』의 명칭과 찬자

한 무제시대에 오경박사五經博士가 설치될 때까지도 '의례儀禮'라는 명칭은 없었으며, 『의례』는 '예禮', '사례士禮', '예기禮記', '예경禮經', '예고경禮古經' 등의 명칭으로 불렸다.[1] 『한서』「예문지」에서도 '예禮'로 표현하였고, '의례'라는 명칭은 사용하지 않았다. 『한서』「경십삼왕전」에는 "헌왕이 얻은 서적은 모두 고문으로, 진 이전의 옛 책이었다. 『주관』, 『상서』, 『예』, 『예기』, 『맹자』, 『노자』 등은 모두 경經·전傳·설說·기記로서 공자의 70제자들이 논한 것이다"[2]라고 하여, 고문본의 『의례』도 금문본과 마찬가지로 『예』라고 불렀음을 보여 준다.[3] 『한서』「예문지」에 고당생高堂生이 전했다는 『사례士禮』 17편에 대해서는, ① 현행본 『의례』에 사례士禮뿐 아니라 대부와 제후의 예도 포함되어 있으므로 현행본과 다른 책이라고 하는 설, ② 대덕戴德이 전수한 『의례』 편차 가운데 앞의 9편이 모두 사례士禮이므로 개괄해서 『사례』라고 한 것으로 현행본 『의례』와 같은 책이었을 것이라 추정하는 두 견해가 존재한다. 대체로 후자의 견해가 우세하다.[4]

한대에 『의례』는 경經이기 때문에 『예경』이라고 하여 예와 관련된 각종 '기

記'와 구별하였지만, 한편으로 『의례』는 『예기』로도 칭해졌다. 『사기』「공자세가」에서는 "『서전書傳』과 『예기』는 공씨로부터 나왔다"라고 하였고, 「유림열전」에서는 "오늘날에는 단지 『사례士禮』만 남아 있다"고 되어 있어 『예기』는 『사례』 즉 『의례』를 지칭하는 것으로 해석된다. 『후한서』「노식전」에도 희평熹平 석경石經에 『의례』를 간각刊刻한 일을 거론하면서 『예기』로 칭하였다.[5] 곽박郭璞(276~324)이 『이아爾雅』에 주를 달 때에도 『의례』를 인용하면서 여러 차례 『예기』로 표현하였으며, 하휴何休(129~182)의 『춘추공양전해고』에서도 『의례』의 경문이나 기문을 인용하면서 '의례'와 '예기'를 자주 혼용하였다. 이처럼 『의례』를 『예기』로 칭한 것은 『의례』의 경문 뒤에 '기記'가 부가되어 있는 데 그 이유가 있는지도 모르겠다.[6]

정현鄭玄(127~200)은 『모시전毛詩箋』과 삼례서三禮書에 주를 달면서 『의례』를 인용할 때에도 편명만 거론하거나 또는 '예기'라는 명칭을 사용하고 '의례'라는 명칭은 사용하지 않았다. 『후한서』「정현전」에는 "정현이 주를 단 것으로 『의례』가 있다"[7]라고 하였지만, 정작 정현이 처음 『의례』에 주를 달았을 때 책의 제목이 어떠했는지는 알 수 없다. '의례'의 명칭은 단옥재段玉裁(1735~1815), 황이주黃以周(1828~1899) 등에 따르면 동진東晋 시기에 처음 출현하여 성행하였다.[8] 동진 원제元帝 때 순숭荀崧(263~329)은 『의례』 박사를 설치할 것을 건의하였다. 그렇지만 이때에도 『의례』의 명칭은 아직 일반화되지 못하였으며, 장참張參이 『오경문자五經文字』를 인용할 때에도 '의례' 대신 '예경'이라는 명칭을 사용하여 표현하였다. 당 문종 개성(836~840) 연간 9경을 간각할 때 '의례'의 명칭을 사용하면서부터 일반화되기 시작했던 듯하다.[9]

2. 판본과 전승

『사기』「유림열전」에 "학자들 가운데 예 일반에 대해 말하는 사람은 많지만, 고례에 관해서는 고당생高堂生이 가장 뛰어났다. 고례는 본래 공자시대부터 시작되었지만 그 당시에도 문헌으로 정비되지는 못하였다. 진시황의 분서로 흩어지고 잃어버린 것이 더욱 많아져서 한의 무제시대에는 단지『사례士禮』만 남아 있을 뿐이었는데, 고당생이 그것을 잘 강설하였다"[10]라고 하였고,『한서』「예문지」에 "한이 흥기하자, 노魯의 고당생이『사례』17편을 전하였다"[11]라고 하여, 한 초기에 고당생이 전한 금문본『의례』17편이 있었음을 알 수 있다. 그러나 이 17편의『의례』가 당시 어떤 체제였는지, 고당생 이전에 어떻게 전수되었는지는 전혀 알 수 없다.『사기』에서는 단지 공자 때부터 이미 예가 경經으로 온전하게 제 모습을 갖추지 못하였음을 전하고 있을 뿐이다.[12]

고당생이『사례』17편을 전수한 사정은 알려져 있지 않지만,『한서』「예문지」에 의하면, 소분蕭奮이 전수받은『예경』은 동해東海 출신 맹경孟卿에게 전수되었고, 맹경은 후창后倉에게, 후창은 문인통한聞人通漢(字, 子方), 대덕戴德, 대성戴聖, 경보慶普에게 전수하였다. 그리고 이때에 이르러 대덕, 대성, 경보 등 삼가三家가『예경』에 대한 주요 학파를 형성하였다. 경보는 노魯의 하후경夏侯敬과 족자族子 경함慶咸에게 전하였고, 대덕은 낭야琅邪의 서량徐良(字, 斿卿)에게 전하여 서량의 집안에서 대대로 가업으로 전하였다. 대성은 양梁 출신 교인橋仁(字, 季卿)과 양영楊榮(字, 子孫)에게 전하였고 교인은 집안에서 대대로 가업으로 전수하였다. 이로부터 대대大戴(戴德)의 예학에 서씨가, 소대小戴(戴聖)의 예학에 교인과 양영이 각각 일가一家를 이루게 되었다.[13]『한서』「예문지」에 의하면 전한 선제宣帝 시기(BC 74~BC 48 재위)에 대대,

소대, 경씨 등 삼가三家가 학관學官에 세워졌다 한다.[14] 현재 이들 삼가가 전하였던 『의례』는 전하지 않는다.[15]

고당생이 전한 『사례』 17편은 금문본으로 양한시대에 걸쳐 유행하였다. 『한서』「예문지」 등 관련 기사[16]에 의하면, 이 금문본과는 별도로 선진先秦 시기 고문으로 쓰인 고문본이 대체로 전한 무제 시기에 출현하였다. 고문본에 대한 명칭은 『예고경禮古經』 56권, 『예기禮記』(이상 『한서』「예문지」), 『일례逸禮』 39편(『한서』「유흠전」), 『예禮』(『한서』「하간헌왕전」) 등으로 기록되어 있다. 관련 기사에 따를 때, 고문본에는 적어도 엄중본淹中本, 공벽본孔壁本, 하간헌왕본河間獻王本 등 세 가지가 있었을 것으로 생각되지만, 『수서』「경적지」에서는 하간헌왕이 구입한 고문본이 엄중본이었다고 기록하고 있어,[17] 실제로는 엄중본과 공벽본 두 종류가 있었을 가능성도 있다. 그러나 공벽본과 엄중본 사이의 차이에 대해서도 한대부터 아무런 기록이 발견되지 않는다.

『한서』「예문지」의 기록에 의하면, 『예고경』은 56권으로 『사례』 17편과 문장이 유사한데 39편이 더 많으며, 「명당음양明堂陰陽」과 「왕사씨기王史氏記」 등에는 천자, 제후, 경대부의 예제가 많다고 한다.[18] 유흠劉歆(BC 53~AD 23)은 고적을 정리하면서 『춘추좌씨전』, 『고문상서』와 함께 이 『예고경』을 발굴하여 학관에 세우고자 노력하였는데, 실제로 학관에 세워진 것은 전한 평제(BC 1~AD 6 재위) 때와 왕망 재위 시기였던 것으로 보인다.[19] 그러나 후한 광무제 때 고문경이 학관에서 폐지된 뒤, 후한 내내 『예고경』은 학관에 세워지지 않았다. 이후 고문본은 별도로 전수되지 않아 모두 망실되었다. 따라서 『예고경』 39편의 체제와 내용을 증명해 주는 사료는 존재하지 않는다.[20] 1959년 7월 감숙성甘肅省 무위현武威縣 한묘漢墓에서 비교적 완정한 형태의 『의례』 9편이 출토되었는데, 선원줘沈文倬은 그 중 「복전服傳」이 고문가의 학문을 담고 있다고 하면서 망실된 경씨慶氏의 『예』라고 추정한 천멍자陳夢家의 설을 비판한 바 있다.[21] 그러나 고문으로 기록된 사료는 아직까지 발견되지 않았다.

『후한서』「유림전」에 의하면, 금문본『의례』의 경우 대대, 소대의『예』는 학관에 세워져 계속 이어졌지만 크게 두각을 나타낸 학자는 없었다. 경씨의『예』는 후한 광무제 건무(25~56) 연간에 조충曹充이 배워 아들 조포曹褒(?~102)에게 전하였고, 조포는『한례漢禮』를 지었다. 또한 동균董鈞(BC 12~AD 63)이 경씨의『예』를 배워 사도부司徒府에 임용되었다. 그러나『수서』「경적지」에서 "3가家가 학관에 남아 있기는 하였지만, 모두 미약하였다"[22]라고 기술할 정도로, 후한의『예』학은 3가 모두 쇠퇴하였던 것으로 보인다. 현재 3가가 전하였던『의례』의 학문은 모두 망실되었다.

후한 말기에 이르러 정현이『의례』에 주를 달았는데,『예』의 본문에 대하여 교감을 가하였다. 정현의 교감 방식은 금문今文과 고문古文 양쪽을 가지고 함께 참고하는 것이었는데, 양쪽 경문에 글자가 다를 때마다 정현은 의리가 뛰어난 한쪽을 택하였다.[23] 그리고 주에서 다른 쪽의 해당 글자가 어떠한가를 밝혔다.[24] 정현은 이런 방식으로 금문본과 고문본을 함께 참고하여 교감을 가하고 주를 다는 새로운 정본『의례』를 편성하였는데, 이것이 오늘날 전하는『의례』이다. 정현은『의례』 이외에『주례』와『예기』에 대해서도 주를 달았는데, 이로부터 비로소 '삼례三禮'가 성립하였다. 그러나 정현이 주를 달면서 책 제목을 무엇으로 하였는지는 명확하지 않다. 이후 역사 속에서 '삼례'에 대한 정현의 학문(이하 '鄭學'이라고 부름)이 점차 성행하면서『의례』는 금문본과 고문본이 혼합된 정현의 텍스트로 통일되고, 고문본『의례』에 대한 학문적 전통은 더욱 쇠퇴하였으며, 또한 대대大戴, 소대小戴, 경씨慶氏 등 금문今文 3가家의『예』학도 쇠퇴하여 전승이 끊어진 것으로 보인다.

조위曹魏와 서진西晉 시기 왕숙王肅(195~256)은『성증론聖證論』[25]을 지어 정학鄭學에 극력 비판를 가하면서 새로운 주장을 제기하였다. 왕숙 역시 금문과 고문에 두루 정통한 학자로 '삼례三禮'에 대한 주를 달았는데, 정현이 금문설을 채택한 곳에서는 고문설로, 또 고문설을 채택한 곳에서는 금문설로 맞섰다.[26] 이로써 금문본과 고문본을 함께 혼합하여『의례』를 해석하는 학풍이 더욱 강화되었다. 촉蜀의 이선李選 역시 삼례서三禮書에 주를 달았는데, 왕숙과 떨어져 있어 함께 상의한 적은 없었지만, 그의 예설은 왕숙과 상통하는 점이 많아 결과적으로 왕숙의 견해(이하 '王學'이라 부름)를 강화하는 것이 되었다. 왕숙은 사마씨와 인척 관계(사마염의 외조부)에 있었기 때문에 그가 주석한 여러 경[27]들이 학관에 세워졌고, 조위와 서진 시기에는 잠시 '왕학'이 '정학'의 지위를 대신하기도 하였다. 그러나 서진의 몰락과 함께 '왕학'도 쇠퇴하였고, 동진東晋이 성립한 이후 '삼례'에 관해서는 '정학'을 종주로 삼았다. 동진 원제 초기에 정현의『주례』와『예기』가 학관에 세워졌고, 원제 말년에는 정현의『의례』가 학관에 세워졌다.[28]

남북조 시기의 정치적 분열과 함께 경학도 '남학南學'과 '북학北學'으로 분화되었다.『수서』「유림열전·서」에 따르면, 학풍과 지향점의 차이에도 불구하고 '삼례'에 대해서는 남학과 북학 모두 '정학'을 따랐다.[29]『남사』「유림전」에 따르면, 남조에서 하동지何佟之(449~503), 사마균司馬筠, 최영은崔靈恩, 공첨孔僉, 심준沈峻, 황간皇侃(488~545), 심수沈洙(518~569), 척곤戚衮(519~581) 등이 '정학鄭學'에 정통하여 삼례서에 밝았다. 특히 이 시기에 삼례학으로 가장 유명했던 뇌차종雷次宗(386~448)은 송宋 문제文帝의 태자에게『상복경喪服經』을 강의하였으며, 당시에 '뇌정雷鄭'이라 하여 정현과 병칭되었다고 한다. 명산빈明山賓(443~527), 엄식지嚴植之(457~508), 하창賀瑒(452~510), 포천鮑泉 등도『의례』에 정통하였다. 당시 남조 사회가 사士와 서庶로 신분이 나뉘어져 있어서『의례』에 대한 연구는 대부분「상복」을 위주로 하였다. 또한 '왕학'이 여전히 영향력을 발휘하여 학자들은 정학만을 따르지 않고 겸채하는 경향을 보였다.

북조의 경학에서는 서준명徐遵明(475~529)이 학파를 개창하였는데, 『의례』에 대해서는 '정학'을 따랐다. 『북사』「유림전」에 의하면, 북조의 삼례학은 서준명 문하에서 나왔다.[30] 서준명의 학문은 이현李鉉 등에게 전수되어, 이현은 『삼례의소三禮義疏』를 지었다. 이현은 웅안생熊安生(498?~578) 등에게 전수하였고, 웅안생은 손영휘孫靈暉, 곽중견郭仲堅, 정시丁恃 등에게 전수하였다. 그 후 『예경』에 능통한 사람들 대부분 웅안생의 문하였다.[31] 또한 북주의 심중深重은 『의례』에 깊이 천착하여 『의례의儀禮義』 35권을 지었다.

수나라가 진陳나라를 멸하고 천하를 통일하자 남북으로 분화되었던 경학도 다시 통일되었다. 피석서皮錫瑞(1850~1908)에 의하면, 천하통일은 남이 북에 병합되는 방식이었지만 경학은 북학이 남학에 병합되는 방식이었다. 그러나 『의례』만은 '정학'을 종주로 삼았다. 『수서』「경적지」에는 삼례서의 경우 "오직 정현의 주注만이 국학에 세워졌다"고 하였다. 『수서』「장문후전張文詡傳」에 의하면, 장문후는 다양한 문헌을 두루 통람하여 특히 '삼례'에 정통하였으며, 『주역』·『시』·『서』·『춘추』 삼전에도 통습하였는데 항상 정현의 주해注解를 좋아하였다.[32] 하지만 현재 전해지는 저서는 없다.[33] 당 태종은 안사고顔師古(581~645)를 초빙하여 오경의 문자를 고정考定하고 『오경정본五經定本』을 찬술케 하여 반포하고, 또한 공영달孔穎達(574~648) 등을 불러 『오경정의五經正義』를 편찬하게 하여 653년 반포한 뒤 과거시험 텍스트로도 삼음으로써 경학의 텍스트와 학설에서 통일시대를 이루었다. 예학의 경우 한대에는 대덕, 대성, 경보 등 삼가三家의 학문이 학관에 세워지고 전승되었지만, 당대에 이르러 삼례학三禮學은 정현의 설로 통일되었다.

당대 경학이 한대 경학과 달라진 점은 경經의 의리를 밝힐 뿐 아니라 주注

의 의리도 밝히는 이른바 '의소義疏'의 형태로 전개되었던 점이다. '의소'의 방식은 남북조시대에 시작되었는데, 『오경정의』는 이들 전통에 대하여 수정, 보완하는 것이었다.[34] 다만 당대 초기에는 『의례』를 중시하지 않아 『오경정의』 안에는 『예기』만 들어갔다. 『의례』 대신 『예기』가 예경의 위치를 차지한 것이다. 당 고종 영휘(650~655) 연간에 태학박사 가공언賈公彦(?~?)이 『의례소儀禮疏』 50권을 찬술하였는데, 오늘날 13경주소의 『의례주소儀禮注疏』가 그것이다. 가공언은 황경黃慶과 이맹철李孟悊 등의 '장소章疏'를 참고하면서, 정현의 『의례주儀禮注』에 해석을 가하여[35] 『의례』에 대한 정현의 성취를 후대에 보전하고 전승시키는 데 크게 기여하였다. 『구당서』와 『신당서』의 「유학전」에 의하면, 가공언은 장사형張士衡(?~645)에게 예학을 전수받았고, 장사형은 유궤사劉軌思와 웅안생에게서 전수받았다. 곧 웅안생으로 거슬러 올라가는 '정학'의 연원을 이었음을 알 수 있다.

당 현종 개원 8년(720) 국자사업國子司業 이원관李元瓘이 『의례』를 학관에 세우자고 상소문을 올렸다. 조정에서는 이를 받아들여 당대에 처음으로 『의례』를 학관에 세웠다. 다만 학관에 세워진 『의례』가 가공언의 소본疏本이었는지 분명하지 않을 뿐만 아니라 『의례』를 전수하는 사람도 거의 없었다. 개원 16년(728) 국자좨주國子祭酒 양창楊瑒은 『주례』와 『의례』 그리고 『공양전』과 『곡량전』의 전수가 폐절될 지경이어서 출중한 인재가 나오지 않으면 폐기될 것이라고 상소하였다.[36] 양창은 늘상 『의례』가 폐절되어 사대부조차 행할 수 없게 된 현실을 탄식하였다고 한다.[37] 당대에 『의례』학이 비록 끊어지지 않고 전수되기는 하였지만, 이미 쇠락의 길을 걷고 있었음을 알 수 있다.

육덕명陸德明(550~630)은 삼례의 경문에 대하여 글자, 의미, 발음의 차이를 고증하여 『경전석문經典釋文』을 편찬하였는데, 마융, 노식, 정현, 왕숙 등 이전의 여러 주본注本을 망라하였다. 이는 후대 『의례』 연구의 기본서로 이용되었다. 두우杜佑(735~812)의 『통전通典』에는 「역대연혁례歷代沿革禮」가 실려 있는데, 여기에는 경전經傳의 전승 과정과 더불어 「석거의주石渠議奏」 등 한대와 위진남북조시대의 글들이 일부 수록되어 있어 이 시기 예학의 기본 사료로 제공되고 있다.[38] 이 「역대연혁례」는 남조 양梁의 서면徐勉(466~535)이 오례五禮를 1,176권으로 기록해 놓은 것을 토대로 산삭하여 정리한 것이라고 한다.[39]

송 인종 경력(1041~1048) 연간 이후, 한학漢學에 연원을 두었던 이전의 학풍과 달리 전대의 주注와 소疏를 신뢰하지 않고 신설을 주장하는 의고疑古의 학풍이 확산되었다. 이 경향을 두고 왕응린王應麟(1223~1296)은 "한유漢儒에서 경력 연간 이전까지 경經을 담론하는 이들은 옛 훈고를 고수하고 새로운 설을 세우지 않았는데, 유창劉敞(1019~1068)의 『칠경소전七經小傳』이 등장하면서부터 조금씩 새롭고 기이한 설을 숭상하게 되었다. 왕안석의 『삼경신의三經新義』가 행해짐에 따라 한유漢儒들의 학술을 마치 인형(土梗) 대하듯 하였다"고 하였다.[40] 송 신종 희녕 연간(1068~1077)에 왕안석王安石(1021~1086)이 학관에서 『의례』를 폐지하면서 『의례』를 연구하는 학자들은 더욱 적어졌다.

남송에 이르러 효종 건도 8년(1172)에 양절전운판관兩浙轉運判官 증예曾隸가 정현이 주석한 『의례』 17권을 간각하였다. 장순張淳(1121~1181)은 거기에 여러 판본을 참고하여 경문經文과 주문注文 가운데의 오자를 교정하고 『의례지오儀禮識誤』라는 이름으로 편찬하였는데, 『사고전서제요』에서는 이것이 가장 상세하다고 평가하였다. 또한 이여규李如圭(?~?)는 『의례집석儀禮集釋』 17권(현행본은 30권으로 세분되어 있음)을 간행하였다. 그는 정현의 주를 전부 수록하고 여러 방증을 통해 해석을 가하며, 가공언의 소가 미처 밝히지 못한 뜻도 상당히 밝혀냈다. 위료옹魏了翁(1178~1237)은 『의례요의儀禮要義』 50권을 저술하였는데, 정현의 주는 이해하기 어렵고 가공언의 소는 번쇄하다고 판단하여 주소注疏 가운데 정수를 이루는 부분만 취하여 저서를 구성하였다. 그 복잡한 맥락을 소통시켜 이해시키는 데 공이 매우 크다는 평가를 받는다.

주희朱熹(1130~1200)는 제자 황간黃幹(1152~1221)과 더불어『의례경전통해儀禮經傳通解』를 편찬하였다.『의례』를 경經으로 삼고 각 경문에『주례』와『예기』및 여러 경사서經史書 가운데 관련된 조목들을 부가하여 주소注疏와 여러 학자들의 설을 함께 수록하여 나열하였다. 곧 삼례를 유형별로 분류하여 서로 관련되는 내용을 모아 통해하는 체례로서, 반고班固(32~92)의『백호통의白虎通義』와 일부 유사한 점이 있다. 주희의 '통해通解' 체례는 이후 강영江永(1681~1762)의『예서강목禮書綱目』, 진혜전秦蕙田(1702~1764)의『오례통고五禮通考』에 영향을 주었다. 주희는『의례경전통해』에서 단락이 끝날 때마다 전체 내용을 요약하는 표제를 붙였는데, 이후 장이기張爾岐(1612~1678)의『의례정주구두儀禮鄭注句讀』, 오정화吳廷華(1682~1755)의『의례장구儀禮章句』, 호배휘胡培翬(1782~1849)의『의례정의儀禮正義』등에서 이와 같은 방식을 채택하였다. 내용에서 보면, 송학의 기풍에 영향을 받고 있기는 하지만, 삼례를 함께 결합하여 예를 해명하는 방식은 정현보다 더욱 풍부하다. 또한 삼례를 사회구성의 단위에 기초하여 사례士禮에서 천자의 예에 이르기까지 유기적 통일체를 이루는 형태로 통해하였다. 여기에는 왕안석 이래 전반적으로 쇠퇴해가는『의례』연구 상황에 맞서 가례家禮에서 왕조례王朝禮에 이르는 유교사회 체제의 이상적 형태를 수립하고자 할 때는『의례』가 그 근간을 이룬다는 경세적 시야가 투영되어 있다.

섭숭의聶崇義(?~?)는 후한의 정현, 진晋의 완심阮諶, 당唐의 장일張鎰 등이 남기고, 수 문제 개황 연간(581~600)에 관찬된『삼례도三禮圖』를 참고하여 종합한『신정삼례도新定三禮圖』를 편찬하였는데, 그림과 함께 집주集注를 붙였다. 청대의 대진戴震(1724~1777)과 정요전程瑤田(1725~1814)이 『공고기考工記』에서 제시한 그림과 황이주黃以周(1828~1899)가 편찬한 『예서통고禮書通考』의 그림은 이 섭숭의의 저서에서 발전되어 나온 것이다. 주희의 제자 양복楊復(?~?)은 『의례도儀禮圖』 17권을 찬술하였다. 『의례』의 경문에 간단한 주석을 붙이고, 의절에 따른 진설과 방위에 대하여 205개의 그림을 그려 넣어 『의례도』라 명명하였다. 또 궁묘宮廟, 면변冕弁, 생정牲鼎, 예기禮器 등에 대하여 25개의 그림을 그려 넣어 『의례방통도儀禮旁通圖』라고 명명하였다. 청대의 장혜언張惠言(1761~1802)과 황이주의 『의례도儀禮圖』는 양복의 그림에 그 연원을 둔다. 이러한 예도禮圖의 편찬은 복잡한 의절들을 좀 더 쉽게 알아볼 수 있게 해 줄 뿐 아니라, 각종 예제禮制와 기물器物의 모양을 후인들이 알 수 있게 해 주었다. 이여규는 고대 의례 관련 건축제도를 고증하여 『의례석궁儀禮釋宮』을 편찬하였는데, 『이아爾雅』의 체례를 본뜬 것이었다. 청대에 고대 명물名物을 고증한 임대춘任大椿(1738~1789)의 『석증釋繒』, 『변복석례弁服釋例』, 『심의석례深衣釋例』와 호광충胡匡衷(?~?)의 『의례석관儀禮釋官』 등은 이여규의 체례를 계승하였다. 전체적으로 보면 송대 『의례』학은 쇠퇴하였지만, 남송대에 거둔 성취는 나름대로 계왕개래繼往開來적인 측면이 있었다.

원·명시대의 경학은 송학의 기풍을 답습하였다. 원대의 과거시험에서는 『의례』를 선발 과목에서 제외시켰기 때문에 『의례』학을 연구하는 학자들이 매우 적었다. 단지 오징吳澄(1249~1333)이 『의례』에 교정을 가하고, 또 『의례일경전儀禮逸經傳』 2권을 찬술하였다. 여러 서적들에서 채록하여 『의례』의 일경逸經이라고 제시하였는데, 그 편찬체제는 주희의 『의례경전통해』를 모방하였다. 오계공敖繼公(?~?)은 『의례집설儀禮集說』 17권을 찬술하였다. 정현의 주에 "흠이 많고 진수는 적다"[41]고 비판하면서 경문의 취지에 부합하지 않는 정현의 설을 산삭하고, 이전의 소기疏記와 선유先儒의 설로 보완하는 한

편 모두 적합하지 않을 때에는 자신의 견해를 부가하였다. 이것 역시 송대 학풍의 반영이었다.

명대에 『의례』학은 더욱 쇠퇴하였다. 학경郝敬(1558~1639)은 『의례절해儀禮節解』를 찬술하였는데, 『의례』가 경이 될 수 없다고 여겨 주와 소를 모두 버리고 자신의 설을 부가하였다. 장봉상張鳳翔(1473~1501)은 『예경집주禮經集注』를 찬술하였는데, 『의례』를 경經으로 삼는 주희의 설을 위주로 삼으면서도 경문의 요지에 대해서는 정현의 주를 따랐다. 주조영朱朝瑛(1605~1670)은 『독의례약기讀儀禮略記』를 지었는데, 경문을 전부 수록하지 않았으며, 또 오계공과 학경의 설을 따른 것이 많다. 『의례』의 연구뿐 아니라 명대 경학은 이전 시대에 비하면 전체적으로 현저히 쇠퇴하였다. "팔고문이 위주가 되면서 고학古學이 폐기되고, 『대전大全』이 나오면서 경설經說이 없어졌다"[42]는 탄식처럼, 팔고문을 통해 선발하는 과거제도와 경학적으로 편향되고 부정확한 『영락대전永樂大全』이 그 한 원인이었다.

청대 초기에는 송대의 학풍을 벗어나지는 못하였지만 황종희黃宗羲(1610~1695), 고염무顧炎武(1613~1682), 왕부지王夫之(1619~1692) 등을 중심으로 한漢·송宋 겸채의 학풍이 조성되었다. 건륭 13년(1748) 청조는 『삼례의소三禮義疏』 178권을 간행하여, 여러 설을 널리 포괄하면서 한·송을 구분 없이 겸채하였다. 여기에는 황권皇權의 독선을 용인하지 않는 이학理學을 억제하고 그 관심을 다른 곳으로 돌리게 하려는 정치적 의도가 숨겨 있었지만, 한편으로 조정의 명의로 송 이래 경학에 대한 송학宋學의 독단을 타파하는 효과를 가져왔다. 그 가운데 『의례의소』 48권은 오계공의 설을 많이 채택하였으며, 아울러 정현의 주를 사용하였다. 건가乾嘉 시기에 이르러 고문경학이 성행하면서 『의례』학도 전대에 비하여 크게 성행하였다. 장이기張爾岐(1612~1678)는 『의례정주구두儀禮鄭注句讀』를 찬술하였는데, 정현의 주를 모두 수록하고 가공언의 소를 발췌 인용하면서 간략히 자신의 견해를 덧붙였다. 경문의 구두句讀를 정하고 장절章節을 나누어 통해하여 주희의 『의례경전통해』를 발전시킨 것이다. 이러한 경향은 호배휘의 『의례정의』로 이어졌다. 선유先儒에 근거를 두는 가법家法을 잘 갖추고 있으며 해설이 간명하여 청대 예학의 선구로 평가된다.[43] 황종희의 제자 만사대萬斯大(1633~1683)는 『의례상儀禮商』 2권을 지어 『의례』 17권에 대하여 편마다 해설을 가하였고, 방포方苞(1668~1749)는 만년에 『의례』에 힘을 기울여 『의례석의儀禮析疑』 17권을 찬술하여 『의례』 가운데 의심스런 부분에 변석을 가하여 밝혔다. 오정화 역시 은퇴 후 삼례 연구에 몰두하여 『주례의의周禮疑義』 44권, 『의례의의儀禮疑義』 50권, 『예기의의禮記疑義』 72권을 찬술하였다고 한다. 이 가운데 『주례의의』는 오늘날 전하지 않고, 『의례장구儀禮章句』 17권이 남아 있다. 이것이 『의례의의』와 별도의 책인지 아니면 『의례의의』를 『의례장구』로 개명한 것인지는 명확하지 않다. 『의례장구』는 편마다 장절을 구분하고 구두를 분석하였다. 대부분 정현의 주와 가공언의 소의 설에 의거하면서도 다른 설을 겸채하였고, 자신의 설은 '안案'으로 제시하였다. 채덕진蔡德晉(?~?)은 『예경본의禮經本義』 17권을 찬술하여, 송 · 원 · 명 이래 제가의 설을 인용하여 정주鄭注 · 가소賈疏와 서로 참증하면서 뜻을 밝혔다. 명물제도의 고변에 상세하고 새로운 설을 제시하였다. 성세좌盛世佐(1718~1755)는 『의례집편儀禮集編』 40권을 찬술하였는데, 『의례』를 논한 고금의 197가家를 모아 자신의 견해로 재단하였다. 제가의 오류에 대한 변석이 상세하다. 이외에 심동沈彤(1688~1752)의 『의례소소儀禮小疏』, 저인량褚寅亮(715~1790)의 『의례관견儀禮管見』, 호광충의 『의례석관』, 강영의 『의례석궁증주儀禮釋宮增注』 등이 찬술되다. 강영의 제자 정요전은 명물名物에 대한 고증에 힘써 『의례상복족징기儀禮喪服足徵記』, 『종법소기宗法小記』, 『석궁소기釋宮小記』, 『고공창물소기考工

創物小記』, 『경절고의磬折古義』, 『구곡징九穀考』 등을 찬술하였는데, 『의례석궁증주』에는 50여개의 표를, 『고공창물소기』에는 130여 개의 도圖를 제시하였다.

이 시기에는 각종 예제禮制에 대한 경전의 규정과 역대 제도에서의 사례를 함께 결합하여 규정의 근간과 현실 전장제도에서의 역사적 전개를 총체적으로 규명하는 일종의 연혁사전적沿革辭典的 『의례』학 연구가 새롭게 발전하였다. 서건학徐乾學(1631~1694)의 『독례통고讀禮通考』(120권), 강영의 『예서강목禮書綱目』(85권), 진혜전의 『오례통고五禮通考』(262권) 등이 대표적인 성과로 꼽힌다. 『독례통고』는 문헌과 역대 연혁의 양 부분으로 나누어 주희의 『의례경전통해』를 본떠서 「상복」, 「사상례」, 「기석례」, 「사우례」 등의 경문에 대하여 고증하고, 역대 정사正史의 기록을 중심으로 『통전』, 『개원례』, 『정화오례신의』 등을 함께 참조하여 제도적 변천을 고증하였다. 진혜전의 『오례통고』는 『독례통고』가 상례喪禮에 국한하였던 것을 길·흉·군·빈·가의 오례五禮로 확대시킨 것으로 서건학의 체제를 이어받았다. 강영의 『예서강목』은 『의례경전통해』의 체례에 따르면서 그것의 미흡한 부분을 보완하였는데, 경문의 맥락에 대하여 밝힌 바가 많다.

건가乾嘉 시기에 배출된 『의례』학 연구의 탁월한 성과로 호배휘의 『의례정의』, 장혜언의 『의례도』, 능정감凌廷堪(1755~1809)의 『예경석례禮經釋例』를 꼽을 수 있다. 능정감은 대진을 사숙하여 삼례에 밝았으며, 『예경석례』 13권을 저술하여 『의례』의 복잡한 의절들을 범례를 통해 해명하였다. 통례通例, 음식지례飮食之例, 빈객지례賓客之例, 사례射例, 변례變例, 제례祭例, 기복지례器服之例, 잡례雜例 등 13개의 큰 항목을 두어 246개의 사례를 통해 범례화하고, 의절들에 관통하는 공통적인 규칙을 제시하여 그 맥락들을 규명하였다. 『의례』 의절들의 맥락을 기본적인 범례를 통해 합리적으로 이해할 수 있게 해 주는 점에서 『의례』학의 새로운 성취라고 할 수 있다.

호배휘는 능정감의 제자로 『의례』 연구에 몰두하여 『의례정의』 40권을 찬술하였다. 그 가운데 「사혼례」, 「향음주례」, 「향사례」, 「연례」, 「대사의」 등 5편 12권은 제자 양대육楊大堉이 보완한 부분이다. 나초생羅椒生의 「의례정의서儀禮正義序」에 의하면, 정주鄭注를 보완하는 것,(補注) 가소賈疏를 통하여 정주의 뜻을 드러내는 것,(申注) 제가의 설을 모아 정주에 부가하는 것,(附注) 다른 설을 채록하여 정주를 교정하는 것,(訂注) 등 4가지 측면에 중점을 두었다고 한다. 이러한 호배휘의 방식은 "주注를 달 때에는 경經을 위반하지 않고, 소疏를 달 때에는 주注를 무너뜨리지 않는다"는 훈석訓釋의 틀을 벗어난 것으로, 『의례』학을 집대성한 성과로 평가된다.[44]

장혜언의 『의례도』 6권은 『의례』 각 편의 의식 진행에 맞추어, 중요한 의절마다 그림으로 표시한 것이다. 그림에는 궁실의 제도, 예기禮器와 행례자의 위치, 의식의 진행 과정 중에 사람과 사물의 위치와 방위가 변하는 것 등에 대하여 시각적으로 파악할 수 있게 하였다.

건가 시기 이후 황이주(1828~1899)는 가학을 통해 삼례를 연구하여 『예서통고禮書通故』 100권을 저술하였는데, 전대의 설들을 집성하고 고증을 가하였다. 이는 청대에 산출된 가장 방대한 예학 저작으로, 특정한 설을 묵수하지 않고 원문과 사실에 근거하여 규명하는 실사구시의 관점을 표방하였다. 황이주의 『예서통고』는 청대 삼례 연구의 총결적 저작으로 평가되기도 한다.[45] 황이주와 동시대 학자로는 장석공張錫恭(1858~1924)을 들 수 있다. 그는 「상복」 정현 주의 맥락을 집중적으로 분석하고 밝혀서 『상복정씨학喪服鄭氏學』 17권을 찬술하여 정현의 취지를 자세히 밝힌 것이 많았다.

3. 『의례』의 체제와 내용

『의례주소』 가공언의 소에는 정현의 「목록目錄」을 인용하고 있어 이를 통해서 우리는 현행본 『의례』의 목차 이외에 한대에 전승되었던 대덕본戴德本, 대성본戴聖本, 유향劉向(BC 77~BC 6)의 『별록別錄』본의 목차도 알 수 있다. 이들 목차는 「사관례」, 「사혼례」, 「사상견례」 부분까지만 현행본과 일치하고, 다른 편들에서는 서로 간에 차이가 있다. 현행본 목차는 유향의 『별록』본 목차와 같으며, 대체로 가례嘉禮, 빈례賓禮, 흉례凶禮, 길례吉禮로 유형화하여 편차한 형태이다. 판본 모두 군례軍禮가 없는 점이 공통적이다. 각 판본의 목차를 표로 보면 다음과 같다.

목차	鄭注本(현행본)	戴德本	戴聖本	劉向『別錄』本
1	士冠禮	士冠禮	士冠禮	士冠禮
2	士昏禮	士昏禮	士昏禮	士昏禮
3	士相見禮	士相見禮	士相見禮	士相見禮
4	鄕飮酒禮	士喪禮	鄕飮酒禮	鄕飮酒禮
5	鄕射禮	旣夕禮	鄕射禮	鄕射禮
6	燕禮	士虞禮	燕禮	燕禮
7	大射	特牲饋食禮	大射	大射
8	聘禮	少牢饋食禮	士虞禮	聘禮
9	公食大夫禮	有司徹	喪服	公食大夫禮
10	覲禮	鄕飮酒禮	特牲饋食禮	覲禮
11	喪服	鄕射禮	少牢饋食禮	喪服
12	士喪禮	燕禮	有司徹	士喪禮
13	旣夕禮	大射	士喪禮	旣夕(士喪禮下)
14	士虞禮	聘禮	旣夕禮	士虞禮
15	特牲饋食禮	公食大夫禮	聘禮	特牲饋食禮
16	少牢饋食禮	覲禮	公食大夫禮	少牢饋食禮
17	有司徹	喪服	覲禮	有司徹(少牢下)

가공언은 이들 판본 사이의 편차 배치가 다른 것에 대하여 "유향의 『별록』본 편차가 곧 이 17편의 편차 그것으로, 모두 존비와 길흉에 따라 목차가 정연하다. 그러므로 정현이 이를 이용하였다. 대대본과 소대본에 이르러 모두 존비와 길흉이 뒤섞여 정연하지 못하다. 그러므로 정현이 일절 따르지 않았다"[46]고 하여 『별록』본의 편차가 정연하다고 평가하였다. 일반적으로 현대 학자들은 가공언의 이 설에 동의하지 않는다. 가령 「소뢰궤사례少牢饋食禮」와 「유사철有司徹」은 길례에 속하지만 흉례 뒤에 배치되어 있기 때문이다. 오히려 대덕본의 편차가 합리적이라고 여기는 학자들이 많은데, 실제로 판본 사이의 편차가 다른 것이 함의하는 바가 무엇인지에 대해서는 아직 일정한 정론이 없다.[47]

1959년 7월 감숙성甘肅省 무위현武威縣 한묘漢墓에서 『의례』 죽간 469매, 27,298자가 출토되었다. 내용과 죽간의 크기로 볼 때, 갑, 을, 병 세 종류로 구분된다. 갑본은 한척漢尺 2척 4촌의 크기로, 「사상견지례士相見之禮」 제3, 「복전服傳」 제8, 「특생特牲」 제10, 「소뢰少牢」 제11, 「유사有司」 제12, 「연례燕禮」 제13, 「대사大射」 제14 등이 있다. 을본은 한척 2척 1촌의 크기로 「복전服傳」을 수록하고 있다. 병본은 크기는 갑본과 같고 「상복喪服」 경문經文 1편을 수록하고 있다.

갑본 7편은 각 편 앞에 편명과 편차를 싣고 있는데, 목차는 「사상견지례」만 제외하고 나머지 편들은 위에서 제시한 네 판본, 즉 현행본, 대대본, 소대본, 유향의 『별록』본 목차와 다르다. 내용의 경우 「복전」만 현행본과 다르고, 나머지 6편은 현행본과 대동소이하다. 갑본의 「복전」과 을본의 「복전」은 내용이 서로 같고, 현행본 「복전」과도 같다. 병본의 「상복」 경문은 현행본 「상복」의 경문과 동일하다.

병본의 「상복」이 경經만 있고 전傳이 없는 점과 갑·을본의 「복전」을 통해서, 전한시대에는 「상복」과 「복전」이 서로 독립되어 유포되었음을 알 수 있다. 후한시대에 이루어진 희평熹平 석경石經(175)에 간각된 『의례』에도 「상복」의 경문만 있고 전문은 없다. 한편, 『수서』 「경적지」에는 "「상복경전喪服經傳」 1권, 마융 주", "「상복경전喪服經傳」 1권, 정현 주"라고 기록되어 있다. 이것은 정현과 마융이 활동하던 시기에는 「상복」의 경과 전을 병합하여 주석하는 방식이 행해졌음을 보여 준다. 「복전」의 저자, 저작 시기 등과 관련하여 학계에는 ① 전한 선제 때 개최된 석거각회의石渠閣會議 이후 경보慶普가 지은 것으로 금문가의 텍스트라는 설과[48] 석거각회의 이전에 지어진 고문가의 텍스트라는 상반된 설[49]이 제시되었다.

현존하는 『의례』 17편을 기술한 내용에서 보면, 제13편인 「기석례」는 제12편 「사상례」에 이어지는 상례喪禮 의절의 후반부 내용이고, 제17편 「유사철」은 제16편 「소뢰궤사례」에 이어지는 제례祭禮 의절의 후반부 내용에 해당한다. 따라서 전체가 15편으로 분류될 수도 있다.

『의례』 본문에는 경經, 전傳, 기記 세 가지 형태의 기술이 들어 있다. '전'과 '기'는 '경'의 의미를 밝히고 설명한 부분이다. 전통적으로 예학자들은 '경'은 주공이 지었으며, '전'과 '기'는 후대에 지어진 것이라고 여겼다.[50] '전'은 「상복」에만 나타난다. 가공언은 자하子夏의 저작이라고 하였지만, 신빙성이 결여된 주장이다. '기'의 형태는 「사상견례」, 「대사의」, 「소뢰궤사례」, 「유사철」 등의 편에는 나오지 않고, 나머지 편들에 보인다. 「사상례」와 「기석례」의 '기'는 「기석례」 뒤에 부가되어 있어 두 편이 상례의 연속되는 내용임을 보여 준다.[51] 「상복」의 경우 '기'에 대해서도 '전'이 부가되어 있다. 이것은 '기'가 '전' 이전에 성립되었다는 해석의 전거가 된다. 그러나 '기'의 작자에 대해서는 알려져 있지 않다. 이하 17편의 내용을 간략히 소개하면 다음과 같다.

첫 번째 편 「사관례」는 유교의 성인식을 기술한 것이다. 관을 세 번 씌우는 의절이 의식의 중심을 이루기 때문에 '관례'라고 부르며, 오례 가운데 가례嘉禮에 속한다. 정현의 『삼례목록』에는 「사관례」의 의절을 천자와 제후에게 벼슬하는 사士 계층이 행하는 형식으로 설명하였다.[52] 이 편에서 기술하고 있는 주요 의절은 관례의 날짜를 택하는 점을 치는 의절(筮日), 빈에게 관례의 거행 날짜를 알리는 의절(戒賓), 관을 씌워주는 주빈을 점치는 의절(筮賓), 주인이 빈賓과 찬贊의 집으로 찾아가 재차 알리는 의절(宿賓, 宿贊冠者), 관례 하루 전 관례를 행할 시간을 정하는 의절(爲期), 관례를 행하는 날에 물품을 진설하는 의절, 참여자들이 복장을 갖추고 자기 위치로 나아가는 의절, 빈을 맞이하는 의절(迎賓), 치포관緇布冠, 피변皮弁, 작변爵弁 등 세 차례 관을 씌우는 의절과 관을 씌울 때 하는 축사祝辭, 빈이 관례를 치른 아들에게 예주醴酒를 따라주는 의절, 빈이 자字를 지어주는 의절, 빈을 대접하고 전송하는 의절, 관례를 치른 아들이 어머니 등 가족에게 인사드리는 의절, 관례를 치른 아들이 군주, 경대부, 향선생鄕先生 등에게 인사드리는 의절 등으로 구성된다.

「사혼례」는 결혼식을 기술한 것으로, 오례 가운데 가례에 속한다. 정현의 『삼례목록』에 의하면 사士가 아내를 맞이하는 의례로 저녁에 행하기 때문에 '사혼례士昏禮'라고 한다. 주요 내용은 신부를 채택하는 의절(納采), 신부의 이름을 묻는 의절(問名), 신부 측에서 신랑 측의 사자에게 예례醴禮를 행하는 의절, 길조를 신부 측에 알리는 의절(納吉), 신부 측에 예물을 보내 혼사가 성사되었음을 알리는 의절(納徵), 혼례의 거행 날짜를 정하는 의절(請期), 신랑과 신부가 음식을 함께 먹는 '동뢰同牢' 의식에 쓰는 예찬禮饌을 진설하는 의절, 신랑이 신부의 집으로 가서 신부를 맞이해 오는 의절(親迎), 혼례식 의절, 신랑과 신부가 예찬을 함께 나누어 먹는 의절, 침소에 음식을 거두어 놓고 신랑과 신부가 들어가는 의절, 신랑과 신부를 따라온 이들이 남은 음식을 먹는 의절(餕), 신부가 시어머니에게 인사드리는 의절, 시어머니가 신부에게 예례醴禮를 행하는 의절, 신부가 시부모에게 음식을 차려 올리는 의절, 시부모가 신부에게 향례饗禮를 행하는 의절, 시부모가 신부를 따라온 빈객들에게 향례를 행하는 의절, 묘廟에 인사드리는 의절(廟見) 등으로 구성되어 있다.

「사상견례」는 사士와 사가 처음 대면할 때 행하는 예를 기술한 것으로, 오례 가운데 빈례賓禮에 속한다. 양자 사이에서 전달자로서 예를 돕는 개介, 찾아가 만나는 쪽에서 준비하는 예물(摯), 의식의 의절 등에 대하여 기술하고 있다. 또한 사가 대부를 만나는 경우, 대부가 서로 만나는 경우, 사와 대부가 군주를 만나는 경우도 기술하였다.

「향음주례」는 향학鄕學에 모여 음주의 예를 행하는 의식을 기술한 것으로, 오례 가운데 가례에 속한다. 빈을 정하고, 물품을 진설하고, 빈을 맞이하여 음주의 예를 행하고, 전송하는 의절이 중심을 이룬다. 음주의 예는 빈, 개, 중빈에게 술을 따라 올리는 의절(獻賓, 獻介, 獻衆賓), 음악을 행하는 의절, 여수旅酬의 예를 행하는 의절, 무산작과 무산악을 행하는 의절(無算爵, 無算樂) 등으로 구성된다.

「향사례」는 향대부鄕大夫가 사士와 제자弟子를 향학鄕學에 모아 놓고 활쏘기를 행하는 예를 기술한 것으로, 오례 가운데 가례에 속한다. 의식은 먼저 사례射禮 전에 향음주례를 행하고, 이어 사례를 행하고, 사례가 끝난 후 다시 음주의 예를 행하는 과정으로 구성된다. '사례'는 세 사람이 짝을 이루어 세 번 활쏘기를 진행하는데 향학의 제자가 1차 활을 쏘고, 주인 · 빈 · 중빈이 함께 참여하여 2차, 3차 활을 쏜다. 1차 사례는 사정司正을 세우는 의절(立司正), 사사司射가 활쏘기를 청하는 의절(司射請射), 제자가 활 쏘는 도구를 들여 오는 의절(弟子納射器), 사사司射가 재주가 비슷한 자를 선발하여 세 짝(三耦)을 이루어 주는 의절(司射比三耦), 사마司馬가 과녁을 펼치고 깃발을 기대 놓으라는 명령을 내리는 의절(司馬命張侯倚旌), 악정樂正이 악기를 옮기도록 명령하고, 그에 따라 악공이 악기를 옮기는 의절(樂正遷樂), 세 짝이 활과 화살을 가지고 활쏘기를 기다리는 의절(三耦取弓矢俟射), 사사司射가 시범을 보여 활쏘기를 가르치는 의절(司射誘射), 세 짝이 활쏘기를 하는 의절(三耦射), 화살을 가져다 화살꽂이 통(楅)에 놓고 제1차 활쏘기를 마치는 의절(取矢委楅第一番射事竟) 등으로 진행된다.

「연례」는 제후가 경대부에게 연회를 베풀어 접대하는 예를 기술한 것으로, 오례 가운데 가례에 속한다. 가공언에 따르면, 국내의 경대부에게뿐 아니라 빙문하러 온 외국의 경대부에게도 행한다. 의식은 연례 참가자에게 통지하고 물품을 진설하는 의절(告戒, 設具), 빈과 덮개보를 잡을 사람을 정하는 의절(命賓, 命執役者), 빈을 맞이하는 의절(納賓), 술을 따라 주는 의절(獻酒, 媵爵, 旅酬), 음악을 행하는 의절(作樂, 升歌, 奏笙, 間歌, 合樂), 빈객의 음주를 돕는 의절(立司正安賓), 술과 음악을 더하는 의절(無算爵, 無算樂), 전송하는 의절 등으로 진행된다.

「대사의」는 제후가 큰 제사를 지낼 때 제사를 도울 사람들을 뽑기 위해 행하는 사례射禮를 기술한 것으로, 오례 가운데 가례에 속한다. '사례'는 본래 '연례'의 한 부분으로 들어가 있다. 경문은 '대사지의大射之儀'로 시작되는데, '예禮'라고 하지 않고 '의儀'라고 한 것에 대하여 가공언은 "사례는 성대하고 예를 갖추는 동작이 많기 때문에 '의儀'(용모동작)라고 하였다"(以射禮盛, 威儀多, 故以儀言之)고 설명한다. 곧 제사에 참여하여 진행을 돕는 사람들을 선발할 때에 동작과 용모가 중시되었음을 보여 준다. 의식의 진행은 향사례와 기본적으로 같지만, 주관자의 신분이 향대부가 아닌 군주이고, 참여자의 신분 역시 향사례에 비하여 높으며, 사용하는 과녁(侯)과 악기 등 규모에서도 역시 차이가 있다.

「빙례」는 제후가 타국에 경대부 등 사신을 보내 빙문하는 예를 기술한 것으로, 오례 가운데 빈례에 속한다. '빙聘'은 빙문한다는 뜻으로, 빙례는 경을 파견하는 대빙大聘과 대부를 파견하는 소빙小聘으로 구분된다. 의식의 진행은 사신 일행을 정하는 의절(命使), 예물을 준비하는 의절(授幣), 사행을 출발하는 의절(出行), 중간에 다른 나라를 통과할 때 길을 빌리는 의절(過國假道), 상대국에 들어갈 때의 의절(豫習, 展幣, 郊勞, 致館, 設飧), 주국에 예물을 바치는 의절(聘, 享), 개인적으로 주국의 군주를 찾아뵙는 의절(私覿), 주국에서 사신 측에 빙문기간 동안 음식 등을 제공하는 의절(歸饔餼), 사신 측이 주국의 종묘와 궁실들을 관람하는 의절(請觀), 주국에서 사신 측에 향례饗禮, 사례食禮, 연례燕禮 등을 제공하는 의절(君臣饗賓介), 사신 측에서 주국의 경대부를 방문하는 의절(賓介問卿大夫), 주국에서 사신 측에 규圭와 장璋을 돌려주는 의절(還玉), 주국에서 사신 측에 답례 예물을 전하는 의절(賄와 禮), 사신 일행을 전송하는 의절(送賓), 사자가 귀국하여 본국의 군주에게 보고하는 의절(返國復命), 사행을 마친 관원이 자신의 묘廟에 보고하는 의절(釋幣奠禰) 순으로 진행된다.

「공사대부례」는 주국 측이 사신 측에 제공하는 사례食禮의 의절을 기술한 것으로, 오례 가운데 가례에 속한다. 주국에서 사신 측에 접대하는 예는 향례饗禮, 사례食禮, 연례燕禮 등 세 가지가 있는데, '연례'는 술에 중점이 있고, '사례'는 음식에 중점이 있으며, '향례'는 술과 음식 두 가지를 겸하여 베푼다. '사례'의 의식은 사신 측에 알리고 물품을 진설하는 의절(戒賓陳具), 사신 측을 맞이하여 당堂 위로 오르는 의절(迎賓), 음식을 담은 세발솥(鼎)과 희생제기(俎)를 뜰에 진설하는 의절(立鼎戴俎), 정찬正饌을 진설하고 빈이 고수레를 하는 의절(設正饌, 賓祭正饌), 가찬加饌을 진설하고 빈이 고수레를 하는 의절(設加饌, 賓祭加饌), 빈이 밥을 떠서 먹는 의절(賓食饌三飯), 빈에게 예물을 선사하는 의절(束帛賄賓), 빈이 식사를 마치고 나오는 의절(卒食, 禮畢賓出), 빈의 숙소에 음식을 보내고 빈이 답례로 인사하는 의절(歸俎, 賓拜賜) 등으로 진행된다.

「근례」는 제후가 천자를 뵙고 인사드리는(朝見) 예를 기술한 것으로, 오례 가운데 빈례에 속한다. '근覲'은 '찾아가 만난다'는 뜻으로 본래 가을에 조견朝見하는 예를 가리켰는데, 봄 · 여름 · 겨울에 행하는 조례朝禮 · 종례宗禮 · 우례遇禮의 조견 예가 없어지고 이 예만 남게 되어 사시에 모두 통용되었다. 의식의 진행은 천자가 사자를 보내 교郊에서 제후를 맞이하여 위로하는 의절(郊勞), 제후 측에 숙소를 정해 주는 의절(賜舍), 근례 일정을 알려 주는 의절(戒覲期), 근례를 행하는 의절(行覲禮), 예물을 바치는 의절(三享), 제후가 육단肉袒을 하고 천자에게 처벌을 청하는 의절(肉袒請罪), 천자가 제후에게 수레와 의복을 하사하는 의절(賜諸侯車服) 등으로 진행된다. 「근례」 후반부에는 제후가 회동할 때, 천자가 순수할 때의 의절과 관련된 내용도 담고 있다.

「상복」은 사망한 이에 대한 친소관계에 따라 거상居喪하는 오복五服의 예를 기술한 것으로, 오례 가운데 흉례凶禮에 속한다. 이 편은 유일하게 '경經' 이외에 '전傳'이 부가되어 있고, 한대에 이미 『의례』의 다른 편들과 별도로 하나의 책으로 간행되어 유포되었다. 내용은 참최복斬衰服, 자최복齊衰服(三年, 杖期, 不杖朞, 三月), 대공복大功服(殤九月, 殤七月, 九月), 소공복小功服(殤五月, 五月), 시마복緦麻服 등 오복으로 나누어 각각의 경중에 따른 상기喪期와 최복衰服의 방식, 해당되는 친소관계를 밝혔다.

「사상례」와 「기석례」는 상례喪禮 의절을 기술한 것으로, 오례 가운데 흉례에 속한다. 「사상례」의 주요 내용은 사망한 당일 행하는 초종예初終禮(군주와 친구가 수의襚衣를 부의하는 의절, 목욕, 飯含, 襲, 設重), 사망한 다음 날 행하는 소렴

小斂과 소렴전小斂奠의 의절, 사망한 지 3일째 되는 날 행하는 대렴大斂과 대렴전大斂奠의 의절, 군주가 직접 대렴에 임할 때의 의절, 사망한 지 4일째 되는 날 행하는 성복成服의 의절, 사망한 지 5일째 되는 날부터 행하는 조석곡朝夕哭의 의절, 삭월전朔月奠과 천신薦新의 의절, 묘소를 정하는 의절(筮宅), 장례일을 정하는 의절(卜葬日)까지 다루고 있다. 이하 상례의 과정은 「기석례」에서 다루고 있고, 기문記文 역시 「기석례」 뒤에 부가되어 있어 본래 두 편이 한 편이었음을 보여 준다. 「기석례」에서는 계빈啓殯, 천구遷柩, 조묘祖廟의 의절, 장례에 필요한 물품을 준비하는 의절(載柩, 飾柩車, 陳明器), 군주와 빈이 부의하는 의절(賵, 奠, 賻, 贈), 발인에서 하관하기까지의 의절(大遣奠, 發軔, 下棺), 장례 후 상제喪祭의 의절을 다루고, 그 아래에 기문記文과 보충하는 설명을 부가하였다.

「사우례」는 우제虞祭의 의절을 기술한 것으로, 오례 가운데 흉례에 속한다. 주요 내용은 우제에 필요한 물품을 진설하는 의절, 우제를 지낼 때 입는 복식과 위치에 나아가는 의절, 방 안에 음식을 진설하고 음염陰厭의 예를 행하는 의절, 시동을 맞이하고 구반九飯을 올리는 의절, 상주가 초헌을 행하는 의절(獻尸, 獻祝, 獻佐食), 주부가 아헌을 행하는 의절, 빈장賓長이 삼헌을 행하는 의절, 시동을 전송하고 음염을 행하는 의절, 빈을 전송하는 의절 등을 다루고 있다.

「특생궤사례」는 제후의 대부와 사가 세시에 종묘에서 선조에게 제사하는 예를 기술한 것으로, 오례 가운데 길례吉禮에 속한다. 내용은 제사 날짜를 점치는 의절(筮日), 시동을 점치고 시동이 되어 줄 것을 청하는 의절(筮尸, 宿尸), 속리와 삼헌을 행할 빈을 초청하는 의절(宿屬吏, 備三獻賓), 제사 전날 저녁에 제기와 희생을 살펴보는 의절(視濯, 視牲), 제사 지내는 날 이른 아침에 주인과 주부가 물품을 진설하고 제사 참여자가 위치로 나아가는 의절, 시동을 맞이하기 전에 주인·주부·축祝·좌식佐食이 음식을 진설하고 음염陰厭을 행하는 의절, 시동을 맞이하는 의절, 주인이 초헌을 행하는 의절(獻尸, 獻祝, 獻佐食), 주부가 아헌을 행하는 의절, 빈장이 삼헌을 행하는 의절, 주인이 빈과 중빈에게 술을 올리는 의절(獻賓, 獻衆賓), 당 아래에 술동이를 진설하고 빈과 술을 주고받는 의절(酬賓), 장형제·중형제·고모·자매·종부宗婦에게 술을 올리는 의절(獻長兄弟, 獻衆兄弟, 獻姑姊妹, 獻宗婦), 추가로 시동에게 술을 올리는 의절(加獻尸), 사자嗣子가 내려 놓았던 술잔의 술을 마신 후 시동에게 술을 올리는 의절, 여수旅酬를 행하는 의절(旅酬, 作止爵, 無算爵), 좌식佐食이 시동에게 술을 올리고 제사를 마치는 의절, 사자嗣子가 장형제와 함께 대준對餕을 행하는 의절, 대나무제기(籩)·나무제기(豆)와 희생제기(俎)를 치우고 서북쪽에 음식을 바꾸어 진설하여 양염陽厭을 행하는 의절 등으로 이루어진다.

「소뢰궤사례」는 제후의 경과 대부가 묘廟에서 시제를 지내는 예를 기술한 것으로, 오례 가운데 길례에 속한다. '소뢰'는 양과 돼지를 희생으로 사용하는 경우로 소까지 희생으로 사용하는 '태뢰'에 비하여 규모가 적음을 뜻한다. 이편과 「유사철」은 내용상 본래 한 편인데, 분량이 많아 둘로 나누어 놓은 것이다. 내용은 제사 지내기 10일 전에 제사 날짜를 점치는 의절(筮日), 제사 지내기 3일 전에 시동을 택하는 점을 치고 찾아가서 시동이 되어 줄 것을 청하는 의절(筮尸, 宿尸), 제사에 참여하는 축과 집사 등 제관祭官에게 알리는 의절(宿諸官), 제사를 거행하는 시간을 정하는 의절(祭期), 제사 당일 희생을 잡고 제기를 살피는 의절(視殺, 視濯), 희생을 조리하여 옹인饔人이 이를 세발솥에 담는 의절(羹定, 實鼎), 술동이와 대나무제기(籩)·나무제기(豆) 등의 제기를 진설하는 의절, 안석과 자리(几席)를 진설하고 제수를 진설하는 의절, 음염陰厭을 행하는 의절, 시동을 맞이하는 의절(迎尸, 妥尸), 시동이 밥을 떠서 먹는 의절(尸十一飯), 주인이 초헌을 행하는 의절(獻尸, 尸醋主人, 獻祝, 獻佐食), 주부가 아헌을 행하는 의절, 빈장이 삼헌을 행하는 의절, 제사가 끝나 시동이 묘廟 밖으로 나가고 축祝이 제사가 끝났음을 알리는 의절(尸出廟, 祝告利成), 시동이 먹고 남은 음식을 올려놓은 기조肵俎를 거두고 준餕을 행하는 의절 등을 주로 다룬다.

「유사철」은 경과 대부가 묘廟에서 제사할 때, 정제正祭의 과정을 마친 뒤에 시동에게 수고한 것을 보답하여 빈객의 예로 접대하는 의절(儐尸)을 담고 있으며, 오례 가운데 길례에 속한다. '유사철有司徹'이라는 제목은 이 편의 첫 구절에서 따온 것이다. 내용은 제수를 거두고 시동의 식사를 도울 유侑를 뽑는 의절(選侑), 시동과 유를 맞이하고 세발솥(鼎)과 희생제기(俎)를 진설하는 의절(迎尸, 迎侑, 設俎), 주인이 시동과 유에게 술을 따라 올리는 초헌의 의절(主人獻尸, 主人獻侑, 尸酢主人), 주부가 시동과 유에게 술을 따라 올리는 아헌의 의절(主婦獻尸, 主婦獻侑, 主婦致爵主人, 主婦受尸酢), 상빈 즉 장빈이 시동에게 술을 따라 올리는 삼헌의 의절(上賓三獻), 여수旅酬의 의절, 무산작無算爵의 의절, 이상의 빈시儐尸 의절을 마치고 시동과 유를 전송하는 의절 등으로 이루어진다.

○ 참고문헌

許清雲,「儀禮概述」,『三禮硏究論集』(臺北, 黎明文化事業公司, 1981).

皮錫瑞 著, 周予同 註釋,『經學歷史』(北京, 中華書局, 2008).

李學勤 主編, 十三經注疏整理本『儀禮注疏』(北京, 北京大學出版社, 2000).

金容天,「『石渠禮論』의 分析과 前漢시대 禮治理念」(서울,『東方學志』137, 2007).

金容天,『전한후기 예제담론』(서울, 선인, 2008).

沈文倬,「漢簡服傳考」(『文史』24~25輯).

沈文倬,「禮漢簡異文釋」(『文史』33~36輯).

陳夢家,『武威漢簡』(北京, 文物出版社, 1964).

錢玄,『三禮通論』(南京, 南京師範大學出版社, 1996).
彭林,「『三禮』說略」(李學勤外 著,『經史說略 : 十三經說略』, 北京, 北京燕山出版社, 2002).
楊天宇,「略述中國古代的『儀禮』學」(『高敏先生七十華誕紀念文集』, 中州古籍出版社, 2001;『經學探研錄』, 上海古籍出版社, 2004. 재수록).
楊天宇,「『儀禮』的來源﹑編纂及其在漢代的流傳」(『史學月刊』 第六期, 1998;『經學探研錄』, 上海古籍出版, 2004, 재수록).
楊天宇,『鄭玄三禮注硏究』(天津, 天津人民出版社, 2007).
楊天宇,『儀禮譯注』(上海, 上海古籍出版社, 1994).

주

1_『장자』「천운」에는 "공자가 노담에게 '나는『시』·『서』·『예』·『악』·『역』·『춘추』의 육경을 연구하였다'고 하였다"(孔子謂老聃曰, '丘治『詩』·『書』·『禮』·『樂』·『易』·『春秋』六經, 自以爲久矣)라고 하였는데,『예』는『의례』를 가리키는 것으로 보인다.『한서』「예문지」에는 "그러므로『예경』이 삼백 가지요, 위의가 삼천 가지이다'라고 하였다"(故曰,『禮經』三百, 威儀三千), "한이 일어나자, 고당생이『사례』17편을 전하였다"(漢興, 高堂生傳『士禮』十七篇), "『예고경』이 엄중에서 나왔다"(『禮古經』出於淹中)라고 하여 '예경', '사례', '예고경' 등의 용어로『의례』를 지칭하였다. 그러나 육경 또는 오경은 학문의 분야를 지칭하는 의미를 기본적으로 함축하고 있다. 따라서 텍스트에 대한 명칭과 분야에 대한 명칭을 서로 혼용하거나 또는 겸칭하는 것이 통상적인 맥락이었음을 고려해야 한다.

2_『漢書』 권53,「景十三王傳」, "獻王所得書, 皆古文先秦舊書,『周官』·『尙書』·『禮』·『禮記』·『孟子』·『老子』之屬, 皆經傳說記, 七十子之徒所論."

3_ 이 외에도 정현의「六藝論」에는 "하간 헌왕의 고문『예』56편"(河間獻王古文『禮』五十六篇)이라고 하였고, 왕충의『논형』「正說」에는 "(전한) 효선제 때에 하내 땅의 여자가 낡은 집을 허물다가 망실되었던『역』·『예』·『상서』각 한 편을 얻어서 상주하였다"(至孝宣帝之時, 河內女子發老屋, 得逸『易』·『禮』·『尙書』各一篇, 奏之)고 하여 고문본의『의례』도『예』라고 불렀음을 보여 준다. 또한『논형』「謝短」에는 "전한의 고조가 숙손통에게 명하여 儀品 16(20)편을 제작하게 하였다는데, 그것은 어디에 있는가? 다시 儀禮를 제정하였는가? 현재의 (『의례』) 16편은 진시황이 불태우고 남은 것이다. 진나라 때에는 편수가 모두 얼마였는가?"(高祖詔叔孫通制作儀品六十篇, 何在? 而復定儀禮? 見在十六篇, 秦火之餘也. 更秦之時, 篇凡有幾?)라고 하여 '儀禮'라는 용어가 보이지만, 이 '儀禮'는 '禮儀'가 도치된 것으로 파악한다. '禮儀'는 예의 儀式, 儀節을 뜻한다. 이와 관련해서는 許淸雲,「儀禮概述」, 48쪽 참조.

4_ 錢鉉,『三禮通論』, 3~5쪽; 彭林,「『三禮』說略」, 104~105쪽.

5_『後漢書』 권64,「盧植傳」, "時始立太學石經, 以正五經文字, 植乃上書曰, '臣少從通儒故南郡太守馬融受古學, 頗知今之『禮記』特多回穴. 臣前以『周禮』諸經, 發起粃謬, 敢率愚淺, 爲之解詁, 而家乏, 無力供繕[寫]上. 願得將能書生二人, 共詣東觀, 就官財糧, 專心硏精, 合『尙書』章句, 考『禮記』失得, 庶裁定聖典, 刊正碑文.'"

6_ 錢玄,『三禮通論』, 6~7쪽; 彭林,「『三禮』說略」, 104쪽.

7_『後漢書』 권65,「鄭玄傳」, "凡玄所注『周易』·『尙書』·『毛詩儀』·『禮記』·『論語』·『孝經』·『尙書大傳』."

8_ 段玉裁,『經韻樓集』 권2,「禮十七篇標題漢無儀字說」; 黃以周,『禮書通故』,「禮書」.

9_ 彭林,「『三禮』說略」, 104쪽.

10_『史記』 권121,「儒林列傳」, "諸學者多言禮, 而魯高堂生最. 本禮固自孔子時而其經不具, 及至秦焚書, 書散亡益多, 於今獨有『士禮』, 高堂生能言之."

11_『漢書』 권30,「藝文志」, "漢興, 魯高堂生傳『士禮』十七篇."

12_『한서』「藝文志」에는 “『주역』에 ‘夫婦, 父子, 君臣, 上下가 있는 곳에 禮義가 성립하는 바가 있다’고 하였다. 제왕이 質과 文 사이에 시대마다 덜고 더함이 있었는데, 주나라에 이르러 세부적인 데까지 예방하는 조치를 마련하였고 일마다 제도를 수립해 놓았다. 그러므로 ‘禮經이 삼백 가지요, 威儀가 삼천 가지이다’라고 하였다. 주나라가 쇠약해지자, 제후들이 법도를 넘어서고자 하였는데 예가 자신들을 방해하자 모두가 그 典籍을 없애 버렸다. 그리하여 공자 당시부터 전적이 갖추어지지 못하였고 秦에 이르러 크게 파괴되었다”(『易』曰, ‘有夫婦 · 父子 · 君臣 · 上下, 禮義有所錯.’ 而帝王質文世有損益, 至周曲爲之防, 事爲之制, 故曰, ‘禮經三百, 威儀三千.’ 諸侯將踰法度, 惡其害己, 皆滅去其籍, 自孔子時而不具, 至秦大壞)라고 설명하였다. 『사기』의 관점을 이어 곧 『한서』에서도 주대에 이르러 禮制가 經禮에서 威儀까지 잘 갖추어지게 되었는데, 춘추 시기를 통해 제후들에게 붕괴되어 공자 때부터 이미 전적이 완비되지 못하였고 秦의 분서갱유에 이르러 크게 파괴되었다는 입장을 피력하고 있다.

13_『漢書』 권88, 「儒林傳」, “漢興, 魯高堂生傳士禮十七篇 … 瑕丘蕭奮以禮至淮陽太守. … 孟卿, 東海人也. 事蕭奮, 以授后倉 · 魯閭丘卿. 倉說禮數萬言, 號曰后氏曲臺記, 授沛聞人通漢子方 · 梁戴德延君 · 戴聖次君 · 沛慶普孝公. 孝公爲東平太傅. 德號大戴, 爲信都太傅. 聖號小戴, 以博士論石渠, 至九江太守. 由是禮有大戴 · 小戴 · 慶氏之學. 通漢以太子舍人論石渠, 至中山中尉. 普授魯夏侯敬, 又傳族子咸, 爲豫章太守. 大戴授琅邪徐良斿卿, 爲博士 · 州牧 · 郡守, 家世傳業. 小戴授梁人橋仁季卿 · 楊榮子孫. 仁爲大鴻臚, 家世傳業, 榮琅邪太守. 由是大戴有徐氏, 小戴有橋 · 楊氏之學.”

14_『후한서』「儒林傳」에 의하면, 今文14家博士 가운데에 慶氏의 『禮』는 거론하지 않았고, 慶氏의 『易』만 언급하고 있어 전한 시기에 慶氏의 『禮』가 학관에 세워졌는지는 불확실하다. 다만 慶氏의 『禮』가 독자적인 일가로서 이름이 있었음은 명확하다.

15_ 전한시대 예 문헌의 정비와 그 전승 과정에 관해서는 김용천, 『전한후기 예제담론』, 50~73 참조.

16_『의례』 고문본과 관련한 기사는 『한서』「藝文志」, 「劉歆傳」, 「魯恭王傳」, 「河間獻王傳」 등에 보인다.

17_『隋書』 권32, 「經籍志」, “又有古經, 出於淹中, 而河間獻王, 好古愛學, 收集餘燼, 得而獻之, 合五十六篇, 並威儀之事.”

18_『漢書』 권30, 「藝文志」, “禮古經者, 出於魯淹中及孔氏, 與十七篇文相似, 多三十九篇. 及「明堂陰陽」·「王史氏記」所見, 多天子 · 諸侯 · 卿大夫之制, 雖不能備, 猶瘉倉等推『士禮』而致於天子之說.”

19_『漢書』 권88, 「儒林傳 · 贊」, “平帝時, 又立『左氏春秋』·『毛詩』·『逸禮』·『古文尙書』, 所以網羅遺失, 兼而存之, 是在其中矣”; 『漢書』 권99상, 「王莽傳」(上), “是歲, 莽奏起明堂 · 辟雍 · 靈臺, 爲學者築舍萬區, 作市 · 常滿倉, 制度甚盛. 立『樂經』, 益博士員, 經各五人. 徵天下通一藝敎授十一人以上, 及有『逸禮』·『古書』·『毛詩』·『周官』·『爾雅』· 天文 ·

圖識·鍾律·月令·兵法·史篇文字, 通知其意者, 皆詣公車. 網羅天下異能之士, 至者前後千數, 皆令記說廷中, 將令正乖繆, 壹異說云."

20_ 清代 丁晏은『逸禮扶徵』을 지어『逸禮』39편 관련 사료를 수집해 놓았다고 한다. 이 책에서 추적한『逸禮』일부 편목에 대한 소개는 錢玄,『三禮通論』, 15~16쪽 참조.

21_ 錢玄,『三禮通論』, 17~20쪽 참조. 錢玄 역시 沈文倬의 견해에 동조한다.

22_『隋書』권32,「經籍志」, "三家雖存並微."

23_ 정현의『의례』교감에 있어 금고문 겸채의 5원칙에 대해서는 楊天宇,『鄭玄三禮注研究』, 352~377쪽 참조.

24_ 가공언은『의례』의 고문본과 금문본의 출현 과정 및 정현의 주석방식에 대해 다음과 같이 상세하게 설명하였다. "진시황이 전적을 불태웠는데, 한초에 遺文을 찾아 기록하면서부터 古文과 今文의 경전텍스트가 생겨났다.『한서』「예문지」에는 '魯의 高堂生이 漢의 博士가 되어『의례』17편을 전하였다'고 하였는데, 이것이 금문『儀禮』이다. 전한 무제 말에 魯의 恭王이 공자의 舊宅을 허물고 그 궁을 확장하고자 할 때『古儀禮』56편을 얻었는데, 그 글자는 모두 篆書로 되어 있었다. 이것이 고문『儀禮』이다. 고문『儀禮』가운데 17편은 고당생이 전한 것과 같지만, 글자의 수에 차이가 있었다. 그 나머지 39편에 대해서는 經師들이 설명한 것이 전혀 없었으며, 비밀리에 官府에 소장되어 있었다. 정현은『예』에 주를 달 때 금문본과 고문본을 함께 참조하였다. 금문본을 따르고 고문본을 따르지 않을 경우, 금문을 경문에 두었다.「사관례」經文의 '闑'과 '閾' 등이 그러한 경우이다. 그리고 주에서 고문을 다시 보여주었다.「사관례」注文의 '槷'과 '蹙' 따위가 그러한 경우이다. 또 고문본을 따르고 금문본을 따르지 않을 경우에는 고문을 경문에 두었고, 주 안에서 금문을 다시 보여 주었다." 李學勤 主編,『儀禮注疏』, 11쪽 참조.

25_『聖證論』은 공자의 말을 가지고 자신의 설을 논증한다는 취지를 담은 것으로, 오늘날에는 망실되었다. 청대 馬國翰이『玉函山房輯佚書』에서 각종 문헌에 산재된 것 중 30조목을 모아 1권으로 편성해 놓았다.

26_ 가령 정현은『주례』「地官·媒氏」에 의거하여 남자 30세, 여자 20세 혼인설을 주장하지만, 왕숙은 30세와 20세가 혼인의 상한선을 의미한다고 주장한다. 또한『주례』의 '五帝'가 정현은 天帝라고 해석하는 반면 왕숙은 人帝라고 주장하고, 정현은 天子의 경우 7廟라고 해석하지만 왕숙은 9廟라고 주장한다.

27_『尙書』,『詩』,『論語』,『春秋左氏傳』, 三禮書 등이다.

28_『晉書』의「元帝本紀」,「職官志」등 참조.

29_『隋書』권75,「儒林列傳·序」, "自晉室分崩, 中原喪亂, 五胡交爭, 經籍道盡. 魏氏發跡代陰, 經營河朔, 得之馬上, 玆道未弘. 曁夫太和之後, 盛修文敎, 搢紳碩學, 濟濟盈朝, 縫掖巨儒, 往往傑出, 其雅誥奧義, 宋及齊·梁不能尙也. 南北所治, 章句好尙, 互有不同. 江左周易則王輔嗣, 尙書則孔安國, 左傳則杜元凱. 河·洛左傳則服子愼, 尙書·周易則鄭康成. 詩則並主於毛公, 禮則同遵於鄭氏. 大抵南人約簡, 得其英華, 北學深蕪, 窮其枝葉. 考

其終始, 要其會歸, 其立身成名, 殊方同致矣."

30_『北史』 권81, 「儒林傳」, "三禮竝出遵明之門."

31_『北史』 권81, 「儒林傳」, "其後能通『禮經』者, 多是安生門人."

32_『隋書』 권77, 「張文詡傳」, "詡博覽文籍, 特精三禮, 其『周易』·『詩』·『書』及『春秋』三傳, 並皆通習, 每好鄭玄注解."

33_ 이상 남북조 시기 『의례』의 전승에 대해서는 皮錫瑞, 『經學歷史』, 118~134쪽; 彭林, 「『三禮』說略」 참조.

34_ 孔穎達, 「禮記正義·序」, "爰從晉·宋, 逮於周·隋, 其傳『禮』業者, 江左尤盛. 其爲義疏者, 南人有賀循·賀瑒·庾蔚·崔靈恩·沈重·範宣·皇甫侃等; 北人有徐遵明·李業興·李寶鼎·侯聰·熊安生等. 其見於世者, 唯皇·熊二家而已. 熊則違背本經, 多引外義, 猶之楚而北行, 馬雖疾而去逾遠矣. 又欲釋經文, 唯聚難義, 猶治絲而棼之, 手雖繁而絲益亂也. 皇氏雖章句詳正, 微稍繁廣, 又旣遵鄭氏, 乃時乖鄭義, 此是木落不歸其本, 狐死不首其丘. 此皆二家之弊, 未爲得也. 然以熊比皇, 皇氏勝矣. 雖體例旣別, 不可因循, 今奉敕刪理, 仍據皇氏以爲本, 其有不備, 以熊氏補焉."

35_ 賈公彦, 「儀禮正義·序」, "是以『周禮』注者, 則有多門, 『儀禮』所注, 後鄭而已. 其爲章疏, 則有二家, 信都黃慶者, 齊之盛德, 李孟悊者, 隋日碩儒. 慶則擧大略小, 經注疏漏, 猶登山遠望而近不知, 悊則擧擧略大, 經注稍周, 似入室近觀而遠不察. 二家之疏, 互有修短. 時之所尙, 李則爲先. …『喪服』一篇, 凶禮之要, 是以南北二家, 章疏甚多, 時之所以, 皆資黃氏 … 黃·李之訓, 略言其一, 餘足見矣. 今以先儒失路, 後宜易塗, 故悉鄙情, 聊裁此疏, 未敢專欲, 以諸家爲本, 擇善而從, 兼增己義."

36_『舊唐書』 권185하, 「楊瑒傳」, "『周禮』·『儀禮』及『公羊』·『穀梁』殆將廢絶, 若無甄異, 恐後代便棄."

37_『舊唐書』 권185하, 「楊瑒傳」, "瑒常嘆『儀禮』廢絶, 雖士大夫不能行之."

38_ 김용천, 「『石渠禮論』의 分析과 前漢시대 禮治理念」 참조.

39_ 錢玄, 『三禮通論』, 60쪽.

40_『困學紀聞』 권8, 「經學」, "自漢儒至慶曆間, 談經者守故訓而不鑿, 『七經小傳』出而稍尙新奇矣. 至『三經新義』行, 視漢儒之學若土梗矣."

41_ 敖繼公, 『儀禮集說』, 「自序」, "鄭康成舊註『儀禮』, 疵多醇少."

42_ 顧炎武, 『日知錄』 권18, 「書傳會選」, "自八股行而古學棄, 『大全』出而經說亡."

43_ 錢玄, 『三禮通論』, 64쪽.

44_ 錢玄, 『三禮通論』, 68쪽.

45_ 錢玄, 『三禮通論』, 70쪽.

46_ 李學勤 主編, 『儀禮注疏』, 4쪽, "其劉向『別錄』, 卽此十七篇之次是也, 皆尊卑吉凶次第倫敍, 故鄭用之. 至於大戴 … 小戴 … 皆尊卑吉凶雜亂, 故鄭玄皆不從之矣."

47_『의례』 판본 사이의 편차 차이에 대해서 許淸雲, 「儀禮槪述」, 51~53쪽; 楊天宇, 『儀禮譯注』, 15쪽 참조.

48_ 이 설은 陳夢家의 주장으로, 그 근거로는 a)「石渠議奏」(「通典」에 수록됨)에서 經文 "庶人爲國君"과 記文 "宗子孤爲殤"을 인용하였는데 武威漢簡「服傳」에는 이것이 없어 「服傳」의 저자가 산삭한 것으로 추정되는 점, b)「石渠議奏」와 大戴, 小戴가「喪服」을 해설한 뜻과「服傳」의 뜻은 같은 점도 있지만 차이도 있어 二戴 이외의 家法을 보여 준다는 점이다.

49_ 이 설은 沈文倬의 주장으로, 그 근거로는 a)『白虎通義』에서「喪服」經文을 인용할 때는「喪服經」또는「禮・服經」이라고 하고 傳文을 인용할 때는「喪服傳」,「禮・服傳」이라고 명확히 구분하고 있어, 갑・을본에서 칭하는「服傳」이 바로 이「喪服傳」에 해당한다고 추정된다는 점, b) 석거각회의에 참가한 학자들은 모두 금문가로서 二戴와 聞人通漢 등이「服傳」에 대하여 무시, 곡해, 비난하는 태도로 볼 때「服傳」은 고문가의 텍스트로 간주된다는 점, c) 정현의『儀禮注』는「服傳」에서 금문과 고문에 대해 교감한 것이 없지만, 다른 편의 교감에 근거해서 보면 갑・을본의 문자 모두 고문과 같다는 점이다. 가령「士虞禮・記」에서 정현은 "고문에서는 '期'가 모두 '基'로 되어 있다"(古文期皆爲基)고 하였는데, 갑・을본 모두 '期'가 '基'로 되어 있다. 沈文倬은「服傳」의『예기』인용에「喪服小記」,「大傳」,「雜記」,「喪大記」,「問喪」,「服問」,「間傳」,「三年問」,「檀弓」,「喪服四制」에서의 문장이 들어 있는 것에 의거하여, 인용한 이들 편들을 七十子의 後學이 기록한 것으로 이해할 때,「服傳」의 저작 시기는 周愼靚王 이전으로 거슬러 올라가지 않고 기원전 320년 전후일 것이며 秦이 통일하기 이전 시기일 것으로 추정한다.

50_ 이 관점은 한대 이래 청대에 이르기까지 가장 일반적인 견해였다.

51_「旣夕禮」뒤에 부가된 '士處適寢' 이후가「士喪禮」의 '記'에 해당하고, '啓之昕' 이후가「旣夕禮」의 '記'에 해당한다.

52_ 李學勤 主編,『儀禮注疏』, 2쪽, "主人玄冠朝服, 則是於諸侯. 天子之士, 朝服皮弁素積. 古者四民世事, 士之子恒爲士."

일러두기

○ 본 번역의 대본은 2000년 12월 북경대학출판사北京大學出版社에서 간행한 리쉐친李學勤 주편, 《십삼경주소정리본十三經注疏整理本》 가운데 『의례주소儀禮注疏』이다. 『의례儀禮』 경문과 함께 한漢 정현鄭玄 주注와 당唐 가공언賈公彦 소疏가 수록되어 있다. 청淸 완원阮元의 십삼경주소교감기十三經注疏校勘記를 저본으로 하고 손이양孫詒讓의 십삼경주소교기十三經注疏校記, 십삼경청인주소十三經清人注疏의 성과들을 반영한 교감기가 부기되어 있다.

○ 번역에 가장 많이 참고한 서적은 1993년 7월 강소고적출판사江蘇古籍出版社에서 간행한 청淸 호배휘胡培翬 찬撰, 『의례정의儀禮正義』이다. 『의례』와 관련된 청대까지의 주요 연구 성과들을 망라하여 경문과 정현 주에 대한 이해를 돕고, 주소에 대한 논리적인 해명과 비판의 근거들을 제시한 저작이다. 번역본에서는 해당 경문의 번역에 직접적인 근거가 될 만한 학설이나 비판적인 이견 등이 있을 경우, 주석에서 직·간접의 형태로 번역하여 인용, 소개하였다.

○ 번역에서 경전이나 제자서諸子書 등을 인용할 경우에는, 인용문을 번역하고 괄호 안에 인용문의 한문 원문을 수록하였다.

○ 본 번역서에 수록된 도상圖象 자료는, 의례도儀禮圖의 경우 기본적으로 청淸 『흠정의례의소欽定儀禮義疏』 「예절도禮節圖」를 매 편마다 단락별 해제 앞에 수록하였고, 의례의 동선이나 위치 표현이 부족할 경우에는 송宋 양복楊復의 『의례도(의례방통도)儀禮圖(儀禮旁通圖)』, 청淸 장혜언張惠言의 『의례도儀禮圖』 등을 보완적으로 수록하였다. 경문과 정현 주, 각주에 서술된 각 명물도수名物度數에 관한 도상은 송宋 섭숭의聶崇義의 『삼례도三禮圖』와 2006년 청화대학출판사清化大學出版社에서 간행한 정안丁晏 교점·해설의 『신정삼례도新定三禮圖』, 청淸 『흠정의례의소』 「예기도禮器圖」, 청淸 황이주黃以周의 『예서통고禮書通考』에서 해당 도상을 찾아서 수록하였다. 이 밖에도 1998년 강소고적출판사江蘇古籍出版社에서 간행한 첸쉬안(錢玄)의 『삼례사전三禮辭典』, 이케다 스에토시(池田末利)의 『의례儀禮』, 1994년 상해고적출판사上海古籍出版社에서 간행한 양톈위(楊天宇)의 『의례역주儀禮譯注』, 최규순崔圭順의 『중국역대제왕면복연구中國歷代帝王冕服研究』, 쑨지孫機의 『중국고여복논총中國古輿服論

叢』과 『한대물질문화자료도설漢代物質文化資料圖說』, 가오밍첸高明乾의 『고식물한명도고古植物漢名圖考』 등 오늘날 예학 연구자들의 저작에서도 보완이 될 만한 도상들을 추출하여 수록하였다.

○ 용어의 번역은 가독성을 위해 가능한 한 우리말로 번역하고 괄호 안에 원문 용어를 병기하는 것을 원칙으로 하였다. 예) 대나무제기(籩), 고기국물(湆), 당 위 서쪽 벽(西序).

○ 문장의 번역은 통일성을 위해 반복적으로 등장하는 행례 과정 등은 일정한 문장으로 정형화하여 통일하는 것을 원칙으로 하였다. 예) 再拜稽首 : 머리를 바닥에 대면서 재배를 한다. 再拜送摯 : 예물을 보내준 후에 재배를 한다.

○ 본 번역에서 교감에 이용한 판본은 다음과 같이 표기한다.

송宋 엄주嚴州 단주본單注本은 '엄본嚴本', 번각翻刻 송宋 단주본은 '서본徐本', 명明 종인걸鍾人傑의 단주본은 '종본鍾本', 이원양李元陽의 주소본注疏本은 '민본閩本', 명明 국자감國子監 주소본은 '감본監本', 급고각汲古閣 주소본은 '모본毛本', 육덕명陸德明의 『경전석문經典釋文』은 『석문釋文』, 장순張淳의 『의례지오儀禮識誤』는 '장씨張氏', 이여규李如圭의 『의례집석儀禮集釋』은 『집석集釋』, 주희朱熹의 『의례경전통해儀禮經典通解』는 『통해通解』, 위료옹魏了翁의 초본抄本 『의례요의儀禮要義』는 『요의要義』, 양복楊復의 『의례도儀禮圖』는 '양씨楊氏', 오계공敖繼公의 『의례집설儀禮集說』은 '오씨敖氏'로 각각 표기한다.

○ 본 번역본은 『의례』 17편의 내용상 의례범주와 번역분량을 고려하여 모두 여덟 권으로 나누고, 색인편을 별도의 한 책으로 엮었다. 1권은 「사관례」(제1), 「사혼례」(제2), 「사상견례」(제3)이다. 2권은 「향음주례」(제4), 「향사례」(제5)이다. 3권은 「연례」(제6), 「대사의」(제7)이다. 4권은 「빙례」(제8)이다. 5권은 「공사대부례」(제9), 「근례」(제10)이다. 6권은 「상복」(제11)이다. 7권은 「사상례」(제12), 「기석례」(제13), 「사우례」(제14)이다. 8권은 「특생궤사례」(제15), 「소뢰궤사례」(제16), 「유사철」(제17)이다.

『의례주소』 교감 판본 목록 *

1) 당석경唐石經. 왕요혜王堯惠 보결

당 문종 개성 2년(837)에 세워진 '당석경'은 이후 당 희종 건부(874~879) 연간의 수조修造, 후량後梁의 보간補刊, 북송시대의 첨주添注를 거치면서 본 모습을 많이 상실하였다. 특히 명 세종 가정 연간의 관중 대지진(1555)으로 석경에 심각한 훼손이 있었다. 이에 가정 연간에 왕요혜가 그 빠진 글자를 보충하여 별도로 작은 돌에 새겨 넣었다. 오대 이래 명유名儒들은 당석경(개성석경)에 거의 관심을 두지 않았다. 남송시대의 장순張淳(1121~1181)과 이여규李如圭(?~?)뿐 아니라 원대의 오계공敖繼公(?~?)도 이를 참고한 적이 없었다고 한다. 명대 장이기張爾岐(1612~1678)와 고염무顧炎武(1613~1682)가 처음으로 이 '당석경'으로 명의 감본監本을 교감하여 바로잡은 것이 많았다. 본 번역에서는 '당석경唐石經'이라 칭한다.

2) 송宋 엄주嚴州 단주본單注本

『의례』는 오대 이래 경주본經注本과 소본疏本이 별도로 간행되다가 명대

* 李學勤 主編, 十三經注疏整理本『儀禮注疏』(北京, 北京大學出版社, 2000)의 '引據各本目錄'에 기초하여 교감에 인용된 판본목록을 정리한 것이다.

중·후기에 비로소 주와 소를 합각한 판본이 등장하였다. 후세『의례』의 경주본 가운데에는 송의 엄주본嚴州本이 가장 뛰어나며, 명 가정 연간 서성徐姓이 각인한 단주본單注本이 그 다음이라는 평가를 받았다. 엄주본은 청 건륭 말년 이후 학자들에게 중시되어『의례』 연구에 커다란 영향을 주었다. 완원阮元의『의례주소교감기儀禮注疏校勘記』, 장돈인張敦仁이 각인한『의례주소』 및 완원이 각인한『의례주소』는 모두 엄주본과 긴밀한 관계가 있다. 호배휘胡培翬의『의례정의儀禮正義』, 조원필曹元弼의『예경교석禮經校釋』에서도 번각 엄주본(翻刻宋單注本)을 인용하였다. 본 번역에서는 '엄본嚴本'이라 칭한다.

3) 번각翻刻 송宋 단주본單注本

명 세종 가정(1522~1566) 연간에 서성徐姓이 송 엄주 단소본을 복각한 것인데, 약간의 차이가 난다. 본 번역에서는 '서본徐本'이라 칭한다.

4) 명明 종인걸鐘人傑 단주본單注本

서본徐本과 완전히 동일한데, 그 가운데 차이나는 부분은 종인걸이 교정볼 때 잘못한 것이다. 종인걸은 명대 전당錢塘 출신으로, 자는 단선瑞先이다.『성리회통性理會通』 70권과 속편 42권을 편찬하였다. 본 번역에서는 '종본鐘本'이라 칭한다.

5) 명明 영회당永懷堂 단주본單注本

민각閩刻 주소본注疏本(李元陽 注疏本)과 완전히 동일하다.

6) 송宋 단소본單疏本

북송 진종 함평(998~1003)·경덕(1004~1007) 연간에 교감하여 각인한 것이다.

각종 경전의 주와 소를 합각合刻하는 것은 남송과 북송의 교체기 즈음에 시작되었는데, 『의례』의 경우는 이보다 훨씬 후에 이루어졌다. 주희(1130~1200)는 『의례경전통해』에서 "선대 유자들은 일찍이 『의례』는 읽기 어려운 책이라고 하였다. 경문은 장을 나누지 않았고, 기문은 경문 뒤에 놓이지 않았으며, 주와 소는 각각 별도의 책으로 만들었다. 이 때문에 읽는 사람들이 쉽게 이해할 수가 없었다. 이제 이 책(『의례경전통해』)은 이러한 여러 폐단을 모두 제거하였다"고 하였다. 또 송대 마정란馬廷鸞(1222~1289)은 "나는 망가진 책 상자 안에서 경덕 연간(북송 진종, 1004~1007)의 관본官本 『의례소儀禮疏』 4질을 얻었는데, 경經 · 주注의 말은 모두 표제어로 끝나고, 소문疏文이 그 아래에 배열되었다. 집에 감본監本 『의례』 경주본經注本이 있었는데, 이를 취하여 덧붙여 놓았다"고 하였다. 이들 발언에 따르면 남송 말기까지도 경문과 정현의 주를 합한 경주본經注本과 가공언의 소본疏本은 별도의 책으로 만들어져 유통되고 있었음을 알 수 있다. 『구당서』 「경적지상」 제26에는 "『의례소』 50권, 가공언 찬"으로 되어 있고, 『신당서』 권63, 「경적지」 43에도 "가공언, 『예기정의』 80권, 또 『주례소』 50, 『의례소』 50권"으로 저록되어 있어 가공언이 처음 『의례소』를 지을 때는 50권본이었음을 알 수 있다. 그러나 주와 소를 합각한 『의례주소』가 만들어지면서 17권으로 분권하였고, 가공언의 50권본은 그 이후로 사라지게 되었다. 청대에 이르러 황비열黃丕烈(1763~1825)이 집에 '가공언 50권'본을 가지고 있었는데, 각 판마다 30행, 행마다 27자, 마지막 판에는 송나라 때의 신하들의 관함官銜이 찍혀 있었다. 현행 50권으로 되어 있는 『의례주소』는 이에 의거하여 편찬한 것이다.

7) 이원양李元陽 주소본注疏本

민중閩中에서 각인하였기 때문에 '민본閩本'이라고 한다. 반쪽 판이 9행,

행마다 21자이다. 감본監本과 모본毛本은 모두 이를 저판으로 삼았다. '민본'은 '건본建本'이라고도 칭하는데, 복건福建의 건녕建寧 · 건양建陽 등지에서 각인된 서적을 말하며, '건녕본建寧本', '건양본建陽本', '마사본麻沙本' 등으로 세분된다. 남송시대에 복건福建은 서적의 인쇄 · 출판의 극성을 이루었다. 주희는 「가화현학장서기嘉禾縣學藏書記」에서 "건양建陽의 마사판본麻沙板本 서적이 사방으로 전해져 멀리 이르지 않는 곳이 없었다"고 하였고, 명대에도 그 성황은 지속되었다. 본 번역에서는 '민본閩本'이라 칭한다.

8) 국자감國子監 주소본注疏本

명明 신종神宗 때 북경 국자감에서 간행한 것이다. '감본'은 각 왕조의 국자감에서 각인한 서적을 말한다. 명대에는 남경의 국자감에서 각인한 '남감본南監本'과 북경의 국자감에서 각인한 '북감본北監本'이 있었는데, 남 · 북의 국자감에서 앞뒤로 각인한 21사史가 가장 유명하다. 북감본『의례주소』는 만력 21년(1593) 신종의 명으로 북경의 국자감에서 간행한 것이다. 북감본『의례주소』는 이원양의 주소본을 저판으로 삼았다. 본 번역에서는 '감본監本'이라 칭한다.

9) 급고각汲古閣 주소본注疏本

'급고각'은 소주蘇州 부근의 상숙현常熟縣에 세워졌던 명대의 유명한 서점으로, 그곳의 주인은 모진毛晉(1599~1659)이었다. 모진은 전겸익錢謙益(1582~1664)의 문하에서 학문을 배웠는데, 책 수집을 매우 좋아하였다. 그는 집에 서적 인쇄 작업장을 설치하고 장인 백여 명을 두어 책을 각인하였는데, '십삼경十三經'과 '십칠사十七史'가 가장 유명하였다. 모씨의 각인본은 그 수도 많을 뿐 아니라 품질이 우수한 것으로 정평이 나 있다. 본 번역에서는 '모본毛本'이라 칭한다.

10) 육덕명陸德明, 『경전석문經典釋文』

당 육덕명(550~630)의 『경전석문』에 『의례』 1권이 수록되어 있다. 본 번역에서는 '『석문釋文』'이라 칭한다.

11) 장순張淳, 『의례지오儀禮識誤』 3권. 취진판본聚珍版本

장순(1121~1181)은 남송 온주溫州 영가永嘉 출신으로, 자는 충보忠甫이다. 『송사』에는 그의 열전이 없어 자세한 행적은 알 길이 없다. 남송 효종 건도 8년(1172), 온주 태수 증체曾逮가 『의례정씨주儀禮鄭氏注』 17권과 육덕명의 『의례석문儀禮釋文』 1권을 간행할 때, 장순이 교감을 담당하였다. 두 책을 간행한 후, 장순은 『의례』의 경문과 주문의 오자를 모아서 2권으로 만들고, 또 『석문』의 오자를 1권으로 만들어 그 뒤에 덧붙여 총 3권의 『의례지오』를 편찬하였다. 장순이 의거한 판본으로는 후주後周 태조 광순 3년(953) 및 후주 세조 현덕顯德 6년(959)에 간행한 감본監本, 변경汴京의 건상본巾箱本(袖珍本)·항주杭州의 세자본細字本이 있었고, 육덕명의 『경전석문』, 가공언의 『소』를 참조하였다. 이 책은 이후 오래도록 일실되었는데, 사고전서를 편찬할 때 『영락대전』에서 뽑아 수록하였다. 『주자어록朱子語錄』에 "장순이 교감한 『의례』는 자세하여 다른 판본에 비하면 매우 뛰어나다"고 하였다. 장순의 「자서自序」에는 "교감한 글자를 모아 2권으로 차례지었고, 『의례석문』에 보이는 오자를 1권으로 만들어 그 뒤에 붙였으니, 모두 3권이다"라고 하였다. 본 번역에서는 '장시張氏'라 칭한다.

12) 이여규李如圭, 『의례집석儀禮集釋』 30권. 취진판본聚珍版本

이여규(생몰연대 미상)는 남송 여릉廬陵 출신으로, 자는 보지寶之이며, 관직은 복건로福建路 무간撫干에 이르렀다. 『문헌통고』에 인용된 송의 『중흥예문지中興藝文志』에는 "『의례』는 이미 폐기되어 학자들이 다시는 익히지 않게 되었다. 남송 효종 건도(1165~1173) 연간에 장순이 처음으로 그 잘못된 것을 교정하여 『의례지오儀禮識誤』를 지었다. 남송 효종 순희(1174~1189) 연간에 이여규는 『의례집석』을 지어 경전을 출입하였고, 또 『의례강목儀禮綱目』을 지어 장구章句의 요지를 변별하였고, 『의례석궁儀禮釋宮』을 지어 궁실의 제도를 논하였다. 주희는 일찍이 그와 예서를 교정하였다"고 하였다. 『의례집석』은 정현의 주를 모두 수록하였고, 또 널리 문헌을 인용하여 가공언 『의례소』의 미비한 점을 밝혀 내었다. 『의례집석』은 오래 전에 일실되었는데, 『영락대전』에서 뽑아 편차를 나누고 배열하여 책으로 엮은 것이다. 『의례』 17편 가운데 「향사」와 「대사」 2편은 『영락대전』에도 빠져 있었기 때문에 보충하여 넣을 수가 없었다. 현행본은 청대의 혜동惠棟과 심대성沈大成 등이 교정한 송본宋本과 당석경에 의거하여 삽입해 넣은 것이다. 본 번역에서는 '『집석集釋』'이라 칭한다.

13) 주희朱熹, 『의례경전통해儀禮經典通解』 37권

『의례경전통해』의 초명은 『의례집전집주儀禮集傳集注』이다. 주희의 「걸수삼례찰자乞修三禮札子」에 "『의례』를 경經으로 삼고, 『예기』 및 여러 경사經史와 잡서 가운데 예禮와 관계된 것을 취하여 본경本經의 아래에 붙이고, 주소에 대한 제설을 갖추어 놓았다"고 하였다. 주희 사후 남송 영종 가정 10년(1217), 남강南康에서 처음 출간되었다. 현행본 『의례경전통해』는 『의례경전통해』, 『의례집전집주』, 『속의례경전통해』의 3가지로 구성되어 있다. 『의례경전통해』는 「가례家禮」, 「향례鄕禮」, 「학례學禮」, 「방국례邦國禮」의 4부분으로 이루어져 주희가 완성시킨 것이고, 『의례집전집주』는 「왕조례王朝禮」에 해당하는 것으로 미완성본이며, 『속의례경전통해』는 주희의 사후 문인 황간黃幹과 양복楊復이 완성시킨 것으로 '상례'와 '제례'를 다루고 있다. 『의례경전통해』는 정현의 주를 모두 실은 반면, 가공언의 소는 절록節錄하였다. 명대에 주소본注疏本을 각인할 때는 대부분 이와 같이 하였다. 본 번역에서는 '『통해通解』'라 칭한다.

14) 위료옹魏了翁, 초본抄本『의례요의儀禮要義』

위료옹(1178~1237)은 남송 공주邛州 포강蒲江(사천성) 출신으로, 자는 화보華父, 호는 학산鶴山이다. 그의 아들 위극우魏克愚(?~1269)가 남송 이종 순우 12년(1252), 휘주徽州에서 『구경요의九經要義』를 간행하였다. 그러나 1276년 몽골의 공격으로 임안이 함락될 때 그 병란으로 책이 전부 망실되었다. 청대의 장서가 고광기顧廣圻(1766~1835)가 그 중 일부를 수집 소장하고 있었는데, 『주역』, 『상서』, 『의례』, 『춘추』 4경뿐이었으며, 그것도 모두 완질이 아니었다. 초본抄本 『의례요의』에는 가공언의 소만을 수록하였는데, 대부분 송宋 엄주嚴州 단소본單注本과 일치한다. 산절刪節한 곳은 있지만 결코 개찬하지는 않았다. 본 번역에서는 '『요의要義』'라고 칭한다.

15) 양복楊復, 『의례도儀禮圖』 17권. 통지당본通志堂本

양복(생몰연대 미상)은 남송 복주福州 장계長溪 출신으로, 자는 지인志仁, 호는 신재선생信齋先生이다. 주희에게 배웠고, 동문 황간黃幹과는 매우 절친하였다. 『의례도』는 『의례』 17편의 경문을 수록하고, 구설舊說을 절취하여 그 뜻을 소통시키고 있다. 각각 의절과 제기의 진설 방위를 상세하게 설명하고 거기에 205개의 그림을 그려 넣었다. 또 「궁묘문宮廟門」, 「면변문冕弁門」, 「생정예기문牲鼎禮器門」으로 나누어 25개의 그림을 그려 넣어 「의례방통도儀禮旁通圖」 1권을 만들고 『의례도』 뒤에 부록으로 붙여 놓았다. 『의례경전통해』와 대략 동일한데, 정현 주 안의 금문과 고문은 모두 삭제하였다. 본 번역에서는 '양씨楊氏'라 칭한다.

16) 오계공敖繼公, 『의례집설儀禮集說』 17권. 통지당본通志堂本

오계공(생몰연대 미상)은 원나라 복주福州 장락長樂 출신으로, 자는 군선君善이다. 『의례집설』은 정현의 주에 비판을 가한 것이 많지만 후대 예학자들은 자의적인 해석으로 평가절하 하는 경향이 있다. 본 번역에서는 '오씨敖氏'라 칭한다.

17) 고염무顧炎武, 『구경오자九經誤字』 1권

『구경오자』는 명 국자감에서 간행한 제경諸經의 글자에 오류가 많았고, 민간에서 각인한 방각본坊刻本은 감본監本보다 더욱 심했기 때문에 석경과 여러 구각본舊刻本을 참조하여 지은 것이다. 감본 가운데에는 『의례』의 탈오가 가장 심했다고 한다.

18) 장이기張爾岐, 『의례정주구두儀禮鄭注句讀』 17권

장이기(1612~1678)는 명말 · 청초 산동 제양齊陽 출신으로, 자는 직약稷若, 호는 호암蒿庵 또는 한만汗漫이다. 청나라가 들어서자 벼슬에 나아가지 않고 학문에 전념했다. 정주의 이학을 독신하고, 왕양명의 양지설에 반대했다. 『의례정주구두』 17권에는 「감본정오監本正誤」 · 「석경정오石經正誤」 2권을 부록으로 실었다.(浙江 鮑士恭 家藏本) 『의례』의 정현 주를 모두 수록하고,

가공언의 소를 적취하였으며, 대략 자신의 견해로 재단하였다. 또『의례』의 경·주는 문장이 오래되고 뜻이 깊어 이해하기 어려웠기 때문에 구두점을 함께 표시해 두었다고 한다.

흠정 사고전서 총목 『의례주소』 17권
欽定四庫全書總目『儀禮注疏』十七卷

한의 정현鄭玄(127~200)이 주注를 달고, 당의 가공언賈公彥(?~?)이 소疏를 달았다. 『의례』는 떨어져 나가고 빠져 없어진 나머지에서 출현한 것으로,[1] 한대漢代에 전해지던 것으로는 모두 3가지 판본이 있었다. 하나는 대덕본戴德本[2]으로, 「관례冠禮」 제1, 「혼례昏禮」 제2, 「상견相見」 제3, 「사상士喪」 제4, 「기석旣夕」 제5, 「사우士虞」 제6, 「특생特牲」 제7, 「소뢰少牢」 제8, 「유사철有司徹」 제9, 「향음주鄕飮酒」 제10, 「향사鄕射」 제11, 「연례燕禮」 제12, 「대사大射」 제13, 「빙례聘禮」 제14, 「공사公食」 제15, 「근례覲禮」 제16, 「상복喪服」 제17의 순서로 되어 있다. 다른 하나는 대성본戴聖本[3]으로, 대덕본과 마찬가지로 「관례」 제1, 「혼례」 제2, 「상견」 제3의 순서로 되어 있지만, 그 다음에는 「향음」 제4, 「향사」 제5, 「연례」 제6, 「대사」 제7, 「사우」 제8, 「상복」 제9, 「특생」 제10, 「소뢰」 제11, 「유사철」 제12, 「사상」 제13, 「기석」 제14, 「빙례」 제15, 「공사」 제16, 「근례」 제17의 순서로 되어 있다. 또 다른 하나는 유향劉向(BC 77~BC 6)의 「별록別錄」본으로, 곧 정현이 주를 달았던 판본이다. 가공언의 소에 "『별록』본은 존비와 길흉에 따라 목차가 정연하다. 그러므로 정현이 이를 이용하였다. 대대본과 소대본은 존비와 길흉이 뒤섞여 혼란스럽다. 그러므로 정현이 이를 따르지 않았다"라고 하였다. 『의례』의 경문도 두 가지 판본이 있었다. 고당생高堂生[4]이 전한 것을 '금문본今文本'이라고 한다. 노魯 공왕恭王(BC 155~BC 128 재위)이 공자의 집을 허물다가 망실되었던 『의례』 56편을 얻었는데, 그 글자가 모두 전서篆書로 쓰여 있었기 때문에 이를 '고문본古文本'이라고 한다.[5] 정현의 주에서는 고문본과 금문본을 함께 이용하였다. 금문본을 따르고 고문본을 따르지 않을 경우, 경문에는 금문을 쓰고, 주注에 고문을 덧붙여 놓았다. 「사관례」의 '얼서역외闑西閾外' 구절에 대해 정현 주에 "고문본에는 '闑'이 '槷'로 되어 있고, '閾'이 '蹙'으로 되어 있다"고 한 것이 그러한 예이다. 고문본을 따르고 금문본을 따르지 않을 경우에는 경문에 고문을 쓰고, 주에 금문을 덧붙여 놓았다. 「사관례」 예사醴辭의 '효우시격孝友時格' 구절에 대해 정현 주에 "금문본에는 '格'이 '嘏'로 되어 있다"고 한 것이 그러한 예이다. 이 『의례』 책은 정현 이전에는 주석본이 전혀 없었고, 정현 이후로는 왕숙王肅(195~256)의 주注 17권이 있어 『수서』「경적지」에 보인다.[6] 그러나 가공언은 「의례소儀禮疏」의 서문에서 "『주례』에 주를 단 사람들은 많지만, 『의례』에 주를 단 사람은 후정後鄭(鄭玄)[7]뿐이다"라고 하였다. 이에 따르면 당대 초기에 왕숙의 책은 이미 망실되었던 듯하다. 『의례』에 의소義疏를 단 사람으로는 심중沈重(500~583)이 있는데 『북사北史』에 보이고,[8] 또 이름을 알 수 없는 두 학자가 있는데 『수서』「경적지」에 보이지만,[9] 모두 전해지지 않는다. 이 때문에 가공언은 단지 제齊나라의 황경黃慶과 수隋나라의 이맹철李孟悊 두 학자의 소疏에 의거하여 금본 『의례』를 정할 수밖에 없었다.[10] 이 가공언의 『의례소』는 명나라 이후 각본刻本의 착란이 극심하게 되었다. 고염무顧炎武(1613~1682)[11]는 『일지록日知錄』에서 "만력萬歷 연간에 판각된 북감본北監本[12] 13경 가운데에는 『의례』의 탈오가 특히 많았다. 「사혼례」에는 '서수수모사왈미교부족여위례야壻授綏姆辭曰未敎不足與爲禮也'의 한 구절 14글자가 빠져 있고(長安石經에 의거하여 이 한 구절을 보충해 넣었는데, 주소본에서 드디어 망실되었다),[13] 「향사례」에는 '사녹중도정이획士鹿中翿旌以獲'의 7글자가 빠져 있고, 「사우례」에는 '곡지고사필빈출哭止告事畢賓出'의 7글자가 빠져 있고, 「특생궤사례」에는 '거치자제졸치배장자답배擧觶者祭卒觶拜長者答拜'의 11글자가 빠져 있고, 「소뢰궤사례」에는 '이수시좌취점흥以授尸坐取簞興'의 7글자가 빠져 있다. 이는 진의 분서에서도 망실되지 않았던 바인데, 감각본監刻本에서 망실되었던 것이다"라고 하였다. 『의례』는 문장이 오래되고 뜻은 깊어서 전하고 익히는 사람들이 적었고, 주석을 붙인 사람도 역대로 몇 사람에 지나지 않았다. 베끼고 새겨 넣을 때 오류까지 생겨나서 갑작스레 교정할 수도 없었다. 이 때문에 잘못되고 빠진 것이 이 지경에 이르게 되었던 것이다. 이제 여러 판본을 참고하여 하나하나 교정하고 바로잡아 기록으로 남겨 놓는다.

漢鄭玄注, 唐賈公彦疏. 『儀禮』出殘闕之餘, 漢代所傳凡有三本. 一曰戴德本, 以「冠禮」第一, 「昏禮」第二, 「相見」第三, 「士喪」第四, 「既夕」第五, 「士虞」第六, 「特牲」第七, 「少牢」第八, 「有司徹」第九, 「鄕飮酒」第十, 「鄕射」第十一, 「燕禮」第十二, 「大射」第十三, 「聘禮」第十四, 「公食」第十五, 「覲禮」第十六, 「喪服」第十七. 一曰戴聖本, 亦以「冠禮」第一, 「昏禮」第二, 「相見」第三, 其下則「鄕飮」第四, 「鄕射」第五, 「燕禮」第六, 「大射」第七, 「士虞」第八, 「喪服」第九, 「特牲」第十, 「少牢」第十一, 「有司徹」第十二, 「士喪」第十三, 「既夕」第十四, 「聘禮」第十五, 「公食」第十六, 「覲禮」第十七. 一曰劉向『別錄』本, 卽鄭氏所注. 賈公彦疏謂"『別錄』尊卑吉凶次第倫序. 故鄭用之. 二戴尊卑吉凶雜亂. 故鄭不從之也." 其經文亦有二本. 高堂生所傳者謂之今文. 魯恭王壞孔子宅得亡『儀禮』五十六篇, 其字皆以篆書之, 謂之古文. 玄注參用二本. 其從今文而不從古文者, 則今文大書, 古文附注. 「士冠禮」'闑西閾外'句, 注"古文'闑'爲'槷', '閾'爲'蹷'", 是也. 從古文而不從今文者, 則古文大書, 今文附注. 「士冠禮」醴辭'孝友時格'句, 注"今文'格'爲'嘏'", 是也. 其書自玄以前絶無注本, 玄後有王肅注十七卷, 見於『隋志』.

然賈公彦序稱"『周禮』注者則有多門,『儀禮』所注後鄭而已." 則唐初肅書已佚也. 爲之義疏者, 有沈重, 見於『北史』, 又有無名氏二家, 見於『隋志』, 然皆不傳. 故賈公彦僅據齊黃慶·隋李孟悊二家之疏, 定爲今本. 其書自明以來, 刻本舛譌殊甚. 顧炎武『日知錄』曰, "萬歷北監本十三經中,『儀禮』脫誤尤多.「士昏禮」脫'壻授綏姆辭曰未敎不足與爲禮也'一節十四字(賴有長安石經據以補此一節, 而其注疏遂亡),「鄕射禮」脫'士鹿中翿旌以獲'七字,「士虞禮」脫'哭止告事畢賓出'七字,「特牲饋食禮」脫'擧觶者祭卒觶拜長者答拜'十一字,「少牢饋食禮」脫'以授尸坐取簞興'七字此. 則秦火之所未亡而亡於監刻矣云云." 蓋由『儀禮』文古義奧, 傳習者少, 注釋者亦代不數人. 寫刻有譌, 猝不能校. 故紕漏至於如是也. 今參考諸本, 一一釐正, 著於錄焉.

주

1_『의례』는 ~ 출현한 것으로 : 성세좌의 『의례집편』, 卷首上 「禮經廢興」에는 오징의 말을 인용하여 "『禮經』이 떨어져 나가고 빠져 없어진 나머지에 홀로 이 17편만이 온전한 서적이 되었다"(『禮經』殘闕之餘, 獨此十七篇爲全書)고 하였다.

2_ 대덕본 : 전한시대 戴德이 전승한 『의례』의 傳本을 말한다. 대덕(생몰연대 미상)은 梁(섬서성) 출신으로, 자는 延君이다. 后蒼에게 예학을 전수받았다. 후인들은 조카 戴聖과 구별하기 위해 '大戴'로 칭했다. 信都景王(BC 5~AD 8 재위)의 태부가 되었다. 육덕명의 『경전석문』 「序錄」에는 진소의 『周禮論』序를 인용하여 "대덕은 고례 204편을 산삭하여 85편으로 만들었으니, 이를 『대대례』라고 한다"(戴德删古禮二百四篇爲八十五篇, 謂之『大戴禮』)고 하였다.

3_ 대성본 : 전한시대 戴聖이 전승한 『의례』의 傳本을 말한다. 대성(생몰연대 미상)은 梁(섬서성) 출신으로, 자는 次君이다. 숙부 '大戴(戴德)'와 구분하기 위하여 '小戴'라고 칭했다. 관직은 구강태수에까지 이르렀다. 대성은 『의례』 박사로서 전한 선제시대 石渠閣會議에 참석하는 등 한초 예학 발달을 주도하였던 인물이다. 육덕명의 『경전석문』 「序錄」에는 진소의 『周禮論』序를 인용하여 "대성은 『대대례』를 산삭하여 49편으로 만들었으니, 이것이 『소대례』이다. 후한의 마융과 노식은 제가의 이동을 참고하여 대성의 편장에 덧붙이고, 그 번잡하거나 소략한 바를 제거하여 세상에 유행시켰으니, 곧 오늘날의 『禮記』가 이것이다. 정현 또한 노식과 마융의 판본에 의거하여 주를 달았다"(戴聖删『大戴禮爲四十九篇, 是爲『小戴禮』. 後漢馬融・盧植考諸家同異, 附戴聖篇章, 去其繁重及所敍略, 而行於世, 卽今之『禮記』, 是也. 鄭玄亦依盧・馬之本而注焉)고 하였다.

4_ 고당생 : 전한 초기 노나라 출신이다. 『사기』 권121, 「유림열전」에 대한 唐 사마정의 『색은』에 "사승은 '진나라 말기에 魯人 高堂伯이 있었다'고 하였다. '伯'은 그의 자이다. '生'이라고 말한 것은 한대 이래로 유자들은 모두 '生'이라고 호칭했으니, 또한 '선생'이란 뜻으로 자를 생략하고 불렀을 뿐이다"(謝承云'秦氏季代有魯人高堂伯', 則'伯'是其字. 云'生'者, 自漢已來儒者皆號'生', 亦'先生', 省字呼之耳)라고 하였다.

5_ 노 공왕이 ~ '고문본'이라고 한다 : 魯 공왕은 漢 경제의 아들이자 무제의 異母弟이다. 이름은 劉餘이다. 고문본 『의례』는 이 ① 孔壁本 이외에도, ② 淹中本, ③ 河間獻王이 수집한 것과 ④ 선제시대에 河內의 여자가 獻書한 것 등이 있다. ① 공벽본의 출현과 관련해서는 『한서』 권36, 「초원왕전」에 "노 공왕이 공자의 집을 허물어 궁실을 만들고자 할 때, 허물어진 벽 속에서 고문을 얻었는데, 『일례』 39편, 『서』 16편이 있었다. 무제 천한 연간(BC 100~BC 97) 이후에 공안국이 헌상하였다"(及魯恭王壞孔子宅, 欲以爲宮, 而得古文於壞壁之中, 『逸禮』有三十九篇, 『書』十六篇. 天漢之後, 孔安國獻之)고 하였고, 정현의 「六藝論」(『禮記』 大題正義, 『經典釋文』 「序錄」 인용)에는 "후에 공자의 집, 벽 안에서 고문의 『예』를 얻었는데, 모두 56편이었다. 그 가운데 17편은 고당생이 전한 것과 동일한데, 글자에 차이가 많았다. 이 17편 이외에는 『일례』가 그것이다"(後得孔子壁中古文『禮』, 凡五十六篇, 其十七篇與高堂生所傳同, 而字多

異, 其十七篇外, 則『逸禮』是也)라고 하였다. ② 엄중본의 출현과 관련해서는 『한서』 권30, 「예문지」에 "『예고경』은 魯의 엄 땅 및 孔氏에게서 나온 것으로, 17편의 금문 『의례』의 문장과 서로 유사한데, 39편이 더 많다"(『禮古經』者, 出於魯淹中及孔氏, (學七十)[與十七]篇文相似, 多三十九篇)"고 하였다. 유창은 이 문장을 "마땅히 '『예고경』은 노의 엄 땅 및 공씨에게서 나온 것인데, 공씨본은 공안국이 벽 속에서 얻은 책이다'라고 읽어야 한다"(讀當云'『禮古經』者出於魯淹中及孔氏, 孔氏則安國所得壁中書也') 고 하였다. ③ 하간헌왕의 수집본과 관련해서는 『한서』 53권, 「경십삼왕전」에 "헌왕이 얻은 책은 모두 고문으로 선진시대의 옛 책이었다. 『주관』·『상서』·『예』·『예기』·『맹자』·『노자』 등은 모두 經·傳·說·記로서 공자의 70제자들이 논한 것이다"(獻王所得書, 皆古文先秦舊書. 『周官』·『尙書』·『禮』·『禮記』·『孟子』·『老子』之屬, 皆經·傳·說·記, 七十子之徒所論)라고 하였다. 안사고는 이곳의 『예』는 『예경』 즉 『의례』를 가리킨다고 하였다. ④ 하내의 여자가 헌서한 것과 관련해서는 왕충의 『논형』 「正說」에 "(전한) 효선제 때에 하내 땅의 여자가 낡은 집을 허물다가 망실되었던 『역』·『예』·『상서』 각 한 편을 얻어서 상주하였다"(至孝宣帝之時, 河內女子發老屋, 得逸『易』·『禮』·『尙書』各一篇, 奏之)고 하였다. 이곳의 '宣帝'는 '武帝'의 잘못이라는 주장도 있다.

6_ 왕숙의 주 17권이 ~ 보인다 : 왕숙은 동해군 담현(산동성) 출신으로, 자는 子雍이며, 王朗의 아들이자, 司馬昭 부인의 아버지 즉 서진 무제 司馬炎의 외조부이다. 관직은 중령군·산기상시에 이르렀고, 죽은 후 위장군으로 추증되었다. 왕숙은 고문경학자 가규·마융을 존숭하여 이들의 학설을 깊이 연구하였으며, 정현에 대해서는 고문을 세운 점은 인정했지만 금문설을 채용했다는 이유로 『聖證論』을 지어 논박하였고, 거의 모두 예설에 대해 정현과 대립하였다. 『삼국지』 「위지」 권13의 本傳에 따르면 『상서』, 『논어』, 三禮書, 『좌전』에 주를 달아 모두 학관에 세워졌다고 한다. 『수서』 「경적지」에 저록된 그의 저술은 대부분 망실되었고, 청대 마국한의 『玉函山房輯佚書』에 15종 20권이 집록되어 있다.

7_ 후정(정현) : '後鄭'은 정현의 별칭으로, 정현이 『주례』에 주를 달 때 鄭衆의 설을 많이 인용하였기 때문에 후대에 정현을 '後鄭'으로 칭하고 정중을 '先鄭'으로 칭하게 되었다. 정중(?~83)은 후한 하남성 개봉현 출신으로, 자는 仲師이고, 후한 초의 경학자 鄭興(?~?)의 아들이다. 장제 때 관직이 대사농이 되었기 때문에 '鄭司農'이라고도 칭하여 환관이었던 또 다른 鄭衆(?~114)과 구별하였다. 아버지 정흥에게 『좌씨춘추』를 배워 『春秋難記條例』를 저술하였고 『역』과 『시』에도 겸통하였다. 청대 마국한의 『옥함산방집일서』에 그의 『周禮鄭司農解詁』가 집일되어 있다.

8_ 심중이 ~ 『북사』에 보이고 : 심중은 北周 오흥 무강현(절강성) 출신으로, 자는 德厚이다. 後梁의 산기상시가 되었다. 북주 무제가 그의 명성을 흠모해 글을 보내 초빙하고 오경에 대해 토론하게 하면서 鐘律을 교정하게 하였다. 經義를 강의하면서 학문이 해박하여 당시의 '儒宗'으로 칭해졌다. 『북사』 권82, 「유림열전」에 의하면, 『周

禮義』 31권, 『儀禮義』 35권, 『禮記義』 30권, 『毛詩義』 28권, 『喪服經義』 5권, 『周禮音』 1권, 『儀禮音』 1권, 『禮記音』 2권, 『毛詩音』 2권을 저술하였다고 한다.

9_ 또 이름을 ~ 보이지만 : 『수서』 권32, 「경적지」에는 『儀禮義疏見』 2권과 『儀禮義疏』 5권이 저록되어 있는데, 찬자 미상으로 되어 있다.

10_ 이 때문에 가공언은 ~ 없었다 : 황경과 이맹철은 正史에는 그 이름조차 보이지 않으며, 따라서 그들의 구체적인 행적도 알 길이 없다. 이들이 지었다는 『儀禮義疏』도 정사의 「예문지」나 「경적지」 등에 저록되어 있지 않다. 청대의 『흠정의례의소』, 卷首上, 「綱領」1에 "(가공언의) 『의례소』 50권. 황경과 리맹철이 각각 疏義를 찬술하였는데, 가공언이 이 두 사람의 疏를 산삭하여 이 『의례소』를 만들었고, 북송 때 일찍이 형병(932~1010)에게 명하여 바로잡게 하였다"(『儀禮疏』, 五十卷. 黃慶 · 李孟悊, 各有疏義, 公彦刪二疏爲此書, 國朝嘗詔邢昺正之)라고 하는 등 주로 禮書에만 등장하는 인물이다.

11_ 고염무 : 명말 · 청초 강소성 곤산 출신으로, 본명은 繼坤이었다가 絳으로 개명하였고, 자는 忠清이다. 南都가 청에게 함락된 후 청에 협력하지 않겠다는 뜻으로 이름을 '炎武'로 고치고 자를 寧人, 호를 亭林이라 하였다. 격렬한 반청 운동을 전개하다 만년에는 섬서성 화음에 은거하였다. 황종희, 왕부지와 더불어 명말의 '三遺老'로 칭해진다. 왕양명 등의 心學에 반기를 들고 경세치용의 실학을 주장하였으며, 經學으로 理學을 대체할 것을 주장하여 청대 고증학의 단초를 열었다. 經史와 제자백가는 물론 음운, 문자, 금석고고, 郡邑掌故 등에 대한 정밀한 연구를 진행하여 『日知錄』 이외에 『天下郡國利病書』, 『音學五書』, 『石經考』, 『五經異同』 등의 저서를 남겼다.

12_ 북감본 : '監本'이란 각 왕조의 국자감에서 각인한 서적을 말한다. 명대에는 남경의 국자감에서 각인한 '南監本'과 북경의 국자감에서 각인한 北監本이 있었는데, 남 · 북의 국자감에서 앞뒤로 각인한 21史가 가장 유명하다. 북감본 『의례주소』는 만력 21년(1593) 신종의 명으로 북경의 국자감에서 각인한 것이다. 북감본 『의례주소』는 이원양 주소본을 저판으로 삼았는데, 이원양 주소본은 閩中에서 판각하였기 때문에 '閩本'이라고도 한다.

13_ 長安石經에 ~ 망실되었다 : 여기서의 원문 '賴有長安石經據以補此一節, 而其注疏遂亡' 18자는 內府藏本 『의례주소』 17권과 리쉐친 주편, 십삼경주소정리본 『의례주소』(北京, 北京大學出版社, 2000)에 모두 『日知錄』의 본문으로 되어 있지만, 이는 본문이 아니라 고염무의 原注이다. 顧炎武 著, 黃汝成 集釋, 『日知錄集釋』(上海, 上海古籍出版社, 2006) 권18, 「監本二十一史」, 1001~1003쪽 참조. ○ '長安石經'은 '唐石經' 혹은 '開成石經'이라고도 한다. 후한 영제 희평 4년(175), 영제의 허락을 얻어 채옹(133~192)이 丹書로 비석에 글을 쓰고, 공인들에게 이를 새기게 하여 낙양 태학의 대문 밖에 세웠다. 이 작업은 광화 6년(183)에 완성되었는데, 46개의 비석에 『역경』, 『상서』, 『시경』, 『의례』, 『춘추』, 『공양전』, 『논어』의 7경, 총 20만여 자를 새겨 넣

었다. 이것이 '熹平石經'이다. 그러나 얼마 후 동탁의 난으로 석경이 훼손되었다. 위 문제 조비의 명으로 보수하였으나, 이후 전쟁과 천도를 거치면서 당나라 초기에는 10분의 1 정도밖에 남지 않게 되었다. 이후 당나라 문종 태화 4년(83), 국자감 좨주 정담(?~842)의 건의를 받아들여 艾居晦·陳介 등에게 楷書로 나누어 쓰게 하여 7년 만인 개성 2년(837)에 완성시켰다. 114개의 거대한 푸른 돌로 조성되어, 석비의 높이는 2m 정도이며, 석비에는 650,252자를 새겨 넣었다. 그 내용은 『주역』,『상서』,『시경』,『주례』,『의례』,『예기』,『춘추좌씨전』,『춘추공양전』,『춘추곡량전』,『논어』,『효경』,『이아』의 12경이었다가, 청대 강희 연간에 『맹자』를 보각하여 13경으로 총 655,025자가 되었다. 개성 연간에 세워졌기 때문에 '開成石經'이라고도 하고, 당시 당의 수도였던 장안에 세워졌기 때문에 '장안석경'이라고도 한다. 그러나 校刊이 치밀하지 못하여 종종 후세 유자들의 비판의 대상이 되었다. 고염무도 『金石文字記』에서 '장안석경'에 오자가 상당히 많다고 지적하였는데, 사실 이것들이 개성의 原刻에만 속하는 것은 아니었다. 당 희종 건부(874~879) 연간의 修造, 후량의 補刊, 북송 시대의 添注, 명 왕요혜의 誤作이 있었다. 명나라 이전의 완전한 탁본은 오늘날 전하지 않는다. 명 가정 연간의 관중 대지진(1555)으로 碑林에 소장되었던 石經에 심각한 훼손이 있었으며, 현재 남아 있는 탁본은 대부분 殘缺된 상태이다. 皮錫瑞 著, 周予同 注釋, 『經學歷史』(北京, 中華書局, 2004), 150~151쪽 참조. ○ 『구당서』「경적지상」 제26에 "『儀禮疏』 50권, 賈公彦 撰"으로 되어 있고, 『신당서』 권63, 「경적지」 43에는 "賈公彦, 『禮記正義』 80권, 또 『周禮疏』 50, 『儀禮疏』 50권"으로 저록되어 있어 가공언이 처음 『의례소』를 지을 때에는 50권본이었음을 알 수 있다. 이후 남송 말기까지 정현의 주와 가공언의 소는 별도의 책, 즉 單注本과 單疏本으로 간행되다가, 명대 중·후기에 비로소 주와 소를 합각한 注疏本이 등장하였다. 주소본이 만들어지면서 50권의 소도 17권으로 재편하였다. 이 과정에서 「사혼례」의 '壻授綏姆辭曰未敎不足與爲禮也' 14글자가 망실되었다. 리쉐친 주편의, 『의례주소』가 50권으로 되어 있는 것은 청대 黃丕烈(1763~1825)이 집에 소장하고 있던 '가공언 50권본'에서 기원한다.

『의례소』「서」『儀禮疏』「序」

당조 산대부행 태학박사 홍문관 학사 신 가공언이 찬하였습니다.

외람되이 듣건대, 도는 본래 텅 빈 듯하니 말이 아니면 그 광활함을 표현해 낼 수 없고, 말에는 미묘함이 있으니 해석하지 않으면 그 이치를 깨닫게 할 수 없다고 하였습니다. 이는 성인의 뜻을 파악하여 세세한 사항을 설명하는 것이 주석을 통해서 이루어지기 때문입니다. 『주례』와 『의례』에 이르러서는 흘러나온 근원은 하나이지만, 다스림에는 시작과 끝이 있어서 두 부분으로 나누어지게 된 것이니, 모두 주공周公께서 섭정을 하실 때 태평성대를 이루기 위해 제작한 책들입니다.[1] 『주례』는 말단이고, 『의례』는 근본이니, 근본은 밝히기가 어렵고, 말단은 깨닫기 쉬운 법입니다. 이 때문에 『주례』에 주를 단 사람들은 많지만, 『의례』에 주를 단 사람은 후정(後鄭 : 鄭玄)뿐이었던 것입니다. 『의례』에 장소章疏를 지은 사람으로는 두 명의 학자가 있었으니, 신도信都의 황경黃慶은 제齊나라 때 훌륭한 덕을 갖춘 사람이었고, 이맹철李孟悊은 수隋나라 때 '석유碩儒'로 불리던 사람이었습니다. 황경은 큰 것을 들어 올리고 작은 것을 간략히 하여, 경經과 주注에 대해 소략하고 빠진 것이 있었으니, 마치 산 정상에 올라가 멀리 바라보지만 가까운 곳을 알지 못하는 것과 같았습니다. 이맹철은 작은 것을 들어 올리고 큰 것을 간략히 하여, 경과 주에 대해 약간 치밀하였지만, 마치 방 안에 들어가 가까운 곳은 상세히 보지만 멀리 살피지 못하는 듯이 하였습니다. 두 학자의 소疏에는 서로 장점과 단점이 있었으나 당시에 숭상하던 바로는 이맹철이 앞섰습니다. 살펴보건대, 사의 관례에서 세 차례 덧씌워 주는 관으로는 치포관緇布冠·피변皮弁·작변爵弁이 있고, 또 현관玄冠을 쓰고서 군주를 찾아뵙니다.[2] 이 네 종류의 관이 있기 때문에 기記를 작성한 사람은 아래에서 치포관과 위모委貌·주변周弁을 진술하여 경의 네 가지 종류를 해석하였던 것입니다.[3] 경문과 기문에는 모두 천자가 관례를 치를 때의 법을 언급한 것이 없는데,[4] 이맹철은 "위모와 변은 모두 천자의 관례에서 첫 번째 관을 씌울 때 사용하는 관이다"라고 하였으니, 이맹철의 잘못입니다. 「상복」 한 편은 흉례의 요체입니다. 이 때문에 남조와 북조의 두 학자가 장소章疏에서 이를 매우 많이 다루었는데, 당시 사람들은 모두 황경의 설을 이용하였습니다. 살펴보건대, 정현은 「상복」에 주를 달면서 『예기』 「단궁」을 인용하여 "'질絰'이라는 글자는 진실하다는 뜻으로, 효자에게 진실한 마음이 있음을 밝히기 위해서 이 복을 제정한 것이다"라고 하였습니다. 그렇다면 수질과 요질의 제도를 만들었던 것은 슬퍼하는 마음을 표현하기 위한 것임이 분명합니다. 그런데 황경은 망령되게도 "상의와 하의(衰)로 마음을 표현하고, 수질과 요질(絰)로 머리를 표현한다"고 하여 정현의 주에 어긋났으니, 황경의 잘못입니다. 황경과 이맹철의 훈석은 대략 그 하나를 예로 들어 말하면, 그 나머지도 충분히 알 수 있을 것입니다. 이제 선유先儒들이 길을 잃어버렸으니 후학들은 의당 진흙탕에 빠져들기 쉽게 되었습니다. 그러므로 비루한 마음이나마 다하여 우선 이 소疏를 갈무리하게 되었습니다. 감히 제멋대로 해석하고자 하지 않았으니, 여러 학자들의 설을 근본으로 삼아서 그 가운데 훌륭한 것을 택하여 따랐으며, 아울러 저의 뜻도 덧붙였고 또한 사문조교四門助敎[5] 이현식李玄植(?~?)[6]과 옳고 그름을 상세하게 논하여 함께 이미 정해 놓은 것도 취하였습니다. 선배 유자들과 학문에 뜻을 둔 빼어난 젊은 선비들에게 읽혀지기를 바라오나, 허물을 없애고 옥돌을 얻어낸 것으로 여겨져서 책망이나 받지 않게 된다면 다행이겠습니다.

唐朝散大夫行太學博士弘文館學士臣賈公彦撰

竊聞道本沖虛, 非言無以表其疏, 言有微妙, 非釋無能悟其理. 是知聖人言曲事, 資注釋而成. 至於『周禮』·『儀禮』, 發源是一, 理有終始, 分爲二部, 竝是周公攝政太平之書. 『周禮』爲末, 『儀禮』爲本, 本則難明, 末便易曉. 是以『周禮』注者, 則有多門, 『儀禮』所注, 後鄭而已. 其爲章疏, 則有二家, 信都黃慶者, 齊之盛德, 李孟悊者, 隋曰'碩儒.' 慶則擧大略小, 經注疏漏, 猶登山遠望, 而近不知. 悊則擧小略大, 經注稍周, 似入室近觀而遠不察. 二家之疏, 互有修短, 時之所尙, 李則爲先. 案士冠三加, 有緇布冠·皮弁·爵弁, 旣冠又著玄冠見於君. 有此四種之冠. 故記人下陳緇布冠·委貌·周弁, 以釋經之四種. 經之與記都無天子冠法, 而李云"委貌與弁, 皆天子始冠之冠", 李之謬也. 「喪服」一篇, 凶禮之要. 是以南北二家, 章疏甚多, 時之所以皆資黃氏. 案鄭注「喪服」引『禮記』「檀弓」云, "絰之言, 實也, 明孝子有忠實之心, 故爲制此服焉." 則絰之所作, 表心明矣. 而黃氏妄云, "衰以表心, 絰以表首", 以黃氏公違鄭注, 黃之謬也. 黃·李之訓, 略言其一, 餘足見矣. 今以先儒失路, 後宜易塗. 故悉鄙情, 聊裁此疏. 未敢專欲, 以諸家爲本, 擇善而從, 兼增已義, 仍取四門助教李玄植詳論可否, 僉謀已定. 庶可施以[7]函丈之儒靑衿之俊, 幸以去瑕取玖得無譏焉.

주

1_ 모두 주공께서 ~ 책들입니다 : 가공언은『주례』와『의례』를 주공 섭정 시기의 저작으로 보는데, 이는『예기』「명당위」의 기술에 토대를 둔 것이며 동일한 관점은 공영달에게도 보인다.『예기』「명당위」에 "무왕이 붕어했을 때, 성왕이 어렸기 때문에 주공이 천자의 자리에 올라 천하를 다스렸다. 6년에, 명당에서 제후를 조회하여 예를 제정하고 음악을 만들었으며, 도량을 반포하자 천하가 크게 복종하였다"(武王崩, 成王幼弱, 周公踐天子之位, 以治天下. 六年, 朝諸侯於明堂, 制禮作樂, 頒度量, 而天下大服)고 하였고, 이에 대한 공영달의 소에는 "섭정을 한 지 6년에 도량을 반포하고, 그 예악을 제작하였다"(攝政六年, 頒度量, 制其禮樂)고 하였다. 공영달은 또 주공이 제정한 '禮'는『周官』과『儀禮』를 가리킨다고 하였다.

2_ 사의 관례에서 ~ 찾아뵙니다 : 사의 관례에서는 세 차례 관을 씌워 주는데, 이를 '三加'라고 한다. 첫 번째에는 緇布冠을 씌워 주고, 두 번째에는 皮弁을 씌워 주고, 세 번째에는 爵弁을 씌워 주는데, 피변은 치포관보다 존귀하고, 작변은 또 피변보다 존귀하다. '三加'의 예를 마친 후 관례를 치른 사람은 玄冠(검은색 비단으로 만든 관)을 쓰고, 玄端(검은색 베로 만든 웃옷)을 입고, 爵韠(검붉은 무릎가리개)을 착용하고서, 자신의 신분을 나타내는 예물(摯)을 받들고 군주를 찾아뵙는다.([사관례01 : 經一75])

3_ 이 네 종류의 관이 ~ 것입니다 :『의례』의 記文에서는 經文에서 언급한 치포관, 피변, 작변에 대해서, 치포관의 유래 및 이 세 가지 관에 대응하는 하 · 은 · 주 삼대의 관을 소개하였다. 즉 기문에서는 태고시대에는 白布冠을 썼는데 그것을 검은색으로 물들여 쓰고 재계를 한 것에서 '치포관'이 유래하였다고 설명하였다.([사관례01 : 記一06]) 또 '치포관'과 관련해서 周의 '委貌', 殷의 '章甫', 夏의 '毋追'를 소개하고,([사관례01 : 記一05]) '작변'과 관련해서는 주의 '弁', 은의 '冔', 하의 '收'를 소개하고,([사관례01 : 記一06]) '피변'은 하 · 은 · 주 삼대에서 공통적으로 착용하였다고 설명하였다.([사관례01 : 記一06])

4_ 경문과 기문에는 ~ 없는데 :『의례』의 경문에는 '천자의 관례'와 관련된 문장이 없으며, 기문에서도 "천자의 원자도 관례를 행할 때에는 오히려 士禮를 사용하였으니, 천하에 태어나면서부터 존귀한 사람은 없는 것이다"(天子之元子猶士也, 天下無生而貴者也)라고 하였다.([사관례01 : 記一10]) 즉 기문에서도 천자의 독자적인 冠法이 없으며, 士禮를 적용하였음을 지적한 것이다.

5_ 사문조교 : '四門'은 '四門學'이라고도 하는데, 학교의 명칭이다. 북위 선무제 정시 4년(507)에 '四門小學'을 창립하였는데 처음에는 京師의 四門에 설치하였다가 후에 太學과 같은 곳에 두었다. 당나라 때에는 '四門學'을 국자감에 소속시켜 유가의 경전을 전수하였는데, '四門館'이라고도 칭했다. 정7품상의 博士 6인과 종8품상의 助教 6인을 두었으며, 直講 4인을 두었다.『신당서』「選擧志上」참조.

6_ 이현식 : 당나라 趙州 출신이다. 태종 정관(627~649) 연간에 太子文學과 直學士를 지냈다. 고종 때에 자주 부름을 받고 道士 · 沙門들과 어전에서 經義를 강설하였는

데 변론이 매우 뛰어나 고종의 깊은 예우를 받았다. 후에 사건 연루되어 汜水令으로 좌천되었다. 가공언에게 三禮를 배워서 『三禮音義』을 편찬하여 당대에 유행하였다.

7_ 施以 : 魏了翁의 『儀禮要義』에는 '施以'가 '以施'로 되어 있다. 이에 따라 번역한다.

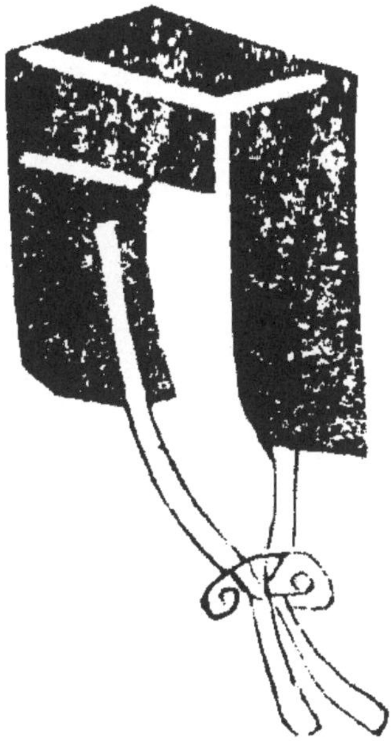

士冠禮

第一

역주 김용천

儀禮

士冠禮 第一

소[1] 정현鄭玄(127~200)[2]의 『삼례목록三禮目錄』[3]에서 말하였다. "동자童子(미성년)가 관직을 맡아 사士의 지위에 있더라도 20세가 되어야 관례를 행한다.[4] 이때 주인主人[5]은 현관玄冠[6]을 쓰고 조복朝服을 입는데, 이는 주인이 제후에게 벼슬하고 있는 사士의 경우이다. 주인이 천자의 사士인 경우에는 조복을 입고 피변皮弁을 쓰고 흰색 주름치마(素積)[7]를 착용한다.[8] 옛날에 사민四民은 생업을 세습하였으므로 사의 아들은 항상 사가 되었다.[9] 관례는 오례五禮 가운데 가례嘉禮에 속한다.[10] 대대본大戴本과 소대본小戴本의 『의례儀禮』[11] 및 유향劉向(BC 77~BC 6)의 『별록別錄』[12]에 모두 제1로 되어 있다."

疏 鄭『目錄』云, "童子任職居士位, 年二十而冠, 主人玄冠朝服, 則是[13]於諸侯. 天子之士, 朝服皮弁素積. 古者四民世事, 士之子恒爲士. 冠禮於五禮屬嘉禮, 大·小戴及『別祿』此皆第一."

주

1_ 소 : 賈公彦의 『의례소』를 말한다. 『의례주소』는 『의례』의 경문에 한대 정현이 주를 달았고, 여기에 당대의 가공언이 소를 달았다. 가공언은 『의례』 17편 전체에 대해서 각 편의 머리마다 정현의 『삼례목록』을 인용하여 간략한 해제를 붙였는데, 대체적으로 각 편에서 다루고 있는 의례의 요의와 오례로 분류했을 때의 해당 범주, 그리고 정현 당시 존재했던 『의례』본들과 현존하는 『의례』본의 편차를 비교하는 내용으로 이루어져 있다. ○ 가공언(?~?)은 당나라 하북성 영년 출신으로, 고종 영휘 연간에 태학박사와 홍문관학사를 지냈다. 예학에 정통하여 孔穎達 등과 『예기정의』 편찬에도 참여하였다. 그가 지은 『의례주소』와 『주례주소』가 十三經注疏에 편입되어 있다.

2_ 정현 : 자는 康成이며, 북해 고밀현 출신으로 후한시대 최고의 경학자이자 예학가이다. 집안이 빈한하여 젊어서 鄕嗇夫를 지냈으나, 후에 학문에 뜻을 두고 태학에서 수업하였다. 第五元先에게 『경씨역』·『공양춘추』를 배웠고, 다시 張恭祖에게 『주례』·『좌씨춘추』·『고문상서』를 전수받았으며, 馬融에게서 群經을 공부하였다. 유학을 마치고 고향으로 돌아온 후에는 강학에 힘써 많은 제자들을 두었고, 후한 환제 시기에 당화가 일어나자 禁錮되어 강학과 저술에 전념하였다. 헌제 건안 연간에 大司農에 올랐는데 얼마 후 죽었다. 『모시전』과 『주역』·『상서』·『논어』 등에 주를 달았으며, 특히 『의례』·『주례』·『예기』의 삼례에 모두 주를 달았다. 당시에 성행하던 금문과 고문 경학의 번쇄한 家法에서 벗어나, 고문 경학을 위주로 금문 경설을 겸채함으로써 독자적으로 일가를 이루었다. 후대에 '예학은 鄭學'이라고 칭해질 정도로 정현의 三禮注는 중국 고대 예학 연구의 토대가 된다.

3_ 『삼례목록』 : 정현이 삼례 즉 『의례』·『주례』·『예기』 각각의 편차와 편명에 대한 해제를 기록한 책이다. 『수서』 권32, 「경적지」에 "『三禮目錄』 1卷, 鄭玄 撰"으로 저록되어 있고, 양대의 陶弘景이 주를 달았지만 망실되었다고 한다. 본래 『삼례목록』은 별도의 단행본이었는데, 가공언이 『의례주소』를 작성할 때 처음으로 각 편 제목 아래에 갖다가 붙였다. '삼례'라는 말은 『후한서』 권69하, 「유림전」 '동균전'에 보인다. "후한이 창업되자, 鄭衆은 『주관경』을 전하였고, 후에 마융이 『주관전』을 지어서 정현에게 전수하였는데, 정현은 『주관주』를 지었다. 정현은 본래 小戴의 『예』를 익혔는데, 후에 고문경을 가지고 그것을 교수하여 그 의리가 뛰어난 것을 취하였다. 그리하여 鄭氏의 學으로 삼았다. 정현은 또 소대가 전한 『예기』 49편에 주를 달아 통틀어서 삼례로 삼았다."(中興, 鄭衆傳『周官經』, 後馬融作『周官傳』, 授鄭玄, 玄作『周官注』. 玄本習小戴『禮』, 後以古經校之, 取其義長者, 故爲鄭氏學. 玄又注小戴所傳『禮記』四十九篇, 通爲三禮焉) 또 『후한서』 권64, 「노식전」에는 "『상서장구』와 『삼례해고』를 지었다"고 되어 있다. 따라서 '삼례'라는 명칭은 후한 말부터 통행되기 시작했음을 알 수 있다.

4_ 동자가 ~ 행한다 : 정현은 이곳의 관례를 士 신분의 의례로 파악한 것이다. 사 가운데에는 이미 벼슬한 경우와 아직 벼슬을 하지 못한 경우가 있다. 이어지는 "사의 아들은 항상 사가 된다"라는 문장에 대해 주희는 사의 아들은 비록 출사하지 못하였더라도 이 관례를 행할 수 있다는 뜻으로 정현의 주를 해석하였다. 『예기』「곡례상」에서 "20세가 되면 '弱'이라고 칭하는데, 이 나이에 관례를 치른다. … 40세가 되면 '强'이라고 칭하는데, 이 나이에 벼슬에 나아간다"(人生十年曰幼, 學. 二十曰弱, 冠. 三十曰壯, 有室. 四十曰强, 而仕)고 하였으므로 통상은 20세에 관례를 치르고, 40세에 벼슬을 시작한다. 그러나 재질이 출중하여 관례를 치를 나이가 되기 이전에 사의 지위에 오르는 경우도 있기 때문에 정현은 이미 벼슬한 경우와 아직 벼슬하지 않은 경우를 포함해서 말한 것이다. 胡匡衷도 『정씨목록교증』에서 "사 가운데에는 이미 벼슬을 하여 지위를 갖고 있는 경우가 있는데, 『주례』에 보이는 上士 · 中士 · 下士가 이에 해당된다. 아직 벼슬을 하지 못한 경우가 있는데, 『예기』「옥조」에서 말한 '居士', 『예기』「왕제」에서 말한 '選士' · '俊士'가 이에 해당된다"고 하였다. 따라서 아직 벼슬하지 못했더라도 '사'라고 칭할 수 있다. 胡培翬, 『儀禮正義』(上海古籍出版社, 1993. 이하 『의례정의』로 칭함), 2쪽 참조.

5_ 주인 : 관례를 주관하는 사람을 가리킨다. 보통 관례에서 주인은 관을 쓸 사람의 친부가 맡는데, 친부가 없을 경우에는 친형이 주인이 되고, 친부·친형이 없는 경우에는 諸父·諸兄이 주인이 된다.

6_ 현관 : 검은색 비단으로 만든 관으로 주대부터 사용하였다. '委貌'라고도 한다. '위'는 '안정시킨다'(安)는 뜻이다. 따라서 '위모'는 용모를 안정시킨다(安正容貌)는 뜻이 된다. 여기서 '현관'이라고 한 것은 그 색에 근거하여 말한 것이다. 현관을 쓸 때의 복장으로는 冠弁服과 玄端服 두 종류가 있다. '관변복'은 천자가 사냥할 때(甸服), 제후가 매일 조회를 볼 때(視朝) 입는 옷이다. '현단복'은 천자에서 사에 이르기까지 평소에 입는 옷이다. 錢玄·錢興奇 편저, 『三禮辭典』(江蘇古籍出版社, 1998. 이하 『삼례사전』으로 칭함) 303쪽 참조. 『주례』「춘관·사복」에서 "무릇 사냥을 할 때에는 관변복을 입는다"(凡甸, 冠弁服)고 한 것에 대해 정현은 "'甸'은 사냥한다(田獵)는 뜻이다. '관변'은 위모인데, 그 복장은 검은색 베로 만든 웃옷을 입고, 또한 허리 부분에 주름을 잡은 흰색 치마를 입는다. 제후는 이 옷을 조회 볼 때의 복장으로 삼는다"(甸, 田獵也. 冠弁, 委貌, 其服緇布衣, 亦積素以爲裳, 諸侯以爲視朝之服)고 하였다. 가공언은 "『의례』「사관례」 및 『예기』「교특생」에서 모두 '위모는 주나라에서 평소 도를 행할 때 쓰던 관이다'라고 한 것에 대해 정현은 '委는 안정시킨다는 뜻과 같으니, 용모를 안정시키고 바르게 함을 말한다'라고 주를 달았다. 그래서 '위모'라고 한 것이니, 색을 가지고 말할 경우에는 '현관'이라고 한다"(「士冠禮」及「郊特牲」皆云'委貌, 周道.' 鄭注「士冠禮」云"委猶安也, 言所以安正容貌', 故云'委貌', 若以色言, 則曰'玄

冠'也)고 하였다. 『후한서』「여복지」에는 "委貌冠과 皮弁冠은 제도가 동일하다. 길이는 7촌으로 엎어 놓은 술잔과 형상이 비슷하고, 앞쪽은 높고 넓으며, 뒤쪽은 낮고 좁다. 이른바 하나라의 '毋追', 은나라의 '章甫'이다. '위모'는 검은색의 비단으로 만들고, '피변'은 사슴가죽으로 만든다. 辟雍에서 大射禮를 거행할 때, 공·경·제후·대부로서 예를 행하는 자는 위모를 쓰는데 현단의 웃옷에 흰색 비단의 치마를 입으며, 일을 집행하는 자는 피변을 쓰는데 검은색의 베로 만든 웃옷을 입고, 옷깃과 소매를 검은색으로 하고, 흰색의 치마를 입는다. 이른바 '皮弁素積'이라는 것이다"(委貌冠·皮弁冠同制, 長七寸, 制如覆杯, 前高廣, 後卑銳, 所謂夏之毋追·殷之章甫者也. 委貌以皀絹爲之, 皮弁以鹿皮爲之. 行大射禮於辟雍, 公卿諸侯大夫行禮者, 冠委貌, 衣玄端素裳. 執事者冠皮弁, 衣緇麻衣, 皀領袖, 下素裳, 所謂皮弁素積者也)라고 하였다.

7_ 흰색 주름치마 : '積'은 옷의 주름을 가리키며, '襞積'이라고도 한다. '素積'은 허리 부분에 주름을 무수히 잡은 흰색의 치마이다. 재료로는 비단을 사용하거나 베를 사용하기도 한다. 『예기』「교특생」에 "하·은·주 삼대에는 모두 피변을 쓰고 소적을 착용하였다"(三王共皮弁素積)고 한 것에 대해 孫希旦은 『예기집해』에서 "'소적'은 흰색의 비단으로 치마를 만들고 주름을 잡은 것이다"(素積, 以素繒爲裳而襞積之也)라고 하였다. 『순자』「부국」에서 "사의 피변복이다"(士皮弁服)라고 한 것에 대해 楊倞은 "소적은 치마를 가리키는데, 15승의 베로 만든다"(素積爲裳, 用十五升布爲之)고 하였다. 삼례서에서 '素'는 상황에 따라 '흰색', '비단, '무늬가 없는 것'의 세 가지 의미로 쓰인다. 때로는 '소' 한 글자에 이들 의미를 중의적으로 담아 표현하기도 한다.

8_ 주인은 현관을 쓰고 ~ 착용한다 : 敖繼公은 「사관례」는 士가 자신의 적자에게 관을 씌우는 절차를 기록한 것이며, 따라서 "주인은 현관을 쓰고 조복을 입는다"라는 문장은 그 아버지가 본래 지위를 갖고 있던 士임을 말한다고 하였다. 주희는 다음과 같이 설명한다. "제후는 조복을 입고 매일 조회를 보며, 천자는 피변을 쓰고 매일 조회를 보는데, 이 두 경우 모두 군주와 신하는 같은 복장을 한다(君臣同服). 따라서 '주인은 현관을 쓰고 조복을 입는다'고 한 것은 그 아버지 즉 주인이 제후에게 벼슬을 하여 士가 된 경우를 말한 것이다. 천자의 士라면 조복에 '피변'과 '소적'을 갖추어 착용해야 하므로 '현관을 쓰고 조복을 입는다(玄冠朝服)'라고 할 수 없게 된다." 『의례정의』, 2~3쪽 참조.

9_ 사민은 ~ 사가 되었다 : 가공언에 따르면 이것은 『齊語』의 문장으로, 사민은 사·농·공·상을 가리킨다. 李學勤 주편, 十三經注疏整理本 『儀禮注疏』(北京大學出版社, 2000. 이하 『의례주소』로 칭함) 2쪽, 가공언의 소 참조.

10_ 관례는 오례 가운데 가례에 속한다 : 오례는 예를 다섯 범주로 나눈 것으로, 吉禮·

凶禮·軍禮·賓禮·嘉禮를 가리킨다. 『주례』「춘관·소종백」에 "오례의 금령과 그 기물의 차등을 관장한다"(掌五禮之禁令與其用等)고 한 것에 대해 정현은 鄭司農의 말을 인용하여 "오례는 길례·흉례·군례·빈례·가례를 말한다"(五禮, 吉·凶·軍·賓·嘉)고 하였다. 『수서』「예의지」에서는 "길례로 귀신을 공경하고, 흉례로 나라의 흉사를 애도하고, 빈례로 빈객을 친애하고, 군례로 위반자를 주벌하고, 가례로 인척과 화합한다. 이것을 오례라고 한다"(以吉禮敬鬼神, 以凶禮哀邦國, 以賓禮親賓客, 以軍禮誅不虔, 以嘉禮合姻好, 謂之五禮)고 하였다. 『의례』 17편은 길례 3편, 흉례 4편, 빈례 3편, 가례 7편으로 구성되어 있으며, 군례는 없다. 호배휘의 분류를 도표로 보면 다음과 같다.

	『의례』 편명
길례	「特牲饋食禮」·「少牢饋食禮」·「有司徹」
흉례	「喪服」·「士喪禮」·「旣夕禮」·「士虞禮」
빈례	「士相見禮」·「聘禮」·「覲禮」
가례	「士冠禮」·「士昏禮」·「鄕飮酒禮」·「鄕射禮」·「燕禮」·「大射」·「公食大夫禮」

11_ 대대본과 소대본의 『의례』 : 후한 정현이 『삼례목록』을 작성할 당시 『의례』의 傳本에는 大戴本, 小戴本 그리고 유향의 『별록』본 등 3본이 있었는데 17편의 편차가 모두 달랐다. 정현은 『별록』본에 의거하여 주석 작업을 하였는데, 이것이 오늘날 우리가 볼 수 있는 『의례』 17편이다. 대대와 소대는 전한시대 금문 예학가였던 戴德과 그의 조카인 戴聖을 가리킨다. 이들은 『의례』 박사로서 전한 선제시대 石渠閣會議에 참석하는 등 한초 예학 발달을 주도하였던 인물이다. 이들의 『의례』 대대본과 소대본은 현재 전하지 않지만, 대신 이들이 집성한 『예기』가 현존한다. 『예기』는 흔히 『의례』 經에 대한 記文이라고 일컬어지는데, 『의례』에 대한 해설 및 당시까지 전해지던 고례에 관한 기록들을 모은 것이다. 대덕이 유향이 수집한 130편의 예에 관한 기록들을 묶어서 85편으로 재편한 것을 『대대례기』 또는 『대대기』라고 하고, 대성이 49편으로 재편한 것을 『소대례기』, 『소대기』라고 한다. 현재 13경의 하나인 『예기』는 이 『소대례기』를 가리킨다. 『대대례기』와 『소대례기』의 재편과 책이 만들어진 과정에 대해서는 다양한 학설이 존재한다. 한편 호배휘가 가공언의 소에 의거하여 재구성한 대대본·소대본의 『의례』를 유향의 『별록』본에 기초한 현행 『의례』의 편차와 비교하면 다음의 표와 같다.

	편차
별록본 『의례』	「士冠禮」 제1, 「士昏禮」 제2, 「士相見禮」 제3, 「鄕飮酒禮」 제4, 「鄕射禮」 제5, 「燕禮」 제6, 「大射」 제7, 「聘禮」 제8, 「公食大夫禮」 제9, 「覲禮」 제10, 「喪服」 제11, 「士喪禮」 제12, 「旣夕禮」 제13, 「士虞禮」 제14, 「特牲饋食禮」 제15, 「少牢饋食禮」 제16, 「有司」 제17

대대본『의례』	「士冠禮」 제1, 「士昏禮」 제2, 「士相見禮」 제3, 「士喪禮」 제4, 「旣夕禮」 제5, 「士虞禮」 제6, 「特牲饋食禮」 제7, 「少牢饋食禮」 제8, 「有司徹」 제9, 「鄕飮酒禮」 제10, 「鄕射禮」 제11, 「燕禮」 제12, 「大射」 제13, 「聘禮」 제14, 「公食大夫禮」 제15, 「覲禮」 제16, 「喪服」 제17
소대본『의례』	「士冠禮」 제1, 「士昏禮」 제2, 「士相見禮」 제3, 「鄕飮酒禮」 제4, 「鄕射禮」 제5, 「燕禮」 제6, 「大射」 제7, 「士虞禮」 제8, 「喪服」 제9, 「特牲饋食禮」 제10, 「少牢饋食禮」 제11, 「有司徹」 제12, 「士喪禮」 제13, 「旣夕禮」 제14, 「聘禮」 제15, 「公食大夫禮」 제16, 「覲禮」 제17

12_ 유향의 『별록』 : 유향은 자가 子政, 본명은 更生으로 패현 출신이며, 한 고조의 동생 초원왕 유교의 4대손이자 劉歆의 아버지이다. 전한 원제와 성제 시기에 활동하였으며, 경전·제자·시부 등 秘府에 수장된 서적들을 교열하여 『별록』을 간행하였다. 다른 저서로는 『신서』·『설원』·『열녀전』·『홍범오행』 등이 있다. 유향의 『별록』은 중국 최초의 도서 분류목록으로 평가되지만 일찍이 망실되었다. 비부의 서적을 교열하는 일은 그의 아들인 유흠에게로 이어지는데, 유흠 역시 수집된 서적들을 교열하여 『칠략』을 지었으나 망실되었다. 현존하는 班固의 『한서』 「예문지」는 『칠략』을 저본으로 한 것이므로, 이것을 통해서 오늘날에 그 기록의 흔적들을 볼 수 있다.

13_ 『요의』에도 '則是'로 되어 있지만, 민본에는 '則是' 아래에 '仕'자가 더 있고, 『儀禮正義』에도 마찬가지이다. "則是仕於諸侯"는 "제후에게 벼슬을 하고 있다"로 해석된다. 『의례주소』, 2쪽 교감 및 『의례정의』, 1쪽 참조.

「서일도筮日圖」

(淸),『흠정의례의소』

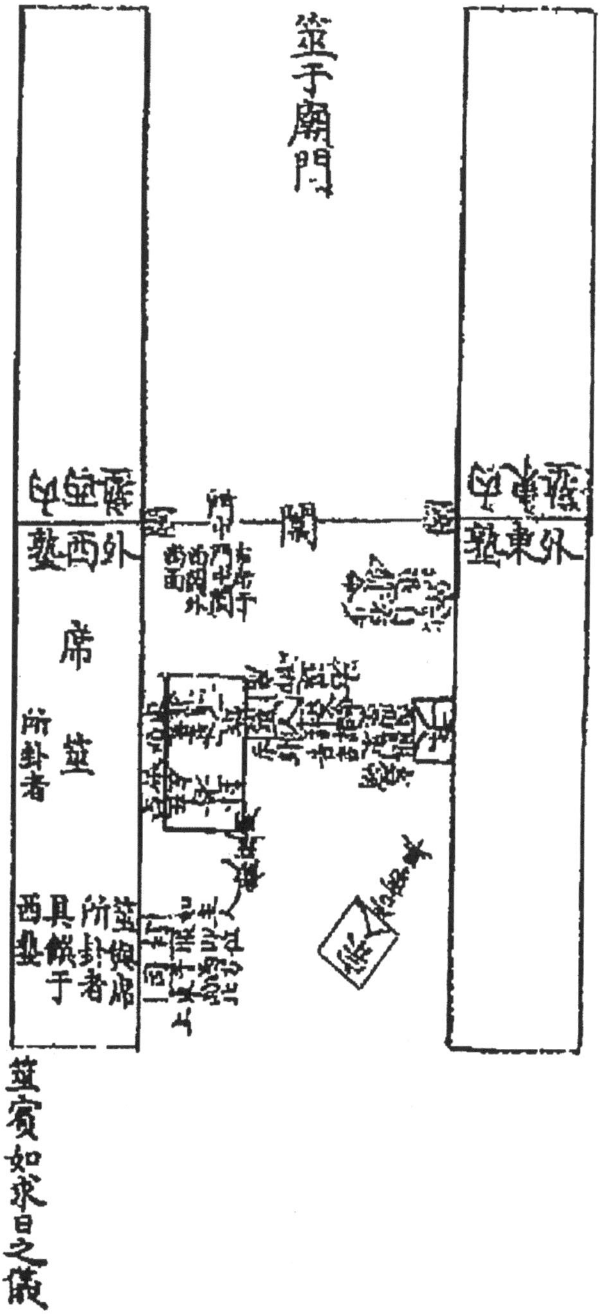

해제 經－01에서 經－14까지는 '서일筮日' 즉 관례를 거행할 날짜의 길흉을 점치는 절차이다.

[士冠禮01 : 經－01]

사관례士冠禮.[1] 묘문廟門[2]에서 점을 친다.

士冠禮. 筮于廟門.

정현주 '점을 친다'(筮)는 것은 시초(蓍)를 사용하여 관례를 거행하기로 한 날의 길흉을 『역易』에 묻는다는 뜻이다. 관례를 거행할 때 반드시 묘문廟門에서 관례를 거행할 날짜의 길흉을 점치는 것은 성인成人의 예禮를 행함으로써 자손을 이루게 되는 것을 중시하기 때문이다. '묘廟'는 녜묘禰廟(아버지의 사당)[3]를 가리킨다. 묘당廟堂이 아니라 묘문에서 점을 치는 것은 시초의 신령함이 묘에서 제사를 받는 귀신에게서 생겨난다는 혐의를 받을 수 있기 때문이다.[4] '筮'者, 以蓍問日吉凶於『易』也. 冠必筮日於廟門者, 重以成人之禮成子孫也. '廟'謂禰廟. 不於堂者, 嫌蓍之靈由廟神.

[士冠禮01 : 經－02]

주인은 현관玄冠을 쓰고 조복朝服을 입고 검은색 비단으로 가선 장식을 한 허리띠(緇帶)와 흰색 무릎가리개(素韠) 등을 착용하고 묘문 밖의 동쪽 위치로 나아가 서쪽을 향해 선다.

主人玄冠, 朝服, 緇帶, 素韠, 卽位于門東, 西面.

정현주 　'주인'은 장차 관을 쓸 사람의 부형父兄[5]이다. '현관玄冠'은 위모委貌이다. '조복朝服'은 15승의 베로 짠 웃옷(衣)에 흰색 치마(素裳)를 착용하는 복장이다. 웃옷의 경우 색깔을 말하지 않은 것은 웃옷은 관과 색깔이 같기 때문이다.[6] 점을 칠 때 반드시 조복을 입는 것은 시초점과 거북점을 존중하는 도리이다. '치대緇帶'는 검은색 비단으로 가선 장식을 한 허리띠이다. 사士의 허리띠는 너비가 2촌이니 두 번 두르면 4촌이 되고, 접어서 늘어뜨린 부분은 3척이 된다.[7] '소필素韠'은 흰색 가죽으로 만든 무릎가리개이다. 길이는 3척이고 윗부분의 가로 폭은 1척, 아랫부분의 가로 폭은 2척이며, 그

제후의 조복

섭숭의(宋), 『삼례도』

위모委貌(현관)

섭숭의(宋), 『삼례도』

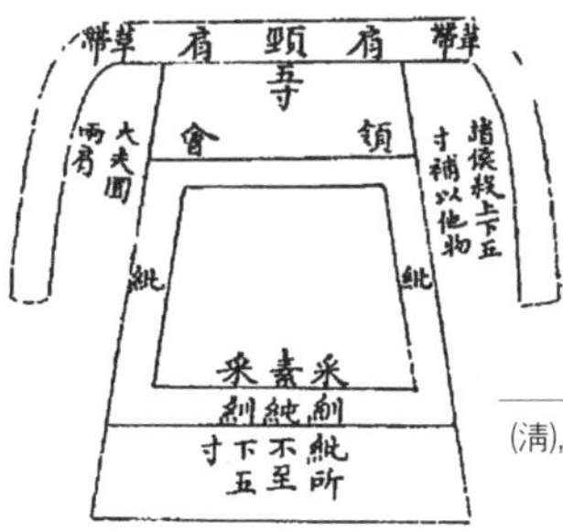

필韠(韍韐)

(淸), 『흠정의례의소』

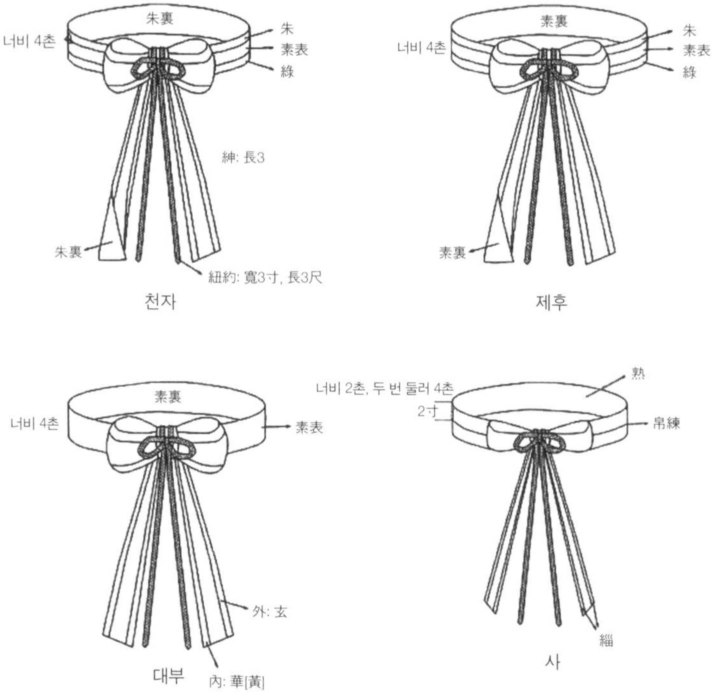

대대大帶

崔圭順,『中國歷代帝王冕服研究』

경頸의 가로 폭은 5촌이고, 견肩과 혁대革帶는 가로 폭이 2촌이다.[8] 천자는 자기 신하와 더불어 현면玄冕[9]을 입고 매월 초하루에 정사를 들으며(視朔),[10] 피변복皮弁服을 입고 날마다 조회를 본다. 제후는 자기 신하와 더불어 피변복을 입고 매월 초하루에 정사를 듣고(視朝), 조복朝服을 입고 날마다 조회를 본다. 일반적으로 검게 물들일 때에 다섯 번 담그면 추緅(검붉은 색)가 되고, 일곱 번 담그면 치緇(짙은 검은색)가 되니, 현玄(검은색)은 여섯 번 담근 것인 듯하다.[11] '主人', 將冠者之父兄也. '玄冠', 委貌也. '朝服'者, 十五升布衣而素裳也. 衣不言色者, 衣與冠同也. 筮必朝服者, 尊蓍龜之道. '緇帶', 黑繒帶. 士帶博二寸, 再繚四寸,

屈垂三尺. 素韠, 白韋韠, 長三尺, 上廣一尺, 下廣二尺, 其頸五寸, 肩·革帶博二寸. 天子與其臣, 玄冕以視朔, 皮弁以日視朝. 諸侯與其臣, 皮弁以視朔, 朝服以日視朝. 凡染黑, 五入爲緅, 七入爲緇, 玄則六入與?

[士冠禮01 : 經－03]
유사有司들은 주인과 동일한 복장을 착용하고 묘문 밖의 서쪽 위치로 나아가 동쪽을 향해 서는데, 북쪽을 윗자리로 삼는다.[12]
有司如主人服, 即位于西方, 東面, 北上.

정현주 '유사有司'는 군리羣吏로서 일을 맡고 있는 자이니, 주인의 속리屬吏 가운데 주인이 자체로 임명한 부府와 사史[13] 이하를 가리킨다.[14] 오늘날의 졸리卒吏[15]와 가리假吏[16]가 이에 해당한다. '有司', 羣吏有事者, 謂主人之吏, 所自辟除, 府·史以下, 今時卒吏及假吏是也.

[士冠禮01 : 經－04]
점을 칠 때 사용할 시초(筮)와 점을 칠 사람의 자리(席)[17] 그리고 괘卦를 기록하는 도구[18]는 모두 묘문 밖의 서쪽 당(西塾)[19]에 진열해 놓는다.
筮與席·所卦者, 具饌于西塾.

정현주 '서筮'는 길흉吉凶을 묻는 도구이니, 시초(蓍)를 가리킨다. '소괘자所卦者'는 땅에 그어서 효爻를 기록하는 도구이니, 『역易』「설괘전說

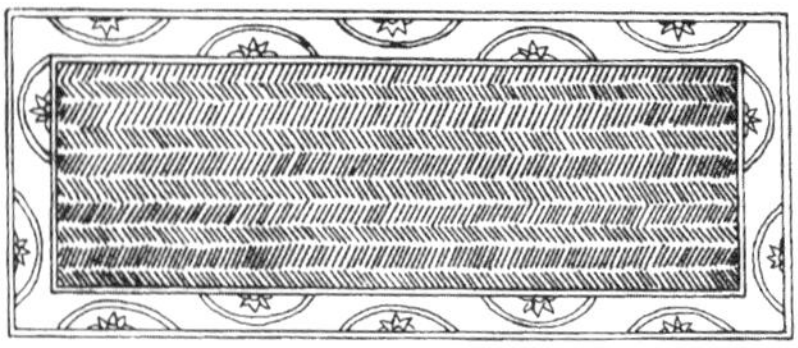

석席

황이주(淸), 『예서통고』

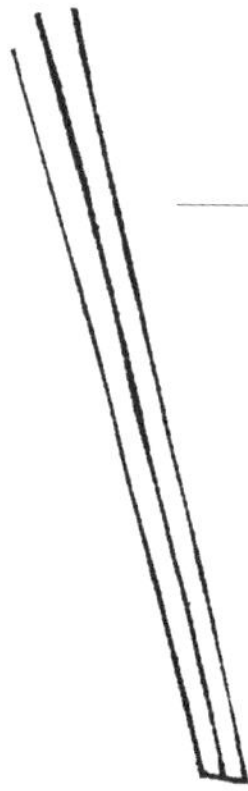

획효목畫爻木

섭숭의(宋), 『삼례도』

卦傳」에 "여섯 번 그어서 괘卦를 이룬다"고 하였다. '찬饌'은 진열한다(陳)는 뜻이다. '구具'는 모두(俱)라는 뜻이다. '서숙西塾'은 묘문 밖의 서쪽 당堂이다. '筮', 所以問吉凶, 謂蓍也. '所卦者', 所以畫地記爻, 『易』曰, "六畫而成卦." '饌', 陳也. '具', 俱也. '西塾', 門外西堂也.

[士冠禮01 : 經—05]
묘문 중앙 문 말뚝(闑)[20]의 서쪽으로 문지방(閾) 밖에 점을 칠 사람의 자리를 펼쳐 놓는데, 자리의 머리 부분이 서쪽을 향하도록 하여 놓는다.
布席于門中闑西閾外, 西面.

정현주

'얼闑'은 문 말뚝이다. '역閾'은 문지방이다. 고문본古文本[21]에는 '闑'이 '槷'로, '閾'이 '蹙'으로 되어 있다. '闑', 門橛. '閾', 閫也. 古文'闑'爲'槷', '閾'爲'蹙'.

[士冠禮01 : 經－06]

서인筮人은 왼손으로 아래통(下韇)을 잡고[22] 오른 손으로 위통을 뽑아 벗겨낸 다음 위통을 왼손으로 넘겨서 아래통과 함께 잡고, 주인에게 나아가 점칠 내용에 대한 명을 받는다.

筮人執筴, 抽上韇, 兼執之, 進受命於主人.

정현주 '서인筮人'은 유사有司로서 세 가지 『역易』[23]을 주관하는 사람이다.[24] '독韇'은 시초를 넣어 두는 기구이다. 오늘날 활과 화살을 넣어 두는 기구를 '독환韇丸'이라고 한다. '겸兼'은 함께 아우른다는 뜻이다. '진進'은 앞으로 나아간다는 뜻이니, 서쪽에서부터 앞으로 나아가는 것이다. 주인에게 점칠 내용에 대한 명을 받는 것은 점칠 바를 알아야 하기 때문이다. '筮人', 有司主三『易』者. '韇', 藏筴之器. 今時藏弓矢者謂之韇丸也. '兼', 并也. '進', 前也, 自西方而前. 受命者, 當知所筮也.

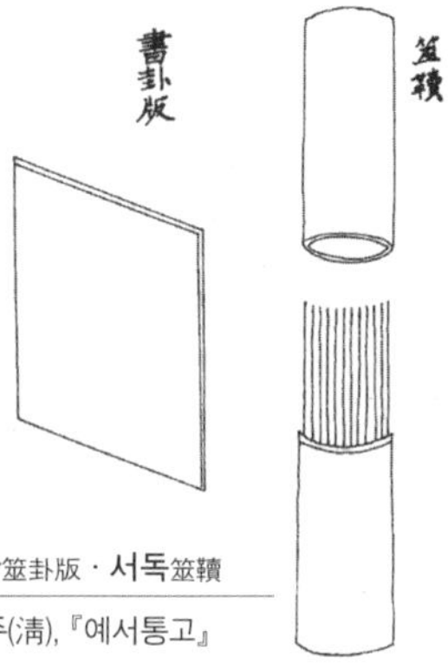

서괘판筮卦版 · **서독**筮韇

황이주(淸), 『예서통고』

[士冠禮01 : 經－07]

재宰는 주인의 오른쪽에서 뒤로 조금 물러나 서서, 주인을 도와 서인筮人에게 점칠 내용을 고해 준다.

宰自右少退, 贊命.

정현주 '재宰'는 유사有司로서 정교政敎를 주관하는 사람이다.[25] '자自'는 말미암는다는 뜻이다. '찬贊'은 돕는다(佐)는 뜻이다. '명命'은 고한다(告)는 뜻이다. 주인을 도와 점칠 내용을 고하는 것이니, 『예기』「소의少儀」에 "군주를 도와 예물을 받을 때에는 군주의 왼쪽에서 하고, 군주를 도와 명을 고할 때는 군주의 오른쪽에서 한다"고 하였다. '宰', 有司主政教者. '自', 由也. '贊', 佐也. '命', 告也. 佐主人告所以筮也. 「少儀」曰, "贊幣自左, 詔辭自右."

[士冠禮01 : 經-08]

서인筮人은 응낙을 한 후 오른쪽으로 몸을 돌려 자리로 나아가 앉는데, 서쪽을 향한다. 괘자卦者는 서인의 왼쪽에 선다.

筮人許諾, 右還, 卽席坐, 西面, 卦者在左.

정현주 '즉卽'은 나아간다(就)는 뜻이다. 동쪽을 향해 점칠 내용에 대한 명을 받고, 오른쪽으로 돌아 북쪽으로 가서 자리로 나아간다. '괘자卦者'는 유사有司로서 땅에 획을 그어서 효爻를 표시하는 일을 담당하는 사람이다.[26] '卽', 就也. 東面受命, 右還北行就席. '卦者', 有司主畫地識爻者.

[士冠禮01 : 經-09]

서인筮人은 점치는 일을 마치면,[27] 얻은 괘를 목판에 기록하고,[28] 그것을 가지고 가서 주인에게 보여 준다.

卒筮, 書卦, 執以示主人.

정현주 　'졸卒'은 마친다는 뜻이다. '서괘書卦'는 서인이 점을 쳐서 얻은 괘를 목판(方)[29]에 옮겨 기록하는 것을 말한다. '卒', 已也. '書卦'者, 筮人以方寫所得之卦.

[士冠禮01 : 經-10]
주인은 이를 받아서 살펴본 후 서인에게 다시 돌려준다.
主人受眡, 反之.

정현주 　'반反'은 돌려준다는 뜻이다. '反', 還也.

[士冠禮01 : 經-11]
서인은 본래의 위치로 돌아와 동쪽을 향해 서서 휘하에 소속된 사람들과 함께 점괘의 길흉을 판단하고, 판단을 마치면 주인에게 나아가 점괘가 길하게 나왔음을 보고한다.
筮人還, 東面旅占, 卒, 進告吉.

정현주 　'여旅'는 무리(衆)라는 뜻이다. 돌아와서 휘하에 소속된 사람들과 함께 점괘의 길흉을 판단하는 것이다. 고문본에는 '旅'가 '臚'로 되어 있다. '旅', 衆也. 還與其屬共占之. 古文'旅'作'臚'也.

[士冠禮01 : 經－12]

만약 얻은 점괘가 길하지 않으면, 다시 열흘 이후의 날(遠日)[30]을 점치는데, 처음 점을 칠 때와 동일한 절차로 한다.

若不吉, 則筮遠日, 如初儀.

정현주

'원일遠日'은 열흘 이후의 날을 뜻한다. '遠日', 旬之外.

[士冠禮01 : 經－13]

시초와 자리를 치우고 거둔다.

徹筮席.

정현주

'철徹'은 치운다, 거둔다는 뜻이다.[31] '徹', 去也, 斂也.

[士冠禮01 : 經－14]

종인宗人은 주인에게 관례의 날짜를 점치는 절차가 모두 끝났음을 보고한다.

宗人告事畢.

정현주

'종인宗人'[32]은 유사有司로서 예식절차를 주관하는 사람이다. '宗人', 有司主禮者.

주

1_ 사관례 : 이 편에 기록되어 있는 의례의 명칭을 표기한 것이다. 나머지 16편도 모두 이와 같다. 앞의 '士冠禮 第一'을 外題라고 부르고, 이곳의 '士冠禮'를 內題라고 부른다.

2_ 묘문 : '庿'는 '廟'의 고문으로, 『의례』에는 '庿'와 '廟'가 뒤섞여 나온다. 廟는 조상의 신위를 모신 사당을 가리킨다.

3_ 녜묘 : 考廟라고도 하며, 아버지의 신위를 모신 사당을 말한다. 사관례가 행해지는 장소이다. 이여규의 『의례석궁』에 의하면, 『의례』의 경문에서 단지 '廟'라고 한 경우는 모두 '녜묘'를 지칭하며, '녜묘'가 아닌 경우에는 '祖廟', '祧廟' 등 廟名을 들어 구별하였다. 『의례정의』, 8쪽 참조.

4_ 묘당이 ~ 것이다 : 廟에는 室이 있고, 堂이 있고, 庭이 있고, 門이 있는데, 祭祀(正祭)와 陰厭 등은 묘실에서 거행하고, 儐尸禮는 묘당에서 거행하고, 納牲 등은 묘정에서 거행하고, 이곳의 筮日 등은 묘문에서 행한다. 관례에서 세 차례 관을 쓰는 三加의 의절은 모두 묘당에서 거행하는데, 서일은 묘당이 아니라 묘문에서 행한다. 묘당에서 행할 경우 시초의 신령스러움이 묘에서 제사를 받는 귀신에서 유래한다는 혐의를 받을 수 있기 때문이다. 시초 그 자체에 귀신이 있음을 밝히려는 것이다. 『의례정의』, 8쪽 참조.

5_ 부형 : 가공언에 따르면, 친부가 없을 때에는 친형이 주인이 되고, 친부·친형이 없는 경우에는 諸父·諸兄이 주인이 된다. 『의례주소』, 7쪽, 가공언의 소 참조.

6_ '조복'은 ~ 색깔이 같기 때문이다 : '조복'은 제후와 신하들이 매일 조회를 볼 때 착용하는 복장이다. 15승의 베로 만드는데, 1승이 80올(縷)이므로 15승은 1,200올이 된다. 15승의 베는 1,200올을 緇絲로 넣어서 짠 베이다. 이는 麻布 가운데 가장 섬세한 것이다. 예의 통례에서는 웃옷(衣)과 관(冠)을 같은 색으로 하고, 치마(裳)와 무릎가리개(韠)를 같은 색으로 한다. 이 때문에 조복에는 玄冠을 쓰고 緇布衣를 입고, 素裳과 素韠을 착용한다. 『삼례사전』, 822쪽 참조. 경문에서는 '상'에 대해 언급하지 않았지만 '상'은 '필'과 같은 색으로 하는 것이 통례라고 할 때 아래에서 '素韠'(흰색 가죽으로 만든 무릎가리개)이라고 하였으므로 '상'은 역시 素裳(흰색 치마)임을 알 수 있다. 『의례주소』, 7쪽, 가공언의 소 참조.

7_ '치대'는 ~ 3척이 된다 : ○ 치대는 士의 허리띠(大帶)이다. 허리띠는 신분에 따라 만드는 제도가 각기 다르다. 士의 허리띠는 2촌의 정련한 순백색 비단을 써서 홑으로 하여 몸판을 만들고, 양쪽 가장자리에 緇色의 단을 댄다. 허리띠를 맬 때에는 앞에서 양쪽으로 고를 남기고 묶은 후 나머지를 늘어뜨리는데, 이 고를 '紐'라 하고 늘

어뜨린 부분(下垂)을 '紳'이라 한다. '신'은 3척을 늘어뜨린다. 허리띠의 가장자리에 대는 단은 신분에 따라 부위가 다른데 士는 '신' 부분에만 댈 수 있다. 종합하면, 士의 허리띠는 홑으로 된 2촌 너비의 허리띠를 두 번 둘러 4촌이 되게 착용하고, 앞에서 양쪽으로 고(紐)를 남기고 묶은 후 나머지는 늘어뜨린다. 늘어뜨린 부분(紳)의 길이는 3척인데, 이 부분의 가장자리에만 치색의 단을 댄다. 士의 허리띠는 '신'에 치색의 단을 대므로 '緇帶'라고도 하는데, 이곳 경문에서의 '치대'는 이를 말한다. 『예기』「옥조」에 대한 공영달의 소에 "「사관례」에서 '치대'라고 한 것은 裨의 색에 의거하여 말한 것이다. 이 때문에 '치대'라고 한 것이니, 裨의 바깥쪽과 안쪽에 모두 치색을 쓰기 때문이다"(「士冠禮」謂之'緇帶', 据裨色言之, 故謂之'緇帶', 以裨之外內皆用緇)라고 하였다. '裨'는 가장자리에 댄 단의 장식을 말한다. 『예기』「옥조」에 대한 정현은 "'裨'는 비단으로 가장자리를 장식하는 것이다"(裨, 謂以繒采飾其側)라고 주를 달았다. 따라서 '緇帶'의 '緇'가 大帶의 전체 색이 아니라 가장자리 단의 색임을 알 수 있다. ○ 天子부터 士까지의 허리띠 제도에 대해서는 『예기』「옥조」에 규정되어 있는데, 그 경문은 佩玉, 蔽膝, 왕후의 옷 등과 서로 뒤섞여 있다. 이 때문에 정현은 "~은 착간되고 탈오되어 이곳에 잘못 있게 된 것이니, 마땅히 ~에 있어야 한다"(~ 亂脫在是耳, 宜承 ~)라고 하여 경문의 위치를 수정하였다. 예를 들면 "'而素帶'로부터 이 경문까지는 착간되어 이곳에 있을 뿐이다. 마땅히 '朱裏終辟'의 다음에 있어야 한다"(此自'而素帶'亂脫在是耳, 宜承'朱裏終辟'), "이 경문은 또 혼란하고 떨어져 나가서 이곳에 있는 것이다. 마땅히 '紳韠結三齊'의 다음에 있어야 한다"(此又亂脫在是, 宜承'紳韠結三齊')고 한 것 등이 그러한 사례이다. 이를 근거로 '大帶'와 관련된 『예기』「옥조」의 경문을 재배열하면 다음과 같다. "천자는 素色 비단으로 허리띠를 하고 주색 비단으로 안을 하며, 전체에 단을 댄다. 제후는 (겉과 안을 모두) 소색 비단으로 허리띠를 하고, 전체에 단을 댄다. 대부는 소색 비단으로 허리띠를 하고, 紐와 紳에 단을 댄다. 士는 정련한 비단으로 허리띠를 하고, 가장자리를 꿰매며, 紳에 단을 댄다. 거사는 화려한 비단으로 허리띠를 하고, 제자는 흰색 비단으로 허리띠를 한다. 모두 紐約(허리띠의 묶음부분을 고정하는 끈)은 편직물을 쓰는데, 3촌이고, 길이는 허리띠와 나란하다. 紳의 길이의 제도는 士는 3척이고, 有司는 2척5촌이다. 자유는 '허리띠의 아래를 삼등분하여 신은 2/3지점에 있다'라고 하였다. 紳·韠·結(紐約의 묶고 늘어뜨린 나머지)의 셋은 길이가 같다. 천자부터 대부까지의 대대는 4촌 너비이고, 단을 대어 장식하는데 군주는 주색과 녹색을 쓰고, 대부는 현색과 황색을 쓰며, 士는 치색을 쓰는데 2촌 너비이고 두 번 감아 4촌을 만든다. 有司의 허리띠는 가장자리를 꿰매고 단을 대지 않는다."(天子素帶, 朱裏, 終辟, 而(諸侯)素帶, 終辟, 大夫素帶, 辟垂, 士練帶, 率, 下辟, 居士錦帶, 弟子縞帶. 幷紐約用組, 三寸, 長齊于帶. 紳長制, 士三尺, 有司二尺有五寸. 子游曰, '參分帶下, 紳居二焉.' 紳·韠·結三齊. 大夫大帶四寸, 雜帶, 君朱綠, 大夫玄華. 士緇辟, 二寸, 再繚四寸. 凡帶有率, 無箴功) ○ 정현의 주와 가공언의 소를 종합하여 재배열한 경문에 보이는 몇 개의 단어를 풀이하면 다음과 같다. '終'은 充·滿과 같은 의미로 '처음부터 끝까지', '전체'를 뜻하고, '辟'은 裨와 같은 의미로 가장자리에 단을 대서 장식하는 것이다. 즉 '終辟'은 허리띠 전체에 단을 대는 것이다. '辟垂'의 '垂'는 고(紐)를 내어 묶고 나서 아래로 늘어뜨린 부분을 의미하는데, 여기에는 '紐'와 '紳'이 포함된다. 따라서 '辟垂'는 紐와 紳에 단을 대는 것이다. '率'은 繂·繂積·緶緝과 같은 의미이고, 가장자리를 바느질하여 꿰매는 것이다. 士의 허리띠는 겹이 아닌 홑이기 때문에 양쪽 가장자리를 별도로 바느질해서 마무리해야 한다는 의미이다. '下辟'은 下垂부분 즉 紳에만 단을 대는 것이다. '紐約'은 허리띠를 묶은 부분에 둘러 묶는 오채색의 견사로 만든 끈목이다. '華'는 黃色이다. '雜帶'의 '雜'은 飾·裨의 의미로, 천자부터 士까지 모두 허리띠에 단을 대어 장식함을 말한 것이다. '箴功'은 裨의 뜻이고, '無箴功'은 '不裨'의 의미이다. 이상 崔圭順, 『中國歷代帝王冕服研究』(上海 : 東華大學校出版社, 2007), 213~216쪽 참조.

<table>
<tr><th rowspan="2">신분</th><th rowspan="2">홑·겹/구성</th><th rowspan="2">너비</th><th rowspan="2">재료</th><th colspan="2">색</th><th colspan="2">단(緣飾)</th><th>紳</th><th colspan="2">紐約</th></tr>
<tr><th>겉</th><th>안</th><th>색</th><th>施色 부분</th><th>길이</th><th>너비</th><th>길이</th></tr>
<tr><td>천자</td><td rowspan="3">겹</td><td rowspan="3">4촌</td><td rowspan="3">絲[繒]</td><td>素</td><td>朱</td><td>上朱,
下綠</td><td>대대 전체
[終辟]</td><td rowspan="4">3尺</td><td rowspan="4">(3寸)</td><td rowspan="4">3尺</td></tr>
<tr><td>제후</td><td>素</td><td>素</td><td>上朱,
下綠</td><td>대대 전체
[終辟]</td></tr>
<tr><td>大夫</td><td>素</td><td>素</td><td>外玄,
內華[黃]</td><td>紐와 紳
[辟垂]</td></tr>
<tr><td>士</td><td>홑</td><td>2촌
(2번 감아
4촌이 되게 함)</td><td>練帛</td><td colspan="2">白</td><td>緇</td><td>紳[下辟]</td></tr>
</table>

8_ '소필'은 ~ 2촌이다 : '素韠'은 흰색 가죽으로 만든 무릎가리개(蔽膝)이다. 무릎가리개는 허리 앞에 둘러 무릎에 이르는 큰 수건 모양의 천이다. 무릎가리개의 명칭은 의례 종류에 따라 달리하는데 祭服에 쓸 때는 '韍'이라 하고, 기타의 상황에서는 '韠'이라 한다. 본 경문은 관례의 상황이므로 '韠'이라 한 것이다. '韍'과 '韠'은 모두 '蔽'를 의미하는데, '蔽'는 蔽障(가리다)의 뜻이다.(『예기』「옥조」의 정현 주, "韠之言蔽也", "韍之言亦蔽也."; 공영달 소, "他服稱韠, 祭服稱韍, 是異其名. 韍·韠皆言爲蔽, 取蔽障之義也") 이것을 두르고 무릎을 꿇으면 무릎이 가려지기 때문에 '무릎가리개'라고 한다. 무릎가리개를 나타내는 한자는 다양하여 '蔽膝' 외에 芾, 祓, 紱, 韨, 茀, 紼 등이 있고, 또 縪, 蔽厀, 襜, 跪襜 등이 있다. 무릎가리개의 색은 각 예복의 치마(下裳) 색을 따른다. 형태는 수건 모양의 몸판과 윗부분에 있는 고리모양의 부속으로 이루어져 있는데, 이 부속은 가운데에 있는 것을 '頸'이라 하고 양 옆에 있는 것을 '肩'이라 한다. 크기는 정현의 주와 같다. 다만 '肩'의 너비 2촌을 말하면서 革帶의 너비를 함께 말한 것은 무릎가리개는 입을 때 '頸'과 '肩'을 혁대에 꿰어 입으므로 '肩'의

너비가 혁대의 너비와 같음을 말하기 위함이다. 『예기』「옥조」, '소필'의 정현 주에 "頸이 5촌이라는 것도 너비를 가리킨다. 頸은 중앙이고, 肩은 양쪽 귀이니 모두 위로 혁대와 이어진다. 견과 혁대는 너비가 같다"(頸五寸, 亦謂廣也. 頸, 中央, 肩, 兩角, 皆上接革帶, 肩與革帶廣同)고 하였다. 대대, 혁대, 폐슬의 함의와 형태, 그 역사적 변화에 대해서는 최규순, 『中國歷代帝王冕服研究』 下篇 冕服的構成要件和文章 제4절 飾品類, 213~230쪽 참조.

9_ 현면 : '玄冕'은 왕의 6冕服 가운데 하나이다. '현면'은 여러 小祀를 제사 지낼 때나 신하와의 視朔에 입는다. 또한 公·侯·伯·子·男·卿·大夫가 천자를 조빙하거나 助祭할 때 착용하는 복장이기도 하다. ○ '면복'은 면류관을 쓸 때 착용하는 복식 일습을 말한다. 시대에 따라 조금씩 차이는 있지만 면류관, 상의(玄衣), 하상(裳), 중단, 바지, 버선, 신, 대대, 혁대, 폐슬, 綬, 패옥, 劍, 圭로 구성된다. 면복의 종류는 등급의 순서대로 大裘冕, 袞冕, 驚冕, 毳冕, 希冕(絺冕), 玄冕의 6가지가 있다. '대구면'이 가장 높은 등급이고, '현면'의 등급이 가장 낮다. '대구면'은 昊天·上帝·五帝에 제사할 때 입고, '곤면'은 선왕에게 제사지낼 때와 왕이 종묘에서 제후의 朝覲을 받을 때 입으며, '별면'은 선공에게 제사할 때와 종묘에서 大射禮를 행할 때 입는다. '취면'은 四望과 산천에 제사할 때 입고, '치면'은 사직과 五祀에 제사지낼 때 입는다. 이들 면복은 면류관의 旒의 수와 상의와 하상에 표현된 무늬로 구별한다. '대구면'은 天에 제사를 지내는 것이므로 질박함을 숭상하여 면류관에 旒가 없고 옷에도 무늬가 없다는 견해가 있고, 또 이와 달리 12旒 면관에 12종류의 무늬가 있는 옷을 쓴다는 견해가 있다. 12종류의 무늬는 日·月·星辰·山·龍·華蟲·宗彝·藻·火·粉米·黼·黻이다. '곤면'은 12旒 면관에 일·월·성신을 제외한 나머지 9종류의 무늬를 쓰는데 둥그런 모양의 용(袞龍=卷龍)이 수장(우두머리 무늬)이 되므로 '곤면'이라 한다. '별면'은 화충 이하 7종류의 무늬를 쓰고, 화충 즉 꿩이 수장이 되므로 '별면'이라 한다. '취면'은 종이 이하 5종류의 무늬를 쓰고, 종이에 毳 즉 털이 많은 원숭이와 호랑이를 그려 넣기 때문에 '취면'이라 한다. '치면'은 분미 이하 3종류의 무늬를 쓴다. 면복은 무늬를 표현할 때 본래 상의에 그림을 그리고 하상에 수를 놓는데, '치면'의 분미는 상의에 자수(=黹=絺) 표현하여 보통의 경우와 구별되므로 '치면'이라 한다. '현면'은 하상에 黻 1종류의 무늬만을 쓴다. 상의에 무늬가 없으므로 옷의 색인 玄을 그대로 이름으로 썼다. 면복에 관한 전체적인 내용은 최규순, 『中國歷代帝王冕服研究』 참조.

10_ 매월 초하루에 정사를 들으며 : '視朔'은 고대에 천자와 제후가 매달 초하루 祖廟에서 제사를 지낸 후 太廟에서 정사를 듣는 것을 말한다.

11_ 일반적으로 ~ 담근 것인 듯하다 : 士의 조복에 착용하는 冠과 상의는 玄色인데, 예제에서 현색이 어떤 색인가에 관한 구체적인 정보가 언급되지 않고 다만 緅色과

緇色에 관해서만 나온다. 『주례』「고공기·종씨」에서 새의 깃을 물들이는 것에 대해 말하면서 "세 번 물들이면 '纁'이 되고, 다섯 번 물들이면 '緅'가 되고, 일곱 번 물들이면 '緇'가 된다"(三入爲纁, 五入爲緅, 七入爲緇)고 한 것이다. 이렇게 현색에 관한 내용이 없기 때문에 정현은 '玄'을 다섯 번 물들여서 얻는 緅色과 일곱 번 물들여서 얻는 緇色의 중간색 즉 여섯 번 물들여서 얻는 색으로 해석한 것이다. 한편 「鍾氏」의 내용은 흑색 계열의 색을 물들이는 방법인데 붉은색 계열인 纁色이 언급된 이유는, 흑색을 물들이고자 할 때 처음부터 검은색 염료에 담그는 것이 아니라 먼저 붉은색 염료에 담가야 하기 때문이다. '纁'은 붉은색 염료에 세 번을 담가 얻어지는 색이다. 『이아』「석기」에서 "한 번 물들인 것을 '縓'(분홍색)이라 하고, 두 번 물들인 것을 '赬'(옅은 적색)이라 하며, 세 번 물들인 것을 '纁'(옅은 진홍색)이라고 한다"(一染謂之縓, 再染謂之赬, 三染謂之纁)고 하였다. 정현은 붉은색 염료에 세 번 물들여 얻어진 纁色을 다시 검은색 염료에 세 번 물들여서 얻어진 색을 현색으로 추정한 것이다.

12_ 북쪽을 윗자리로 삼는다 : 여러 사람이 동시에 한 자리에 있을 때 북쪽이 윗자리가 된다는 뜻이다. 따라서 여러 명이 있을 경우 북쪽으로부터 남쪽으로 서열을 지어 자리에 선다.

13_ 부와 사 : 고대에 재정과 문서의 출납을 관리하던 서리를 말한다. 『주례』「천관·서관」에서 "府 6인, 史 12인"(府六人, 史十有二人)이라고 한 것에 대해 정현은 "府는 재화를 담당하고, 史는 문서를 담당한다. 府와 史는 모두 그 부서의 우두머리가 자체로 임명한다"(府, 治藏, 史, 掌書者. 凡府史, 皆其官長所自辟除)고 하였다.

14_ '유사'는 ~ 이하를 가리킨다 : 호광충은 『의례석관』에서 정현이 『의례』「대사」와 『주례』「천관·사구」에 주를 달면서 모두 "士에게는 신하가 없다"(士無臣)고 하였지만, [특생궤사례15 : 記-39]에서 "私臣을 둔다"(有私臣)고 하였으므로 士에게도 신하가 있는 것으로 이해하고, 士는 그 子弟 및 府·史 등을 신하로 삼는데 다만 일이 생겼을 때 私臣이 부족하면 동료들이 서로 돕거나 公臣을 빌려 그 일을 하게 하였으며, 이 때문에 [특생궤사례15 : 記-39]에서 "公有司"라고 하였으며, 신하가 상을 당하면 公家에서 臣을 보내어 喪事를 처리하게 하던 것이라고 주장하였다. 또한 호광충은 가공언이 '羣吏'와 '屬吏'를 다른 것으로 보고 '군리'를 府·史·胥·徒로, '속리'를 군주가 임명한 士로 구분한 것을 비판하면서, '유사'는 士의 私臣으로서 府·史 이하를 가리킨다고 하였다. 『의례정의』, 12쪽 및 『의례주소』, 9~10쪽 참조.

15_ 졸리 : 『한서』의 「예관전」, 「유림전」, 「황패전」 등에는 '卒史'로 되어 있으나, 주희의 『의례경전통해』(이하 『통해』로 약칭)에 실린 정현의 주에는 여전히 '卒吏'로 되

어 있다. '졸리'는 한대에 관서의 속리를 가리킨다. 『의례주소』, 9쪽, 교감 참조.

16_ 가리 : 잠시 직무를 대리하는 관리를 말한다. 『한서』 권54, 「소무전」에 "소무는 副中郎將 張勝 및 假吏 常惠 등과 더불어 병사와 척후병 백여 명을 모집하여 함께 떠났다. 사신 일행이 흉노에 이르자 그들은 가지고 간 예물을 선우에게 바쳤다"(武與副中郎將張勝及假吏常惠等, 及募士・斥候百餘人俱. 既至匈奴,置幣遺單于)고 한 것에 대해 顔師古는 "'假吏'는 '兼吏'라고 말하는 것과 같다. 임시로 관리로 삼는 것이니, 오늘날의 사람을 보내어 충당시켜서 일을 담당하게 하는 것과 같다"('假吏', 猶言兼吏也, 時權爲使之吏, 若今之差人充使典矣)고 해석하였다.

17_ 점을 칠 사람이 앉을 자리 : '席'에는 '莞席'(골풀자리), '藻席'(오채색의 부들자리. 玉을 올려놓을 때 사용한다), '次席'(붉은 대나무자리), '蒲席'(부들자리), '熊席'(곰 가죽으로 만든 자리)의 다섯 가지가 있다. 오계공은 이 경문의 '자리'(席)는 부들로 엮어 만든 '蒲席'이라고 하였다. 『의례정의』, 13쪽 참조.

18_ 괘를 기록하는 도구 : 褚寅亮은 "정현의 주에서 '땅에 그어서 효를 기록하는 도구이다'(所以畫地記爻)라고 한 것은 [소뢰궤사례16 : 經一09]에서 '점을 쳐서 얻은 괘를 나무 막대기(木)로 땅에 그린다(卦以木)'고 한 문장을 근거로 한 것이다. 오계공은 '괘를 기록하는 도구'(書卦之具)라고 보충하여 넣었으니 또한 자세하다. '도구'(具)는 목판(方)을 가리킨다"고 하였다. 張惠言은 『독의례기』에서 "[소뢰궤사례16 : 經一09]에서 '점을 쳐서 얻은 괘를 나무 막대기로 땅에 그린다'(卦以木)고 한 것이 이 나무이다. 또 아래 경문에 '서인이 괘를 기록한다'(筮人書卦)고 한 것에 대한 정현 주에서 '점을 쳐서 얻은 괘를 목판에 옮겨 기록하는 것을 말한다'(以方寫所得之卦)라고 했으니, 괘를 그리는 것에는 나무(木)와 목판(方) 두 가지가 모두 있다"고 하였다. 호배휘는 "'方'은 版이다. 경문에서 '所卦者'라고 한 것은 그것을 사용해서 괘를 그리고 괘를 기록하는 것이니, 저인량과 장혜언의 말이 옳다"고 하였다. 『의례정의』, 13쪽 참조. 이들의 설명을 종합하면, 정현은 '所卦者'를 [소뢰궤사례16 : 經一09]의 경문에 의거해서 나무 막대기로 땅에 괘를 그리는 것으로 해석하고, 아래 경문의 '書卦'는 이렇게 그린 괘를 다시 목판에다 기록해서 적는 것으로 해석하였으므로, '所卦者'는 괘를 기록하는 두 가지 도구, 즉 나무와 목판을 가리킨다. 가공언은 나무(木)를 '杖'이라고 해석했으므로, 땅에 괘를 그리는 나무 막대기로 생각된다.

19_ 묘문 밖의 서쪽 당 : 이여규는 『의례집석』에서 "문을 끼고 있는 당을 '塾'이라고 한다.(夾門之堂謂之塾) 『이아』 「석궁」에서 '문 옆에 있는 당을 塾이라고 한다'(門側之堂謂之塾)고 하였는데, 이에 대해 郭璞은 '문을 끼고 있는 당이다'(夾門堂也)라고 해석하였다. 문의 안쪽과 바깥쪽에는 그 동쪽과 서쪽으로 모두 '塾'이 있다. 문 하나

에 4개의 塾이 있는데, 外塾은 남향이다"라고 하였다. 호배휘는 문 하나에 4개의 塾이 있다는 것에 대해서 이곳 경문의 西塾은 '문 바깥쪽의 서숙'을 가리키고, [經―99]에서 '세발솥을 들어 묘문 밖에서 東塾과 마주하도록 진설한다'(擧鼎陳于門外, 直東塾)고 한 것은 '문 바깥쪽의 동숙'을 가리키고, [經―38]에서 '주인의 擯者는 현단을 입고 동숙을 등지고 선다'(擯者玄端, 負東塾)고 한 것은 '문 안쪽의 동숙'을 가리키고, [사우례14 : 經―15]에서 '고기구이를 올려놓은 희생제기는 묘문 안의 서숙 위에 놓는다'(羞燔俎在內西塾上)고 한 것은 '문 안쪽의 서숙'을 가리킨다고 하였다. 『의례정의』, 13쪽 및 본서 79쪽의 『흠정의례의소』「筮日圖」 그림 참조.

20_ 문 말뚝 : '闑'은 문 중앙에 세운 2개의 짧은 말뚝으로, 문짝이 문지방 안으로 들어오는 것을 막아 준다. 말뚝과 말뚝 사이를 '中門'이라고 하고, 말뚝의 동쪽은 '闑東', 서쪽은 '闑西'라고 한다. 왕인지는 『경의술문』에서 "'闑'은 곧 문 중앙의 말뚝으로, 곧게 세워져 있으며 짧다. 수레가 문 안으로 들어갈 때, 수레의 굴대가 그 위를 넘어서 지나갈 수 있다"('闑'卽門中之橛, 直立而短, 車入門, 車軸可越其上而過)라고 하였다.

21_ 고문본 : 가공언은 『의례』의 고문본과 금문본의 출현과정 및 정현의 주석방식에 대해 다음과 같이 상세하게 설명한다. "秦이 전적을 불태웠는데, 한초에 遺文을 찾아 기록하면서부터 고문과 금문의 경전텍스트가 생겨났다. 『한서』「유림전」에는 '魯의 高堂生이 漢의 박사가 되어 『의례』 17편을 전하였다'고 하였는데, 이것이 금문 『의례』이다. 한무제 말에 노의 공왕이 공자의 구택을 허물고 그 궁을 확장하고자 할 때 『고의례』 56편을 얻었는데, 그 글자는 모두 전서로 되어 있었다. 이것이 고문 『의례』이다. 고문 『의례』 가운데 17편은 고당생이 전한 것과 같지만, 글자의 수에 차이가 있었다. 그 나머지 39편에 대해서는 경사들이 설명한 것이 전혀 없었으며, 비밀리에 관부에 소장되어 있었다. 정현은 『예』에 주를 달 때 금문본과 고문본을 함께 참조하였다. 금문본을 따르고 고문본을 따르지 않을 경우, 금문을 경문에 두었다. [經―05] 경문의 '闑'과 '閾' 등이 그러한 경우이다. 그리고 주에서 고문을 다시 보여 주었다. [經―05] 注文의 '槷'과 '蹙' 따위가 그러한 경우이다. 또 고문본을 따르고 금문본을 따르지 않을 경우에는 고문을 경문에 두었고, 주 안에서 금문을 다시 보여 주었다." 『의례주소』, 가공언의 소, 11쪽 참조.

22_ 왼손으로 아래통을 잡고 : 筴은 점을 치는 점대, 즉 시초이다. 시초는 점대를 넣어 두는 통인 韇에 들어 있다. 원래 '韇'은 활을 넣는 箭筒이다. 이 '전통'은 보통 가죽으로 만들며 아래통과 위통 두 분으로 되어 있어 위통을 열고 닫는다. 점대를 넣어 두는 통도 역시 윗부분인 '上韇'과 아래 부분인 '下韇'의 두 부분으로 되어 있다. ○ 이 부분은 「소뢰궤사례」의 경문과 그 기술이 일치하는데, 시초를 넣은 통을 잡

는 묘사가 좀 더 상세하여 '오른손으로 아래통을 잡는다'(右抽下韇)라고 하는 단계가 나온다. 즉 [소뢰궤사례16 : 經一04]에서는 "왼손으로 아래통(下韇)을 잡고 오른손으로 위통(上韇)을 뽑아 벗겨낸 다음 위통을 왼손으로 넘겨서 아래통과 함께 잡고, 동쪽을 향해 주인에게 점 칠 내용에 대한 명을 받는다"(左執筮, 右抽上韇, 兼與筮執之, 東面受命于主人)고 하였다. 또 경문의 '執莢'에 대해 호배휘는 "시초는 韇에 들어 있으므로, '시초를 잡는다'는 것은 곧 '韇'을 잡는다는 뜻이다"(筮在韇中, '執莢'卽執韇也)라고 하였다. 요컨대 이곳 [經一06]의 '執莢'은 [소뢰궤사례16 : 經一04]의 경문과 함께 본다면, '왼손으로 아래통을 잡는다'는 뜻이 된다. 『의례정의』, 16~17쪽 참조.

23_ '서인' ~ 사람이다 : 호광충의 『의례석관』에 "서인은 私臣으로서 점치는 일을 주관하는 사람이다"(筮人私臣掌筮者)라고 하였다. 許愼의 『說文』에는 "천자의 시초는 그 길이가 9척이고, 제후는 7천이고, 대부는 5척이고, 사는 3척이다"(天子蓍九尺, 諸侯七尺, 大夫五尺, 士三尺)라고 하였다. 따라서 士에게도 시초가 있으므로 筮人을 둘 수 있다. 『예기』「잡기」에 "점을 칠 경우 筮史는 練冠을 쓰고 長衣를 입고서 점을 친다"(如筮則史練冠, 長衣, 以筮)고 한 것에 대해 정현은 "하대부 및 사의 경우를 말한 것이다. '서사'는 筮人이다"(下大夫若士也. '筮史', 筮人也)라고 하였다. 이는 士에게도 서인이 있다는 증거이다. 『소례궤사례』에 의하면 '筮人'은 '筮史'라고도 칭한다. 『의례정의』, 16쪽 참조.

24_ 세 가지 『역』 : 『주례』「춘관·대복」에 "서인은 세 가지 『역』을 관장하는데, 첫째는 『연산』, 둘째는 『귀장』, 셋째는 『주역』이다"(筮人掌三易, 一曰『連山』, 二曰『歸藏』, 三曰『周易』)라고 하였다.

25_ '재'는 ~ 주관하는 사람이다 : 가공언은 士에게는 신하는 없지만 속리를 '宰'로 삼는데, 제후의 경우 司徒로 하여금 冢宰를 겸하게 하여 정사와 교화를 담당하게 하는 것과 같기 때문에 '정교를 주관하는 사람'이라고 한 것으로 해석한다. 그러나 호광충은 『의례석관』에서 士에게 신하가 없어 속리로 '宰'를 삼는다는 가공언의 설을 공박하고, '宰'를 '家宰'로 해석한다. "宰는 家宰인데, 私臣으로서 家相이라고도 한다. 宰는 본래 家臣의 명칭인데, 邑長도 宰라고 칭하기 때문에 가재와 邑宰의 구별이 생겨났다. 봉토가 없는 경대부는 읍재를 두지 못하고 가재를 둘 뿐인데, 공자가 노나라의 대부가 되었을 때 原思를 宰로 삼은 것 역시 家相으로 삼은 것이다. 제후의 士 역시 봉토가 없으므로 읍재를 두지 못하고, 단지 사신 가운데 그 우두머리 한 명을 택하여 그에게 家의 정교를 주관하게 하고, 이를 또한 '宰'라고 칭한다." 『의례주소』, 13쪽 및 『의례정의』, 18쪽 참조.

26_ '괘자'는 ~ 담당하는 사람이다 : 호광충은 『의례석관』에서 "卦者도 (筮人과) 마찬가지로 私臣으로, 서인의 보좌관이다. 『소뢰궤사례』에 따르면 '史'는 점치는 일을 관장한다. 정현은 '괘자는 사의 속관이다'라고 하였다. 그렇다면 이 괘자도 서인의 속관인 것이다. 그 직무는 주로 괘와 효를 기록하는 것이다. 따라서 이를 지목하여 '괘자'라고 한 것은 그 하는 일을 가지고 관명으로 삼은 것이다"(卦者亦私臣, 筮人之貳. 案「少牢」史掌筮. 注云'卦者, 史之屬.' 則此亦筮人之屬也. 其職主記卦爻, 故目爲卦者, 以事名其官)라고 하였다.

27_ 서인은 ~ 마치면 : 점을 칠 때에는 '筮'와 '占'의 두 과정이 있는데, 먼저 '筮'를 한 후에 '占'을 한다. '筮'는 일정한 방법으로 시초를 나누고 뽑아서 卦를 구하는 것이고, '占'은 그렇게 해서 얻은 卦를 가지고 다시 길흉을 점치는 것을 말한다. 『의례』에서 점치는 내용을 기록할 때에는 먼저 '筮'의 일을 기술한 후에 '占'의 일을 기술하는데, 占을 친 후에 주인에게 그 길흉을 보고한다. 이곳 [經－09]의 '卒筮'는 시초를 나누고 뽑아서 괘를 구하는 일이 끝났음을 뜻한다. 뒤의 [經－11]은 그 얻은 괘를 가지고 길흉을 판단하는 일을 기술한 것이다. 楊天宇, 『儀禮譯注』(上海古籍出版社, 1994. 이하 『의례역주』로 칭함), 4쪽 각주 15) 참조.

28_ 서인은 ~ 기록하고 : 가공언은 卦者는 筮人이 점을 쳐서 얻은 효를 땅에 나무 막대기로 차례차례 그려서 괘를 기록하고, 서인은 이렇게 해서 얻은 괘를 목판에 기록해서 주인에게 보여 주는 것이며, 또 이때에 서인이 직접 괘를 목판에 기록하는 것은 그것이 괘를 존중하고 蓍龜를 존중하는 도리이기 때문이라고 하였다. 또한 가공언은 『의례』「특생궤사례」에서는 괘자가 땅에 획을 그어서 괘를 기록한 후에 이렇게 해서 얻은 괘를 목판에 기록하면, 이것을 서인이 주인에게 보이는데, 이것은 제사와 같은 길례는 완만하게 진행되기 때문이라고 하였다. 그러나 江筠은 「사상례」와 「특생궤사례」 및 이곳 경문에 대한 정현의 주와 가공언의 소의 모순점을 지적하고, '괘를 기록하는 것'(書卦)은 괘자의 담당이고, '그것을 집어서 주인에게 보여 주는 것'(執以示主人)은 서인의 담당이라고 하였다. 또한 盛世佐는 모두 서인의 일이라고 하였고, 姜兆錫은 모두 괘자의 일이라고 하였다. 『의례주소』, 10쪽, 가공언의 소 및 『의례정의』, 20~21쪽 참조.

29_ 목판 : 고대에 문자를 적는 데 쓰는 판을 말한다.

30_ 열흘 이후의 날 : 가공언은 "상순이 불길하면, 곧바로 다시 중순을 점치고, 그래도 길하지 않으면 곧바로 다시 하순을 점친다"(上旬不吉, 乃更筮中旬. 又不吉, 乃更筮下旬)고 하였다. 즉 택일하는 날짜는 열흘을 단위로 함을 알 수 있다. 『의례주소』, 14쪽 참조.

31_ '철'은 치운다, 거둔다는 뜻이다 : 가공언은 자리(席)는 치우고, 시초(筮)는 거두어 보관하기 때문에 정현이 두 가지 뜻으로 풀이한 것이라고 하였다. 그러나 호배휘는 이전에 시초와 자리를 西塾에 진열하였는데, 이제 일이 끝났기 때문에 그 두 가지 모두를 치워 거두고 보관해 두기 때문에 '斂'(거둔다)의 뜻을 부가한 것이라 하였다. 『의례주소』, 15쪽 및 『의례정의』, 23쪽 참조.

32_ 종인 : 호광충은 '宗人'은 私臣으로서 예와 종묘를 관장하는 사람이라고 하였고, 호배휘는 예를 관장하는 관직에 대해서 천자의 경우에는 '宗伯'이라고 하고, 제후 이하는 통틀어서 '宗人'이라고 한다고 하였다. 제후와 대부는 자체적으로 가신을 종인으로 삼는다. 士는 비록 신분은 낮지만 또한 가신을 두어 의례의 절차를 주관하게 하는데 대부의 종인과 직은 같다. 『의례정의』, 23쪽 참조.

해제

經-15에서 經-16까지는 '계빈戒賓' 즉 주인이 관례를 거행할 날짜의 길흉을 점치는 일이 끝나면 빈에게 이 사실을 알리고 관례에 참여해 줄 것을 청하는 절차이다.

[士冠禮01 : 經-15]

주인은 빈의 집으로 찾아가 관례의 날짜를 알리고 참여해 줄 것을 청한다.[1] 빈은 한 번 사양한 후 허락한다.

主人戒賓, 賓禮辭許.

정현주

'계戒'는 고지하다(警), 알리다(告)의 뜻이다. '빈賓'은 주인의 동료와 벗(僚友)[2]이다. 옛날에는 길한 일이 있으면 현자와 함께 기뻐하여 이루어 주기를 즐겨하였고, 흉한 일이 있으면 현자와 함께 애통해하고 슬퍼하고자 하였다. 이제 아들에게 관을 씌워 주고자 한다. 그러므로 동료와 벗을 찾아가 알리고 참여하도록 하는 것이다. '예사禮辭'(예의상 사양함)는 한 번 사양한 후에 허락하는 것을 말한다. 두 번 사양한 후에 허락하는 것을 '고사固辭'(거듭 사양함)라고 한다. 세 번 사양하는 것을 '종사終辭'(끝내 사양함)라고 하는데, 허락하지 않는 것이다. '戒', 警也, 告也. '賓', 主人之僚友. 古者有吉事則樂與賢者歡成之, 有凶事則欲與賢者哀戚之. 今將冠子, 故就告僚友使來. '禮辭', 一辭而許. 再辭而許曰'固辭'. 三辭曰'終辭', 不許也.

[士冠禮01 : 經-16]

주인은 재배를 한다. 빈은 답배를 한다. 주인은 물러나 돌아간다. 빈은 배례를 하면서 전송한다.

主人再拜. 賓答拜. 主人退. 賓拜送.

정현주

'퇴退'는 물러간다, 돌아간다는 뜻이다. '退', 去也, 歸也.

주

1_ 주인은 ~ 청한다 : 가공언은 "주인이 직접 빈의 집 대문 밖 서쪽에 이르러 동쪽을 향해 서 있으면, 빈이 대문 밖의 동쪽으로 나와서 서쪽을 향해 서는데, 이때 주인이 관례의 날짜를 알려 준다"(主人親至賓大門外之西, 東面, 賓出大門外之東, 西面, 戒之)라고 하여 주인이 직접 빈의 집으로 찾아가서 알리는 것으로 해석하였다. 이에 대해 오계공은 주인이 직접 찾아가기는 하지만 알리는 말은 주인의 擯者를 통해서 하며, 아울러 주인의 복장은 관례의 날짜를 점칠 때와 마찬가지로 조복을 한다고 하였다. 『의례주소』, 15쪽 및 『의례정의』, 24쪽 참조.

2_ 동료와 벗 : 가공언은 "관직을 함께 하는 사람을 '僚'라고 하고, 뜻을 함께 하는 사람을 '友'라고 한다"(同官爲僚, 同志爲友)고 하였다. 『의례주소』, 15쪽.

해제 經—17은 '서빈筮賓' 즉 아들에게 관을 씌워 줄 빈을 점치는 절차이다.

[士冠禮01 : 經—17]

관례를 거행하기 3일 전에 아들에게 관을 씌워 줄 빈을 점치는데(筮賓),[1] 관례를 거행할 날짜의 길흉을 점칠 때와 동일한 절차로 한다.

前期三日, 筮賓, 如求日之儀.

정현주 '관례를 거행하기 3일 전'(前期三日)이란 이틀을 비운다는 뜻이다.[2] '빈을 점친다'(筮賓)는 것은 아들에게 관을 씌워 주게 할 만한 사람을 점치는 것이니, 현자를 점치면 항상 길하게 나온다. 『예기』「관의冠義」에 "옛날에 관례를 거행할 때에 관례를 거행할 날짜의 길흉을 점치고 아들에게 관을 씌워 줄 빈을 점치는 것은 관례의 일을 공경하는 것이다. 관례의 일을 공경하는 것은 예를 중시하는 것이니, 예를 중시하는 것은 나라의 근본이 되기 때문이다"라고 하였다. '前期三日', 空二日也. '筮賓', 筮其可使冠子者, 賢者恒吉. 「冠義」曰, "古者冠禮, 筮日筮賓, 所以敬冠事. 敬冠事所以重禮, 重禮所以爲國本."

주

1_ 관례를 ~ 점치는데 : 관례를 거행할 날짜의 길흉을 점친 후, 戒賓 즉 동료와 벗(僚友)들에게 관례의 날짜를 알리고 참여해 줄 것을 청하였는데, 그 동료와 벗 가운데 한 사람만을 점쳐서 아들에게 관을 씌워 주는 賓으로 삼는다. 이 賓을 正賓이라 한다.

2_ '관례를 거행하기 3일 전'이란 이틀을 비운다는 뜻이다 : 예를 들면 10일에 관례를 거행한다면 8일과 9일 이틀을 비우고 7일에 아들에게 관을 씌워 줄 빈을 점친다는 뜻이다.

「숙빈도宿賓圖」

(清), 『흠정의례의소』

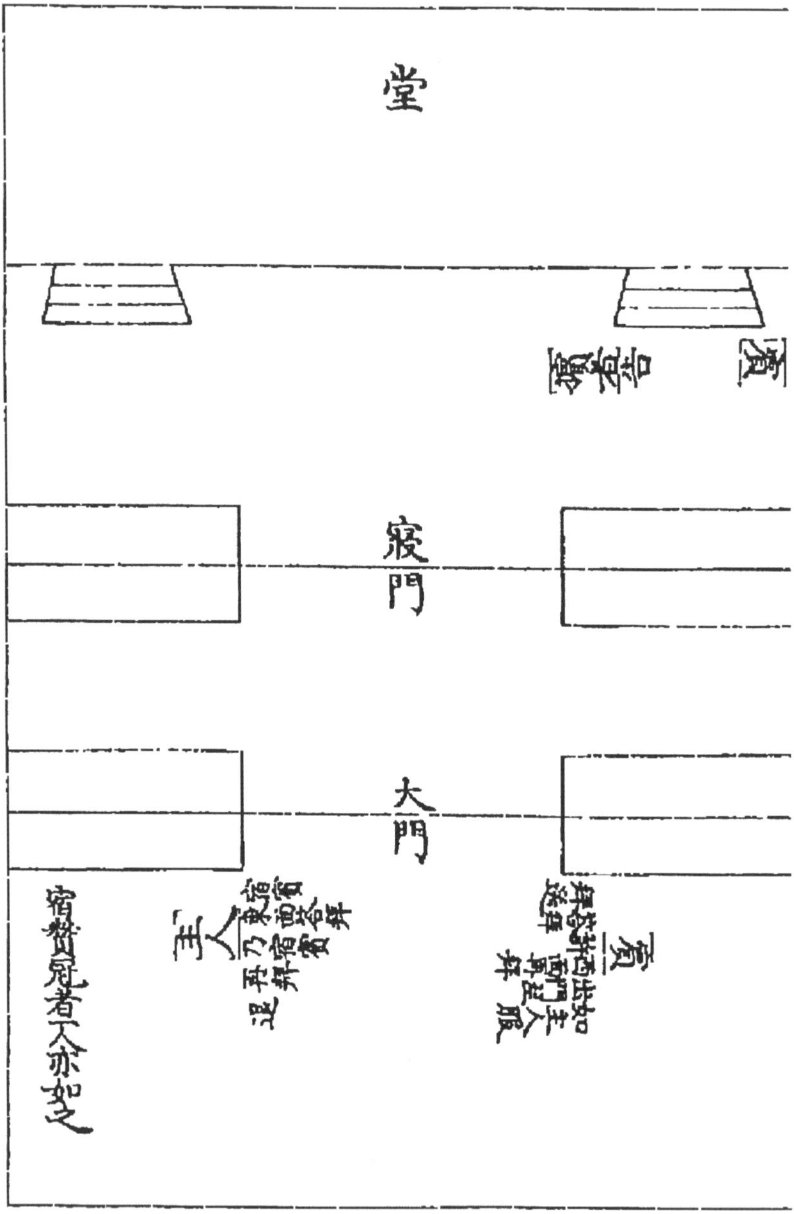

해제

經-18에서 經-20까지는 "숙빈宿賓"과 '숙찬관자宿贊冠者' 즉 주인이 빈과 빈을 보좌하여 관례의 진행을 도울 사람의 집으로 찾아가 관례에 참여해 줄 것을 다시 한 번 고하여 청하는 절차이다.

[士冠禮01 : 經-18]

이어서 주인은 빈의 집으로 찾아가 관례에 참여해 줄 것을 다시 한 번 고하여 청한다(宿賓).[1] 빈은 주인과 동일한 복장을 착용하고 대문 밖으로 나와 왼쪽으로 나아가서[2] 서쪽을 향해 주인에게 재배를 한다. 주인은 대문의 서쪽에서 동쪽을 향해 빈에게 답배를 한다.[3]

乃宿賓. 賓如主人服, 出門左, 西面再拜. 主人東面答拜.

정현주

'숙宿'은 나아간다(進)는 뜻이다. 숙빈宿賓을 하는 경우에는 반드시 먼저 계빈戒賓을 하지만, 계빈을 했다고 해서 반드시 숙빈을 하는 것은 아니다.[4] 주인이 숙빈을 하지 않은 사람들은 중빈衆賓이 되는데, 혹 모두 오기도 하고 그렇지 않기도 한다. 주인은 조복朝服을 입는다. '宿', 進也. 宿者必先戒, 戒不必宿. 其不宿者爲衆賓, 或悉來或否. 主人朝服.

[士冠禮01 : 經-19]

이어서 주인은 빈의 집으로 찾아가 관례에 참여해 줄 것을 다시 한 번 고하여 청한다(宿賓).[5] 빈이 허락을 하면, 주인은 재배를 한다. 빈은 답배를 한다. 주인은 물러나 돌아간다. 빈은 배례를 하면서 전송한다.

乃宿賓. 賓許, 主人再拜, 賓答拜. 主人退, 賓拜送.

정현주 '이어서 빈의 집으로 찾아가 관례에 참여해 줄 것을 다시 한 번 고하여 청한다'(乃宿賓)는 것은 주인이 빈을 직접 만나서 청하는 말을 바친다는 뜻이다. '乃宿賓'者, 親相見, 致其辭.

[士冠禮01 : 經-20]

주인은 찬관자贊冠者(관례의 진행을 돕는 빈 쪽의 사람) 한 사람의 집으로 찾아가 관례에 참여해 줄 것을 다시 한 번 고하여 청하는데, 또한 빈에게 청할 때와 동일한 절차로 한다.

宿贊冠者一人, 亦如之.

정현주 '찬관자'는 빈을 도와 관례의 일을 행하는 사람이니, 빈 및 다른 관원의 속관으로서 중사中士 또는 하사下士이다.[6] 집으로 찾아가 관례에 참여해 줄 것을 청하는 일은 빈을 점친 이튿날에 한다.[7] '贊冠者', 佐賓爲冠事者, 謂賓若他官之屬, 中士若下士也. 宿之以筮賓之明日.

주

1_ 이어서 주인은 ~ 청한다 : 주인이 빈의 집으로 찾아가 관례의 날짜를 알리고 참여해 줄 것을 청하는 것을 '戒賓'이라고 한다. 이 사람들 가운데 한 사람을 점쳐서 관을 씌워 줄 빈으로 선택하는 것을 '筮賓'이라고 한다. 주인은 이렇게 해서 뽑힌 빈의 집으로 찾아가 관례에 참여해 줄 것을 다시 한 번 청하는데, 이를 '宿賓'이라고 한다. 한편 주희는 이 경문의 '乃宿賓'을 구체적인 절차의 내용이 아니라 표제어로 보았다. 『의례정의』, 27쪽 참조.

2_ 대문 밖으로 나와 왼쪽으로 나아가서 : 경문의 '出門左'라는 말에는 두 가지 뜻이 함께 내포되어 있다. 첫째는 문의 왼쪽 즉 闑(문 말뚝)의 왼쪽을 통해서 문 밖으로 나아간다는 뜻이고, 둘째는 문 밖으로 나아간 후에 왼쪽을 향해 가거나 또는 문의 왼쪽에 선다는 뜻이다. 문은 남쪽을 향해 있으므로, 문 밖으로 나아갈 때에는 동쪽이 왼쪽이 되고, 문 안으로 들어갈 때에는 서쪽이 왼쪽이 된다.

3_ 빈은 주인과 ~ 답배를 한다 : 능정감은 『예경석례』에서 "문 밖에서 배례를 할 때에는 각각 동쪽과 서쪽을 향한다. 그러므로 이곳에서는 빈이 서쪽을 향해 재배를 하고, 주인은 동쪽을 향해 답배를 하는 것이다"라고 하였다. 오계공은 빈이 재배를 하는 것은 주인의 노고에 경의를 표하는 것이라고 하였다. 『의례정의』, 27쪽 참조.

4_ 숙빈을 하는 경우에는 ~ 아니다 : 賓과 贊冠者에 대해서만 '계빈'을 행한 후에 다시 '숙빈'을 행하고, 관례에 참가할 뿐인 衆賓들에게는 계빈만 한다. 계빈을 숙빈보다 먼저 행하는 것은 사관례·향음주례·특생례 모두 공통된다. 연례·대사례·공사대부례에는 '계빈'은 있지만 '숙빈'의 의절이 없다.

5_ 주인은 ~ 청한다 : [經-18]과 [經-19]에 반복해서 "빈의 집으로 찾아가 관례에 참여해 줄 것을 다시 한 번 고하여 청한다"고 한 것에 대해, 가공언은 앞의 [經-18]은 '주인의 擯者가 주인을 대신하여 관례에 참여해 줄 것을 청하는 말을 전달하면 賓이 나와서 주인과 서로 만나는 것'이고, [經-19]는 '주인이 직접 관례에 참여해 줄 것을 청하는 말을 하는 것'으로 구분하였다. 張爾岐는 [經-18]은 주인이 빈의 집으로 찾아가 관례에 참여해 줄 것을 다시 한 번 청하는 宿賓의 예를 행한다는 일반론을 말한 것이고, [經-19]는 주인이 직접 관례에 참여하도록 청하는 말을 하는 것이라고 하였다. 『의례주소』, 18쪽 및 『의례정의』, 28쪽 참조.

6_ 빈 및 다른 관원의 ~ 하사이다. : 『주례』 360개의 관직마다 속관이 있는데, 上士가 관의 장관이면 中士·下士가 그의 속관이 되고, 중사가 관의 장관이라면 하사가 그의 속관이 된다. 빈을 보좌하여 관례를 돕는 찬관자는 모두 빈보다 한 등급 아래의 사람이 맡는다. 빈이 상사라면 중사 가운데에서 찬관자를 뽑고, 빈이 하사인 경우

라면 역시 하사 가운데에서 찬관자를 뽑는다. 『의례정의』, 29쪽 참조.

7_ 집으로 ~ 이튿날에 한다 : 관례를 거행하는 절차는 다음과 같다. ① 먼저 묘문에서 '筮日' 즉 시초로 관례를 거행할 날짜의 길흉을 점친다. ② 날짜가 결정되면 '戒賓' 즉 빈에게 이 사실을 알리고 관례에 참여해 줄 것을 청한다. ③ 관례를 거행하기 3일 전에 '筮賓' 즉 아들에게 관을 씌워 줄 賓을 택하는 점을 친다. ④ 관례를 거행하기 2일 전에 '宿賓'·'宿贊冠者' 즉 賓과 賓의 贊冠者의 집으로 찾아가 관례에 참여해 줄 것을 다시 한 번 청한다. ⑤ 관례를 거행하기 1일 전 저녁에 '爲期' 즉 묘문 밖에서 다음날 관례를 거행할 시간을 정한다. 따라서 주인이 찬관자의 집으로 찾아가서 관례에 참여해 줄 것을 다시 한 번 청하는 '宿贊冠者'는 아들에게 관을 씌워 줄 빈을 점치는 '筮賓'의 이튿날에 이루어진다. 정현이 주에서 이를 특별히 언급한 이유는 [經－19]의 '宿賓'과 [經－20]의 '宿贊冠者'를 같은 날에 한다는 사실을 주지시키기 위한 것이다.

「위기도爲期圖」

(淸), 『흠정의례의소』

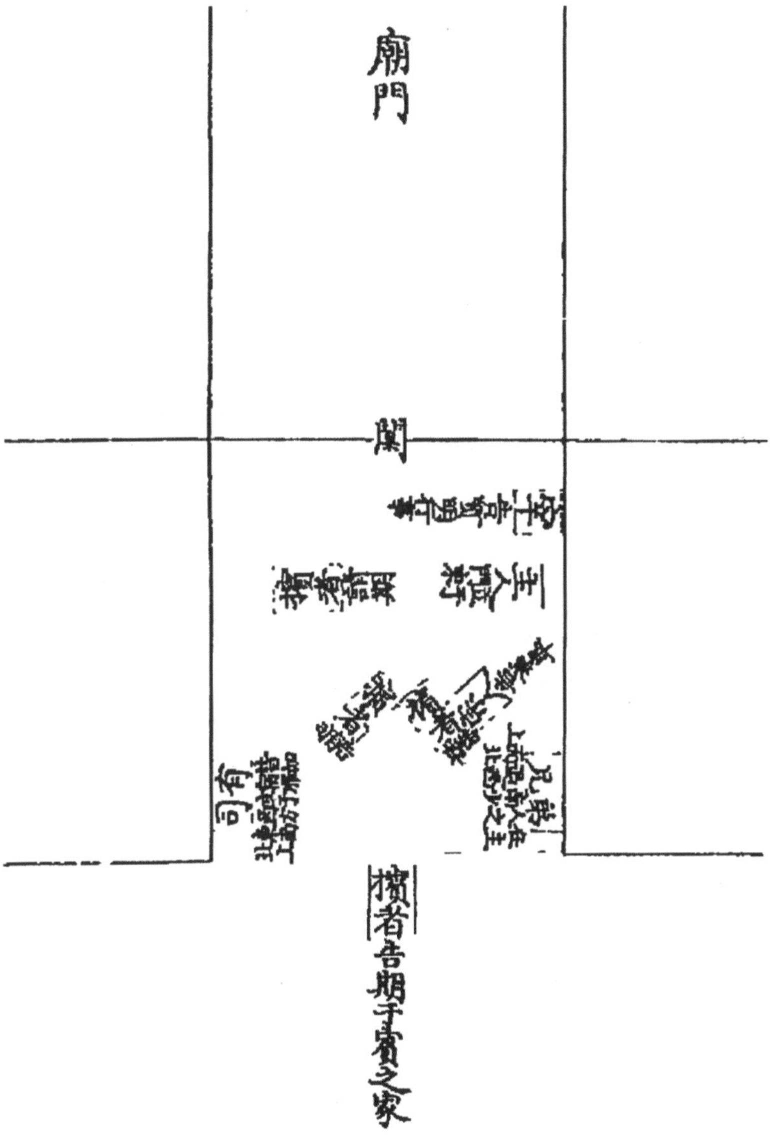

해제 經－21에서 經－25까지는 '위기爲期' 즉 관례를 거행하기 하루 전날 저녁에 다음날 관례를 거행할 시간을 정하고, 이를 빈에게 알려 주는 절차이다.

[士冠禮01 : 經－21]

그 이튿날 저녁,[1] 묘문 밖에서 관례를 거행할 시간을 정한다.[2] 주인은 묘문 밖 동쪽에 서고, 주인의 형제들은 주인의 남쪽에서 뒤로 약간 물러나 서쪽을 향해 서는데, 북쪽을 윗자리로 삼는다. 유사有司들은 모두 주인이 숙빈宿賓을 할 때 입었던 것과 동일한 복장을 착용하고 묘문 밖 서쪽에서 동쪽을 향해 서는데, 북쪽을 윗자리로 삼는다.

厥明夕, 爲期于廟門之外. 主人立于門東, 兄弟在其南, 少退, 西面, 北上. 有司皆如宿服, 立于西方, 東面, 北上.

정현주 '궐厥'은 그(其)라는 뜻이다. '주인이 숙빈을 할 때 입었던 복장'(宿服)이란 조복朝服을 가리킨다. '厥', 其也. '宿服', 朝服.

[士冠禮01 : 經－22]

빈자擯者(예의 진행을 돕는 주인 쪽의 사람)는 관례를 거행할 시간을 주인에게 청하여 묻는다. 재宰는 주인의 지시에 따라 빈자에게 "내일 동틀 무렵 관례를 거행합니다"라고 고한다.

擯者請期, 宰告曰, "質明行事."

정현주

'빈자'는 유사有司[3]로서 예의 진행을 돕는 사람이다. 주인 쪽의 사람을 '빈擯'이라고 하고, 빈객 쪽의 사람을 '개介'라고 한다. '질質'은 바야흐로(正)라는 뜻이다. 재宰는 빈자에게 "내일 아침 동틀 무렵 관례의 일을 거행합니다"라고 고해 준다. '擯者', 有司佐禮者, 在主人曰'擯', 在客曰'介'. '質', 正也. 宰告曰, "旦日正明行冠事."

[士冠禮01 : 經-23]

빈자는 이 시간을 주인의 형제들 및 유사들에게 알려 준다.

告兄弟及有司.

정현주

빈자가 알려 주는 것이다. 擯者告也.

[士冠禮01 : 經-24]

종인宗人은 주인에게 관례의 거행시간을 정하는 일이 끝났음을 보고한다.

告事畢.

정현주

종인이 보고하는 것이다. 宗人告也.

[士冠禮01 : 經－25]

빈자는 빈의 집으로 찾아가서 관례의 거행시간을 알려 준다.

擯者告期于賓之家.

주

1_ 그 이튿날 저녁 : 宿賓과 宿贊冠者의 의절을 행한 다음날 저녁이면서 동시에 관례를 거행하기 하루 전날 저녁이다.

2_ 묘문 밖에서 ~ 시간을 정한다 : 가공언에 의하면 묘문 안에서 관례를 거행하기 때문에 관례를 거행할 시간을 정하는 것은 묘문 밖에서 한다. 묘문 안에서 하지 않는 것은 관례를 거행하는 날 冠事를 행하는 때와 구별하기 위한 것이다. 『의례주소』, 19쪽, 가공언의 소 및 『의례정의』, 29쪽 참조.

3_ 유사 : 호광충에 의하면 유사에는 두 가지가 있다. 하나는 평소 일정한 직무를 담당하는 사람이고, 다른 하나는 예를 행할 때에 임시로 일을 주관하게 하는 사람인데, 이 사람도 유사라고 칭한다. 『의례정의』, 30쪽 참조.

「진복기급즉위영빈도 陳服器及卽位迎賓圖」

(淸), 『흠정의례의소』

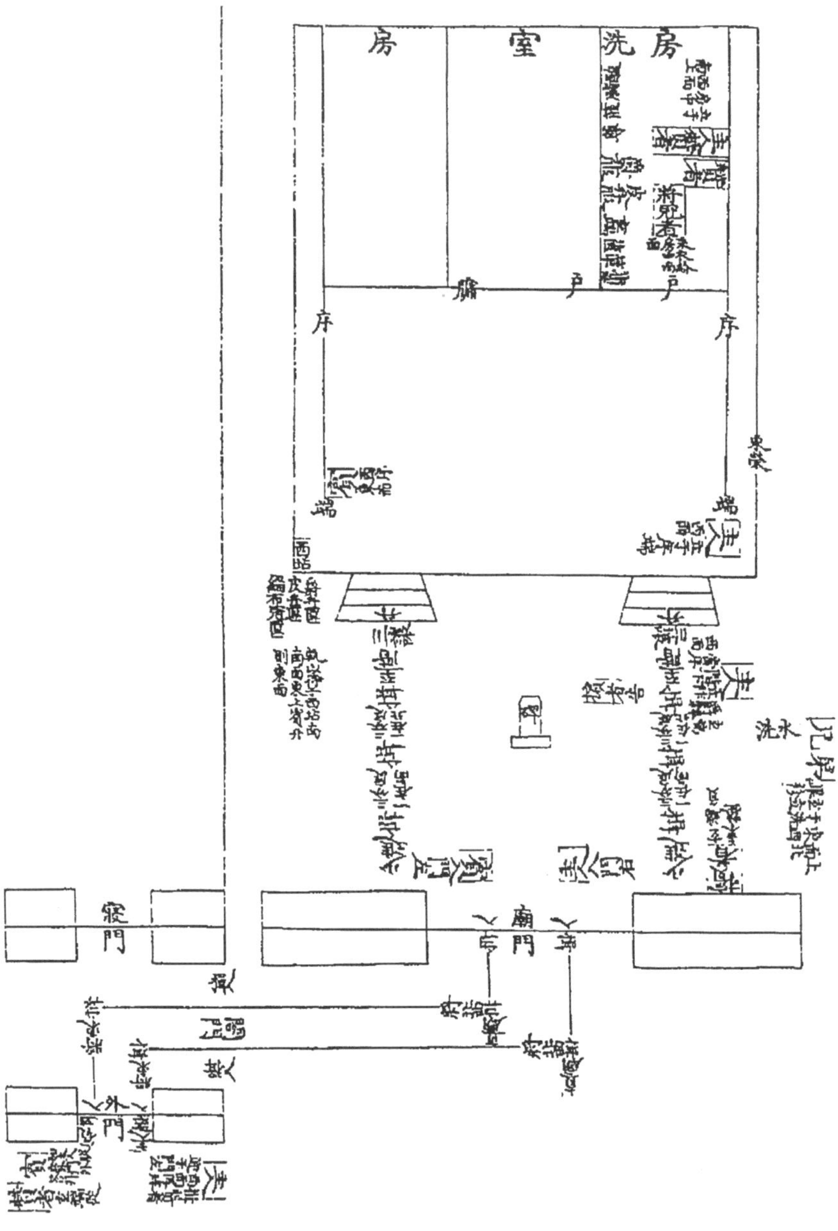

해제 經－26에서 經－35까지는 관례를 거행하는 날 아침에 아들에게 관을 씌워 주기 위해 미리 관冠과 의복, 기물器物 등을 진설하는 절차이다.

[士冠禮01 : 經－26]

관례를 거행하는 날에는 아침 일찍 일어나서 물받이 항아리(洗)[1]를 조계阼階 동남쪽에 진설하는데[2] 동쪽 추녀(東榮)와 마주하도록 놓으며,[3] 물받이 항아리에서 당堂까지의 남북 거리는 당 위 남쪽 끝 모서리에서 북쪽으로 방·실의 벽에 이르는 길이(堂深)와 동일하게 한다.[4] 물을 담아 둔 물 항아리(水)[5]는 물받이 항아리의 동쪽에 놓는다.[6]

夙興, 設洗, 直于東榮, 南北以堂深. 水在洗東.

정현주

'숙夙'은 아침 일찍이라는 뜻이다. '흥興'은 일어난다는 뜻이다. '세洗'는 씻은 물을 받는 것으로, 물을 버리는 그릇이다.[7] 사士의 경우 철로 만든 것을 사용한다.[8] '영榮'은 추녀(屋翼)이다.[9] 주나라의 제도에서 경·대부 이하는 그 집을 맞배지붕(夏屋)으로 지었다.[10] 물을 담아 두는 그릇은 신분이 높은 사람이든 낮은 사람이든 모두 금뢰金罍를 사용하는데, 크기에는 차이가 있다.[11] '夙', 早也. '興', 起也. '洗', 承盥洗者, 棄水器也, 士用鐵. 榮, 屋翼也. 周制, 自卿·大夫以下, 其室爲夏屋. 水器, 尊卑皆用金罍, 及大小異.

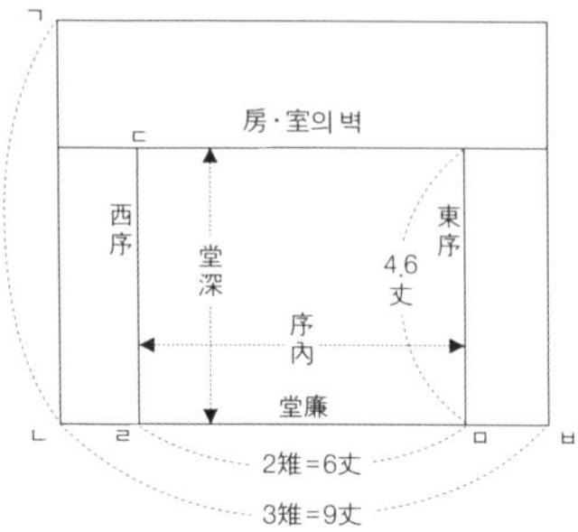

ㄱ-ㄴ = 9×$\frac{7}{9}$ = 7 (丈)

ㄹ-ㅁ = 9×$\frac{2}{3}$ = 6 (丈)

ㄷ-ㄹ = 6×$\frac{7}{9}$ = 4.6 (丈)

당심堂深

이케다 스에토시, 『의례(Ⅰ)』

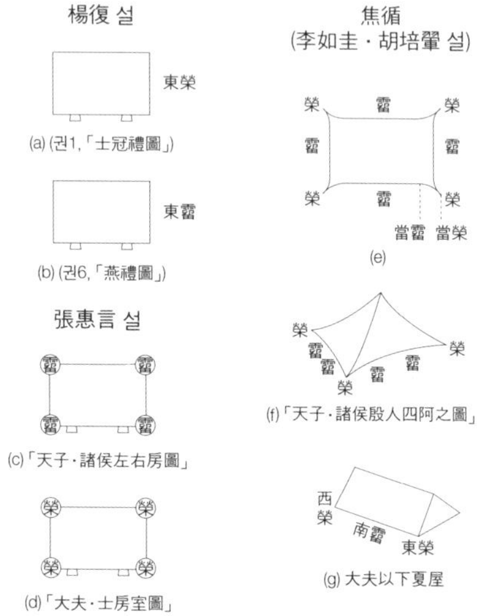

영榮·**류**霤

이케다 스에토시, 『의례(Ⅰ)』

[士冠禮01 : 經-27]

관례를 거행할 때에 입는 작변복爵弁服,[12] 피변복皮弁服,[13] 현단玄端[14] 등의 복장을 방 안의 서쪽 벽(西墉)[15] 아래에 옷깃이 동쪽을 향하도록 하여 진설하는데,[16] 북쪽을 윗자리로 삼아 놓는다.[17]

陳服于房中西墉下東領, 北上.

정현주 '용墉'은 벽(牆)이라는 뜻이다. '墉', 牆.

[士冠禮01 : 經-28]

작변복爵弁服에는 엷은 진홍색 치마(纁裳), 검은색 비단 웃옷(純衣),

검은색 비단으로 가선 장식을 한 허리띠(緇帶), 적황색 무릎가리개(韎韐)를 착용한다.

爵弁服, 纁裳, 純衣, 緇帶, 韎韐.

정현주 이는 군주의 제사에 참여할 때 입는 복장이다. 『예기』「잡기상」에 "사士는 작변爵弁을 쓰고 제후의 제사를 돕는다"[18]라고 하였다. '작변'은 면관冕冠 다음 등급이다. 그 색은 적색에 약간 흑색을 띠며 마치 참새의 머리색과 같은데, 어떤 사람은 추緅(검붉은 색)라고도 한다. 그 베는 30승이다. '훈상纁裳'은 옅은 진홍색(淺絳)의 치마이다.[19] 무릇 붉게 물들일 때 한 번 물들인 것을 '전縓'(분홍색)이라고 하고, 두 번 물들인 것을 '정赬'(옅은 적색)이라고 하고, 세 번 물들인 것을 '훈纁'(옅은 진홍색)이라고 하는데, '주朱'(붉은색)는 네 번 물들인 것인 듯하다. '순의純衣'는 비단으로 만든 웃옷이다. (조복 등) 나머지 옷은 모두 베로 만드는데, 면복冕服과 작변복爵弁服만은 비단으로 만든다.[20] 치마(裳)를 먼저 말하고 웃옷(衣)을 나중에 말한 것은 아래로 '치대緇帶'(검은색 비단으로 가선 장식을 한 허리띠)와 가까이 두어서 웃옷이 허리띠와 같은 색으로 함을 밝히고자 한 것이다. '매겹韎韐'은 적황색 무릎가리개이다. 사士는 적황색 무릎가리개에 흑색 패옥을 차는데,[21] 가죽을 합쳐서 만든다. 사는 꼭두서니 띠풀로 가죽을 물들이기 때문에 그것으로 인해서 '매韎'[22]로 이름을 삼은 것이다. 오늘날 제齊 지역 사람들은 천蒨(꼭두서니)을 매겹이라고 부른다. 불韍의 제도는 필韠과 유사하다. 관冠(치포관)과 변弁(작변·피변)은 의복과 같은 곳에 진설하지 않는데도 '복服'자 앞에 '작변'이라고 말한 것은 관으로 복장의 명칭을 삼기 때문이다.[23] 금문본에는 '纁'이 모두 '熏'으로 되어 있다. 此與君祭之服.「雜記」曰, "士弁而祭於公." '爵弁'者, 冕之次, 其色赤而微黑, 如爵頭然, 或謂之緅. 其布三十升. '纁裳', 淺絳裳. 凡染絳, 一入謂之縓, 再入謂之

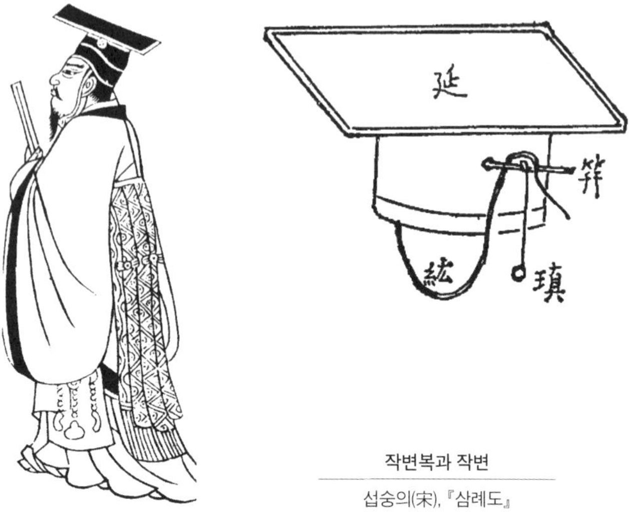

작변복과 작변

섭숭의(宋), 『삼례도』

赬, 三入謂之纁, 朱則四入與? '純衣', 絲衣也. 餘衣皆用布, 唯冕與爵弁服用絲耳. 先裳後衣者, 欲令下近緇, 明衣與帶同色. '韎韐', 縕韍也. 士縕韍而幽衡, 合韋爲之. 士染以茅蒐, 因以名焉. 今齊人名蒨爲韎韐. 韍之制似韠. 冠·弁者不與衣陳而言於上, 以冠名服耳. 今文'纁'皆作'熏'.

[士冠禮01 : 經-29]

피변복皮弁服에는 흰색 주름치마(素積), 검은색 비단으로 가선 장식을 한 허리띠(緇帶), 흰색 무릎가리개(素韠)를 착용한다.

皮弁服, 素積, 緇帶, 素韠.

정현주

이는 군주가 매달 초하루에 정사를 듣는 예(視朔)에 참여할 때 입는 복장이다. '피변'은 흰 사슴의 가죽으로 관을 만든 것인데, 상고시

피변복과 피변

섭숭의(宋), 『삼례도』

대를 본뜬 것이다. '적積'은 주름(辟)이라는 뜻으로, 흰색으로 치마를 만들고 그 허리의 가운데를 주름잡아 좁히는 것이다. 피변복의 웃옷은 베를 사용하는데 또한 15승으로 하며, 그 색은 피변의 색을 본떠서 흰색으로 한다. 此與君視朔之服也. '皮弁'者, 以白鹿皮爲冠, 象上古也. '積'猶辟也, 以素爲裳, 辟蹙其要中. 皮弁之衣用布亦十五升, 其色象焉.

[士冠禮01 : 經-30]

현단玄端에 입는 치마로는 검은색 치마(玄裳), 누런색 치마(黃裳) 또는 잡색 치마(雜裳) 가운데 어느 것을 사용해도 괜찮으며, 검은색 비단으로 가선 장식을 한 허리띠(緇帶)와 검붉은 무릎가리개(爵韠)를 착용한다.

玄端, 玄裳·黃裳·雜裳可也. 緇帶, 爵韠.

정현주

이는 날이 저물 즈음 조정에서 석례夕禮[24]를 행할 때 입는 복장이다. 현단은 조복의 웃옷으로, 등급에 따라 그 치마의 색을 다르게 할 뿐이다. 상사上士는 검은색 치마(玄裳)를 입고, 중사中士는 누런색 치마(黃裳)를 입고, 하사下士는 잡색 치마(雜裳)를 입는다. '잡색 치마'(雜裳)란 전상前裳(앞에 두르는 치마)은 검은색으로 하고 후상後裳(뒤에 두르는 치마)은 누런색으로 한다는 뜻이다.[25] 『역』「곤괘坤卦」에 "무릇 검고 누런 것은 하늘과 땅의 잡색이니, 하늘은 검고, 땅은 누렇다"라고 하였다. 3등급의 사 모두 검붉은 색의 가죽으로 무릎가리개를 만드니, 검붉은 색이라는 점에서 공통된다. 현관玄冠으로 복장의 명칭을 삼지 않은 것은 관례를 거행할 때에는 치포관을 진설하기 때문이다.[26] 『예기』「옥조玉藻」에 "무릎가리개(韠)의 제도에서 군주는 붉은색의 가죽으로 만들고, 대부는 흰색의 가죽으로 만들고, 사는 검붉은 색의 가죽으로 만든다"고 하였다. 此莫夕於朝之服. 玄端即朝服之衣, 易其裳耳. 上士玄裳, 中士黃裳, 下士雜裳. '雜裳'者, 前玄後黃. 『易』曰, "夫玄黃者, 天地之雜色, 天

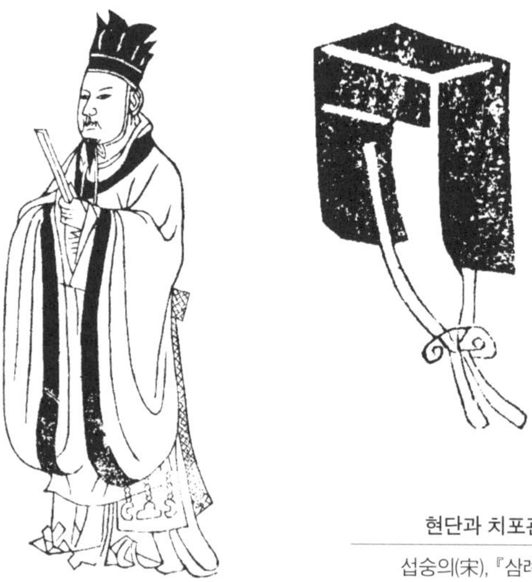

현단과 치포관

섭숭의(宋), 『삼례도』

玄而地黃.” 士皆爵韋爲韠, 其爵同. 不以玄冠名服者, 是爲緇布冠陳之. 「玉藻」曰, “韠, 君朱, 大夫素, 士爵韋.”

[士冠禮01 : 經－31]

치포관緇布冠에는 규항缺項[27]이 있는데, 푸른색 끈목으로 만든 관끈(靑組纓)을 그 위에 연결하여 묶는다. 검은색 머리싸개(緇纚)는 너비는 온폭을 그대로 사용하고, 길이는 6척이다. 피변을 고정시키는 비녀(笄)와 작변을 고정시키는 비녀가 있는데, 검은색 끈목으로 만든 관끈(緇組紘)[28]을 연결하여 묶으며, 그 관끈의 가장자리는 옅은 진홍색(纁)이다.[29] 이상 기술한 것들을 장방형의 상자(篋)에 함께 넣어 둔다.

緇布冠缺項, 靑組纓屬于缺. 緇纚, 廣終幅, 長六尺. 皮弁笄, 爵弁笄, 緇組紘, 纁邊. 同篋.

정현주

'缺'는 '유규자변有頍者弁'(頍를 장식한 피변이여)[30]이라고 할 때의 '규頍'의 뜻으로 읽는다. 치포관에는 비녀(笄)가 없으니,[31] '규'를 착용하여 머리의 가장자리를 둘러서 턱 아래에서 묶고, 귀퉁이에 네 개의 끈(綴)을 만들어 그것으로 관을 고정시킨다. 목 가운데에 굴編(고리)이 있는데, 또한 규를 고정시키기 위해 그렇게 하는 것이다. 오늘날 관례와 계례를 하기 전의 남녀는 권책卷幘[32]을 착용하는데, '규'의 남겨진 형상에서 나온 것이다. 등滕과 설薛 지역에서는 비녀가 없는 치포관(䐜)을 '규'라고 부른다. '촉屬'은 붙인다(著)는 뜻과 같다. '머리싸개'는 오늘날의 책량幘梁[33]이다. '종終'은 채운다(充)는 뜻이다. '머리싸개'의 너비는 온폭으로 하고, 길이는 6척으로서, 머리

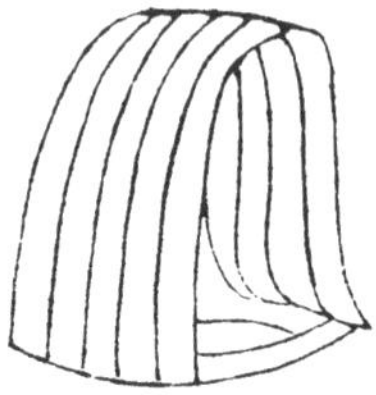

치포관緇布冠(周制)

치사緇縰(緇纚)

청조영淸組纓

계笄

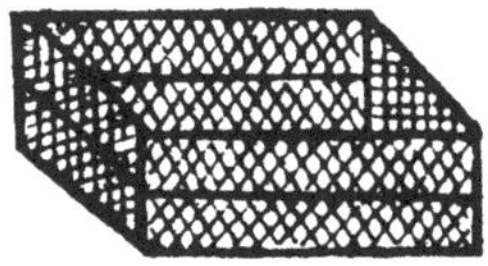

협篋

섭숭의(宋), 『삼례도』

치포관緇布冠

양톈위, 『의례역주』

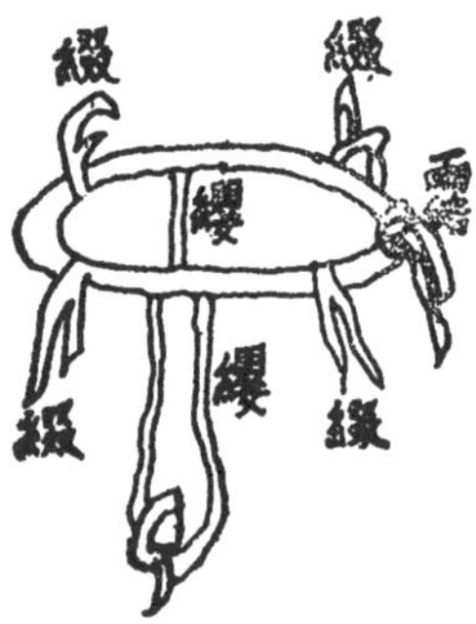

규항缺項

양톈위, 『의례역주』

규항缺項

황이주(淸), 『예서통고』

카락을 싸서 묶기에 충분하다. '비녀'(笄)는 오늘날의 잠簪(비녀)이다.[34] 비녀가 있는 관[35]의 경우 한 가닥의 끈을 구부려서 굉紘(관끈)을 만들고 묶은 나머지를 늘어뜨려 장식으로 삼는다.[36] 비녀가 없는 관[37]의 경우 영纓(관끈)[38]을 쓰는데, 그 양쪽 가닥을 묶는다.[39] '훈변纁邊'은 끈의 가장자리를 적색으로 한다는 뜻이다.[40] '장방형의 상자에 함께 넣어 둔다'(同篋)는 것은 이상의 여섯 가지 물건을 함께 넣는다는 뜻이다. 장방형의 상자를 '협篋'이라고 한다.[41] '缺'讀如'有頍者弁'之頍. 緇布冠無笄者, 著頍, 圍髮際, 結項中, 隅爲四綴, 以固冠也. 項中有繩, 亦由固頍爲之耳. 今未冠笄者著卷幘, 頍象之所生也. 滕·薛名蔮爲頍. '屬'猶著. '纚', 今之幘梁也. '終', 充也. 纚一幅, 長六尺, 足以韜髮而結之矣. '笄', 今之簪. 有笄者, 屈組爲紘,[42] 垂爲飾. 無笄者, 纓而結其條. '纁邊', 組側赤也. '同篋', 謂此上凡六物. 隨方曰'篋'.

굉紘

황이주(淸), 『예서통고』

굉紘의 사용법

최규순, 『중국역대제왕면복연구』

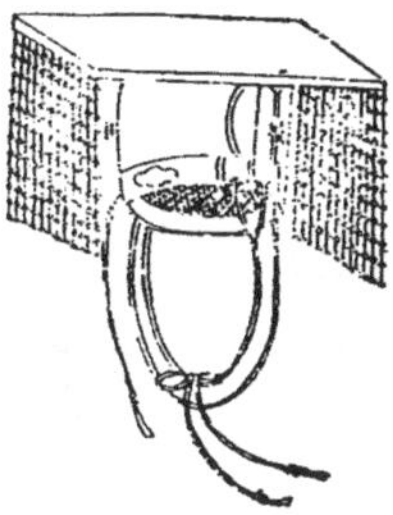

명대 면관冕冠의 굉紘

『명회전』

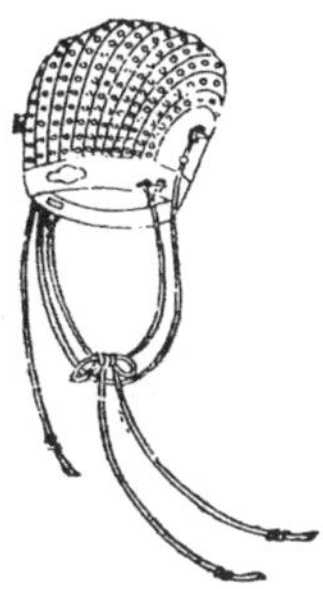

명대 피변皮弁의 굉紘

『명회전』

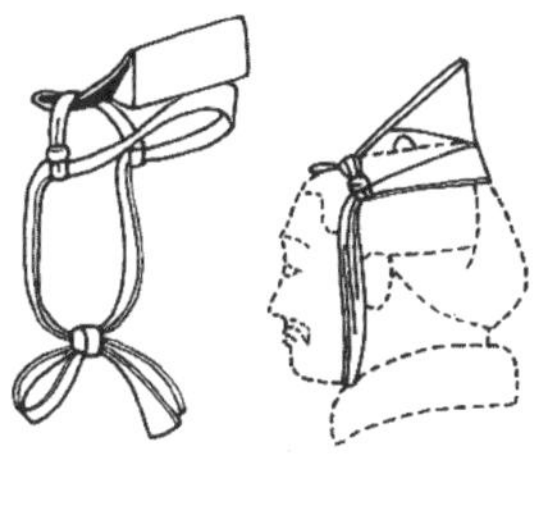

진秦대 병마용 출토 토용에 보이는 규頍의 사용법

쑨지, 『중국고여복논총』

전한시대 공심전에 보이는 규頍의 사용법

쑨지, 『중국고여복논총』

[士冠禮01 : 經—32]

빗(櫛)은 둥근 대광주리(簞) 안에 넣어 둔다.

櫛實于簞.

정현주

'단簞'은 둥근 대광주리이다.[43] '簞', 笥也.

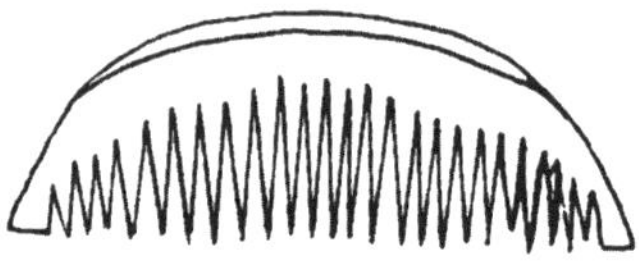

즐櫛

황이주(淸), 『예서통고』

협篋 · 사笥 · 단簞

황이주(淸), 『예서통고』

[士冠禮01 : 經—33]

부들자리(蒲筵) 두 장을[44] 둥근 대광주리의 남쪽에 놓는다.[45]

蒲筵二, 在南.

정현주

'연筵'[46]은 자리이다. '筵', 席也.

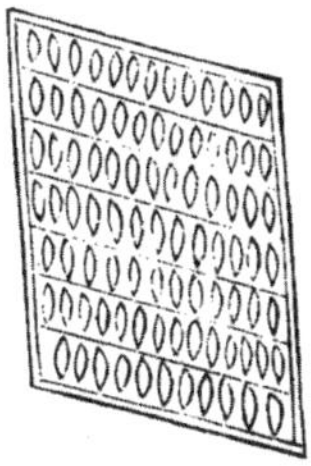

연筵

섭숭의(宋), 『삼례도』

[士冠禮01 : 經－34]

예주(醴)[47]를 넣은 한 통의 질그릇 술동이(甒)[48]만을 단독으로 진설하는데, 옷의 북쪽에 놓는다. 또 그 북쪽에 대광주리(篚)[49]를 진설하는데, 그 안에 술 국자(勺)[50]·술잔(觶)[51]·뿔 숟가락(角柶)[52] 등을 넣어 두며, 말린 고기(脯)를 담은 대나무제기(籩)와 고기젓갈(醢)을 담은 나무제기(豆)[53]를 진설하는데, 남쪽을 윗자리로 하여 놓는다.[54]

側尊一甒醴, 在服北. 有篚實勺·觶·角柶, 脯醢, 南上.

정현주

'측側'은 단독(特)이라는 뜻이다.[55] 짝이 없는 것을 '측側'이라고 한다. 술을 진설하는 것을 '전尊'이라고 한다.[56] 한 통만을 단독으로 진설하는 경우에는 물(玄酒)을 넣은 술동이가 없다.[57] '옷의 북쪽'(服北)이라는 것은 옅은 진홍색 치마(纁裳)의 북쪽에 둔다는 뜻이다. '비篚'는 대나무로 만든 광주리로서 령笭과 같은 것이다.[58] '작勺'(술 국자)은 술동이의 주두(斗)로서 술을 뜨는 기구이다. 3승升 용량의 술잔을 '치觶'라고 한다.[59] '사柶'(숟가락)는 모양이 비匕(숟가락)[60]와 같은데, 뿔로 만드는 것은 매끄럽게 하기 위한 것이다.[61] '남쪽을 윗자리로 하여 놓는다'(南上)는 것은 대광주리를 술동이 다음에 진설하고, 대나무제기(籩)와 나무제기(豆)를 대광주리 다음에 진설한다는 뜻이다. 고문본에는 '甒'가 '廡'로 되어 있다. '側'猶特也. 無偶曰'側.' 置酒曰'尊.' 側者, 無玄酒. '服北'者, 纁裳北也. '篚', 竹器如笭者. '勺', 尊升,[62] 所以㪺酒也. 爵三升曰

'觶.' '柶'狀如匕, 以角爲之者, 欲滑也. '南上'者, 篚次尊, 籩·豆次篚. 古文'甒'作'廡'.

와무瓦甒

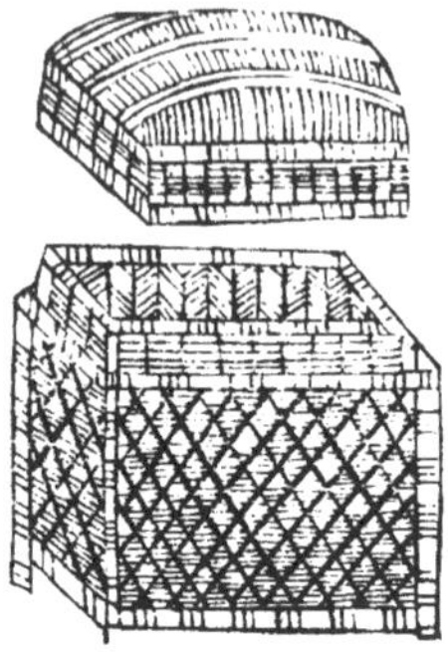

비篚

섭숭의(宋), 『삼례도』

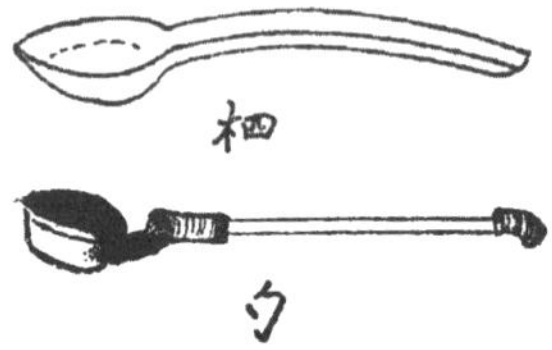

각사角柶 · 작勺

췐쉬안, 『삼례사전』

반비飯匕

황이주(淸), 『예서통고』

생비牲匕

황이주(淸), 『예서통고』

치觶

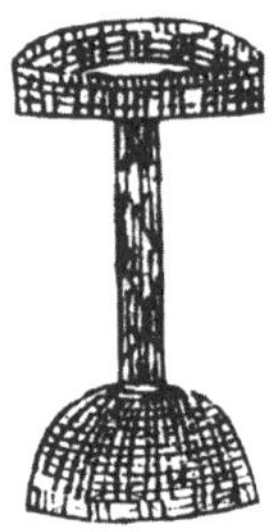

변籩

두豆

섭숭의(宋), 『삼례도』

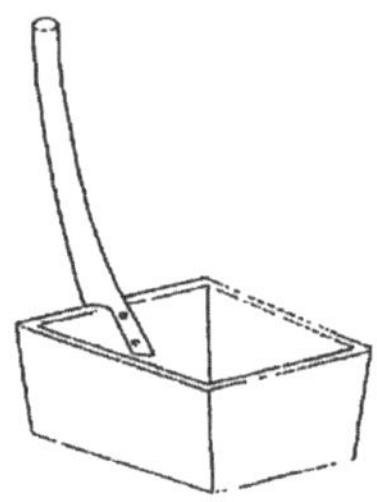

두斗

(淸), 『흠정의례의소』

[士冠禮01 : 經－35]

작변·피변·치포관은 각각 별도의 상자(匴)[63]안에 넣어 둔다. 3명의 유사들이 이것들을 나누어 들고 당 위 서쪽 모서리에 있는 흙 받침대(西坫)[64]의 남쪽에서 대기하면서 남쪽을 향해 서는데, 동쪽을 윗자리로 삼는다. 빈이 당 위로 올라오면, 방향을 바꾸어 동쪽을 향해 선다.

爵弁·皮弁·緇布冠各一匴. 執以待于西坫南, 南面, 東上. 賓升則東面.

정현주

'작변'은 제도가 면冕과 같고 흑색인데, 다만 오채색의 비단실로 짠 끈(繅)이 없을 뿐이다.[65] 『주례』「하관夏官·변사弁師」에 "왕의 피변은 솔기(會)에 다섯 색깔의 옥으로 기璂 장식을 한다. 밑장식(邸)을 상아로 만들고, 옥으로 만든 비녀를 사용한다",[66] "제후 및 고孤·경卿·대부大夫의 면冕과 피변皮弁은 각각 그 신분에 상응하게 만든다"고 하였다. 그렇다면 사의 피변에는 또 옥이나 상아로 만든 밑장식이 없는 것이다.[67] '치포관'은 오늘날 하급관리가 쓰는 관이 그 유제이다. '산匴'(관을 넣어 두는 상자)은 대나무로 만든 그릇의 명칭으로, 오늘날의 관상冠箱이다. 그것을 잡는 사람은 유사이다. '점坫'(흙 받침대)은 당 모서리에 있다. 고문본에는 '匴'이 '篹'으로 되어 있고, '坫'이 '襜'으로 되어 있다. '爵弁'者, 制如冕, 黑色, 但無繅耳. 『周禮』, "王之皮弁會, 五采玉璂, 象邸, 玉笄", "諸侯及孤·卿·大夫之冕·皮弁, 各以其等爲之."[68] 則士之皮

산匴

(淸), 『흠정의례의소』

弁, 又無玉象邸飾. '緇布冠', 今小吏冠其遺象也. '匴', 竹器名, 今之冠箱也. 執之者, 有司也. '坫'在堂角. 古文'匴'爲'篹', '坫'爲'襜'.

주

1_ 물받이 항아리 : '洗'는 손이나 술잔을 씻고 난 후 버리는 물을 받는 기구를 말한다. 시종하는 사람이 구기(枓)를 이용하여 미리 물을 담아 둔 물 항아리(罍水)에서 물을 따라 부어 주면, 손이나 술잔을 씻는 사람은 그 물로 손이나 술잔을 씻은 후 물을 버리는데, 버리는 물을 받는 기물을 '洗'라고 한다. 섭숭의의 『삼례도』에 인용된 『舊圖』에는 "洗는 높이가 3척, 입구의 직경이 1척 5촌, 다리의 직경이 3척이다. 사는 鐵로 만든 것을 사용하고, 대부 이상은 銅으로 만든 것을 사용하는데, 제후는 白金으로 장식하고, 천자는 황금으로 장식한다"고 하였다. 『삼례사전』, 567쪽 참조.

2_ 조계 동남쪽에 진설하는데 : 호배휘는 경문에서 '阼階東南'이라 하지 않고 단지 '阼階'라고 한 것은 문장을 생략한 것이라고 하였다. 이에 따라 번역한다. 『의례정의』, 34쪽 참조.

3_ 동쪽 추녀와 마주하도록 놓으며 : 『의례』에는 '洗'를 진설하는 위치를 설명할 때 '當東榮'(동쪽 추녀와 마주한다)이라고 한 곳([향음주례04 : 經－08]·[향사례05 : 經－08]·[특생궤사례15 : 記－03]·[소뢰궤사례16 : 經－26])과 '當東霤'(동쪽 낙수물받이와 마주한다)라고 한 곳([연례06 : 經－03])의 두 가지가 있다. 호배휘는 洗를 東霤(동쪽 낙수물받이)와 마주하도록 진설하는 것은 천자·제후의 예로서, 이 경우에는 '當東霤'로 표기하고, 경·대부·사의 경우에는 '當東榮'으로 표기하는데, 모두 물받이 항아리를 阼階의 동남쪽에 진설한다는 점에서 그 실질은 동일하다고 하였다. 즉 경문에서 '東霤'라고 하지 않고 '東榮'이라 한 것은 대부·사의 궁실 제도에 근거해서 말한 것이다. ○ 이 '榮'과 '霤'에 대해 양복과 장혜언은 동일한 것이라고 보는 반면, 이여규와 초순, 호배휘는 다른 것을 가리킨다고 해석한다. 이여규는 『의례석궁』에서 "『설문』에 '屋梠(지붕의 처마)의 양 끝머리에 솟아 오른 부분을 榮(추녀)이라고 한다'고 하였다. 또 '지붕의 추녀 끝에 덧댄 목이 이어진 것을 齊에서는 檐(처마)이라 하고, 楚에서는 梠(처마)라고 한다'고 하였다. 그렇다면 梠는 곧 檐인데, 檐(처마)의 동서로 솟아 오른 부분을 榮(추녀)이라고 한다"(『說文』曰, '屋梠之兩頭起者爲榮.' 又曰, '屋櫋聯, 齊謂之檐, 楚謂之梠', 然則梠卽檐, 而檐之東西起者內曰榮耳)라고 하였다. 이여규는 이곳 경문에서 '東霤'라고 하지 않은 것은 "주나라 제도에서 천자·제후는 은나라의 四阿(지붕의 사면에 있는 낙수물받이로, 빗물을 사방으로 흘러내리게 한다) 지붕을 만들었기 때문에 동서남북 사면에 모두 霤(낙수물받이)가 있지만, 대부 이하는 하나라의 夏屋 즉 남북 양쪽으로 물을 흘러내리게 하는 지붕을 만들었기 때문에 남쪽과 북쪽으로 南霤와 北霤는 있지만 東霤와 西霤는 없고, 東榮과 西榮이 있기 때문이다"라고 하였다. 호배휘도 이 설을 지지한다. 즉 이여규와 호배휘에 의하면 '霤'는 '낙수물받이'이고, 榮은 '추녀'를 가리킨다. 본문의 '堂深·榮·霤'(이케다 스에토시, 『의례(Ⅰ)』)의 그림 참조.

4_ 동쪽 추녀와 ~ 동일하게 한다 : ○ 경문의 '直于東榮'은 동쪽과 서쪽을 기준으로 말한다면, 동쪽 추녀와 마주하도록 물받이 항아리를 놓는다는 뜻이다. 호배휘는 "경문의 '直于東榮'은 東西의 제도를 설명한 것이다. 그러므로 [향음주례04 : 經－08]에 '동서로 동쪽 추녀와 마주하도록 놓는다'고 한 것이다"(經曰'直于東榮', 東西節也. 故「鄕飮酒」曰, '東西當東榮')라고 하였고, 심동도 "正堂의 양 옆이 東堂과 西堂이고, 동당과 서당의 양 옆이 夾道이고, 그 옆이 都宮의 담장이다. 그렇다면 東榮은 바로 협도와 임해 있으므로 물받이 항아리(洗)의 동쪽에 여지가 있어 이곳에 물을 담아 둔 항아리(罍水)를 놓을 수 있다. 따라서 「향음주례」에서 '當東榮' 위에 '東西' 두 글자를 덧붙인 것은 또한 불필요한 문장이 아니다"(正堂之旁爲東堂·西堂, 東堂·西堂之旁爲夾道, 之旁爲都宮之牆, 則東榮正臨夾道, 故洗東有餘地可置水. 而'當東榮'上加'東西'二字, 亦非贅文)라고 하였다. ○ 경문의 '南北以堂深'은 남북의 제도, 즉 북쪽의 당에서 남쪽의 물받이 항아리에 이르는 남북의 거리를 가지고 말한 것이다. [향음주례04 : 經－08]에 대한 가공언의 소에 "'堂深'은 당 위의 남쪽 끝 모서리(堂廉)에서 북쪽으로 房·室의 벽에 이르는 길이를 말한다. 당하에 진설된 물받이 항아리에서 북쪽으로 당까지의 거리는 당상의 길이(堂深)에서 취한다. 가령 당상의 길이가 3장이라면, 물받이 항아리에서 당까지의 거리도 역시 3장이다. 이것으로 제도를 삼는다"(堂深謂從堂廉北至房室之壁. 堂下洗北去堂, 遠近深淺, 取於堂上深淺. 假令堂深三丈, 洗亦去堂三丈, 以此爲度)고 하였다. ○ 물받이 항아리(洗)에는 庭洗와 內洗(北洗) 2가지가 있는데, '정세'는 阼階의 동남쪽에 진설하는 것이고, '내세'는 北堂에 진설하는 것으로 내빈을 위한 것이다. 『의례정의』, 33~34쪽 참조.

5_ 물을 담아 둔 물 항아리 : 경문의 "水"는 손이나 술잔을 씻을 때 사용하는 물로서, 물 항아리(罍)에 담아 둔다. 따라서 이곳의 '水'는 실질적으로 '물을 담아 둔 물 항아리'(罍水)를 의미한다. 이곳의 [經－26]과 함께 [향음주례04 : 經－08], [향사례05 : 經－08], [특생궤사례15 : 記－04]에는 모두 '물은 물받이 항아리의 동쪽에 놓는다'(水在洗東)고 하여 '물'(水)만 언급하고 '물 항아리'(罍)는 언급하지 않았지만, [연례06 : 經－03]과 [대사의07 : 經－16]에서는 '물을 담아 둔 물 항아리를 (물받이 항아리의) 동쪽에 놓는다'(罍水在東)고 하여 '물 항아리'(罍)와 '물'(水)을 함께 언급하였고, [소뢰궤사례16 : 經－34]에서는 "물받이 항아리의 동쪽에 물을 담아 둔 물 항아리를 진설하는데, 물 항아리 위에는 구기(枓)를 얹어놓는다"(設罍水于洗東, 有枓)라고 하였다. [소뢰궤사례16 : 經－34]의 정현 주에 "무릇 물을 진설할 때에는 물 항아리(罍)를 이용하고, 물을 부어서 손을 씻을 때에는 구기(枓)를 이용한다"(設水用罍, 沃盥用枓)고 하였다. 정현의 이 발언은 行禮에서 물 항아리(罍)로 물을 담아 두고, 구기(枓)로 물을 떠서 손을 씻고, 씻고 버리는 물을 물받이 항아리(洗)로 받는다는 뜻이다. 『의례』의 편들에서 이 세 가지를 전부 말하지 않은 것은 문장을 생략한 것으로, 3가지는 세트를 이루어 함께 진설한다.

6_ 관례를 거행하는 날에는 ~ 놓는다 : 관례를 거행하는 날의 절차는 다음과 같다. ① 기물과 복장을 진설한다. ② 주인 이하 위치로 나아간다. ③ 빈과 찬관자를 맞이하여 들어온다. ④ 첫 번째 치포관을 씌워 주는 始加의 예를 거행한다. ⑤ 두 번째 皮弁을 씌워 주는 再加의 예를 거행한다. ⑥ 세 번째 작변을 씌워 주는 三加의 예를 거행한다. ⑦ '醴子' 즉 빈이 관을 쓴 사람에게 예주를 따라 주어 예례를 행한다. ⑧ 관을 쓴 사람이 어머니를 뵙는다. ⑨ 빈이 관을 쓴 사람에게 字를 지어 준다. 이상으로 관례의 절차가 모두 끝나면 빈이 나간다.

7_ '세'는 씻은 물을 ~ 그릇이다 : 손을 씻거나 술잔을 씻을 때 물이 지면을 더럽히지 않도록 洗로 씻은 물을 받아서 버린다. 이 때문에 '洗는 물을 버리는 그릇이다'(棄水器)라고 한 것이다. 『의례주소』, 20쪽 참조.

8_ 사의 경우 철로 만든 것을 사용한다 : 『한예기제도』에 따르면 물받이 항아리(洗)는 사의 경우는 철로 만든 것을 사용하고, 대부의 경우는 동으로 만든 것을 사용하고, 제후의 경우는 백은으로 만든 것을 사용하고, 천자의 경우는 황금으로 만든 것을 사용한다. 그러나 섭숭의의 『삼례도』에 인용된 『舊圖』에는 사는 철로 만들고 대부 이상 제후와 천자 모두 동으로 만드는데, 제후는 백금으로 장식을 하고 천자는 황금으로 장식한다고 하였다. 이에 따르면 천자와 제후도 동으로 만든 물받이 항아리를 사용하는데, 다만 장식에 차이가 있을 뿐이다. 『의례주소』, 20쪽, 가공언의 소 및 『의례정의』, 34쪽 참조.

9_ '영'은 추녀이다 : '榮'(추녀)은 지붕의 처마 양 끝에 솟아 오른 부분을 가리키는데, 새가 양 날개를 펼치는 형상과 비슷하기 때문에 지붕의 날개 즉 '屋翼'(추녀)이라고 칭한다. 『예기』 「상대기」에서 復을 할 때 "東榮(동쪽 추녀)으로부터 올라가서 지붕 한가운데의 높은 곳에서 북쪽을 향하여 세 번 부른다"(升自東榮, 中屋履危, 北面三號)고 한 것에 대해 공영달의 소에는 "'榮'은 지붕의 날개(屋翼)이다. 천자와 제후는 모두 사면으로 빗물이 흘러내리게 하여 지붕을 만든다. 하지만 대부 이하는 사면으로 빗물이 흘러내리게 하지 못하고 단지 남쪽과 북쪽 두 곳으로 빗물이 흘러내리게 하여 곧은 머리를 하는데, 머리 부분이 곧 屋翼이다"(榮, 屋翼也. 天子·諸侯, 四注爲屋. 而大夫以下, 不得四注, 但南北二注, 而爲直頭, 頭即屋翼也)라고 해석하였고, 진호는 "천자와 제후의 지붕은 모두 사면으로 빗물이 흘러내리게 하지만 대부 이하는 단지 앞뒤로 처마가 있을 뿐이다. '翼'은 지붕의 양 머리에 있는데 새의 날개와 비슷하기 때문에 '屋翼'이라고 이름한다"(天子·諸侯屋皆四注, 大夫以下但前簷後簷而已. 翼在屋之兩頭, 似翼, 故名屋翼也)고 하였다.(『예기집설』)

10_ 그 집을 맞배지붕으로 지었다 : '夏屋'은 하나라 시대의 집의 구조를 말한다. 하나

라 시대의 집은 맞배지붕으로 지었는데, 이 때문에 맞배지붕으로 된 집을 '夏屋'이라고 한다. 앞의 [經－26] 주 3) 참조.

11_ 물을 담아두는 ~ 차이가 있다 : '金罍'는 나무나 질그릇으로 만들고 그곳에 황금의 장식을 한 물 항아리(罍)를 가리킨다. 단옥재의 『설문』 주에 "(櫑는) 대체로 처음에는 나무로 만들었는데, 후에는 질그릇으로 만들었다. '罍'라고도 하는데, 나무로 만들기도 하고 질그릇으로 만들기도 하는데, 황금으로 장식한다. … 『이아』「석기」에 '彝 · 卣 · 罍는 술그릇이다. 작은 罍를 坎(술병)이라고 한다'고 하였다. 그렇다면 '罍'에는 작은 것과 큰 것이 있는 것이다. 『의례』「연례」에 '罍水는 물받이 항아리의 동쪽에 둔다'고 하였다. 그렇다면 '罍'는 또한 그것으로 물을 담아 두는 것이다"(蓋始以木, 後以陶, 或曰罍, 亦木器, 或瓦器而飾以金耳. …『爾雅』「釋器」'彝·卣·罍, 器也. 小罍謂之坎', 然則罍有小大. 「燕禮」'罍水在東', 則罍亦以盛水)라고 하였다.

금뢰金罍

황이주(淸), 『예서통고』

12_ 작변복 : '爵弁服'은 예복의 명칭으로, 면복 다음 등급의 祭服이다. 대부 이상은 면복을 제복으로 입고, 사는 작변복을 제복으로 입는다. '작변'은 면관의 원형으로서(면관은 작변에서 유래함), 형태는 면관과 같으나 旒(구슬을 꿴 줄)가 없는 점이 다르다. '작변'은 적색에 약간 검은색을 띠는 30승의 베나 비단으로 만든다. 즉 상고시대에는 30승(1승은 80올이므로, 30승은 1폭 내에 2,400올이 들어감)의 베로 만들다가 주대에 들어와 비단을 사용하였다. 공자는 『논어』「자한」에서 "麻冕을 사용하는 것이 예이기는 하지만, 오늘날에는 비단을 사용하는데, 검약한 것이다"(麻冕, 禮也. 今也純, 儉)라고 하여, 30승 베를 만드는 것이 매우 어려운 일이므로 비단(純)으로 이를 대체한 것은 검약을 숭상한 것이라고 보았다. '爵'은 '雀'과 통하며, 관의 색이 雀 즉 참새의 머리처럼 검붉은 색이기 때문에 '작변'이라고 한다. 이 '작변'에 纁裳(옅은 진홍색 치마)·純衣(검은색 비단 웃옷)·緇帶(검은색 비단으로 가선 장식을 한 허리띠)·韎韐(적황색 무릎가리개) 등을 배합하여 착용하는 복장을 '작변복'이라 한다.([經－28] 참조) '작변복'은 대부가 가묘에서 제사를 지내거나, 士가 군주의 제사를 도울 때 입는 복장이다. 사관례에서 세 번째 관을 씌울 때, 사혼례에서 친영할 때에도 이 복장을 입는다. 『삼례사전』, 1159쪽 참조. 『예기』「잡기상」, 蔡邕의 『독단』, 『후한서』「여복지」, 『진서』「여복지」, 『통전』에도 유사한 기록들이 보인다.

13_ 피변복 : '皮弁服'은 예복의 명칭이다. '피변'은 흰색 사슴가죽으로 만든다. 이 '피변'에 素積(흰색 주름치마)·緇帶(검은색 비단으로 가선 장식을 한 허리띠)·素韠(흰색

무릎가리개)을 배합하여 착용하는 복장을 '皮弁服'이라고 한다. 피변복은 천자가 매일 조회를 볼 때(視朝), 제사를 드리기 전, 타국의 신하를 애도할 때 등에 입는다. 제후는 서로 빙문할 때(相朝聘), 매월 초하루에 정사를 들을 때(視朔) 입는다. 사는 군주의 視朔에 참여할 때 입고, 사관례에서 두 번째 관을 씌울 때에 입는다. 『삼례사전』, 317쪽 및 최규순, 『중국역대제왕면복연구』, 26~27쪽 참조.

14_ 현단 : '玄端'은 검은색 베로 만든 웃옷(緇布衣)으로, 본래는 玄冠과 함께 착용한다. 다만 관례에서는 始加에 현관 대신 치포관과 함께 착용한다. 정현은 [經－30]의 주에서 "현단은 조복의 웃옷으로, 등급에 따라 그 치마의 색을 다르게 할 뿐이다"(玄端即朝服之衣, 易其裳耳)라고 하였다. 곧 현단복에는 조복과 마찬가지로 검은색의 웃옷(緇衣)을 입는데, 단지 치마의 색깔이 다를 뿐이다. 이 복장은 직물을 斜線으로 재단하지 않고 正幅을 그대로 쓰기 때문에 '현단'이라 한다. 정폭 그대로 옷을 만드는 것은 그 바름(正)을 취한 것으로, '端'은 바름(正)의 뜻과 통한다. 이에 비해 직물을 비스듬하게 재단하는 斜는 邪와 통하며, 따라서 邪하지 않은 端을 취한 것이다.(『周禮』「春官·司服」, "玄端, 素端." 鄭玄 注, "端者, 取其正也." 賈公彦 疏, "端, 正也, 故以正幅解之也." 『禮記』「玉藻」 鄭玄 注, "正, 不邪也. 直而不邪謂之正") '현단'은 웃옷만을 말하기도 하지만, 때로 '현단복'과 같은 의미로 쓰여 이 웃옷을 입을 때 부속되는 복식 일습을 통칭하기도 한다. 그 일습은 玄冠, 緇布衣, 下裳, 爵韠로 구성된다. 천자부터 사까지 모든 계급이 입는다. 다만 신분에 따라 下裳(치마)의 색을 달리하는데 천자와 제후는 붉은색(朱), 대부는 흰색(素)이다. 또 上士는 검은색(玄), 中士는 누런색(黃)의 치마를 입는다. 下士는 雜裳인데, 잡상은 앞에 두르는 치마인 前裳은 검은색, 뒤에 두르는 치마인 後裳은 누런색이다. 천자와 제후는 휴식을 취할 때 입고(燕居服), 사는 평소의 예복으로 입는다. 『삼례사전』, 305쪽 및 최규순, 『중국역대제왕면복연구』, 26~27쪽 참조.

15_ 방 안의 서쪽 벽 : 강영의 『향당도고』에 따르면 대부와 사가 기물과 복장을 진설할 때에는 항상 東房에 두는데, 경문에서 단지 '房'이라고만 한 것은 '東'자가 생략된 것이다. 호배휘에 의하면 '東房의 西墉'은 곧 '室의 東墉'(실의 동쪽 벽)을 가리키는데, '墉'은 '담벽'(牆)을 뜻한다. 또한 '牆'은 담이나 벽의 총명으로, 室中·房中·夾의 벽은 '墉'이라고 하고, 당상의 벽은 '序'라고 하고, 당하의 담장은 '壁'이라고 하는데 모두 같은 뜻이다. 『의례정의』, 36쪽 참조.

16_ 옷깃이 동쪽을 향하도록 하여 진설하는데 : 『예기』「상대기」와 『의례』「사상례」에서는 옷깃이 서쪽을 향하도록 하여 진설하는데, 여기 경문에서 동쪽을 향하도록 놓는 것은 가례가 흉례와 다르기 때문이다.

17_ 북쪽을 윗자리로 삼아 놓는다 : 옷에도 존비의 구별이 있다. 신에게 제사를 드릴 때 입는 제복이 가장 존귀하고, 조회에 입는 조복이 그 다음이며, 평상시에 입는 예복이나 집무복이 마지막이다. 士 신분의 제복은 작변복이고, 조복은 피변복이며(視朔之服), 평상 예복은 현단이다. 관례의 三加禮에서 이들 복식을 등급이 낮은 옷부터 높은 옷으로 차례로 갈아입는다. 관례 전에 옷을 진설할 때는 북쪽에 높은 등급의 옷을 놓고 남쪽으로 가면서 낮은 등급의 옷을 놓는다. 이 때문에 작변복을 가장 북쪽에 진설하고, 피변복을 그 남쪽에, 현단을 가장 남쪽에 진설한다. 이것이 '북쪽을 윗자리로 삼아 놓는다'는 뜻이다. 여기서 조복으로 피변복이 설정된 것은 천자의 士를 사례로 든 것으로 보인다. 관례를 거행할 때에는 남쪽에 진설한 등급이 낮은 복장부터 사용하는데, 취하기 편리하기 때문이다.

18_ 사는 작변을 쓰고 제후의 제사를 돕는다 : 『예기』「잡기상」에 "士는 弁을 쓰고 군주의 제사를 도우며, 冠을 쓰고 자신의 사당에서 제사를 지낸다"(士弁而祭於公, 冠而祭於己)고 한 것에 대해 정현은 "弁은 작변이다. 冠은 현관이다"라고 해석하였다.

19_ '훈상'은 옅은 진홍색의 치마이다 : 붉은색 염료에 세 번 담가서 얻어지는 색이 '纁'인데, 정현은 '纁'을 '淺絳'(옅은 진홍색)으로 해석했지만 곽박은 '纁'과 '絳'을 같은 색으로 보았다. 『이아』「석기」에 "한 번 물들인 것은 '縓'이라 하고, 두 번 물들인 것을 '赬'이라 하고, 세 번 물들인 것을 '纁'이라고 한다"(一染謂之縓, 再染謂之赬, 三染謂之纁)고 한 것에 대해 곽박은 '縓'은 오늘날의 붉은색(紅色)이고, '赬'은 옅은 적색(淺赤)이며, '纁'은 진홍색(絳)이라고 하였다. 또 호배휘는 '絳'은 짙은 적색이고, '纁'은 누런빛을 띠는 적색이라고 하였다.(絳是大赤, 纁則赤而有黃) 이들을 종합하면 '纁'은 '絳'과 유사하지만 농도가 '絳'보다 조금 옅은 붉은색이고, 누런빛을 약간 띠는 것으로 볼 수 있다.

20_ '순의'는 ~ 만든다 : 정현은 여기의 '純衣'와 [사혼례02 : 經一35]의 '純衣'를 모두 비단옷(絲衣)으로 해석하였고, 『주례』「지관·매씨」의 '純帛'과 『논어』「향당」의 '今也純'에 대해서는 모두 "'純'은 사실은 '緇'의 글자이다. 옛날에 '緇'는 才의 뜻으로 발음하였다"(純, 實緇字也. 古緇以才爲聲)고 하였다. '緇'는 '才'의 뜻으로 발음하는데, '才'는 곧 '紂'(검은색)이다. 즉 정현은 '純衣'에 대해 전자에서는 그 만드는 재질을 가지고 해석하였고, 후자에서는 그 색을 가지고 해석한 것이다. 왕인지는 『경의술문』에서 "'純'은 黗의 뜻으로 읽어야 한다"('純'當讀黗)고 하였는데, 『광아』에는 "'黗'은 검은색이다"('黗', 黑也)라고 하였다. '黗'과 '純'은 그 뜻과 발음이 비슷하니, 이 또한 색을 가지고 말한 것이다. 피변복 이하 심의 등 나머지 옷은 모두 베로 만드는데, 이 순의는 검은색의 비단으로 만든다는 뜻이다.

21_ 사는 적황색 ~ 차는데 : 『예기』 「옥조」에서 "一命은 적황색의 무릎가리개에 흑색의 패옥을 차고, 再命은 적색의 무릎가리개에 흑색의 패옥을 차고, 三命은 적색의 무릎가리개에 푸른색의 패옥을 찬다"(一命縕韍幽衡, 再命赤韍幽衡, 三命赤韍葱衡)고 한 것에 대해 정현은 "'韍'은 또한 가린다(蔽)는 뜻이다. '縕'은 적색과 황색의 간색으로 이른바 '韎'이다. '衡'은 패옥의 형이다. '幽'는 '黝'의 뜻으로 읽는다. 흑색을 '黝'라고 하고, 푸른색을 '葱'이라 한다"(韍之言, 亦蔽也. 縕, 赤·黃之間色, 所謂韎也. 衡, 佩玉之衡也. 幽讀爲黝. 黑謂之黝, 青謂之葱)고 하였다.

22_ 매 : 꼭두서니 띠풀로 물들인 가죽을 말한다. 한 번 물들인 것을 '韎'라고 한다. 『이아』에서는 한 번 물들인 것을 '縓'이라고 하고, 『설문』에는 '縓'을 분홍색 비단이라고 한다. '매'와 '전'은 모두 한 번 물들여 분홍색으로 만든 것인데, 가죽을 물들이면 '韎'라고 하고, 비단을 물들이면 '縓'이라고 한다.

23_ 관과 변은 ~ 삼기 때문이다 : 의복은 방 안에 진설하고, 치포관 및 피변·작변 등은 모두 유사가 들고서 당 아래에 있다. 이것이 의복과 같은 곳에 진설하지 않는다는 뜻이다. '작변복' 등이라 하여 '복'자 앞에 '작변'을 붙여 말한 것은 작변으로 그 복장의 명칭을 삼은 것이지 冠이나 弁도 방 안에 진설한다는 뜻은 아니다.

24_ 석례 : 저녁에 군주를 알현하는 것을 '夕禮'라고 한다.

25_ '잡색 치마'란 전상은 ~ 한다는 뜻이다 : 고대 예복의 치마는 앞에 두르는 前裳과 뒤에 두르는 後裳 두 조각으로 되어 있다. 이 전상은 하늘(天)을 상징하고 후상은 땅(地)을 상징하므로, 전상에는 하늘의 색인 검은색을 쓰고 후상에는 땅의 색인 누런색을 쓴 것이다.

26_ 현관으로 복장의 명칭을 ~ 때문이다 : 관을 쓸 때 현관을 쓰지 않고 치포관을 쓰기 때문에 '현관복'이라고 할 수 없다는 뜻이다.

27_ 규항 : '缺項'이 정확히 무엇을 의미하는가에 대해서는 정설이 없다. 정현과 호배휘의 설명에 따르면, '규항'은 치포관을 머리에 고정시키는 작용을 하는 치포관의 부속물이다. 치포관에는 관을 고정시키는 비녀(笄)가 따로 없고, 관을 묶을 수 있는 관끈(紘)도 없다. 이 때문에 규항으로 관을 고정시킨다. 규항의 네 귀퉁이마다 두 갈래로 된 작은 끈(縫)이 있어 치포관을 쓸 때 이 끈을 관의 테두리(武)에 묶어서 규항을 관과 연결한다. 또한 규항의 양 끝에 매듭을 하나씩 맺고, 이 매듭에 조그만 끈(纓)을 꿴다. 그리고 머리에 규항을 두른 후 끈(纓)을 목 뒤에서 턱 앞으로 오게 하여 묶어서 치포관을 머리에 고정시킨다.

28_ 검은색 끈목으로 만든 관끈 : '紘'은 비녀가 있는 관에 사용하는 한 가닥의 관끈이다. 한 끝을 비녀의 왼쪽에 여분이 없도록 바짝 묶고, 턱 아래로 내렸다가 다시 오른쪽으로 올려 비녀의 끝에 묶고, 남는 부분은 늘어뜨려 장식으로 삼는다.

29_ 그 관끈의 가장자리는 옅은 진홍색이다 : '紘'(관끈)은 일반 직물이 아닌 편직물로 짜서 쓰는데, 작변과 피변에 쓰는 것은 가운데가 검은색(緇)이고 양쪽 가장자리가 옅은 진홍색(纁)이라는 의미이다.

30_ '유규자변'(頍를 장식한 피변이여) : 『시경』「소아·규변」에 "頍를 장식한 피변이여, 이는 무엇을 하려고 썼는가?"(有頍者弁, 實維伊何?)라고 한 것에 대해 毛傳에서는 "'頍'는 弁의 모습이다. '弁'은 피변이다"(頍, 弁貌. 弁, 皮弁也)라고 하였고, 단옥재는 '頍'를 '머리를 들고 있는 모습'(擧頭貌)으로 해석하였다. 이에 따르면 '有頍者弁'은 '머리를 치켜들고 있는 듯한 피변이여'라는 뜻이 된다. 그러나 호배휘는 '頍의 형상이 卷幘에서 생겨났다'는 전제에서 '頍'는 별도의 물건이지 피변의 모습은 아니라고 하면서 三家詩에서는 '頍'를 '비녀가 없는 치포관'(䫏)으로 해석하였다고 보았다.(頍象生於卷幘, 則頍是一物, 非爲弁貌. 蓋注『禮』多用『三家詩』, 『三家詩』或釋頍爲䫏也) 『의례정의』, 46쪽, 참조.

31_ 치포관에는 비녀가 없으니 : 경문에서 피변과 작변에 대해서는 비녀를 언급하였는데 치포관에 대해서는 비녀를 언급하지 않았기 때문에 '비녀가 없다'(無笄)고 한 것이다.

32_ 권책 : 한대에 쓰던 두건을 말한다. 베나 비단 등으로 머리의 가장자리를 두른다.

33_ 책량 : 머리를 싸매는 두건을 말한다.

34_ '비녀'는 오늘날의 잠簪이다 : '笄'(비녀)는 용도에 따라 두 가지로 나뉜다. 하나는 두발을 안정시키는 것이고 다른 하나는 관을 고정시키는 것이다. [특생궤사례15 : 經一50]에 대한 가공언의 소에 "(경문의) '笄'는 머리를 안정시키는 비녀이지, 관을 고정시키는 비녀가 아니다. 관을 고정시키는 비녀는 남자에게만 있고, 부인에게는 없다. 머리를 안정시키는 비녀는 남자와 부인 모두에게 있다"('笄', 安發之笄, 非冠冕之笄. 冠冕之笄, 男子有, 婦人無. 若安發之笄, 男子婦人俱有)고 하였다. '笄'는 주대의 일반적인 칭위였는데, 진한 이후에는 그것을 '簪'으로 개칭하였다.

35_ 비녀가 있는 관 : 이곳에서는 피변이나 작변을 말한다.

36_ 한 가닥의 끈을 ~ 장식으로 삼는다 : '紘'(관끈)은 처음 왼쪽 비녀에 맬 때는 고리를 남기지 않고 풀리지 않게 바짝 옹쳐 매고 또 아래로 늘어뜨리는 장식이 없이 묶는다. 옹쳐 매는 이유는 이쪽 끈은 한 번 묶으면 다시 풀지 않기 때문이다. 그 다음 턱 아래로 내렸다가 다시 위로 올려 오른쪽 비녀에 매는데 이때는 고리가 생기도록(屈) 묶고, 묶고 난 나머지를 아래로 늘어뜨려 이것으로 장식을 삼는다. 고리를 만드는 이유는 관을 쓰고 벗을 때 왼쪽에 맨 매듭이 아닌 오른쪽 매듭을 묶었다 풀었다 하기 때문에 묶고 풀기에 편리하도록 하기 위한 것이다.(『주례』「하관·변사」, "玉笄, 朱紘"에 대한 정현 주, "紘一條, 屬兩端於武" 및 가공언의 소, "以一條繩先屬一頭於左旁笄上, 以一頭繞於頤下, 至句上, 於右相笄上繞之. 是以鄭注「士冠禮」云, '有笄者, 屈組以爲紘, 垂爲飾. 無笄者, 纓而結其條.' 彼有笄, 据皮弁·爵弁. 此五冕皆有笄, 與彼同. 此言屬於武者, 据笄貫武, 故以武言之, 其實在笄" ; 「사관례」, '卒紘'에 대한 가공언의 소, "伸屬之左相, 繫定右相, 糸+屈繫, 擬解時易, 爲繫屬之也" 참조) ○ 紘을 매는 법은 위에 말한 것이 일반적으로, 명대의 제도에도 이와 같은 방법으로 규정된다. 그러나 이와 다른 견해도 있다. 즉 공영달은 『예기』「예기」에서 "굉을 아래에서 구부려서 위로 올려 양 옆에 잇고 나머지를 늘어뜨려 장식(纓)으로 삼는다"([紘]以其組從下屈而上, 屬之於兩旁, 垂餘爲纓)고 하였다. 끈 한 가닥을 아래에서 양쪽 옆으로 올린다는 뜻이다. 청대 황이주가 『예서통고』에서 그린 紘이 이를 표현한 것으로 보인다. 122쪽 그림 참조.

37_ 비녀가 없는 관 : 이곳에서는 치포관을 말한다.

38_ 영 : '纓'에는 두 가지 의미가 있다. 하나는 두 가닥의 끈으로, 冠의 양쪽 옆에서 내려 턱 아래에서 묶는다. 비녀가 있는 관 즉 冕, 弁, 玄冠 등에는 관끈으로 '紘'을 사용하고, 비녀가 없는 緇布冠에는 '纓'을 사용한다. 비녀가 있으면 관을 머리에 고정하는 역할을 비녀가 하므로 관끈은 장식의 역할만을 하게 된다. 따라서 한 가닥으로 된 '紘'을 사용한다. 그러나 비녀가 없으면 끈이 관을 고정하는 역할을 해야 하므로 두 가닥을 써서 양쪽에서 내려 턱 아래에 단단히 묶어 맨다. 다른 의미는 紘을 오른쪽 비녀에 묶고 늘어뜨린 장식을 말한다. 『예기』「예기」에서 공영달이 "굉을 아래에서 구부려서 위로 올려 양 옆에 잇고 나머지를 늘어뜨려 장식(纓)으로 삼는다"([紘]以其組從下屈而上, 屬之於兩旁, 垂餘爲纓)"라고 한 것이 이를 말한다. 본문에서는 전자의 의미이다.

39_ 영을 쓰는데, 그 양쪽 가닥을 묶는다 : 두 가닥의 끈을 양쪽에서 내려 턱 아래에서 묶는다는 뜻이다.

40_ '훈변'은 ~ 한다는 뜻이다 : 가공언은 "'훈변'은 끈의 가장자리를 적색으로 한다는

뜻이다'라고 한 것은 '纁'은 세 번 염색하여 얻는 붉은색이고, 또 '邊'이라 한 것은 가장자리가 적색이라는 뜻이다. 그렇다면 검은색으로 가운데를 하고 붉은색으로 가장자리를 하여 그것을 짜는 것이다"(云'纁邊, 組側赤也'者, 纁是三入之赤色, 又云邊, 則於邊側赤也. 若然, 以緇爲中, 以纁爲邊側, 而織之也)라고 하였다. 따라서 붉은색으로 가장자리에 단을 대는 것이 아니라 본래 짤 때(織) 양쪽 가장자리가 붉은색이 되게 함을 알 수 있다.

41_ 장방형의 상자를 '협'이라고 한다 : 정현 주에서 '隨'는 '隋'와 통하는 글자로서 네모지고 길다(方而長)는 뜻이므로, '隨方'은 곧 장방형을 가리킨다.

42_ 屈組爲紘 : 『주례』「하관·변사」 가공언의 소에서 「사관례」를 인용하여 "屈組以爲紘"이라 하였다.

43_ '단'은 둥근 대광주리이다 : 『예기』「곡례상」에 대한 정현 주에 "'簞笥'는 밥을 담는 대광주리로, 둥근 것을 '簞'이라고 하고, 네모난 것을 '笥'라고 한다"(簞笥, 盛飯食者, 圜曰簞, 方曰笥)고 하였다.

44_ 부들자리 두 장을 : 한 장은 아들에게 관을 씌워 줄 때 사용하고, 다른 한 장은 아들에게 醴禮를 행할 때에 사용한다.

45_ 남쪽에 놓는다 : 북쪽에서 남쪽으로 服(복장) → 篋(장방형의 상자) → 簞(둥근 대광주리) → 筵(부들자리)의 순서로 두기 때문에 '筵'을 가장 남쪽에 두게 된다. 『의례정의』, 48쪽.

46_ 연 : '筵'은 대나무나 부들 등으로 엮어서 만든 자리를 말한다. '筵'은 땅에 까는 자리이고, '席'은 筵 위에 덧까는 자리이다. [공사대부례09 : 記一06]에 "검은 베로 가선 장식을 한 길이 1장 6척의 蒲筵(부들자리)을 깔고, 그 위에 검은 비단으로 가선 장식을 한 길이 8척의 萑席(가는 갈대자리)을 덧깐다"(蒲筵常, 緇布純, 加萑席尋, 玄帛純)고 하였다. '筵'은 길이가 1장 6척이고 '席'은 길이가 8척이므로 '筵'은 '席'보다 길다. 그러나 때때로 '筵'과 '席' 두 글자는 통용되기도 한다. 『주례』「춘관·종백」의 정현 주에 "'筵'은 또한 자리이다. 펼쳐 까는 것을 '筵'이라 하고, 그 위에 덧까는 것을 '席'이라 한다. 그러나 나누어서 말하면 筵과 席은 서로 통용된다"(筵亦席也. 鋪陳曰'筵', 藉之曰'席.' 然其散言之, 筵·席通矣)고 하였다. 이에 따르면 자리는 겹으로 포개어 까는데, 밑에 까는 자리를 '筵'이라 하고, 그 위에 덧까는 자리를 '席'이라고 하지만, 동시에 '筵'과 '席' 두 글자는 통용되기도 한다. 가공언은 '筵'과 '席'은 구체적 기물이 아니라 까는 순서에 따른 명칭으로 본다. 가공언은 "먼저 까는 것

을 모두 '筵'이라고 하고, 후에 덧까는 것을 '席'이라고 한다. 가령 한 장의 席이 땅에 깔려 있으면 그것을 또한 '筵'이라고도 한다"(先設者皆言'筵', 後加者爲席. 假令一席在地, 或亦云'筵')고 하였다. 호배휘에 의하면 '筵'은 '처음 땅에 펼쳐 놓는 자리'를 가리키기도 하지만, 아래 [經―48]의 '筵于東序'(당 위 동쪽 벽에 자리를 펼쳐 놓는다)처럼 '자리를 펼쳐 놓는 행위'도 '筵'이라 한다.(蓋初鋪在地一重爲筵, 其上重卽謂之席, 義取相承藉也. 又布席亦謂之筵, 詳下文'筵于東序'下) 즉 '筵'에는 명사와 동사 두 가지 용법이 있다. 『삼례사전』, 935쪽 및 『의례정의』, 48쪽 참조.

47_ 예주 : '醴'는 즙과 앙금이 뒤섞여 있는 탁한 술로서, 누룩이 적고 곡물이 많이 들어간 술이다. 『주례』「천관·주정」에서 泛齊·醴齊·盎齊·醍齊·沈齊를 '五齊'라고 하였는데, 정현은 "醴은 體와 같다. 빚고 나서도 즙과 앙금이 서로 뒤엉켜 있다. 오늘날의 恬酒와 같다"(醴猶體也, 成而汁滓相將, 如今恬酒矣)라고 하였다. 예를 행할 때에는 모두 이 술을 사용하는데, 입으로 맛을 보기만 하고 마시지는 않는다. '예주'(醴)는 그 맛이 약간 달며, 하루 동안 숙성시켜 만들기 때문에 鷄鳴酒 혹은 一宿酒라고도 한다.

48_ 질그릇 술동이 : '甒'는 예주를 담는 질그릇으로 된 술동이로 '瓦大', '瓦甒'라고도 한다. 송대 섭숭의의 『삼례도』에 인용된 『舊圖』에 따르면 醴甒는 질그릇으로 만드는데 용량이 5두이며, 입구의 직경이 1척, 목 부분의 높이는 2촌이며, 아랫부분이 좁고 밑바닥은 평평하다.

49_ 대광주리 : '篚'는 대나무로 만든 장방형의 광주리인데 덮개가 있다. 송대 섭숭의의 『삼례도』에 인용된 『舊圖』에 따르면 '篚'는 대나무로 만드는데, 길이가 3척, 너비가 1척, 깊이가 6촌, 다리의 높이는 3촌이다. '篚'(대광주리)에는 당 위에 진설하는 上篚(內篚)와 당 아래에 진설하는 下篚가 있다. 「연례」와 「대사의」에 의하면 군주와 신하는 篚를 달리하는데, 경문에서 단지 '篚'라고 했을 경우에는 신하의 대광주리를 가리키고, '膳篚'라고 한 경우에는 군주의 대광주리를 가리킨다. [연례06 : 經―04]의 정현 주에 "'膳篚'는 군주의 술잔을 넣어 두는 대광주리이다"('膳篚'者, 君象觚所饌也)라고 하였다. 당 아래의 대광주리(下篚)는 항상 물받이 항아리(洗) 서쪽에 진설하고, 당 위의 대광주리(上篚)는 술동이의 남쪽에 진설하는데, 여기서는 대광주리를 방 안에 진설하기 때문에 술동이의 북쪽에 놓는 것이다. 당 아래의 대광주리를 술동이 근처에 진설하는 것은 술잔을 꺼내어 씻기 편리하도록 하기 위함이고, 당 위의 대광주리를 술동이 근처에 진설하는 것은 술잔을 꺼내어 술을 따르기 편리하도록 하기 위함이다.

50_ 술 국자 : '勺'은 술을 뜨는 조그만 국자를 말한다. 용량은 1승이다. 나무로 만든 것

과 청동으로 만든 것이 있다. 『예기』「명당위」에 "그 술 국자로 하후씨는 龍勺을 사용하고, 은나라는 疏勺을 사용하고, 주나라는 蒲勺을 사용하였다"(其勺, 夏后氏以龍勺, 殷以疏勺, 周以蒲勺)라고 하였다. 정현의 주에는 "'龍勺'은 술 국자의 머리에 용의 문양을 새겨 넣은 것이다. '疏勺'은 그 머리를 통째로 새긴다는 뜻이다. '蒲'는 부들을 합쳐 놓은 문양을 새겨 넣은 것인데 마치 오리머리처럼 생겼다"('龍', 龍頭也. '疏', 通刻其頭. '蒲', 合蒲如梟頭也)라고 하였다.

51_ 술잔 : '觶'는 나무나 청동으로 만든 술잔으로 용량은 3승이다.

52_ 뿔 숟가락 : '角柶'는 본래 예주를 뜨는 용도로 만든 것인데 형태가 匙(숟가락)와 비슷하다. 술 뜨는 것 이외에 喪事에도 사용하는데, 含玉·飯含할 때에 이빨을 떠받치는 용도로 사용된다.

53_ 말린 고기를 담은 ~ 나무제기 : '脯'는 얇게 썰어서 양념하여 말린 고기, '醢'는 육류나 어류 등으로 만든 젓갈을 가리킨다. 脯와 醢는 籩과 豆에 나누어 담아 놓기 때문에 『의례』 안에서 '脯醢'라고 하면 그것을 담은 '籩豆'를 지칭하기도 하고, 반대로 '籩豆'라고 하면 그 안에 담겨 있는 '脯醢'를 지칭하기도 한다. ○ '籩'은 마른 음식을 담아 놓는 그릇으로 대나무로 만든다. 『주례』「천관·변인」의 정현 주에 籩은 대나무로 만든다고 하였다.(竹曰籩) 그 용량은 4승이다. '豆'는 채소절임이나 젓갈 등 젖은 음식을 담는 그릇으로, 나무나 질그릇 등으로 만든다. 『주례』 및 『예기』의 정현 주에 '豆'는 나무로 만드는데, 용량은 4승이며 입구는 둥글고, 직경은 1척 2촌에 덮개가 있다고 하였다. '豆'는 豆, 籩, 登의 총명이기도 하다. 豆의 중앙부분을 '校'라고 하고 그 바닥부분을 '鐙'이라고 한다. 학의행의 『이아의소』에 따르면 籩과 豆는 같은 종류의 그릇으로 단독으로 사용되지 않기 때문에 '豆'라고만 말했을 경우 '籩'을 포함한다. 『삼례사전』, 1289쪽의 '籩' 항목과 427쪽의 '豆' 항목 참조.

54_ 남쪽을 윗자리로 하여 놓는다 : 이상 기술한 질그릇 술동이(甒), 대광주리(篚), 대나무제기(籩), 나무제기(豆) 등은 모두 옷(服)의 북쪽에 진설하는데, 이것들도 존비의 차이를 구분하여 존귀한 것을 남쪽에 배치한다.

55_ '측'은 단독이라는 뜻이다 : 가공언은 예제의 통례에서 '側'의 글자에는 2가지 용법이 있는데, 첫째는 '짝이 없이 단지 하나'의 뜻으로 여기 경문의 '側尊'과 [사혼례02 : 經-14]의 '側尊', [사혼례02 : 經-77]의 '側載', [빙례08 : 經-126]의 '側襲'이 이러한 용법이며, 둘째는 '곁'(旁側)의 뜻으로 [빙례08 : 經-147]의 '側受几'가 이에 해당된다고 하였다. 그러나 장혜언은 [빙례08 : 經-147]에서의 '側'도 '짝이 없다는 뜻'(無偶)이라고 하였고, 호배휘도 『의례』에 보이는 모든 '側'자는 '단독'(特)의 뜻으로 해

석해야 한다고 하였다. 『의례주소』, 30쪽, 가공언의 소 및 『의례정의』, 49쪽 참조.

56_ 술을 진설하는 것을 '전'이라고 한다 : '尊'에는 명사로서 '술동이'의 뜻과 동사로서 '진설한다'의 뜻 두 가지 용법이 있는데, 이곳은 후자의 용법이다. 『의례정의』, 49쪽.

57_ 한 통만을 ~ 술동이가 없다 : 술을 진설할 때는 대부분 2통의 술동이를 사용한다. 한 통에는 물(玄酒, 明水)을 넣고 다른 한 통에는 술을 넣는다. 이 경문에서는 물을 넣은 술동이를 진설하지 않고 단지 예주를 넣은 술통이 한 통만을 진설하기 때문에 '側'(단독)이라고 했다는 뜻이다. 상고시대에는 술이 없어 각종 예제 의식에 물로 술을 대신하였는데, 그 물이 검은빛을 띠었기 때문에 '玄酒'라고 하였다. 후대에 술이 등장한 이후에도 물을 넣은 술동이를 함께 진설하였는데, 이는 근본을 잊지 않음을 보이는 뜻이다. 『예기』 「옥조」에서 "술동이는 반드시 물을 숭상한다"(凡尊必尙玄酒)고 한 것이 이에 해당된다. 『의례정의』, 49쪽 참조.

58_ '비'는 ~ 것이다 : '笭'은 '軨'과 통하는 글자로, 대자리로 車箱의 앞뒤와 좌우에 교차시켜 가린 낮은 울타리 장식을 말한다. 섭숭의의 『삼례도』에 인용된 『舊圖』에는 "'篚'는 오늘날의 小車笭과 같다"고 하였다. 小車는 安車를 가리키는데, 한 마리 말이 끄는 작은 수레로 앉아서 탄다. 허신의 『설문』에서도 '篚'를 車笭으로 해석하였다. 이에 대한 단옥재의 『설문해자주』에는 "『이아』 「석기」에 '수레 앞을 대자리로 덮은 것을 禦(수레 앞 대자리 덮개)라고 하고, 수레 뒤를 대자리로 덮은 것을 蔽(수레 뒤 대자리 덮개)라고 한다'고 하였는데, 대자리로 수레의 앞뒤를 가린다는 것은 허신이 말하는 車笭이다. '笭'은 격자창(櫺)이라는 뜻이다"(「釋器」云, '竹前謂之禦, 後謂之蔽', 竹前竹後, 許所謂車笭也. 笭之言櫺也)라고 하였다. 이렇게 본다면 '篚'는 거칠고 조밀하지 못한 대나무 그릇임을 알 수 있다. 이 때문에 정현이 '笭과 같다'고 해석한 것이다. 『의례정의』, 50쪽 참조.

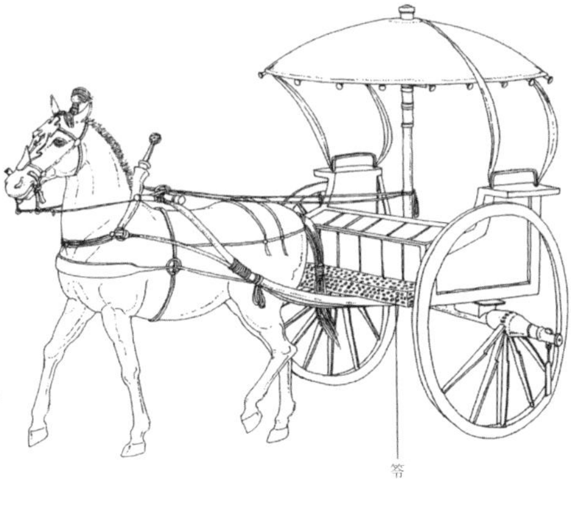

령笭

아베 유키노부, 「後漢車制考」, 『史艸』 47, 2006, 60쪽

59_ 3승 용량의 술잔을 '치'라고 한다 : 1승 용량의 술잔을 '爵', 2승 용량의 술잔을 '觚', 3승 용량의 술잔을 '觶', 4승 용량의 술잔을 '角', 5승 용량의 술잔을 '散'이라고 한다.

60_ 비 : '匕'에는 세발솥(鼎)에서 희생고기를 건져낼 때 사용하는 '牲匕'와 음식이나 술을 뜨는 '飯匕'가 있다. 그 형상은 서로 비슷한데, '생비'가 비교적 크다. '匕'는 맷대추나무나 뽕나무로 만들며, 길이는 3척 혹은 5척이다.

61_ '사'는 모양이 ~ 위한 것이다 : [사상례12 : 經－113]에서는 나무로 만든 숟가락(木柶)을 사용한다고 했는데, 여기서 뿔로 만든 숟가락(角柶)을 사용한다고 한 것은 길례는 상례와 반대되기 때문이다.

62_ 升 : 청대 김일추의 『의례경주소정와』에는 "'斗'가 오늘날의 여러 판본에는 모두 '升'으로 잘못되어 있다. 가공언의 소에는 '「소뢰궤사례」에 罍枓는 물을 뜨는 기구이고, 「사관례」에서 尊枓는 술을 뜨는 것이다'라고 하였다. 이 경문의 정현 주에 '升'은 본래 '斗'였는데, 북위 이래 글자에 別體가 많아져서 '升'과 '斗'의 글자가 거의 변별되지 않았다. 그러므로 이러한 잘못이 생겨난 것이다"라고 하였고, 호배휘의 『의례정의』에도 '斗'로 되어 있다. 이에 따라 번역한다.

63_ 별도의 상자 : '匴'은 관례에서 관을 넣어 두는 대나무 상자를 말한다.

64_ 당 위 서쪽 모서리에 있는 흙 받침대 : '坫'은 당 위 동·서 양쪽 모서리에 흙을 쌓아 올려서 만든 臺로서 이곳에 술잔이나 물건을 놓아둔다. 당 위 동쪽 모서리에 있는 것을 '東坫', 서쪽 모서리에 있는 것을 '西坫'이라고 한다.

65_ '작변爵弁'은 제도가 ~ 뿐이다 : '冕'은 관 가운데 가장 존귀한 것이다. 그 이름은 형태에서 비롯되었다. 면관은 크게 머리를 둘러싸는 부분(冠卷)인 '武'와 그 위에 덮는 '延'(綖)이라 부르는 板으로 구성되는데, '武'는 앞이 낮고 뒤가 높아 그 위에 관을 얹으면 그 판이 앞으로 숙여진다. 이렇게 숙인(俛) 형상 때문에 '冕'이라 하였다. '武'와 '延'은 나무로 만들고 그 위를 직물로 감싸는데 상고시대에는 30승 麻布를 썼고, 중고시대 이후에는 비단을 사용하였다. 색은 겉은 검은색(玄), 안은 붉은색(朱 혹은 纁)이다. 武와 延 외에 면관을 구성하는 것으로 旒, 充耳, 衡, 紐, 笄, 紘 등이 있다. '旒'는 면판의 앞뒤 혹은 앞에 늘어뜨리는 것으로, 이 旒는 다른 冠과 구별되는 면관만의 특징이다. 이 때문에 면관을 '면류관'이라고도 부른다. 旒는 藻(繅)라 부르는 오채색의 비단실로 짠 끈에 옥을 꿴 것인데, 이 때문에 旒를 '玉藻'라고도 부른다. 끈에 옥을 꿸 때는 옥이 끈에서 벗어나지 않도록, 또 옥과 옥끼리 겹치지 않도록 1촌 간격으로 매듭을 맺는데 이 매듭을 就(帀)라 한다. '充耳'는 면관

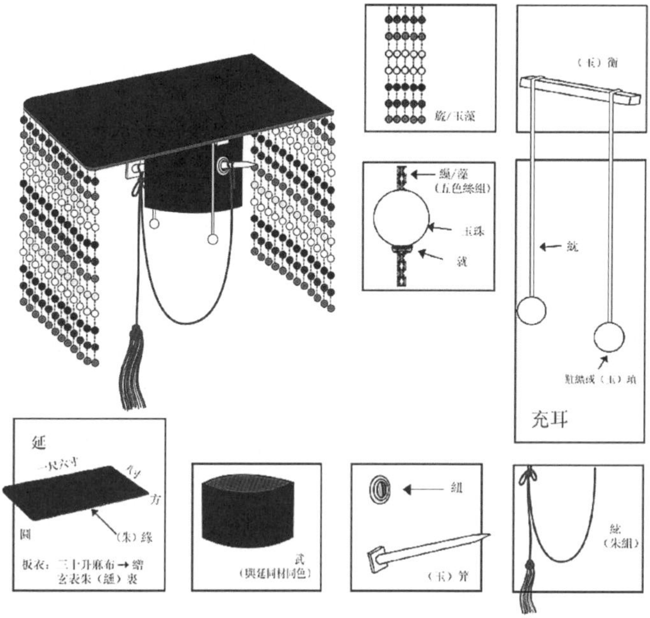

주대 천자십이류면관周代 天子十二旒冕冠

최규순, 『중국역대제왕면복연구』

의 양쪽 옆에 늘어뜨려 귓가에 이르게 하는 것이다. 紞이라 부르는 누런 끈과 그 끝에 매단 둥근 귀막이로 구성된다. 귀막이는 본래 황색 새솜(黈纊)으로 만들었으나, 후대에는 玉 등을 사용하였다. '衡'은 옥으로 만들고, 武와 延을 결합시키는 역할을 한다. 衡의 양쪽 끝에 충이를 매단다. '紐'는 두 가지 견해가 있다. 하나는 武의 양쪽 옆에 笄가 관통할 수 있도록 뚫은 구멍의 가장자리가 미어지지 않도록 장식한 것으로 본다. 다른 하나는 延의 양 옆에 연결하여 아래로 늘어뜨린 것으로, 그 끝을 가운데가 비도록 둥글게 하여 笄가 관통하도록 한 것이라 한다. 글자 '紐'로 보아서는 후자가 합당할 것으로 보이나 한대 이후 제도로 정착된 것은 전자이다. 笄는 武의 양쪽 옆에 구멍을 내어 꿰는데, 武 안에서 상투를 함께 꿰어 면관을 머리에 고정시킨다. '紘'은 비녀에 묶는 관끈이다(紘에 관해서는 앞에 설명됨). 이상 면관의 형태는 최규순, 『중국역대제왕면복연구』 그림 참조. 이 면관은 작변에서 유래한 것이므로 양자는 형태가 유사하다. 다만 작변은 旒가 없고, 형태가 앞으로 숙여지지 않는다는 점에서 면류관과 차이가 난다. 본문에서 작변에 繅가 없다는 것은 旒가 없음을 의미한다.

66_ 왕의 피변은 ~ 옥으로 만든 비녀를 사용한다 : 정현은 이 『주례』「하관·변사」의 경문에 대해서 "'會'는 솔기(縫中)라는 뜻이다. '璂'는 '薄借綦'라고 할 때의 '綦'의 뜻으로 읽는다. '綦'는 맺는다(結)는 뜻이다. 피변의 매 솔기마다 다섯 가지 색깔의 옥 12개를 꿰어 장식을 하는데, 그것을 '綦'라고 한다. … '邸'는 밑장식(下柢)이라는 뜻이다. 상아로 그것을 만든다"('會', 縫中也. '璂'讀如'薄借綦'之'綦.' '綦', 結也. 皮弁之縫中, 每貫結五采玉十二以爲飾, 謂之'綦.'『詩』云'會弁如星', 又曰'其弁伊綦', 是也. '邸', 下柢也, 以象骨爲之)고 하였다.

67_ 그렇다면 사의 피변에는 ~ 없는 것이다 : 상아로 만드는 밑장식이 없다는 뜻이다: 『주례』「하관·변사」에 대한 정현 주에는 "'邸'는 아래의 틀이다. 상아로 그것을 만든다"('邸', 下柢也. 以象骨爲之)라고 하였고, 가공언의 소에는 "피변 안의 정수리에 상아로 틀을 만든다"(弁內頂上, 以象骨爲柢)라고 하였다. 따라서 '邸'(柢 : 밑장식)는 피변의 틀을 말하는 것으로 보인다.

68_ 諸侯及孤·卿·大夫之冕·皮弁, 各以其等爲之 : 『주례』「하관·변사」에서 원문은 "諸侯及孤·卿·大夫之冕·韋弁·皮弁·弁經, 各以其等爲之"이다.

「사녜묘士禰廟」

양톈위,『의례역주』

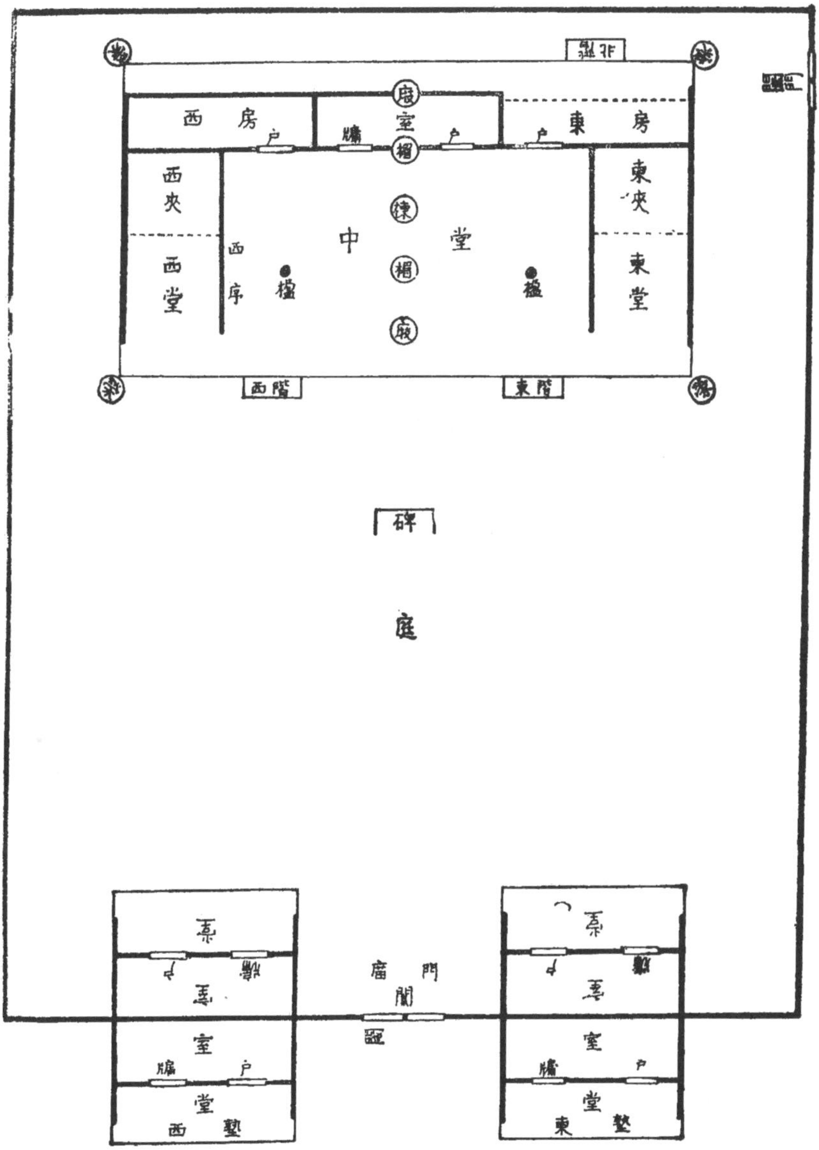

해제 經—36에서 經—39까지는 빈과 주인 및 주인의 형제 등이 옷을 입고 각자의 위치로 나아가는 절차이다.

[士冠禮01 : 經—36]

주인은 현단玄端을 입고 검붉은 무릎가리개(爵韠)[1]를 착용하고, 조계阼階[2] 아래에서 당 위 동쪽 벽(東序)[3]을 마주하면서 서쪽을 향해 선다.

主人玄端爵韠, 立于阼階下, 直東序, 西面.

정현주 '현단'은 사士가 묘에 들어갈 때 입는 복장이다.[4] '조阼'는 '작酢'(보답으로 술잔을 올림)의 뜻과 같다. 동쪽 계단은 빈객에게 답례로 술잔을 올리기 위한 곳이다.[5] 당의 동쪽과 서쪽의 벽을 '서序'라고 한다. '玄端', 士入廟之服也. '阼'猶酢也. 東階, 所以答酢賓客也. 堂東西牆謂之序.

[士冠禮01 : 經—37]

주인의 형제들은 모두 웃옷과 치마를 똑같이 검은색으로 하여 입고 허리띠와 무릎가리개를 착용하고서 물받이 항아리(洗)의 동쪽에 서 서쪽을 향해 서는데, 북쪽을 윗자리로 삼는다.

兄弟畢袗玄, 立于洗東西面, 北上.

정현주 '형제兄弟'는 주인의 친척을 가리킨다. '필畢'은 모두(盡)라는 뜻과 같다. '균袗'은 같다(同)는 뜻이다. '현玄'은 검은 웃옷과 검은 치마를 가리킨다. 검은색의 허리띠와 무릎가리개를 착용한다. 주인의 형제들이 물받이 항아리의 동쪽에 위치하는 것은 주인보다 물러나는 것이고, 검붉은 무릎가리개(爵韠)를 착용하지 않는 것은 주인보다 낮추는 것이다. 고문본에는 '袗'이 '均'으로 되어 있다. '兄弟', 主人親戚也. '畢'猶'盡'也. '袗', 同也. '玄'者, 玄衣·玄裳也. 緇帶·韠. 位在洗東, 退於主人, 不爵韠者, 降於主人也. 古文'袗'爲'均'也.

[士冠禮01 : 經－38]

빈자擯者(예의 진행을 돕는 주인 쪽의 사람)는 현단玄端을 입고 묘문 안의 동쪽 당을 등지고 선다.

擯者玄端, 負東塾.

정현주 '동숙東塾'은 묘문 안의 동쪽 당인데, 그것을 등지고 북쪽을 향하는 것이다.[6] '東塾', 門內東堂, 負之北面.

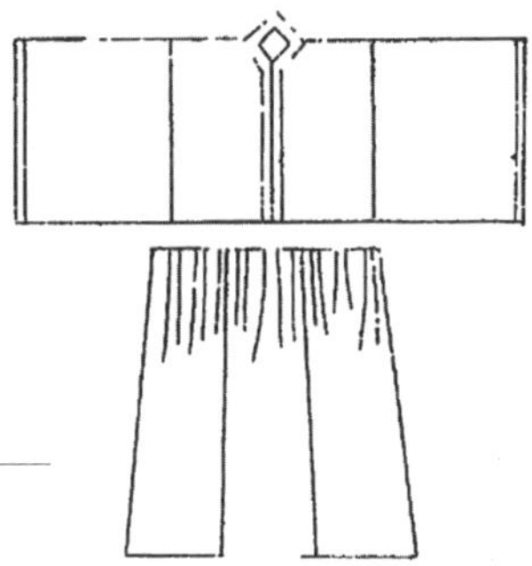

현단玄端

(淸), 『흠정의례의소』

[士冠禮01 : 經－39]

장차 관을 쓸 사람은 채의采衣[7]를 입고, 머리를 땋아 묶어 상투를 틀고(紒)[8] 방 안에서 남쪽을 향해 선다.

將冠者釆衣, 紒, 在房中, 南面.

정현주 '채의'는 아직 관례를 치르지 않은 미성년자가 입는 옷이다. 『예기』「옥조」에 "동자(미성년자)의 예절에서는 검은 베로 만든 웃옷에 화려한 무늬 비단(錦)으로 가선을 두르고, 허리띠(紳) 및 허리띠의 묶음부분을 고정하는 끈(紐約)을 화려한 무늬 비단으로 만들며,[9] 화려한 무늬 비단으로 머리카락을 묶는데, 이때 모두 붉은색의 비단을 사용한다"고 하였다. '계紒'는 머리를 묶는다는 뜻이다. 고문본에는 '紒'가 '結'로 되어 있다. '釆衣', 未冠者所服. 「玉藻」曰, "童子之節也, 緇布衣, 錦緣, 錦紳, 并紐, 錦束髮, 皆朱錦也." '紒', 結髮. 古文'紒'爲'結'.

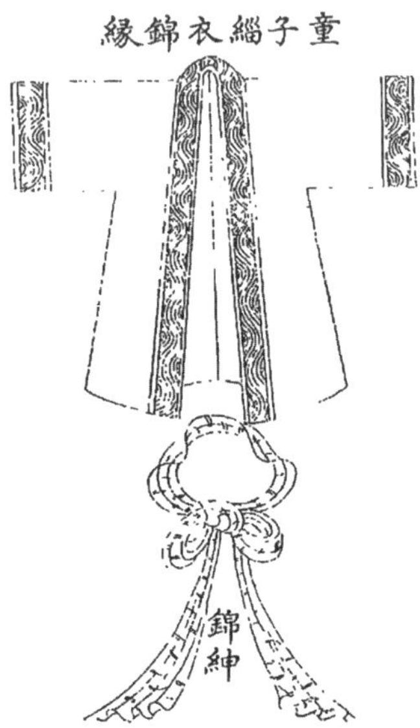

동자복(채의)
(淸), 『흠정의례의소』

주

1_ 검붉은 무릎가리개 : '爵韠'은 검붉은 가죽(爵韋)으로 만든 무릎가리개이다. '爵'은 붉은 색에 옅은 검은 빛이 감도는 색깔이다. 『주례』「고공기·종씨」에 "세 번 물들이면 '纁'(옅은 진홍색)이고, 다섯 번 물들이면 '緅'(검붉은 색)이고, 일곱 번 물들이면 '緇'(짙은 검은색)이다"라고 한 것에 대해 정현은 "'纁'은 세 번 물들여 완성하는데, 또다시 흑색으로 두 번 물들이면 '緅'가 된다. 오늘날 예속의 문장에서는 '爵'으로 쓰는데, 참새 머리의 색깔과 같음을 뜻한다"라고 하였다. 『삼례사전』, 1160쪽 참조.

2_ 조계 : '阼階'는 주인이 오르고 내리는 계단으로서 '東階'라고도 한다. 『예기』「곡례상」에 "주인은 문 안으로 들어가 오른쪽으로 나아가고, 빈객은 문 안으로 들어가 왼쪽으로 나아간다. 주인은 동쪽 계단으로 나아가고, 빈객은 서쪽 계단으로 나아간다"(主人入門而右, 客入門而左, 主人就東階, 客就西階)고 하였다. 또 "동쪽 계단을 오를 때에는 오른쪽 발을 먼저 내딛고, 서쪽 계단을 오를 때에는 왼쪽 발을 먼저 내딛는다"(上於東階, 則先右足, 上於西階, 則先左足)고 하였다.

3_ 당 위 동쪽 벽 : 당상에는 東堂과 西堂을 가로막는 각각의 벽이 있는데, 이를 '序'라고 한다. 동쪽에 있는 것이 '東序'이다.

4_ '현단'은 ~ 복장이다 : 특생례에서 士는 제복으로서 현단을 입는다. 이곳에서도 묘에서 士로서 관례를 행하는 것이기 때문에 제사 지낼 때와 마찬가지의 복장을 한다. 이 때문에 '사가 묘에 들어갈 때 입는 복장'이라고 한 것이다. 『의례주소』, 32쪽, 가공언의 소 참조.

5_ '조'는 '작'의 ~ 올리기 위한 곳이다 : '阼'는 주인의 계단으로, 동쪽에 있는 계단이다. 동쪽 계단을 '阼階'라고 하고 서쪽 계단을 '賓階'라고 하는데, 주인과 빈이 서로 보답으로 술잔을 올리는(酢) 의리가 있기 때문에 정현의 주에서 '酢'으로 해석한 것이다.

6_ 그것을 등지고 북쪽을 향하는 것이다 : 주인을 향한다는 뜻이다.

7_ 채의 : '采衣'는 관례를 치르지 않은 미성년자의 복장이다. 검은색 베로 만든 옷에 비단으로 가선을 둘러 문식을 한 것이다. 따라서 문식하였다는 의미로 '彩衣'라고도 한다.

8_ 머리를 땋아 묶어 상투를 틀고 : '紒'는 관례를 치르지 않은 미성년자의 머리 양식으로, 머리를 땋아 묶어서 상투를 트는 것을 말한다. 보통 양쪽 귀 뒤로 한 개씩의 머리 다발을 묶고 끈(總)으로 동여매어 장식하는데, 그 모습이 동물의 머리에 두 개의

뿔이 돋아나 있는 것처럼 보이기 때문에 '總角'이라고 한다.

9_ 허리띠의 ~ 만들며 : 가공언은 '錦紳幷紐'를 화려한 무늬 비단(錦)으로 허리띠(紳帶)를 하고, 아울러 그 허리띠를 얽어매는 紐에도 錦을 쓴다는 의미라고 말하였다. 『의례주소』, 34쪽 참조. 紳은 본래 허리띠(大帶)를 묶고 나서 아래로 늘어뜨린 부분만을 의미하는데, 후에 허리띠 전체를 가리키는 것으로 의미가 확대된다. 여기서의 '紳帶'는 허리띠 전체를 의미하는 것이다. '紐'는 본래 허리띠나 끈을 묶을 때 풀기 쉽게 하기 위해 남기는 '고'를 의미한다. 때로 허리띠의 묶음 부분을 고정하는 끈을 말하기도 하는데, 여기서도 이 의미로 쓰였다. 허리띠의 묶음을 고정하는 끈은 흔히 '紐約'이라 부른다.

「영빈설연迎賓設筵」

양톈위,『의례역주』

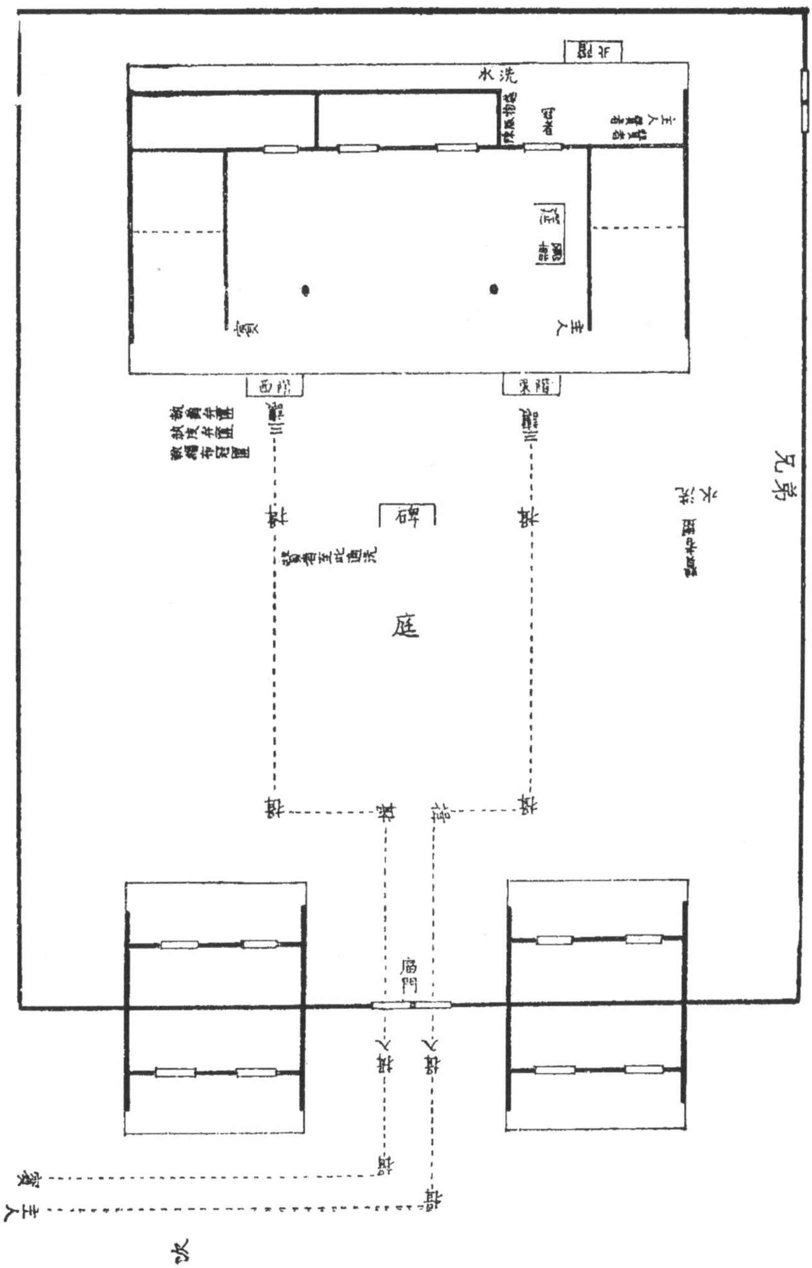

해제 經—40에서 經—47까지는 빈 및 빈의 찬자를 맞이하여 묘 안으로 들어가 각자의 위치로 나아가는 절차이다.

[士冠禮01 : 經—40]

빈은 주인과 동일한 복장을 하고, 빈의 찬자贊者[1]는 현단玄端을 입고 빈의 뒤를 따른다.[2] 두 사람은 주인의 집에 도착하면 대문 밖에 선다.

賓如主人服, 贊者玄端從之. 立于外門之外.

정현주

'외문外門'은 대문의 밖이다.[3] '外門', 大門外.

[士冠禮01 : 經—41]

빈자擯者(예의 진행을 돕는 주인 쪽의 사람)는 주인에게 빈이 도착하였음을 보고한다.

擯者告.

정현주

'고한다'(告)는 것은 대문 밖으로 나가서 빈에게 무슨 일로 왔는지 묻고, 들어가서 주인에게 빈이 도착하였음을 보고한다는 뜻이다.[4]

'告'者, 出請入告.

[士冠禮01 : 經－42]

주인은 대문의 왼쪽으로 나아가서 빈을 맞이하고, 서쪽을 향해 재배를 한다. 빈은 답배를 한다.

主人迎出門左, 西面再拜. 賓答拜.

정현주

'왼쪽'(左)은 동쪽을 뜻한다. 나갈 때에는 동쪽을 왼쪽으로 삼고, 들어올 때에는 동쪽을 오른쪽으로 삼는다.[5] '左', 東也, 出以東爲左, 入以東爲右.

[士冠禮01 : 經－43]

주인은 빈의 찬자에게는 읍만을 하고, 빈에게는 읍을 한 후 묘문 안으로 들어갈 것을 청하고, 그런 다음 먼저 묘문 안으로 들어가서 빈을 인도한다.

主人揖贊者, 與賓揖, 先入.

정현주

찬자는 신분이 낮기 때문에 읍을 할 뿐이다. 주인이 또다시 빈과 읍을 하고 먼저 들어가 빈을 인도하면,[6] 찬자는 빈의 뒤를 따른다. 贊者賤, 揖之而已. 又與賓揖, 先入道之, 贊者隨賓.

[士冠禮01 : 經－44]

주인은 꺾어지는 곳에 이를 때마다 빈과 서로 읍을 한다.

每曲揖.

정현주　주나라에서는 종묘를 왼쪽에 세웠는데,[7] 외문(대문) 안으로 들어가 동쪽으로 꺾어지려는 곳에서 읍을 하고, 묘문 앞에 이르러 북쪽으로 꺾어지려는 곳에서 또 읍을 한다.[8] 周左宗廟, 入外門, 將東曲, 揖, 直廟, 將北曲, 又揖.

[士冠禮01 : 經—45]

묘문 앞에 이르면, 주인은 빈과 또 서로 읍을 한 후 묘문 안으로 들어간다. 묘문 안으로 들어간 후 주인은 또다시 빈과 서로 세 차례 읍을 하고, 계단 앞에 이르렀을 때 주인은 빈과 서로 먼저 오르도록 세 차례 양보를 한다.

至于廟門, 揖入. 三揖, 至于階, 三讓.

정현주　묘문 안으로 들어간 후 오른쪽으로 꺾어지려는 곳에서 읍을 하고, 묘문 안에서 북쪽으로 꺾어지려는 곳에서 읍을 하고, 비碑[9]에 이르러 읍을 한다. 入門將右曲揖, 將北曲揖, 當碑揖.

[士冠禮01 : 經—46]

주인은 당 위로 올라가 당 위 동쪽 벽(東序)의 남쪽 끝에서 서쪽을 향해 서 있고, 빈은 당 위로 올라가 당 위 서쪽 벽(西序)의 남쪽 끝에서 동쪽을 향해 선다.[10]

主人升, 立于序端, 西面, 賓西序, 東面.

정현주 주인과 빈이 함께 당 위로 올라가 서로 마주하며 서 있는 것이다. 主人·賓俱升, 立相鄉.

[士冠禮01 : 經-47]

빈의 찬자는 물받이 항아리의 서쪽에서 손을 씻은 후 당 위로 올라가 방 안에서 서쪽을 향해 서는데, 남쪽을 윗자리로 삼는다.[11]

贊者盥于洗西, 升, 立于房中西面, 南上.

정현주 '물받이 항아리의 서쪽에서 손을 씻는다'고 한 것은 빈의 계단을 통해 올라가기 때문이다.[12] '방 안에서 서 있는 것'은 관례의 일을 거행하는 곳과 가깝기 때문이다. '남쪽을 윗자리로 삼는다'는 것은 빈의 찬자가 주인의 찬자보다 신분이 높기 때문이다.[13] 고문본에는 '盥'이 모두 '浣'으로 되어 있다. '盥於洗西', 由賓階升也. '立于房中', 近其事也. '南上', 尊於主人之贊者. 古文'盥'皆作'浣'.

주

1_ 빈의 찬자 : 「사관례」의 경문에서 '贊者'라고 한 경우, [經-78]의 '贊者皆與'(주인의 찬자들도 모두 술자리에 참여한다)를 제외하면 모두 '빈의 찬자'를 가리킨다. '주인의 찬자'를 가리키는 경우에는 '主人贊者'라고 밝혀 두었다. '찬자'는 관례의 진행을 돕는 사람을 말한다.

2_ 빈은 주인과 동일한 ~ 따른다 : 빈은 주인과 신분이 동등하기 때문에 똑같은 복장을 착용할 수 있다. 즉 빈은 주인과 마찬가지로 玄端(검은색 베로 만든 웃옷)을 입고 爵韠(검붉은 무릎가리개)을 착용한다. [經-36] 참조. 그러나 빈의 찬자는 주인보다 한 등급 낮은 신분이기 때문에 웃옷과 관은 똑같지만 그 치마는 주인과 달리한다. 따라서 주인과 같은 복장을 할 수 없기 때문에 구별하여 '현단'이라고 한 것이다. 『의례주소』, 34쪽, 가공언의 소 참조.

3_ '외문'은 대문의 밖이다 : 『예기』 「곡례」에 대한 공영달의 소에 "천자는 5문, 제후는 3문, 대부와 사는 2문이다"(天子五門, 諸侯三門, 大夫士二門)라고 하였는데, 2문은 大門과 寢門을 가리킨다. 대문은 침문에 대하여 外門이 된다. 이 때문에 '외문'을 '대문'이라고 해석한 것이다. 『의례정의』, 58쪽 및 본서 114쪽의 『흠정의례의소』 '陳服器及卽位迎賓圖' 그림 참조.

4_ '고한다'는 것은 ~ 보고한다는 뜻이다 : 호배휘는 정현의 주에서 '나가서 묻고 들어와서 고한다'(出請入告)고 한 것은 '대문 밖으로 나가서 빈에게 무슨 일로 왔는지 묻고, 들어와서 주인에게 고한다'(出請事於賓, 入告主人也)는 뜻으로 해석하고, 경문에서 단지 '빈자가 고한다'(擯者告)라고만 한 것은 생략된 문장으로 사실은 주인의 빈자가 대문 밖으로 나가서 빈에게 무슨 일로 왔는지 물어야 한다고 주장한다. 『의례정의』, 58쪽 참조.

5_ 나갈 때에는 ~ 삼는다 : 가공언에 따르면 이것은 주인이 동쪽에 있고 빈이 서쪽에 있는 것을 기준으로 말한 것으로, 문 밖으로 나아갈 경우에는 서쪽이 오른쪽이 되고 문 안으로 들어올 때에는 서쪽이 왼쪽이 된다. 일반적으로 주인은 阼階로 나아가고, 빈은 西階로 나아간다. 주인의 위치는 항상 동쪽에 있기 때문에 문 안으로 들어갈 때 오른쪽이 동쪽이 된다. 빈의 위치는 항상 서쪽에 있기 때문에 문 안으로 들어갈 때 왼쪽이 서쪽이 된다. 『의례주소』, 34쪽, 가공언의 소 참조.

6_ 주인이 또다시 ~ 인도하면 : 앞에서 주인은 빈에게 재배를 마쳤는데, 이제 다시 빈에게 읍을 한다는 뜻이다. 이는 주인이 먼저 들어가서 빈을 인도하고자 하기 때문이다.

7_ 주나라에서는 종묘를 왼쪽에 세웠는데 : 『예기』「제의」에 "나라의 신위를 세울 때에는 사직을 오른쪽으로 하고, 종묘를 왼쪽으로 한다"고 하였다. 『주례』「춘관·소종백」에도 "소종백은 나라의 신위를 세우는 일을 관장하는데, 사직을 오른쪽으로 하고, 종묘를 왼쪽으로 한다"고 하였다. 『예기』「제의」에 대해서 정현은 "주나라는 왼쪽을 숭상했기 때문"이라고 해석하였다. 은나라에서는 이와 반대로 종묘를 오른쪽에 세웠다. 『의례주소』, 34~35쪽, 가공언의 소 참조.

8_ 외문 안으로 ~ 읍을 한다 : 묘문은 외문(大門) 안의 동쪽에 있다. 외문 안으로 들어간 후에 꺾어서 동쪽으로 가는데, 이곳이 첫 번째 꺾어지는 곳이다. 묘문을 바라보면서 왼쪽으로 꺾어서 북쪽으로 가는데, 이곳이 두 번째 꺾어지는 곳이다. 그러므로 외문(대문) 안으로 들어가 동쪽으로 꺾어지려고 할 때 주인은 빈과 읍을 하고, 묘문 앞에 이르러 북쪽으로 꺾어지려고 할 때 주인은 빈과 또다시 읍을 한다. 이것이 '꺾어지는 곳에 이를 때마다 읍을 한다'(每曲揖)는 것이다. 『의례정의』, 62쪽, 채덕진의 설 참조.

9_ 비 : 당 아래에서 묘문에 이르는 곳을 '庭'(뜰)이라고 하는데, 이 '정'을 3등분하여 북쪽에 돌로 만든 '碑'를 설치한다. 이것으로 해그림자를 관측해서 시간을 계산하거나 희생을 매다는 데 이용한다. [聘禮08 : 經-232] 정현의 주에 "모든 궁에는 반드시 비가 있는데, 해그림자를 관측하고 음양을 알기 위한 것이다. 무릇 비는 물건을 끄는 것인데, 종묘에서는 희생을 묶어 두고 그 털과 피를 취한다"(宮必有碑, 所以識日景, 引陰陽也. 凡碑, 引物者, 宗廟則麗牲焉, 以取毛血)고 하였다. [사혼례02 : 經-06] 가공언의 소에는 "비는 당의 아래에 있다. 뜰 하나를 셋으로 나눌 때 그 북쪽에 있다"(碑在堂下, 三分庭一, 在北)고 하였다.

10_ 주인은 ~ 선다 : 강영은 "당 위 벽의 남쪽 끝을 '序端'이라 한다"(序之南頭曰'序端')고 하였다. 주인은 동쪽에 있으므로 이곳의 '序端'은 '東序의 남쪽 끝'을 가리킨다. 성세좌는 주인의 경우 '서단'이라 하여 '東'을 말하지 않았고, 빈의 경우 '西序'라고 하여 '端'을 말하지 않은 것은 互文이라고 하였다.(序端不言東, 西序不言端, 文互見也) 즉 성세좌에 따르면 경문의 완전한 문장은 '主人升, 立于東序端, 西面, 賓升, 立于西序端, 東面'이 된다. 『의례정의』, 65쪽 참조.

11_ 남쪽을 윗자리로 삼는다 : 주인의 찬자는 이미 방 안에 들어와 서쪽을 향하여 서 있고, 빈의 찬자는 이때 비로소 방 안으로 들어와서 서쪽을 향해 주인의 찬자 남쪽에 나란히 서는데, 빈의 찬자가 서 있는 남쪽의 위치를 윗자리로 삼는다. 정현이 "'남쪽을 윗자리로 삼는다'는 것은 빈의 찬자가 주인의 찬자보다 신분이 높기 때문이다"라고 설명한 것은 그러한 의미이다.

12_ 물받이 항아리의 서쪽에서 ~ 때문이다 : 「향음주례」에서 주인은 물받이 항아리(洗)의 북쪽에서 남쪽을 향하고, 빈은 물받이 항아리의 남쪽에서 북쪽을 향하여 서로 바라본다. 이는 주인은 안에서, 빈은 밖에서 왔기 때문이다. 이때 빈의 찬자도 따라오지만, 신분이 낮기 때문에 빈과 나란히 하지 못하고 물받이 항아리의 서쪽에서 있다가 빈의 계단을 통해 당 위로 올라간다. 『의례주소』, 35쪽, 가공언의 소 참조.

13_ '남쪽을 윗자리로 삼는다'는 것은 ~ 때문이다 : 빈의 찬자나 주인의 찬자나 모두 빈과 주인보다 한 등급 낮기 때문에 두 찬자의 신분은 동등하다. 그럼에도 '빈의 찬자가 주인의 찬자보다 신분이 높다'고 한 것은 단지 주인이 빈의 찬자를 공경하는 의미일 뿐이다. 또한 빈의 찬자는 한 명인데 '남쪽을 윗자리로 삼는다'고 한 것은 주인의 찬자와 나란히 서 있기 때문에 그 서열을 매긴 것이다. 주인의 찬자는 방 안에서 북쪽에 서고, 빈의 찬자는 방 안에서 남쪽에 선다. 『의례주소』, 36~37쪽, 가공언의 소 및 『흠정의례의소』의 '陳服器及卽位迎賓圖' 참조.

「시가始加」

장혜언(淸),『의례도』

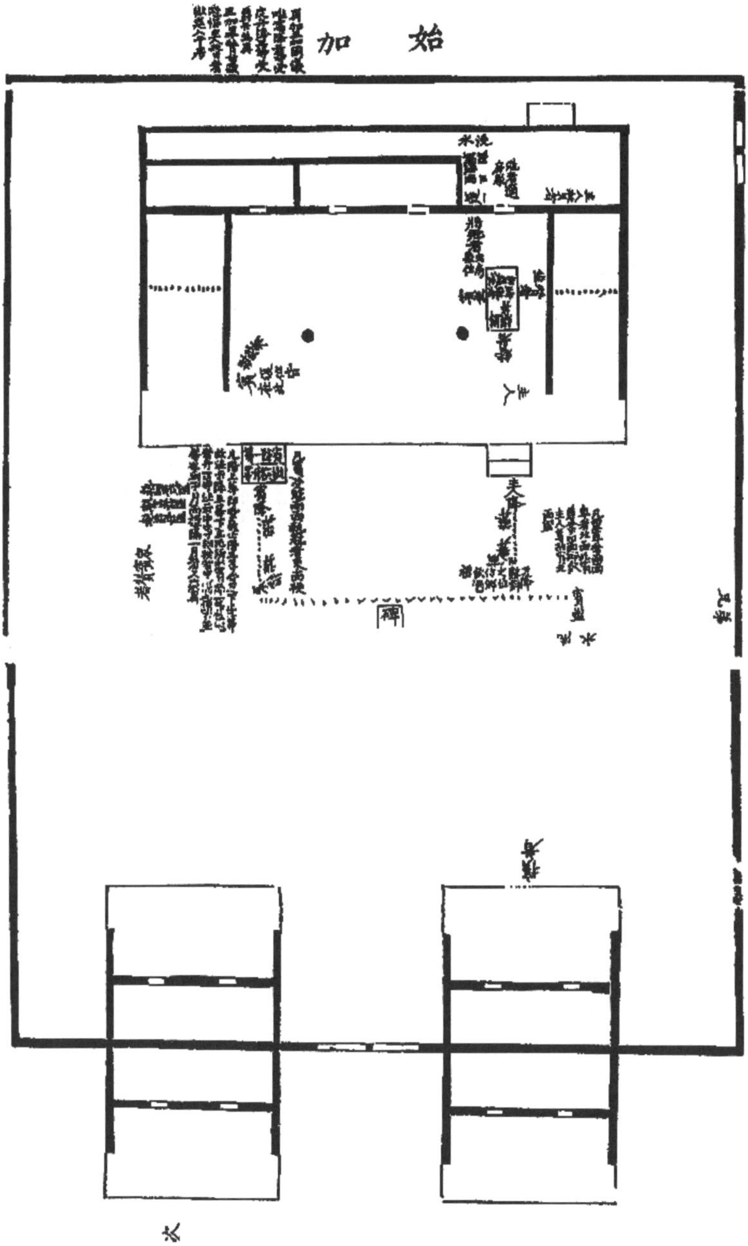

해제 經—48에서 經—56까지는 관례의 삼가三加, 즉 세 차례 관을 씌워 주는 의절 가운데 첫 번째 치포관을 씌워 주는 절차이다.

[士冠禮01 : 經—48]

주인의 찬자는 당 위 동쪽 벽(東序) 앞의 약간 북쪽에 관을 쓸 사람의 자리를 펼쳐 놓는데, 머리 부분이 서쪽을 향하도록 하여 놓는다.

主人之贊者, 筵于東序少北, 西面.

정현주

주인의 찬자는 그 속관 가운데 중사 및 하사를 임명한다.[1] '연筵'은 자리를 펼쳐 놓는다는 뜻이다.[2] '당 위 동쪽 벽'(東序)은 주인의 자리이다.[3] 적자適子는 조계阼階 위쪽에서 관을 쓰는데, 당 위 동쪽 벽 앞의 약간 북쪽에 자리를 펼쳐 놓는 것은 주인을 피하는 것이다.[4] 主人之贊者, 其屬中士若下士. '筵', 布席也. '東序', 主人位也. 適子冠於阼, 少北, 辟主人.

[士冠禮01 : 經—49]

장차 관을 쓸 사람은 방 밖으로 나와 남쪽을 향해 선다.

將冠者出房, 南面.

정현주

방 밖의 서쪽에서 남쪽을 향해 서서 빈의 명을 기다리는 것이다.[5] 南面立于房外之西, 待賓命.

[士冠禮01 : 經－50]

빈의 찬자는 머리싸개(纚)·비녀(笄)·빗(櫛) 등을 장차 관을 쓸 사람의 자리(筵) 남쪽 끝에 내려놓는다.

贊者奠纚·笄·櫛于筵南端.

정현주 '찬자'는 관례를 돕는 빈 쪽의 사람이다. '전奠'은 놓는다(停)는 뜻이다. 고문본에는 '櫛'이 '節'로 되어 있다. '贊者', 賓之贊冠者也. '奠', 停也. 古文'櫛'爲'節'.

[士冠禮01 : 經－51]

빈은 장차 관을 쓸 사람에게 읍을 하면서, 자리로 나아가도록 청한다. 장차 관을 쓸 사람은 자리로 나아가 앉는다. 빈의 찬자도 앉아서 장차 관을 쓸 사람의 머리를 빗질해 주고 검은색 머리싸개(緇纚)로 머리를 감아올려 준다.

賓揖將冠者, 將冠者卽筵坐. 贊者坐, 櫛, 設纚.

정현주 '즉卽'은 나아간다(就)는 뜻이다. '설設'은 베푼다(施)는 뜻이다. '卽', 就. '設', 施.

[士冠禮01 : 經－52]

빈은 당 아래로 내려온다. 주인도 당 아래로 내려온다. 빈이 내려올 필요가 없다고 사양을 하면, 주인은 응답을 한 후 내려온다.[6]

賓降, 主人降. 賓辭, 主人對.

정현주

주인이 당 아래로 내려오는 것은 빈이 손을 씻으려고 하여 감히 자기의 위치에서 편안히 있을 수 없기 때문이다. 사양하고 응답하는 말에 대해서는 들어 보지 못하였다. 主人降, 爲賓將盥, 不敢安位也. 辭對之辭未聞.

[士冠禮01 : 經—53]

빈은 손 씻는 일을 마치면, 주인에게 한 번 읍을 하고 한 번 사양을 한 후 당 위로 올라간다. 주인도 당 위로 올라가 당 위 동쪽 벽(東序) 남쪽 끝의 본래 위치로 돌아간다.[7]

賓盥卒, 壹揖, 壹讓, 升. 主人升, 復初位.

정현주

읍과 사양을 모두 한 번 하는 것은 처음 당 위로 올라갈 때보다 낮추는 것이다.[8] 고문본에는 '壹'이 모두 '一'로 되어 있다. 揖讓皆壹者, 降於初. 古文'壹'皆作'一'.

[士冠禮01 : 經—54]

빈은 장차 관을 쓸 사람의 자리 앞쪽에[9] 앉아서 장차 관을 쓸 사람의 머리싸개(纚)를 바로잡아 준 후 일어나서 서쪽 계단으로 한 계단을 내려간다. 치포관을 들고 있는 유사는 서쪽 계단으로 한 계단을 올라가 동쪽을 향해 빈에게 관을 건네준다.

賓筵前坐, 正纚, 興, 降西階一等. 執冠者升一等, 東面授賓.

정현주 '머리싸개를 바로잡아 준다'(正纚)고 한 것은 빈은 장차 관을 씌워 줄 것이므로 머리싸개를 바로잡아 주는 일도 직접 해야 하기 때문이다.[10] '흥興'은 일어난다(起)는 뜻이다. '강降'은 내려간다(下)는 뜻이다. 빈은 한 계단을 내려오고 유사는 한 계단을 올라가므로 중간의 계단에서 서로 주고받게 된다.[11] '관'은 치포관을 가리킨다. '正纚'者, 將加冠, 宜親之. '興', 起也. '降', 下也. 下一等, 升一等, 則中等相授. '冠', 緇布冠也.

[士冠禮01 : 經－55]

빈은 오른손으로 치포관의 뒷부분(項)을 잡고, 왼손으로 치포관의 앞부분을 잡아, 장차 관을 쓸 사람의 자리 앞으로 나아가 자신의 용모를 단정히 한 후 장차 관을 쓸 사람에게 축사를 하고, 이어서 처음 머리싸개를 바로잡아 줄 때처럼 관을 쓸 자의 자리 앞에 앉아서 치포관을 씌워 준다. 빈은 일어나서 당 위 서쪽 벽(西序) 남쪽 끝의 본래 위치로 돌아간다. 빈의 찬자는 관을 쓴 사람에게 규항缺項을 두르고 끈(纓)을 묶어 주어 첫 번째 관을 씌워 주는 예를 완성한다.[12]

賓右手執項, 左手執前, 進容, 乃祝. 坐如初, 乃冠. 興, 復位. 贊者卒.

정현주 '나아가 용모를 단정히 한다'(進容)는 것은 손을 맞잡은 두 팔을 벌리고 빠른 걸음으로 앞으로 나아가 날개를 펼치는 듯이 한다는 뜻인데,[13] 장차 관을 쓸 사람이 도착하면 서서 축사를 한다. '처음처럼 앉는다'(坐

如初)는 것은 장차 관을 쓸 사람의 자리 앞쪽에 앉는다는 뜻이다. '흥興'은 일어난다(起)는 뜻이다. '본래 위치로 돌아간다'(復位)는 것은 당 위 서쪽 벽(西序)에서 동쪽을 향한다는 뜻이다. '졸卒'(마친다)은 규항을 두르고 끈을 묶어 주는 일을 가지고 말한 것이다. '進容'者, 行翔而前, 鎗[14]焉, 至則立祝. '坐如初', 坐筵前. '興', 起也. '復位', 西序東面. '卒'謂設缺項·結纓也.

[士冠禮01 : 經—56]

관을 쓴 사람[15]이 일어나면, 빈은 관을 쓴 사람에게 읍을 하면서 방 안으로 돌아가도록 청한다.[16] 관을 쓴 사람은 방 안으로 돌아와 채의采衣를 벗고 현단玄端으로 갈아입고 검붉은 무릎가리개(爵韠)를 착용한 후 다시 방에서 나와 남쪽을 향해 선다.

冠者興, 賓揖之. 適房, 服玄端爵韠. 出房, 南面.

정현주

다시 방에서 나와 남쪽을 향해 서는 것은 첫 번째 관을 씌우는 예로 성인이 되었기 때문에[17] 대중들에게 용모와 자태를 보여 주기 위한 것이다.[18] '復出房南面'者, 一加禮成, 觀衆以容體.

주

1_ 주인의 찬자는 ~ 하사를 임명한다. : 이는 주인이 上士인 경우를 기준으로 말한 것이다. 만약 주인이 中士라면 찬자는 그 주인의 속관인 下士가 맡게 된다. 빈과 찬관자의 관계도 마찬가지이다.

2_ '연'은 자리를 펼쳐 놓는다는 뜻이다 : 장차 관을 쓸 사람의 자리를 펼쳐 놓는 것이다.

3_ '당 위 동쪽 벽'은 주인의 자리이다 : 東序(당 위의 동쪽 벽)는 곧 조계의 위쪽이다.

4_ 당 위 동쪽 벽 앞의 ~ 것이다 : 강균은 아버지는 東序(당 위의 동쪽 벽, 조계의 위쪽)에서 아들을 위해 관례를 거행하는데, 그 약간 북쪽에 관을 쓰는 아들의 자리를 펼쳐 놓는 것은 아들의 의리상 주인인 아버지의 자리에 앉을 수 없기 때문으로, 아버지가 계시면 조계를 밟지 않는 것과 같은 의리라고 하였다. 『의례정의』, 67쪽 참조.

5_ 방 밖의 ~ 기다리는 것이다 : 방 밖의 동쪽이 아니라 서쪽에 서서 명을 기다린다고 한 것은 방 밖의 동남쪽은 조계에 해당하므로 방 밖은 모두 방 밖의 서쪽이 되기 때문이다. 이 때문에 [사혼례02 : 記-11]에서 "딸은 어머니의 왼쪽으로 나온다"(女出于母左)라고 한 것도, 어머니가 방 밖의 서쪽에 있기 때문에 나올 때에 어머니의 왼쪽에 있게 되는 것이다. 『의례주소』, 36쪽, 가공언의 소 참조.

6_ 빈은 당 아래로 ~ 응답을 한 후 내려온다 : 정현은 사양하고 응답하는 데 모두 말이 있을 텐데, 經文과 記文에 이와 관련된 문장이 없기 때문에 불분명하다고 하였다. 이에 대해 채덕진은 빈은 '주인은 달리 할 일이 없으므로 내려올 필요가 없다'고 사양을 하면, 주인은 '빈이 수고롭게 당에서 내려가 손을 씻는데 감히 따라 내려가지 않을 수 없습니다'라고 응답하는 것이라고 추론하였다.(賓辭, 辭以主人無事, 不必降也. 主人對, 對以勞賓降盥, 不敢不從降也) 『의례정의』, 68쪽 참조.

7_ 주인도 ~ 돌아간다 : 호배휘에 의하면 '본래 위치'(初位)는 '東序의 남쪽 끝'을 가리키는데, 이때 당 위로 오르는 것도 주인이 먼저 오르고 빈이 그 뒤를 따른다. 빈에 대해서 '본래 위치로 돌아간다(復初位)'고 말하지 않은 것은 빈은 당 위로 올라간 후 곧바로 장차 관을 쓸 사람의 자리 앞으로 가기 때문이라고 하였다. 『의례정의』, 70쪽 참조.

8_ 읍과 사양을 ~ 낮추는 것이다 : 주인과 빈이 처음 묘문에 이르고 계단을 오를 때 세 차례 읍을 하고 세 차례 양보하는 것보다 절차의 수준을 낮춘다는 뜻이다. [經-45] 참조.

9_ 빈은 장차 관을 쓸 사람의 자리 앞쪽에 : 호배휘는 경문의 '筵前'(자리의 앞쪽)을 '관

을 쓸 사람의 자리 앞쪽'으로 해석하였다. 또한 그 절차에 대해서는 관을 들고 있는 사람이 동쪽을 향해서 머리싸개를 건네주면 빈이 서쪽을 향해서 이를 받는다. 관을 들고 있는 사람은 상자(匴)에 관을 넣어서 건네주고, 건네준 다음에는 상자를 들고 물러난다고 하였다. 『의례정의』, 71쪽 참조.

10_ '머리싸개를 바로잡아 준다'고 한 것은 ~ 때문이다. : 이에 대해 가공언은 다음과 같이 설명한다. 빈의 찬자가 이전에 이미 머리싸개를 바로잡아 주는 일을 마쳤는데, 이제 빈이 또다시 그것을 바로잡아 주는 것은 비록 이전에 찬자가 바로잡아 준 것이 튼실하더라도 빈이 직접 관을 씌워 주어야 하므로 머리싸개도 빈이 직접 다시 바로잡아 주어야 하기 때문이다. 『의례주소』, 37쪽, 가공언의 소 참조.

11_ 빈은 ~ 서로 주고받게 된다 : 가공언은 '중간의 계단'을 세 계단으로 이루어진 계단에서의 두 번째 계단을 가리키는 것으로 해석한다. "『주례』 「고공기·장인」에 "천자의 당은 높이가 9척이다"(天子之堂九尺)라고 한 것에 대해서 가규와 마융은 사면으로 9층계의 계단을 만드는 것이라고 해석하였다. 이렇게 본다면 제후의 당은 7척이어야 하므로 7층계의 계단이 되고, 대부의 당은 5척이어야 하므로 5층계의 계단이 되고, 사의 당은 3척이어야 하므로 3층계의 계단이 된다. 이 때문에 정현은 '중간의 계단'이라고 해석한 것이다." 『의례주소』, 37쪽, 가공언의 소 참조. 그러나 程瑤田은 士의 '3층의 계단' 즉 '階三等'은 堂廉(당 위의 남쪽 끝 모서리)을 포함한 것이며, 따라서 '당렴'을 제외하면 3척의 당은 2계단으로 이루어진 것으로 해석한다. 장혜언도 [經-59]의 "빈은 서쪽 계단으로 세 계단을 내려와 작변을 받는다"(賓降三等受爵弁)고 한 것에 대해 정현이 "아래로 지면에 이르는 것"(下至地)이라고 한 것을 근거로 계단의 맨 위 층계를 '당렴'으로 보았다. 호배휘도 [공사대부례09 : 經-148]의 정현 주에서 "당을 내려온다는 것은 계단 위에서 멈춘다는 뜻이다"(降堂謂止階上)라고 한 것을 근거로 계단의 맨 위 층계를 '당렴'으로 보았다. 또한 호배휘는 "당의 경계는 상인방(楣)을 한계로 삼는데, 상인방의 앞을 '계단'(階)이라고 하며, 당에서 나와 계단에 이르면 '내려온다'(降)고 하며, 당에서 한 계단을 내려오는 것을 '계단을 내려온다'(降階)고 하며, 계단의 맨 위 계단에 있으면 처마(簷) 아래와 접하게 되어 '계단을 다 올라왔다'(盡階)라고 하여 당에 오르지 못한 상태가 된다. 따라서 堂은 계단보다 높아야 하며, 당의 높이가 몇 척이라고 하는 것은 계단의 모서리를 기준으로 계산한 것일 뿐이다"라고 하였다. 즉 '당의 높이 3척은 세 계단으로 이루어졌다'는 가공언의 설을 비판한 것이다. 이러한 논리에서 호배휘는 경문의 의미에 대해 "빈이 한 계단을 내려오면 두 번째 계단의 위에 있는 것이고, 관을 들고 있는 자가 한 계단을 올라가면 세 번째 계단의 위에 있는 것이 된다. 건네주는 자와 받는 자가 계단을 나란히 하여 서지 못하는 것을 '中等'이라고 한다"고 하였다. 즉 정현 주의 '中等'을 '中隔'의 뜻으로 보고 계단을 서로 달리하여

관을 주고받는 것으로 해석하여 가공언이 두 번째 계단에 함께 나란히 서서 주고받는다고 이해한 것을 공박하였다. 『의례정의』, 72쪽 참조.

12_ 빈의 찬자는 ~ 예를 완성한다 : 피변의 경우, 빈의 찬자는 관끈(紘)을 묶어 주는 것으로 일을 끝마친다. 그러나 치포관은 비녀(笄)나 관끈의 장식이 없고 頍項뿐이다. 따라서 경문의 '卒'은 '규항'을 두르고 끈(纓)을 묶어 주는 일을 끝마친다는 뜻이 된다. 『의례주소』, 37쪽, 가공언의 소 참조.

13_ '나아가 용모를 단정히 한다'는 ~ 뜻인데 : 『예기』「곡례상」에 "휘장과 주렴 밖에서 빠른 걸음으로 걷지 않고, 당 위에서 그리고 옥을 잡고 있을 때 빠른 걸음으로 걷지 않는다. 당 위에서는 발자국이 서로 반쯤 겹치게 걷고, 당 아래에서는 발자국이 서로 잇닿게 걷고, 방안에서는 두 손을 맞잡은 팔을 벌리고 걷지 않는다"(帷薄之外不趨, 堂上不趨, 執玉不趨. 堂上接武, 堂下布武. 室中不翔)고 한 것에 대해 정현은 "걸을 때 손을 맞잡은 두 팔을 벌리고 걷는 것을 '翔'이라고 한다"(行而張拱曰翔)고 해석하였다.

14_ 鶬 : 『요의』에도 '鶬'으로 되어 있지만, 毛本에는 '蹌'으로 되어 있다. 『예기』「곡례상」에 "천자는 그윽하고 공경스러우며, 제후는 건장하고 성대하며, 대부는 가지런하고, 사는 날갯짓 하듯 펼쳐지고, 서인은 잔걸음으로 총총 달려간다"(天子穆穆, 諸侯皇皇, 大夫濟濟, 士蹌蹌, 庶人僬僬)고 하였다. '蹌'은 '舒揚' 즉 여유롭게 펼쳐지는 모습을 뜻한다.

15_ 관을 쓴 사람 : 호배휘에 의하면 경문에서 '將冠者'(장차 관을 쓸 사람)라고 하지 않고, '冠者'(관을 쓴 사람)라고 한 것은 이미 관을 썼기 때문이다. 『의례정의』, 72쪽.

16_ 빈은 ~ 돌아가도록 청한다 : 당에서 관을 씌우고, 방에서 옷을 입는 것은 관을 중시하기 때문이다.

17_ 첫 번째 관을 씌우는 예로 성인이 되었기 때문에 : 『예기』「교특생」에서 관례에 대해 논하면서 "(적자가) 빈객의 위치에서 초례를 받는 것은 관을 써서 성인이 되었기 때문이다"(醮於客位, 加有成也)라고 하였는데, 이에 대해 정현은 "관을 씌울 때마다 성인의 도리를 갖추게 되는 것이다"(每加而有成人之道也)라고 해석하였다.

18_ 대중들에게 ~ 위한 것이다 : 검은 베로 만든 웃옷에 비단으로 가선을 두른 동자복(미성년의 옷)을 벗고 玄端이라는 성인의 복장을 착용하여 대중들로 하여금 보고 알도록 하는 것이다.

해제 經-57에서 經-58까지는 관례의 삼가, 즉 세 차례 관을 씌워 주는 의절 가운데 두 번째 피변을 씌워 주는 절차이다.

[士冠禮01 : 經-57]

빈은 장차 관을 쓸 사람에게 읍을 하면서 자리로 나아가도록 청한다. 장차 관을 쓸 사람은 자리로 나아가 앉는다. 빈의 찬자는 장차 관을 쓸 사람의 머리를 빗질해 주고,[1] 머리를 땋아 묶어 올려 상투를 튼 후 비녀(笄)[2]를 꽂아 준다. 빈은 손을 씻고 머리싸개(纚)를 바로잡아 주는데, 처음 치포관을 씌울 때와 동일한 절차로 한다. 빈은 서쪽 계단으로 두 계단을 내려와 유사에게서 피변皮弁을 받은 후 오른손으로 관의 뒷부분을 잡고 왼손으로 앞부분을 잡고서 장차 관을 쓸 사람의 자리 앞으로 나아가 축사를 하고, 처음 치포관을 씌울 때와 동일한 절차로 피변을 씌워 준 후 당 위 서쪽 벽(西序) 남쪽 끝의 본래 위치로 돌아간다. 빈의 찬자는 관을 쓴 사람에게 관끈(紘)을 묶어 주어[3] 두 번째 관을 씌워 주는 예를 완성한다.

賓揖之, 即筵坐. 櫛, 設笄. 賓盥, 正纚如初. 降二等, 受皮弁, 右執項, 左執前, 進祝, 加之如初, 復位. 贊者卒紘.

정현주 '처음과 동일한 절차로 한다'(如初)고 말한 것은 경문에 절차가 보이지 않기 때문에 말한 것이다.[4] '졸굉卒紘'은 굉紘(관끈)을 묶고 맺는 것을 말한다. '如初', 爲不見者言也. '卒紘', 謂繫屬之.

[士冠禮01 : 經-58]

관을 쓴 사람이 일어나면, 빈은 관을 쓴 사람에게 읍을 하면서 방 안으로 되돌아가도록 청한다. 관을 쓴 사람은 방 안으로 되돌아와 흰색 주름치마(素績)와 흰색 무릎가리개(素韠)로 갈아입고 용모를 갖춘 후에 다시 방에서 나와 남쪽을 향해 선다.

興, 賓揖之. 適房, 服素積素韠, 容, 出房, 南面.

정현주 '용모를 갖춘다'(容)고 말한 것은 두 번째 관을 씌우는 예로 더욱 성인이 되어서 그 위의가 더욱 성대하기 때문이다.[5] '容'者, 再加彌成, 其儀益繁.

주

1_ 머리를 빗질해 주고 : 가공언에 따르면, 치포관을 벗어 머리가 헝클어졌기 때문에 다시 빗질을 하는 것이다. 『의례주소』, 38쪽 참조.

2_ 비녀 : 여기서의 비녀는 머리에 꽂는 비녀를 말한다. 가공언에 따르면 비녀는 두 가지가 있는데, 하나는 머리를 고정시키는 것이고, 또 하나는 관을 고정시키는 것이다. 『의례주소』, 38쪽 참조.

3_ 관끈을 묶어 주어 : 관끈(紘)의 한쪽을 비녀(笄)의 왼쪽 끝에 매달고, 턱 아래로 돌리고 다시 구부려 올려서 비녀의 오른쪽 끝에 매달아 묶는 것을 말한다.

4_ '처음과 동일한 절차로 한다'고 ~ 말한 것이다 : 첫 번째 치포관을 씌우는 관례에 대해서는 경문에 '빈이 내려오면 주인도 내려오고', '빈이 사양하고 주인이 응답하고', '빈이 손 씻는 일을 마친 후 한 번 읍을 하고 한 번 사양한 후에 당에 오르고', '주인이 당 위로 올라가 다시 본래 위치로 돌아가는' 절차가 기록되어 있는데, 여기서의 두 번째 피변을 씌우는 관례에서는 그러한 절차가 모두 보이지 않는다. 그래서 정현이 '보이지 않기 때문에 말한 것이다'라고 주를 단 것이다.

5_ '용모를 갖춘다'고 ~ 성대하기 때문이다 : 첫 번째 치포관을 씌우는 관례에서는 단지 '방에서 나와 남쪽을 향해 선다'(出房南面)고 하여 '용모'에 대해서는 언급하지 않았다. 피변을 씌우는 이 경문에서 '용모'를 언급한 것은 두 번째 관을 씌우는 예를 거행하여 그 위의가 더욱 엄정해졌기 때문이다.

해제 經－59에서 經－60까지는 관례의 삼가三加, 즉 세 차례 관을 씌워 주는 의절 가운데 세 번째 작변爵弁을 씌워 주는 절차이다.

[士冠禮01 : 經－59]

빈은 서쪽 계단으로 세 계단을 내려와 땅에 이르러 유사에게서 작변爵弁을 받은 후 씌워 준다.[1] 관을 쓴 사람은 방 안으로 돌아와 옅은 진홍색 치마(纁裳)와 적황색 무릎가리개(韎韐)로 갈아입는다. 그 밖에는 피변皮弁을 씌울 때와 동일한 절차로 한다.

賓降三等, 受爵弁, 加之. 服纁裳韎韐. 其他如加皮弁之儀.

정현주 '세 계단을 내려온다'(降三等)는 것은 아래로 지면에 이른다는 뜻이다. '그 밖'(他)은 관끈을 묶는 것과 용모를 갖추고 방에서 나오는 것을 가리킨다. '降三等', 下至地. '他'謂卒紘容出.

[士冠禮01 : 經－60]

작변을 씌워 주는 절차가 끝나면 피변·치포관·빗·자리를 거두어 방에 갖다 놓는다.

徹皮弁·冠·櫛·筵, 入于房.

정현주 거두는 일은 빈의 찬관자와 주인의 찬자가 한다.[2] 徹者, 贊冠者, 主人之贊者爲之.

주

1_ 빈은 서쪽 계단으로 ~ 씌워 준다 : 고유는 빈이 당에서 한 계단을 내려와 치포관을 건네받고, 두 계단을 내려와 피변을 건네받고, 세 계단을 내려와 작변을 건네받는 것은 복장이 존귀해질수록 더욱 공경히 하는 것이라고 하였다. 진혜전은 사관례에서 첫 번째의 치포관은 질박함을 숭상하고 옛것을 중시하고자 하는 뜻이며, 두 번째의 피변은 三德과 三行을 행하고자 하는 뜻이며, 세 번째의 작변은 일을 신명에게 아뢰고자 하는 뜻이라고 하였다. 『의례정의』, 74쪽 참조.

2_ 거두는 일은 ~ 한다 : 가공언에 의하면 빈의 찬관자는 빗을 치우고, 주인의 찬자는 자리를 거둔다. 『의례주소』, 39쪽, 가공언의 소 참조.

「수례견모송빈도受醴見母送賓圖」

(淸),『흠정의례의소』

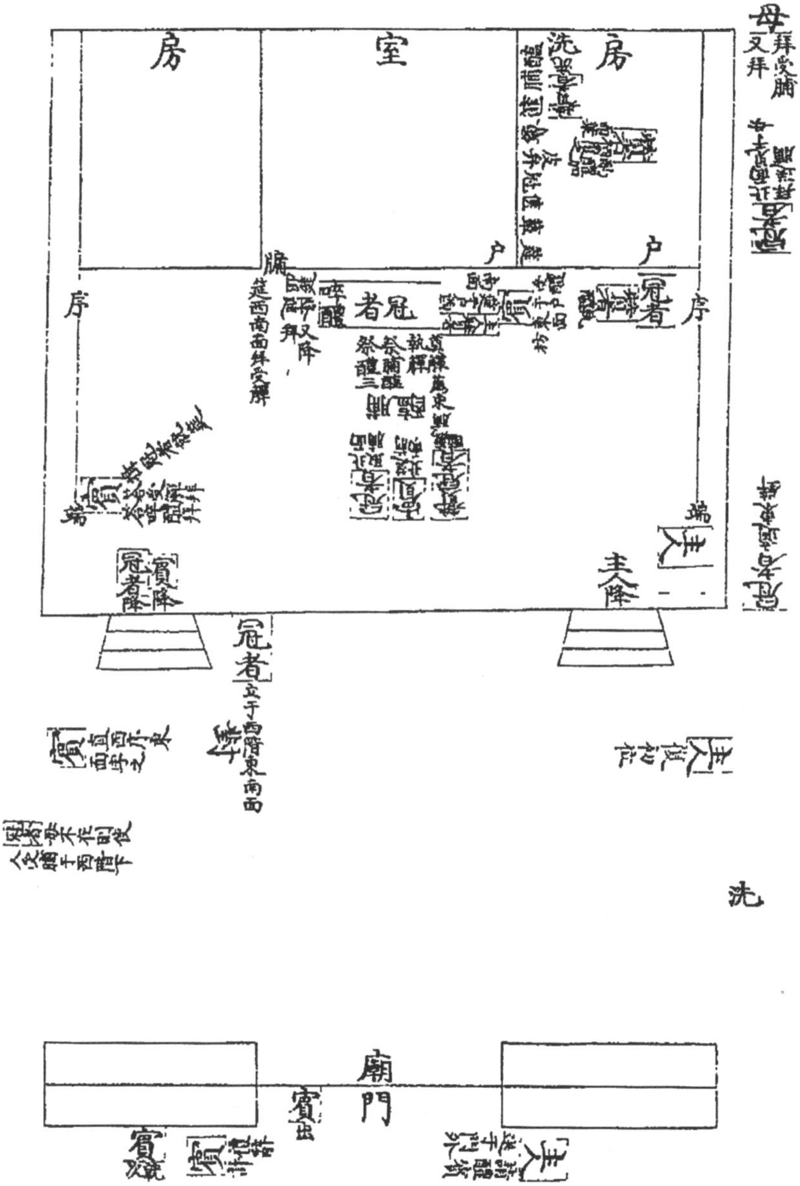

해제 經—61에서 經—66까지는 '예자醴子' 즉 빈이 관을 쓴 사람에게 예주를 따라 주어 예례醴禮를 행하는 절차이다.

[士冠禮01 : 經—61]

주인의 찬자는 실문의 서쪽(戶西)에 자리를 펼쳐 놓는데, 머리 부분이 남쪽을 향하도록 하여 놓는다.

筵于戶西, 南面.

정현주 '자리를 펼쳐 놓는 일'(筵)은 주인의 찬자가 한다. '호서戶西'는 실문의 서쪽이다.[1] '筵', 主人之贊者. '戶西', 室戶西.

[士冠禮01 : 經—62]

빈의 찬자는 방 안에 진설한 물받이 항아리로 가서 손을 씻고 술잔을 씻은 후 혼자서 술잔에 예주(醴)를 따르고 그 위에 숟가락(柶)을 얹어 엎어 놓는데, 머리 부분이 앞쪽을 향하도록 하여 놓는다.

贊者洗于房中, 側酌醴, 加柶, 覆之, 面葉.

정현주 '세洗'는 손을 씻고 나서 술잔을 씻는다는 뜻이다.[2] 「혼례」에서는 "방 안의 물받이 항아리(며느리의 물받이 항아리)는 북당北堂(방의 중앙에서 북쪽)에 진설하는데, 실의 동쪽 모퉁이와 마주하도록 놓는다. 대광주리는 물받이 항아리의 동쪽에 놓는다. 며느리는 북쪽을 향하여 손을 씻는다"(「士昏禮02 : 記－17」)라고 하였다. '혼자서 따른다'(側酌)는 것은 찬자를 위해 올려 주는 사람이 없음을

사柶

쳰쉬안, 『삼례사전』

뜻한다.[3] '면面'은 앞(前)의 뜻이다. '엽葉'은 숟가락의 넓고 커다란 끝부분이다.[4] 찬자가 술을 따르는 것은 빈은 신분이 높아서 방 안에 들어가지 않기 때문이다.[5] 고문본에는 '葉'이 '擖'로 되어 있다. '洗', 盥而洗爵者. 「昏禮」曰 "房中之洗在北堂, 直室東隅. 篚在洗東, 北面盥." '側酌'者, 言無爲之薦者. '面', 前也. '葉', 柶大端. 贊酌者, 賓尊不入房. 古文'葉'爲'擖'.

[士冠禮01 : 經－63]

빈은 관을 쓴 사람에게 읍을 하면서 자리로 나아가도록 청한다. 관을 쓴 사람은 자리로 나아가는데, 자리의 서쪽에서 남쪽을 향해 선다. 빈은 실문(室戶)의 동쪽에서[6] 빈의 찬자에게서 예주를 담은 술잔을 받고 그 술잔 위에 숟가락(柶)을 엎어 놓는데, 손잡이 부분이 앞쪽을 향하도록 하여 놓고, 관을 쓴 사람의 자리 앞으로 가서 북쪽을 향해 술잔을 건네준다.[7]

賓揖, 冠者就筵, 筵西, 南面. 賓受醴于戶東, 加柶, 面枋, 筵前北面.

정현주

'호동戶東'은 실문의 동쪽을 가리킨다. 금문본에는 '枋'이 '柄'으로 되어 있다. '戶東', 室戶東. 今文'枋'爲'柄'.

[士冠禮01 : 經－64]

관을 쓴 사람은 자리의 서쪽에서 빈에게 배례를 한 후 술잔(觶 : 3승 용량)을 받는다. 빈은 당 위 서쪽 벽(西序)의 남쪽 끝으로 돌아와 동쪽을 향해 답배를 한다.

冠者筵西拜受觶, 賓東面答拜.

정현주 '자리의 서쪽에서 배례를 한다'(筵西拜)는 것은 남쪽을 향해 배례를 한다는 뜻이다. 빈은 당 위 서쪽 벽(西序)의 위치로 돌아와 답배를 한다. '동쪽을 향한다'(東面)고 한 것은 성인이 되어서 더불어 예를 행하는 것이므로 주인에게 답배를 할 때와 달리함을 밝힌 것이다.[8] '筵西拜', 南面拜也. 賓還答拜於西序之位. '東面'者, 明成人與爲禮, 異於答主人.

[士冠禮01 : 經－65]

찬관자贊冠者(관례의 진행을 돕는 빈 쪽의 사람)는 관을 쓴 사람의 자리 앞에 말린 고기를 담은 대나무제기와 고기젓갈을 담은 나무제기를 올린다.

薦脯·醢.

정현주 찬관자가 하는 것이다. 贊冠者也.

[士冠禮01 : 經－66]

관을 쓴 사람은 자리로 나아가 앉아서 왼손으로 술잔(觶)을 들고 오른손으로 말린 고기를 집어 고기젓갈에 묻힌 후 고수레를 하며,[9] 숟가락으로 예주를 조금 떠서 세 차례 고수레를 한 후 일어난다.[10] 관을 쓴 사람은 자리의 서쪽 끝으로 가서 앉아 예주를 맛본 후 숟가락을 술잔 안에 꽂고 일어난다. 관을 쓴 사람은 자리에서 내려와 앉아서 술잔을 내려놓고 빈에게 배례를 한 후 다시 술잔을 집어 들고 일어난다. 빈은 답배를 한다.

冠者即筵坐, 左執觶, 右祭脯醢, 以柶祭醴三, 興. 筵末坐, 啐醴, 建柶, 興. 降筵, 坐奠觶, 拜. 執觶興. 賓答拜.

정현주

'숟가락을 꽂는다'(建柶)는 것은 예주를 담은 술잔 안에 숟가락을 꽂는다는 뜻이다. 이곳의 배례는 모두 처음과 동일한 절차로 한다.[11] 고문본에는 '啐가 '呼'로 되어 있다. '建柶', 扱柶於醴中. 其拜皆如初. 古文'啐'爲'呼'.

주

1_ '호서'는 실문의 서쪽이다 : '실문의 서쪽'에 자리를 펼쳐 놓는 것에 대해서 오계공은 주인을 멀리 피하기 위한 것이라고 하였지만, 저인량은 '실문의 서쪽'은 묘 가운데 가장 존귀한 위치로서 시동 이외에는 빈만 들어갈 수 있는 곳이라고 하여 오계공을 비판하였다. 당상은 중앙에 室이 있고, 동쪽과 서쪽에 각각 東房과 西房이 있다. 房에는 남쪽에 한 개의 문(戶)이 있을 뿐이다. 실에는 문과 창(牖)이 있는데, 문은 동쪽에 있고, 창은 서쪽에 있다. 따라서 실문(室戶)의 서쪽과 창의 동쪽은 당의 정중앙이 된다. ○『이아』「석궁」에 "牖와 戶의 사이를 扆(병풍자리)라고 한다"(牖戶之間謂之扆)고 한 것에 대해 곽박의 주에는 "(扆는) 창의 동쪽과 호의 서쪽에 있는 것이다"(窗東戶西也)라고 하였고, 형병의 소에서는 "'牖'는 호의 서쪽에 있는 창이다. 이 牖(창)의 동쪽과 戶(문)의 서쪽이 '牖와 戶의 사이'이며, 그곳의 명칭이 '扆'이다"('牖'者, 戶西窗也. 此牖東戶西爲牖戶之間, 其處名'扆')라고 하였다. ○ 정현이 여기에서 "'戶의 서쪽'은 室戶의 서쪽이다"라고 주를 단 것은 '호'를 '房戶'로 오해할 수도 있기 때문이다. '호'의 실체에 대해서 이여규는『의례석궁』에서 "寢廟는 室을 위주로 하기 때문에 '호'라고 하면 전적으로 '室의 戶'를 가리키며, '房의 戶'를 나타낼 때에는 '房'자를 함께 붙여서 '房戶'라고 하여 '室戶'와 구별한다. 대부·사의 경우 당에서 '房과 戶의 사이'는 東房과 西房의 중앙이 된다"고 하였다.『의례정의』, 67쪽 참조.

2_ '세'는 ~ 뜻이다 : 가공언은 손과 술잔을 씻는 절차에 대해 다음과 같이 설명한다. 술잔을 씻는 경우에는 반드시 먼저 손을 씻어야 하지만, 손을 씻더라도 술잔을 씻지 않는 경우가 있다. 이 경문에서 단지 "찬자가 방안에서 씻는다"(贊者洗于房中)라고만 한 것은 '손을 씻은 다음에 술잔을 씻는다'는 뜻을 밝히기 위한 것이다. 이 때문에 정현은 경문의 뜻을 보강하여 '손을 씻고 나서 술잔을 씻는다'(盥而洗爵)라고 주를 단 것이다.『의례주소』, 39쪽, 가공언의 소 참조.

3_ '혼자서 따른다'는 것은 ~ 뜻한다 : 가공언은 찬자를 위해서 말린 고기(脯)와 고기젓갈(醢)을 올려 주는 별도의 사람이 없어서 말린 고기와 고기젓갈 또한 찬자가 직접 올린다는 뜻으로 해석하였다.(側酌者, 言無爲之薦者, 謂無人爲之薦脯醢, 還是此贊者, 故下直言薦脯醢, 不言別有他人, 明還是贊者也) 즉 가공언은 경문 '側'(홀로)의 의미를 '찬자가 함께 짝하는 사람 없이 혼자서 직접 예주를 따르고 말린 고기와 고기젓갈도 찬자가 직접 올린다'는 뜻으로 해석한 것이다. 그러나 이와 같은 정현의 주와 이에 대한 가공언의 설명은 후대 주석자들 사이에 논란의 대상이 되었다. 吳廷華는 [經一34]의 '側尊'에 대해서 정현이 '側'을 '特'(단독)의 뜻으로 보고 '측준'을 '물(玄酒)을 넣은 술동이 없이 예주를 넣은 술동이만 단독으로 진설하는 것'으로 해석하였음을 근거로, 이 경문에서의 '側酌醴'도 '홀로 예주(醴)만을 따르고 물(玄酒)을 따르지 않는 것'으로 해석해야 한다고 하였다.『의례정의』, 77~78쪽 참조.

4_ '엽'은 숟가락의 넓고 커다란 끝부분이다 : '葉'은 예주를 떠서 취하는 숟가락의 끝부분, 즉 머리 부분을 가리킨다. 이 머리 부분이 넓고 커서 마치 나뭇잎과 비슷하기 때문에 '엽'이라고 한 것이다. 장이기는 "柶의 종류는 오늘날의 음료수를 조제하는 데 사용하는 숟가락인데, '엽'은 숟가락의 머리이다. 어떤 사람은 숟가락에서 물건을 담는 부분을 '엽'이라고 한다"(柶類, 今茶匙, 葉卽匙頭. 或云柶之盛物處謂之葉)고 하였다.

5_ 찬자가 ~ 않기 때문이다 : 호배휘는 빈은 堂에 있고 房 안에 들어가지 않으므로 방 안에서 술을 따르는 등의 일은 모두 빈의 찬자가 한다고 하였다. 『의례정의』, 78쪽 참조.

6_ 빈은 실문의 동쪽에서 : 관을 쓴 사람의 자리는 실문의 서쪽에 있다. 빈은 직접 방문 안으로 들어가서 예주를 따른 빈의 찬자에게서 예주를 받아 들고 다시 방을 나와 실문의 동쪽에서 서쪽을 향해 관을 쓴 사람에게 건네준다. 『의례주소』, 40쪽, 가공언의 소 참조.

7_ 관을 쓴 사람의 ~ 건네준다 : 이여규는 예주는 아버지가 아들에게 주는 것인데 빈이 그것을 주재하는 데 대해, 부자 사이에는 揖과 拜禮를 행할 수 없기 때문이라고 설명한다. 『의례정의』, 78쪽 참조.

8_ '동쪽을 향한다'고 ~ 밝힌 것이다 : 향음주례와 향사례에서 빈은 서쪽 계단에서 북쪽을 향해 주인에게 답배를 하는데, 여기서는 당 위 서쪽 벽의 남쪽 끝에서 동쪽을 향해 답배를 하기 때문에 '주인에게 답배를 할 때와 달리한다'고 한 것이다. 『의례주소』, 40쪽, 가공언의 소 참조.

9_ 말린 고기를 ~ 고수레를 하며 : '脯'는 말린 고기이며, '醢'는 고기로 장을 담근 것 즉 고기젓갈이다. 말린 고기(脯)와 고기젓갈(醢)로 고수레를 한다는 것은 이 음식을 처음 만들었던 선조에게 경의를 표하여 근본을 잊지 않음을 보이는 것이다. 말린 고기를 약간 떼어 고기젓갈에 묻힌 후 말린 고기를 담은 대나무제기(籩)와 고기젓갈을 담은 나무제기(豆) 사이에 놓고 고수레를 한다. [사혼례02 : 經-19]의 정현 주에는 "대나무제기와 나무제기 사이에서 고수레를 하는 것은 반드시 제사지내야 할 대상을 겸양하고 공경히 하는 것이니, 앞서 이 음식을 만든 사람이 있음을 보이는 것이다"(凡祭於脯·醢之豆間, 必所爲祭者, 謙敬, 示有所先也)라고 하였다. 이에 대해 가공언은 말린 고기를 고기젓갈에 묻혀 고수레를 할 때에는 모두 대나무제기와 나무제기 사이에서 하는데, 이곳의 정현 주에서 '대나무제기'를 언급하지 않은 것은 문장을 생략한 것이다"(此及「冠禮」, 「鄕飮酒」, 「鄕射」, 「燕禮」, 「大射」皆有脯醢, 則

在籩豆之閒. 此注不言'籩'直言'豆'者, 省文)라고 설명하였고, 또 '先'은 '근본'(本)의 뜻으로 앞선 시대에 이 음식을 만든 자를 가리킨다고 하였다.(此云'謙敬, 示有所先', '先'即'本', 謂先世造此食者也) 『의례주소』, 76쪽, 가공언의 소 참조.

10_ 숟가락으로 ~ 일어난다 : '예주로 고수레를 한다'는 것은 술잔에 든 예주를 숟가락으로 조금 떠서 땅에 부어 고수레를 한다는 뜻이다. 처음에 숟가락으로 떠서 한 번 땅에다 붓고 다시 한 번 더 떠서 두 차례로 나누어 땅에 붓는다. 이렇게 하여 모두 세 차례 고수레를 한다.

11_ 이곳의 배례는 ~ 절차로 한다 : [經一64]에서 처음 관을 쓴 사람이 술잔(觶)을 받을 때와 마찬가지로 여기서도 관을 쓴 사람은 자리의 서쪽에서 배례를 하고, 빈은 당 위 서쪽 벽의 남쪽에서 동쪽을 향해 답배를 한다는 뜻이다.

해제 經－67에서 經－68까지는 관을 쓴 사람이 어머니를 뵙는 절차이다.

[士冠禮01 : 經－67]

관을 쓴 사람은 대나무제기와 나무제기의 왼쪽에 술잔을 내려놓고, 자리에서 내려와 북쪽을 향해 앉아 말린 고기를 집어 들고, 서쪽 계단을 통해 당에서 내려와 당 아래 동쪽 담장(東壁)으로 나 있는 쪽문(闈門)으로 나가서 북쪽을 향해 어머니를 뵙고, 들고 있던 말린 고기를 드린다.

冠者奠觶于薦東, 降筵, 北面坐取脯, 降自西階, 適東壁, 北面見于母.

정현주 '천동薦東'은 천薦(대나무제기와 나무제기)의 왼쪽을 가리킨다.[1] 무릇 술잔을 내려놓을 때에 곧바로 다시 들 경우에는 오른쪽에 놓고, 들지 않을 경우에는 왼쪽에 놓는다. '당 아래 동쪽 담장으로 간다'(適東壁)는 것은 쪽문으로 나간다는 뜻이다.[2] 이때 어머니는 쪽문 밖에 있다. 부인들은 묘 안으로 들어갈 경우 쪽문을 통해 들어간다. '薦東', 薦左. 凡奠爵, 將舉者於右, 不舉者於左. '適東壁'者, 出闈門也. 時母在闈門之外, 婦人入廟由闈門.

[士冠禮01 : 經－68]

어머니는 배례를 한 후 말린 고기를 받는다. 관을 쓴 아들은 말린 고기를 건네준 후 어머니에게 배례를 한다. 어머니는 또 배례를 한다.

母拜受, 子拜送, 母又拜.

정현주

부인은 장부에 대해서 비록 자기 아들이라 해도 협배俠拜[3]를 한다. 婦人於丈夫, 雖其子猶俠拜.

주

1_ '천동'은 ~ 가리킨다 : '薦東' 사실은 '대나무제기와 나무제기의 동쪽'을 가리킨다. 오계공은 "대나무제기와 나무제기인데, '薦'(올린다)이라고 한 것은 앞의 [經-65]에서 '薦脯醢'(말린 고기를 담은 대나무제기와 고기젓갈을 담은 나무제기를 올린다)라고 하였기 때문에 그 하는 일을 가지고 명칭을 삼은 것으로 문장을 생략한 것이다. 이후에도 모두 이와 같다"(籩豆而云'薦'者, 上經云'薦脯醢', 故因其事名之, 省文. 後皆放此)고 하였다. 『의례정의』, 82쪽 참조.

2_ '당 아래 동쪽 담장으로 간다'는 ~ 나간다는 뜻이다 : 궁중의 문을 '闈門'이라고 한다. 부녀자들이 궁중이나 묘를 드나들 때 이용하는 쪽문이다. 종묘에서는 앞 건물을 '廟'라 하여 조상의 위패와 화상을 모시고, 뒤 건물은 '寢'이라 하여 의관과 궤장 등을 보관하는데, '위문'은 묘와 침 각각의 양쪽에 있다. 본래 아들이 관례를 치를 때 어머니는 특별한 일이 없기 때문에 위문 밖에 있었다. 관례를 치른 후 아들은 어머니를 뵙기 위해 어머니가 계신 '위문'으로 나가는 것이다.

3_ 협배 : 부녀자들이 남자와 예를 행할 때, 여자가 먼저 배례를 하고, 남자가 이에 답배를 하고, 여자가 또다시 배례하는 것을 말한다. 즉 남자는 한 번 배례를 하고, 여자는 재배를 하는 것이다. 학경은 『의례절해』에서 "'협배'란 부인이 먼저 한 번 배례를 하고, 남자가 답배를 하면, 부인이 또다시 한 번 배례를 하는 것"이라고 하였다. 공영달은 존귀한 사람이 보낸 말린 고기에 배례를 하는 것이지 아들에게 배례를 하는 것이 아니라고 하였고, 여대림은 어머니는 아들을 따르는 의리가 있기 때문에 평소의 공경을 굽혀 잠시 동안의 공경을 펼치는 것이라고 하였다. 왕인지는 적자는 아버지를 대신하여 할아버지를 계승하므로 할아버지와 正體가 되기 때문에 衆子와 다르게 예우하는 것이라고 하였다. 한편 만사대는 부인의 배례에는 무릎을 꿇지 않고 하는 '肅拜'와 무릎을 꿇고 하는 '手拜'가 있는데, 경문의 경우에는 가벼운 '숙배'이지 과도하게 아들을 공경하는 것은 아니라고 하였다. '숙배'는 무릎을 꿇지 않고 약간 몸을 구부려서 공손히 하는 것으로 오늘날 부인들이 읍을 하는 것과 같으며, '수배'는 무릎을 땅에 닿게 하고 배례하는 것으로 오늘날 부인들이 배례하는 것과 같다고 하였다. 『의례정의』, 83쪽 참조.

해제 經－69에서 經－70은 빈이 관을 쓴 사람에게 자字를 지어 주는 절차이다.

[士冠禮01 : 經－69]

빈은 당에서 내려와 당 위 서쪽 벽(西序)과 마주하는 곳에서 동쪽을 향해 선다. 주인은 당에서 내려와 조계 앞의 본래 위치로 돌아간다.

賓降, 直西序, 東面, 主人降, 復初位.

정현주 '본래 위치'(初位)는 처음 주인이 빈을 맞이하여 계단 앞에 이르렀을 때 먼저 올라가라고 양보하던 위치이다.[1] '初位', 初至階讓升之位.

[士冠禮01 : 經－70]

관을 쓴 사람은 서쪽 계단 아래의 동쪽[2]에서 남쪽을 향해 선다.[3] 빈이 관을 쓴 사람에게 자字를 지어 주면, 관을 쓴 사람은 응답을 한다.[4]

冠者立于西階東, 南面, 賓字之, 冠者對.

정현주 '대對'는 응답한다는 뜻이다. 그 말의 내용은 들어 보지 못했다. '對', 應也. 其辭未聞.

주

1_ '본래 위치'는 ~ 양보하던 위치이다 : 당 아래 阼階 앞을 말한다. [經—45] 참조.

2_ 서쪽 계단의 동쪽 : 왕사양은 경문에서 '어머니를 뵌 후'에 다시 '계단을 올라간다'는 언급이 없음을 근거로 여기서의 '西階東'은 '서쪽 계단 아래의 동쪽'으로 해석한다. 『의례정의』, 83쪽 참조.

3_ 남쪽을 향해 선다 : '남쪽을 향한다'는 것은 빈의 북쪽에 있다는 뜻이다.

4_ 관을 쓴 사람은 응답을 한다 : 『예기』「관의」에 "관을 씌워 준 후에 字를 지어 주는 것은 성인의 도리이다. 어머니를 뵈면 어머니가 그에게 배례를 하고, 형제를 뵈면 형제가 그에게 배례를 하는 것은 성인이 되었으므로 더불어 예를 행하는 것이다"(已冠而字之, 成人之道也. 見於母, 母拜之, 見於兄弟, 兄弟拜之, 成人而與爲禮也)라고 한 것을 보면, '자를 지어 주는 일'(字之) → '어머니를 뵙는 일'(見母) → '형제를 뵙는 일'(見兄弟)로 되어 '자를 지어 주는 절차'가 '어머니를 뵙는 절차'보다 앞서는 것으로 볼 수 있다. 그러나 호배휘에 따르면 『예기』의 문장은 일에 따라 의리를 삼은 것으로 실제 순서는 「사관례」처럼 어머니를 먼저 뵙는 것으로 보아야 한다고 하였다. 한편 가공언은 字를 지어 주기 전에 어머니를 먼저 뵙고, 자를 지어 주는 절차가 끝난 후에 형제 등을 뵙는 것은 어머니에게 급하게 하고 형제에게 천천히 하는 의리라고 하였다. 『의례정의』, 83쪽 및 『의례주소』, 42쪽, 가공언의 소 참조.

해제 經—71에서 經—74는 관을 쓴 사람이 형제와 찬자 및 고모·손윗누이를 뵙는 절차이다.

[士冠禮01 : 經—71]

빈은 묘문 밖으로 나간다. 주인은 묘문 밖까지 전송한다.

賓出, 主人送于廟門外.

정현주 외문外門(大門) 밖으로 나가지 않는 것은 장차 예례醴禮를 행해야 하기 때문이다. 不出外門, 將醴之.

[士冠禮01 : 經—72]

주인이 빈에게 예주를 따라 주어 예례醴禮[1]를 행하고자 한다고 청하면, 빈은 한 번 사양한 후 허락한다. 빈은 묘문 밖의 임시장막(次) 안으로 들어간다.

請醴賓, 賓禮辭, 許. 賓就次.

정현주 이 경문의 '醴'는 '禮'가 되어야 하니,[2] '빈에게 예를 올린다'(禮賓)는 것은 그 노고에 감사를 표하는 것을 말한다. '차次'는 묘문 밖의 옷 갈아입는 곳으로, 베로 만든 휘장(帷幕)과 대자리(簟席)로 만든다. 此'醴'當作'禮', '禮賓'者, 謝其自勤勞也. '次', 門外更衣處也, 以帷幕簟席爲之.

차次

황이주, 『예서통고』

[士冠禮01 : 經－73]

관을 쓴 사람은 형제들을 뵙는다. 형제들이 재배를 하면, 관을 쓴 사람은 답배를 한다. 관을 쓴 사람이 빈의 찬자를 뵐 때에는 서쪽을 향해 배례를 하는데,[3] 또한 형제들을 뵐 때와 동일한 절차로 한다.

冠者見於兄弟. 兄弟再拜, 冠者答拜. 見贊者, 西面拜, 亦如之.

정현주 '빈의 찬자를 뵐 때 서쪽을 향해 배례를 한다'고 하였으므로 형제들을 뵐 때에는 동쪽을 향해 배례를 한다.[4] 빈의 찬자는 빈보다 늦게 물러 나온다.[5] '見贊者西面拜', 則見兄弟東面拜, 贊者後賓出.

[士冠禮01 : 經－74]

관을 쓴 사람은 묘문廟門을 나와 침문寢門 안으로 들어가서[6] 고모와 손윗누이를 뵙는데, 어머니를 뵐 때와 동일한 절차로 한다.

入見姑·姊, 如見母.

정현주 '들어간다'(入)는 것은 침문 안으로 들어간다는 뜻이다. 묘는 침문 밖에 있다. '어머니를 뵐 때와 동일한 절차로 한다'(如見母)는 것은 또한 북쪽을 향해 뵙는다는 뜻이다. 고모와 손윗누이는 또한 협배(俠拜)를 한다. 누이동생을 보지 않는 것은 누이동생은 고모나 손윗누이보다 신분이 낮기 때문이다.[7] '入', 入寢門也. 廟在寢門外. '如見母'者, 亦北面. 姑與姊亦俠拜也. 不見妹, 妹卑.

주

1_ 예례 : '醴禮'는 의례가 끝난 후 예주를 따라 주어 노고를 위로하는 의식절차를 말한다. 관례나 혼례 등 주인이 빈에게 예주를 따라 주어 예례를 행하는 것을 '醴賓', 관례에서 빈이 관을 쓴 아들에게 예주를 따라 주어 예례를 행하는 것을 '醴子', 혼례에서 시부모가 며느리에게 예주를 따라 주어 예례를 행하는 것을 '醴婦'라고 칭한다.

2_ 이 경문의 '醴'는 '禮'가 되어야 하니 : 저인량, 가공언, 호승공, 호배휘는 정현이 '醴'자를 '禮'자로 고친 것을 긍정한다. 정현은 여기서뿐 아니라 [經－80]의 '若不醴', [士昏禮02 : 經－12]의 '出請醴賓', [士昏禮02 : 經－71]의 '贊醴婦'에 대해서도 모두 '醴'는 '禮'의 뜻으로 읽어야 한다고 하였는데, 저인량은 이를 두고 사람에게 優禮를 더하는 뜻이라고 하였다. 가공언도 『주례』에서 제후는 울창주(鬯)를 가지고 빈객에게 예를 갖춘다고 하였지만 '鬯賓'이라고 하지 않았듯이 예주(醴)를 가지고 빈에게 예를 올린다고 하여 곧바로 '醴賓'이라 할 수 없음을 밝히고자 '醴'를 '禮'로 바꾼 것(『周禮』云, '諸侯用鬯', 不云'鬯賓', 明不得以醴禮賓即爲醴, 故破從'禮'也)이라고 설명하였다. 그러나 이여규는 士의 '醴子'·'醴賓'·'醴婦'의 경우처럼 경문에서 모두 '醴'자로 되어 있으므로 굳이 '禮'자로 고칠 필요는 없다고 하였다. 정현도 경문의 '醴賓'을 '禮賓'으로 고쳐 읽어야 한다고 하였지만 그 역시 '빈에게 예주를 따라 주어 예를 올린다'는 의미에는 변함이 없다. 따라서 경문의 '醴'를 행례절차로 개념화하여 '빈에게 예주를 따라 주어 예례를 행한다'로 번역하겠다. 『의례정의』, 84쪽 및 『의례주소』, 42쪽, 가공언의 소 참조.

3_ 형제들이 재배를 하면 ~ 하는데 : 오계공에 의하면 형제들과 빈이 모두 먼저 배례를 하는 것은 관례를 중시하기 때문이라고 하였다. 이에 대해 호배휘는 '관례를 중시한다'는 말을 관을 쓴 사람이 '성인이 되어서 더불어 예를 행하게 됨을 중시하는 것'으로 부연 설명하였다. 한편 오정화는 '兄弟'를 '兄'과 '弟'로 분리하여 보았으며, 혹자는 弟(남동생)를 보았다면 妹(누이동생)도 당연히 보아야 한다고 해석하였다. 그러나 호배휘는 양자의 주장 모두 잘못이라고 하였다. [經－37]의 정현 주에서 "형제는 주인의 친척이다"(兄弟, 主人親戚)라고 하였듯이 '형제'는 친형과 친동생을 포함한 인척으로 보아야 할 것이다. 『의례주소』, 가공언의 소, 85쪽 및 『의례정의』, 85쪽 참조.

4_ 빈의 찬자를 뵐 때 ~ 배례를 한다 : 호배휘는 이때 찬자의 위치는 서쪽이고, 형제들의 위치는 물받이 항아리(洗)의 동쪽이라고 하였다. 『의례정의』, 85쪽 참조.

5_ 빈의 찬자는 ~ 물러나온다 : 호배휘에 따르면 빈의 찬자가 늦게 물러나오는 것은 관을 쓴 사람과 예를 행해야 하기 때문이며, 물러나온 후에 또 묘문 밖의 임시장막(次) 안으로 들어가 예를 기다린다. 『의례정의』, 85쪽 참조.

6_ 관을 쓴 사람은 ~ 들어가서 : 廟는 寢의 동쪽에 있기 때문에 묘와 침은 門을 각기 달리한다. 또 고모와 손윗누이는 침에 있어야 하며, 묘 안에 있지 못한다. 그러므로 관을 쓴 사람은 묘문을 나와 침문 안으로 들어가는 것이다.

7_ 고모와 손윗누이는 ~ 낮기 때문이다 : '姑姊'를 '고모'와 '손윗누이'의 두 사람으로 해석하는 정현에 대해서, 혹자는 "어머니의 자매를 '姑姊妹', 아버지의 손윗누이를 '姑姊', 아버지의 누이를 '姑妹'라고 칭한다"는 『좌전』의 문장에 근거하여 이 경문의 '姑姊'는 '고모'를 가리킨다고 주장한다. 그러나 호배휘는 첫째로 『이아』「석친」에는 "아버지의 자매를 '姑'라고 칭한다"고 했을 뿐 '고매'나 '고자'라고 하지 않았으며, 둘째로 『의례』「상복」에는 '고자매'라는 말이 자주 등장하는데 이것을 '고자'와 '고매'로 해석하면 아버지의 자매에게는 복을 하고 자기의 자매에게는 복을 하지 않는 것이 되기 때문에 이치상 통하지 않으며, 셋째로 『백호통』에서는 아버지의 昆弟를 모두 '世父'라고는 하지 않은 반면 아버지의 여자 昆弟는 모두 姑라고 하였으므로 경문의 '고자'는 '고모'와 '손윗누이'로 해석해야 한다고 반박하였다. 또 누이동생을 보지 않는 이유가 신분이 낮기 때문이라는 정현의 설에 대해서는 『백호통』에 "손윗누이는 신분이 높고, 누이동생은 신분이 낮아서 그 예가 다르다"(姊尊妹卑, 其禮異也)고 한 것에 근거한 것으로 타당한 견해라고 하였다. 『의례정의』, 85~86쪽 참조.

해제 經—75는 관을 쓴 사람이 군주 및 향대부鄕大夫와 향선생鄕先生을 뵙는 절차이다.

[士冠禮01 : 經—75]

이어서 관을 쓴 사람은 옷을 갈아입는데, 작변복爵弁服을 벗은 후 현관玄冠(검은색 비단으로 만든 관)을 쓰고 현단玄端(검은색 베로 만든 웃옷)을 입고 검붉은 무릎가리개(爵韠)를 착용한다.[1] 이 복장으로 자신의 신분을 나타내는 예물(摯)[2]을 받들고 가서 군주를 뵙는데, 예물을 내려놓고 인사를 올린다.[3] 이어서 예물을 들고 향대부鄕大夫와 향선생鄕先生을 찾아뵙는다.

乃易服, 服玄冠·玄端·爵韠, 奠摯見于君. 遂以摯見於鄕[4]大夫·鄕先生.

정현주 옷을 갈아입는데 조복朝服으로 하지 않는 것은 조정의 일이 아니기 때문이다.[5] '자신의 신분을 나타내는 예물'(摯)은 꿩을 가리킨다. '향선생鄕先生'은 향의 노인으로 경대부를 지냈다가 지금은 관직에서 물러난 사람이다. 易服不朝服者, 非朝事也. '摯', 雉也. '鄕先生', 鄕中老人爲卿大夫致仕者.

주

1_ 작변복을 벗은 후 ~ 착용한다 : 가공언은 작변복은 助祭할 때에 입는 복장이므로 군주와 선생 등을 뵐 때에는 착용할 수 없기 때문에 현단복으로 갈아입는 것이라고 하였다. 『의례주소』, 43쪽, 가공언의 소.

2_ 자신의 신분을 나타내는 예물 : '摯'는 사람을 찾아뵐 때 들고 가는 예물을 가리키는데, 그 '예물(摯)'은 들고 간 사람의 신표로서 신분을 나타낸다. 『예기』「표기」에 "辭(언사)가 없으면 서로 교유하지 않고, 禮(예물)가 없으면 서로 만나지 않는다"(無辭不相接也, 無禮不相見也)라고 한 것에 대해 정현은 "'禮'는 '摯'를 가리킨다"('禮'謂摯也)고 하였다. 이는 빈이 주인을 찾아뵐 때에는 반드시 '예물'이 있어야 한다는 뜻이다. 예물은 작위에 따라서 옥·비단·짐승 등을 사용하는데, 예가 끝나면 주인은 그 예물을 되돌려준다. 『예기』「곡례하」에는 상대를 만날 때 "천자는 울창주(鬯), 제후는 명규(圭), 경은 새끼 양(羔), 대부는 기러기(雁), 사는 꿩(雉), 서인은 집오리(匹)를 '摯'로 쓴다"(凡摯, 天子鬯, 諸侯圭, 卿羔, 大夫鴈, 士雉, 庶人之摯匹)고 하였다. 『주례』「춘관·대종백」에서는 "玉으로 여섯 가지의 瑞玉을 만들어서 제후들의 신분을 통일한다. 왕은 鎭圭를 잡는다. 公은 桓圭를 잡는다. 侯는 信圭를 잡는다. 伯은 躬圭를 잡는다. 子는 穀璧을 잡는다. 男은 蒲璧을 잡는다. 짐승으로 여섯 가지의 摯를 만들어 신하들의 신분을 통일한다. 孤는 皮帛(짐승 가죽으로 덮어서 장식을 한 비단 묶음)을 잡고, 卿은 羔(새끼 양)를 잡고, 大夫는 雁(기러기)을 잡고, 士는 雉(꿩)를 잡고, 庶人은 鶩(집오리)을 잡고, 工·商은 鷄(닭)를 잡는다"고 하였다. 이는 작위의 차이에 따라 사용하는 '예물(摯)'이 다름을 보여 주는 것으로, 따라서 '예물(摯)'은 빈의 신분 및 빈과 주인의 관계를 표시하는 것이라고 할 수 있다. 『삼례사전』, 1055쪽 '摯' 항목 참조.

3_ 예물을 내려놓고 인사를 올린다 : 능정감은 『예경석례』에서 "무릇 신분이 낮은 사람이 높은 사람을 뵐 때에는 예물을 내려놓는데, 이는 직접 전달하지 못함을 보이는 뜻이다"라고 하였다. 『의례정의』, 88쪽 참조.

4_ 鄕 : 왕인지·노문초·정요전·호배휘 등은 '鄕'은 '卿'의 잘못이라고 하였고, 단옥재·완원 등은 '鄕'으로 보아야 한다고 주장하였다. 『의례정의』, 86쪽 참조.

5_ 옷을 갈아입는데 ~ 때문이다 : 가공언에 따르면 현단복은 玄冠, 玄端, 玄裳(上士)·黃裳(中士)·雜裳(下士), 黑屨로 구성되고, 조복은 玄冠, 玄端, 素裳, 白屨로 구성된다. 경문에서는 현단복을 입는 것이므로 현관을 쓰고 현단을 입고 爵韠을 착용하는 것이다. 만약 조복을 입는다면 素韠을 착용하게 된다. 『의례주소』, 43쪽, 가공언의 소 참조.

「주인헌빈主人獻賓」

(淸),『흠정의례의소』

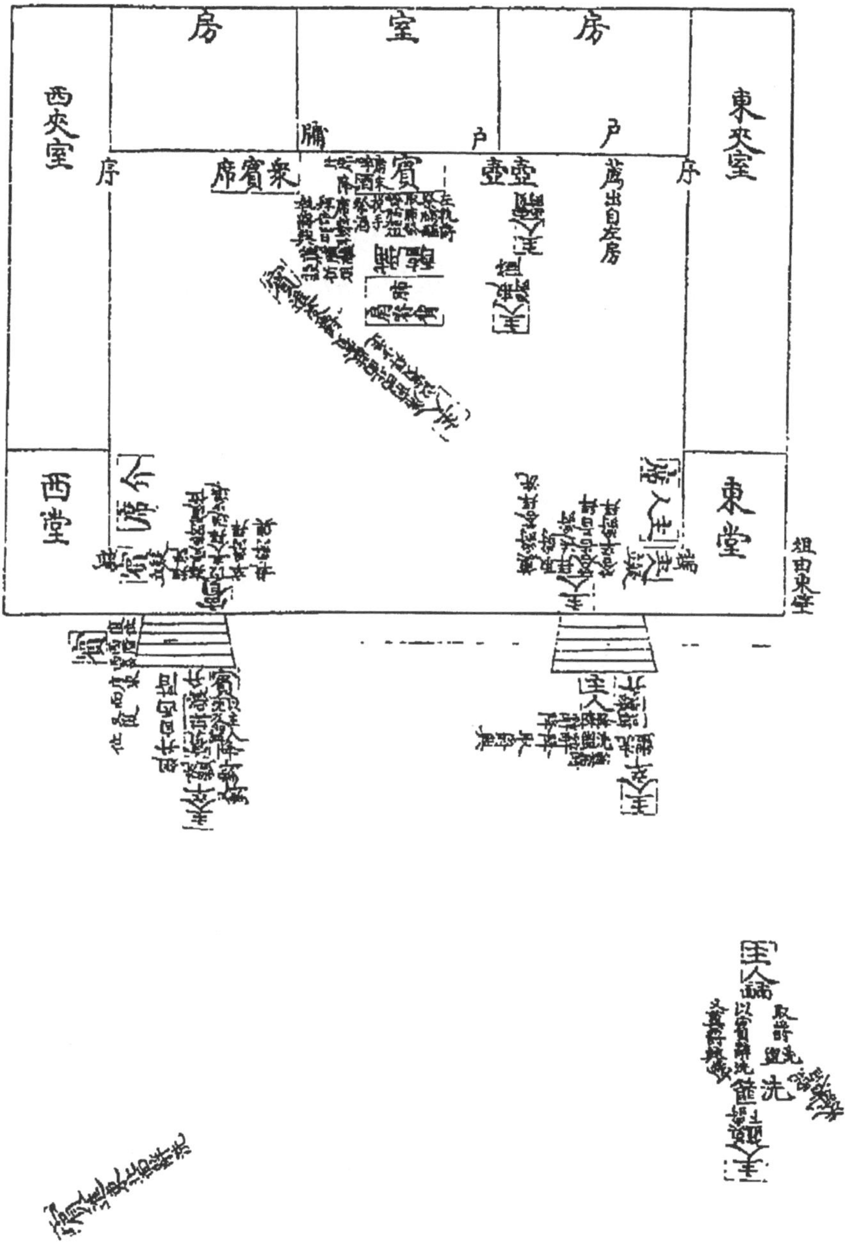

해제 經－76에서 經－78까지는 관례를 마친 후 주인이 빈에게 예주를 따라 주어 그 노고에 감사를 표하는 '예빈醴賓'의 절차이다.

[士冠禮01 : 經－76]

이어서 주인은 빈에게 예주를 따라 주어 예례醴禮를 행하는데, 일헌壹獻의 예禮로 한다.

乃醴[1]賓以壹獻之禮.

정현주 '일헌壹獻'은 주인이 빈에게 초헌初獻만 하고서 곧바로 연회를 베풀어 아헌亞獻이 없는 것을 말한다. 헌獻을 하고 작酢을 하고 수酬를 하여 빈과 주인이 각각 두 잔씩 마시면 예가 완성된다.[2]『의례』의「특생궤사례」와「소뢰궤사례」에서 시동에게 헌獻을 하는데, 이것과 유사한 예이다.[3] 사의 예는 일헌一獻이고, 경대부의 경우에는 삼헌三獻이다.[4] 빈에게 예를 올리면서도 숟가락을 사용하지 않는 것은 그 예주는 이미 걸러 낸 술이기 때문이다.[5]『예기』「내칙內則」에 "마시는 것으로는 걸러 낸 맑은 예주(淸)와 아직 거르지 않은 예주(糟)를 겹쳐서 진설한다. 쌀로 빚은 예주도 걸러 낸 맑은 술(淸)과 거르지 않은 술(糟)을 함께 진설하고, 찰기장으로 빚은 예주도 걸러 낸 맑은 술(淸)과 거르지 않은 술(糟)을 함께 진설하고, 수수로 빚은 예주도 걸러 낸 맑은 술(淸)과 거르지 않은 술(糟)을 함께 진설한다"라고 하였다. 무릇 예주를 올리는 행사에서 질박하게 하는 경우에는 거르지 않은 술(糟)을 사용하고, 문식을 내는 경우에는 걸러 낸 술(淸)을 사용한다.[6] '壹獻'者, 主人獻

賓而已, 即燕無亞獻者. 獻·酢·酬, 賓主人各兩爵而禮成. 「特牲」·「少牢饋食」之禮獻尸, 此其類也. 士禮一獻, 卿大夫三獻. 禮賓不用柶者, 泲其醴. 「內則」曰, “飲, 重醴清糟, 稻醴清糟, 黍醴清糟, 粱醴清糟.”[7] 凡醴事, 質者用糟, 文者用清.

[士冠禮01 : 經—77]

주인은 또 빈에게 술을 올려 수酬의 예를 행할 때, 비단 열 단(束帛)과 사슴가죽 두 장(儷皮)을 예물로 선물한다.

主人酬賓, 束帛·儷皮.

정현주 빈객에게 술을 권하고, 이에 이어서 재화를 함께 선물하는 것을 ‘수酬’라고 하는데,[8] 빈객에게 두터운 정의情意를 보이는 까닭이다. ‘속백束帛’은 비단 열 단이다.[9] ‘여피儷皮’는 사슴가죽 두 장이다. 고문본에는 ‘儷’가 ‘離’로 되어 있다. 飲賓客而從之以財貨曰‘酬’, 所以申暢厚意也. 束帛, 十端也. 儷皮, 兩鹿皮也. 古文‘儷’爲‘離’.

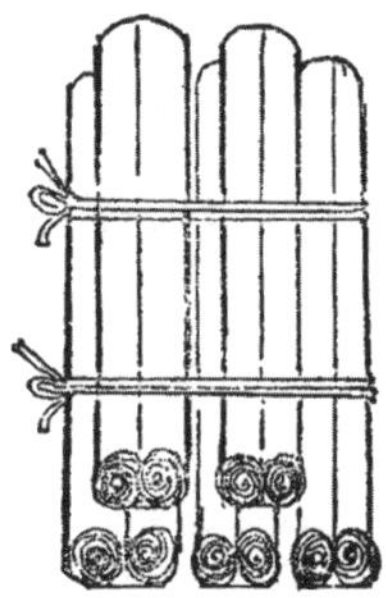

속백束帛
첸쉬안, 『삼례사전』

[士冠禮01 : 經—78]

주인의 찬자들도 모두 술자리에 참여한다. 빈의 찬관자贊冠者는 빈의 개介(보좌관)가 된다.

贊者皆與, 贊冠者爲介.

정현주 '주인의 찬자'는 중빈衆賓이다. '모두 참여한다'(皆與)는 것은 또한 술을 마시면서 중빈이 된다는 뜻이다.[10] '개介'는 빈의 보좌관이다. 찬관자를 보좌관으로 삼는 것은 높이는 뜻이다. 술을 마시는 예에서는 현자가 빈賓이 되고 그 다음 사람이 개介가 된다. '贊者', 衆賓也. '皆與', 亦飮酒爲衆賓. '介', 賓之輔, 以贊爲之, 尊之. 飮酒之禮, 賢者爲賓, 其次爲介.

주

1_ 醴 : 가공언, 주희, 진상도, 호배휘 모두 [經一72]에서와 마찬가지로 '醴'를 '禮'로 고쳐야 한다고 하였고, 이여규, 오계공, 방포, 오정화 등은 글자를 고칠 필요가 없다고 하였다. 『의례정의』, 89쪽 참조.

2_ '일헌'은 주인이 ~ 예가 완성된다 : '壹獻의 禮'는 주인과 빈이 행하는 一獻, 一酢, 一酬의 예를 말한다. 주인이 먼저 빈에게 술을 올리는 것을 '헌'이라고 한다. 빈이 이에 대한 보답으로 주인에게 술을 올리는 것을 '작'이라고 한다. 주인이 먼저 술을 마신 후 다시 빈에게 술을 따라 주어 마실 것을 권하는 것을 '수'라고 하는데, 이때 빈은 술잔을 내려놓고 마시지 않음으로써 예가 완성되었음을 보여 준다. 이처럼 주인과 빈이 '헌'-'작'-'수'의 과정을 한 번씩 하는 것을 '일헌의 예'라고 한다. 가공언은 다음과 같이 설명한다. "주인이 빈에게 獻을 한다. 빈이 주인에게 酢을 한다. 주인이 빈에게 酬를 하고자 할 때, 먼저 스스로 술을 마신 후 이어서 酬를 한다. 빈은 받은 술잔을 내려놓고 들지 않는다. 이는 빈과 주인이 각각 두 잔씩 마시는 것으로 예가 완성되는 것이다."(主人獻賓, 賓酢主人. 主人將酬賓, 先自飮訖, 乃酬. 賓奠而不擧. 是賓主人各兩爵而禮成也) 『의례주소』, 44쪽, 가공언의 소 참조.

3_ 이것과 유사한 예이다 : 관례에서는 주인과 빈이 각각 두 잔씩 마시고 亞獻이 없지만, 「특생궤사례」와 「소뢰궤사례」에서는 주인과 주부가 각각 한 잔씩 마시고 아헌이 있다. 따라서 동일하지는 않지만 주인이 一獻을 한다는 점에서는 그 의미가 같다는 뜻이다. 『의례주소』, 44쪽, 가공언의 소 참조.

4_ 사의 예는 ~ 삼헌이다 : 『주례』「추관·대행인」에 '上公·侯伯·子男의 饗禮에 각각 九獻, 七獻, 五獻을 하는 것'으로 규정되어 있으므로, 신분적 차등에 비추어 보면 대부는 三獻, 사는 단지 一獻을 할 뿐이다. 그런데 「특생궤사례」에서는 '主人이 初獻을 하고, 主婦가 亞獻을 하고, 賓長이 終獻(三獻)을 하는 것'으로 되어 있어, 士禮에서도 삼헌을 할 수 있다. 다만 이에 대해 방포는 제사의 경우에만 삼헌을 할 수 있으며, 관례와 혼례에서는 일헌을 넘을 수 없다고 하였다. 『의례정의』, 90쪽 참조.

5_ 그 예주는 이미 걸러 낸 술이기 때문이다 : 『예기』「교특생」에 "걸러서 술을 따를 때 띠풀을 사용하는데, 明酌을 먼저 섞는다"(縮酌用茅, 明酌也)라고 한 것에 대해 정현은 "明酌으로 醴齊를 걸러 내는 것을 가리킨다"(謂泲醴齊以明酌也)고 하였다. 『주례』「천관·주정」에는 泛齊·醴齊·盎齊·醍齊·沈齊를 '五齊'라고 하였다. 이 다섯 가지 술은 淸濁의 정도 차이는 있지만 모두 아직 찌꺼기가 걸러지지 않은 술이다. 이 가운데서도 '예제'는 '범제' 다음으로 매우 탁한 술이므로 '명작'(막 완성되어 윗부분이 맑은 술)을 섞고 띠풀로 덮어 받쳐서 찌꺼기를 걸러내야 따라서 마실 수 있다. 정현은 경문에서 '숟가락(柶)을 사용한다'는 언급이 없기 때문에 이곳의 '醴'는

이미 걸러 낸 '醴齊'라고 판단한 것이다. 이것이 '그 예주를 걸러 낸다'(沛其醴)의 의미이다.

6_ 무릇 예주를 ~ 술을 사용한다 : 예를 들면 관례에서 아들에게 醴齊를 따라 줄 때에는 獻·酬의 절차가 없으므로 이는 질박한 것이다. 그러므로 찌꺼기를 거르지 않은 탁한 술, 즉 '糟'를 사용한다. 경문에서처럼 빈에게 그 노고에 감사하는 뜻에서 예주를 따라 줄 때에는 獻이 있고, 酢이 있고, 酬가 있기 때문에 문식을 내는 것이다. 그러므로 찌꺼기를 걸러 낸 맑은 예주, 즉 '淸'을 사용한다. 『의례정의』, 90쪽 참조.

7_ 稻 ~ 糟 : 徐本·『集釋』·『通解』에는 '稻醴'에서 '淸糟'까지 12글자가 모두 있지만, 毛本에는 빠져 있으며, 敖氏에는 끝의 '淸糟' 2글자가 없다. 육구연은 "'糟'는 劉本에는 '醩'로 되어 있는데, 음은 糟이다"고 하였다. 『의례주소』, 44쪽 교감 참조.

8_ 빈객에게 술을 ~ 하는데 : 이곳의 '酬'는 주인이 빈에게 술을 올려 '수'의 예를 행할 때 예물을 주어 선물하는 것을 말한다. 이를 '酬幣'라고도 하는데, 중한 경우에는 乘馬를 예물로 선물하고, 가벼운 경우에는 束帛이나 儷皮를 예물로 선물한다. [빙례08 : 經一326]의 정현 주에 "'酬幣'는 향례에서 빈에게 '酬'의 예를 행하여 술을 권할 때 사용하는 예물인데, 사용되는 예물이 무엇인지는 들어 보지 못하였다"('酬幣', 饗禮酬賓勸酒之幣也, 所用未聞也)라고 하였다. 또 『예기』「예기」에 "琥와 璜은 술잔과 함께 바친다"(琥·璜, 爵)고 한 것에 대해 정현은 "'琥와 璜은 술잔과 함께 바친다'는 것은 천자가 제후에게 酬의 예를 행하거나 제후가 서로 '酬'의 예를 행할 때 이 玉으로 예물을 삼아 전해 바친다는 뜻이다"('琥璜爵'者, 天子酬諸侯, 諸侯相酬, 以此玉將幣也)라고 하였다.

9_ '속백'은 비단 열 단이다 : 비단 10단을 '束帛'이라고 하는데, 매 단의 길이는 2丈으로 한다. 2단이 1兩이므로 10단은 5량인데 그것을 1束이라 한다. 옛날 베나 비단을 접을 때에는 양 끝을 서로 향하게 하여 말았는데, 합해서 1량이 된다. 그래서 2단이 1량이 되고, 1단이 2장이 되고, 1량이 4장이 된다. 1량은 곧 1匹이다. 『삼례사전』, 407쪽 참조.

10_ '주인의 찬자'는 ~ 된다는 뜻이다. : 경문과 정현 주의 '贊者'에 대해 주희와 호배휘는 '주인의 찬자'를 가리킨다고 하였다. 호배휘는 "(경문의 '贊者皆與'의) 다음에 '贊冠者는 介가 된다'고 하였는데, 이 '찬관자'는 앞의 [經一20]에서 집으로 찾아가서 관례에 참여해 줄 것을 청했던 찬관자 한 사람으로, 곧 빈의 찬자이다. 그렇다면 이곳의 찬자는 주인의 찬자임이 매우 분명하다"(下云'贊冠者爲介', 卽前經宿贊冠者一人, 乃賓之贊者也. 則此贊者爲主人之贊者甚明)고 하였다. 정현이 이 '주인의 찬

자는 중빈이다'라고 한 것에 대해서 주희는 글자의 잘못일 것(恐字誤作'衆賓'耳)이라고 한 것에 반하여, 호배휘는 "음주의 예에서는 賓이 있고, 介가 있고, 衆賓이 있는데, 이미 '賓의 贊冠者는 介가 된다'고 하였으므로 주인의 찬자는 스스로 중빈의 반열에 있게 된다. 그러므로 '또한 술을 마시면서 중빈이 된다'고 한 것이니, 계빈만 하고 숙빈을 하지 않았던 중빈을 가리키는 것이 아니다"(鄭云'衆賓'者, 飮酒之禮, 有賓, 有介, 有衆賓, 旣云'贊冠者爲介', 則主人之贊者, 自在衆賓之列矣, 故云'亦飮酒爲衆賓', 非謂戒而不宿之衆賓也)라고 하였다. 주인은 관례의 날짜를 알리고 참여해 줄 것을 청하는 계빈을 행한 후에 빈과 찬관자에 대해서만 다시 집으로 찾아가 관례에 참여해 줄 것을 청하는 숙빈을 행한다. 계빈만 하고 숙빈을 하지 않았던 사람들도 중빈이 된다. 『의례정의』, 93쪽 및 [經-18]의 정현 주 참조.

해제 經-79는 관례가 모두 끝나고 빈을 전송할 때 희생을 희생제기(俎)에 담아 보내 주는 절차이다.

[士冠禮01 : 經-79]

빈이 외문外門(대문) 밖으로 나가면, 주인은 외문 밖까지 전송을 하는데 재배를 한다.[1] 주인은 사람을 시켜 빈에게 예례醴禮를 행할 때 사용했던 희생고기를 희생 제기(俎)[2] 위에 올려 빈의 집으로 보내 준다.

賓出, 主人送于外門外, 再拜, 歸賓俎.

정현주 일헌一獻의 예에서는 말린 고기를 담은 대나무제기와 고기젓갈을 담은 나무제기를 진설하고, 희생고기를 올려놓은 희생제기를 진설하는데,[3] 올려놓는 희생고기에 대해서는 들어보지 못했다. 사람을 시켜서 빈의 집으로 그것을 보내는 것이다. 一獻之禮, 有薦有俎, 其牲未聞. 使人歸諸賓家也.

주

1_ 빈이 ~ 재배를 한다 : [經-71]에서는 관례는 끝났지만 빈에게 예주를 따라 주어 그 노고를 위로하는 '醴賓'의 절차가 남아 있었기 때문에 빈이 묘문까지만 나갔는데, 이곳에서는 모든 절차가 끝났기 때문에 빈은 외문(대문) 밖으로 나간다. 능정감은 사관례에서 주인이 빈과 신분이 대등한 경우 '예빈'의 절차가 끝난 다음 외문 밖까지 전송하고, 주인의 신분이 높은 경우에는 외문 안에서 전송한다고 하였다. 『의례정의』, 93~94쪽 참조.

2_ 희생 제기 : '俎'는 제사용 희생고기를 올려놓은 제기로서, '大房'·'房俎'라고도 칭한다. 『주례』「천관·내옹」에 "왕에게 음식을 올릴 때에는 세발솥(鼎)과 희생 제기(俎)를 진설하고 희생고기를 그곳에 담는다"(王舉, 則陳其鼎俎, 以牲體實之)고 한 것에 대해 정현은 "희생고기를 가마솥(鑊)에서 건져내어 세발솥(鼎)에 담고, 세발솥에서 꺼내어 희생제기 위에 올려놓는다. 세발솥에 담는 것을 '脀'이라 하고, 희생제기 위에 올려놓는 것을 '載'라고 한다"(取於鑊以實鼎, 取於鼎以實俎, 實鼎曰脀, 實俎曰載)고 하였다. 가마솥으로 희생고기를 삶는데, 그것이 익으면 건져내어 세발솥에 담아 넣는다. 식사 때가 되면 다시 세발솥에서 꺼내어 희생제기 위에 올려놓고 진설한다. 『예기』「명당위」에 의하면 有虞氏는 '梡俎', 夏后氏는 '嶡俎', 은나라는 '椇俎', 주나라는 '房俎'를 사용했다고 한다.(俎, 有虞氏以梡, 夏后氏以嶡, 殷以椇, 周以房俎) 청동기로 만든 것과 나무로 만들고 옻을 칠한 것이 있다. 『삼례사전』, 527쪽 참조.

완조梡俎 궐조嶡俎 구조椇俎 방조房俎

섭숭의(宋), 『삼례도』

3_ 일헌의 예에서는 ~ 진설하는데 : '一獻의 예'는 주인이 빈에게 예주를 따라 주어 그 노고에 감사를 표하는 '醴賓'의 예를 가리킨다. [經-76] 참조.

「초용주도醮用酒圖」

(淸),『흠정의례의소』

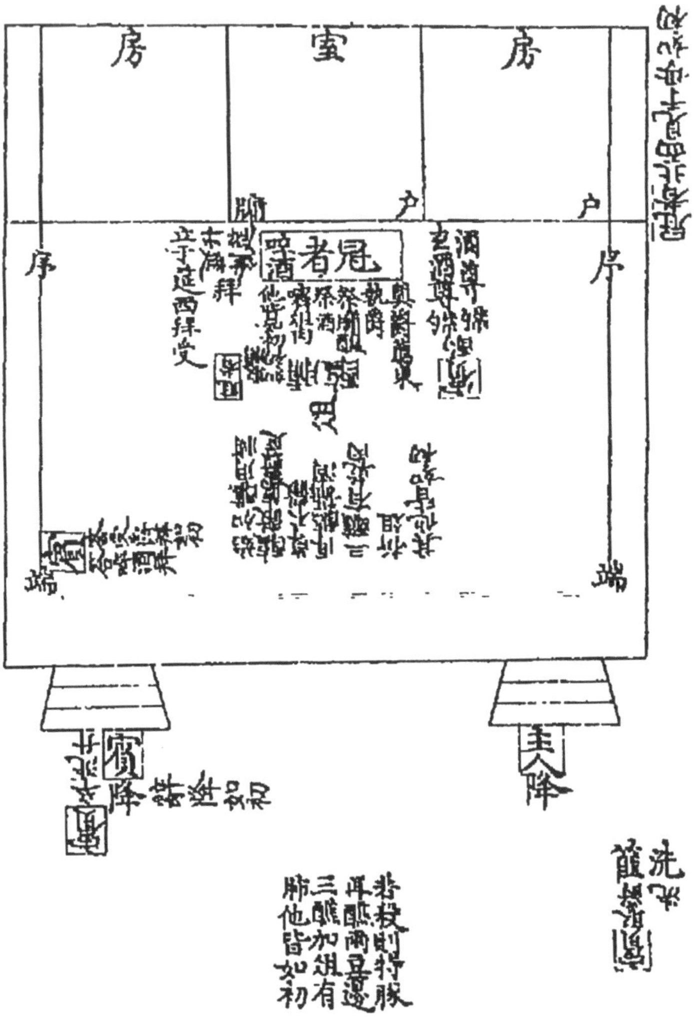

해제 經-80에서 經-93까지는 풍속에 따라 '예례醴禮'를 대신하여 '초례醮禮'를 행할 때의 절차이다.

[士冠禮01 : 經-80]

만일 예례醴禮를 행하지 않을 경우, 청주(酒)를 사용하여 초례醮禮를 거행한다.[1]

若不醴, 則醮用酒.

정현주 '만일 예례를 행하지 않을 경우'(若不醴)라고 말한 것은 나라에 따라 행할 만한 옛 풍속이 있다면 성인은 그것을 그대로 이용하고 고치지 않았다는 뜻이다. 『예기』「곡례하」에 "군자가 예를 행할 때는 풍속을 변화시키려고 하지 않는다. 제사를 지낼 때의 예와 거상할 때의 복식 및 곡읍할 때의 위치는 모두 그 나라의 풍습대로 하여 삼가 그 법을 닦고 살펴서 행한다"고 한 것이 이에 해당한다. 빈이 술을 따라 관을 쓴 사람에게 헌獻의 예만 행하고, 수酬와 작酢의 의절이 없는 것을 '초醮'라고 한다. '醴'는 또한 '禮'가 되어야 한다. '若不醴'謂國有舊俗可行, 聖人用焉不改者也. 「曲禮」曰, "君子行禮, 不求變俗. 祭祀之禮, 居喪之服, 哭泣之位, 皆如其國之故, 謹脩其法而審行之", 是. 酌而無酬酢曰'醮'. '醴'亦當爲'禮'.

[士冠禮01 : 經－81]

동방東房과 실문(室戶) 사이에 2통의 질그릇 술동이(甒)[2]를 진설하는데, 술동이 받침대(禁)[3]로 받쳐 놓는다. 물(玄酒)을 넣은 술동이를 청주(酒)를 넣은 술동이의 서쪽에 놓으며,[4] 각각의 술동이 위에 술국자(勺)를 얹어 놓는데 손잡이 부분이 남쪽을 향하도록 하여 놓는다.

尊于房戶之間, 兩甒, 有禁. 玄酒在西, 加勺, 南枋.

정현주 '방호간房戶閒'은 동방의 서쪽과 실문의 동쪽이다.[5] '금禁'은 술동이를 떠받치는 그릇이다. 그것의 명칭을 '금'이라고 한 것은 이로 인해서 음주의 경계로 삼기 위함이다. '현주玄酒'는 새로 길어온 물(新水)이다. 비록 오늘날에는 물을 넣은 술동이를 사용하는데도 여전히 그것을 진설하는 것은 상고시대를 잊지 않는 뜻이다. '房戶閒'者, 房西室戶東也. '禁', 承尊之器也. 名之爲禁者, 因爲酒戒也. '玄酒', 新水也, 雖今不用, 猶設之, 不忘古也.

금禁 사금斯禁(棜)

(淸), 『흠정의례의소』

[士冠禮01 : 經－82]

물받이 항아리(洗)의 서쪽에 대광주리(篚)를 진설하는데, 머리 부분이 북쪽을 향하고 꼬리 부분이 남쪽을 향하도록 하여 세로로 놓는다.

洗, 有篚在西, 南順.

정현주

이곳의 '물받이 항아리'는 뜰에 진설하는 물받이 항아리(庭洗)로서[6] 동쪽 추녀(東榮)와 마주하도록 놓으며, 물받이 항아리에서 당까지의 남북거리는 당 위 남쪽 끝 모서리에서 북쪽으로 방·실의 벽에 이르는 길이와 동일하게 한다.[7] 대광주리(篚) 안에는 또한 술 국자(勺)와 술잔(觶)을 넣어 두는데,[8] 물받이 항아리의 서쪽에 진설한다. '남순南順'은 북쪽을 윗자리로 삼아 놓는다는 뜻이다.[9] '洗', 庭洗, 當東榮, 南北以堂深. 篚亦以盛勺觶, 陳於洗西. '南順', 北爲上也.

[士冠禮01 : 經−83]

첫 번째 치포관을 씌운 후에 초례를 행하는데, 말린 고기를 담은 대나무제기와 고기젓갈을 담은 나무제기를 올린다. 빈은 당에서 내려와 대광주리(篚)에서 술잔(爵 : 1승 용량)을 꺼내어 손수 씻는다. 주인도 빈을 따라 당에서 내려온다. 빈은 내려올 필요가 없다고 사양을 하는데, 예례를 행할 때와 동일한 절차로 한다. 빈은 술잔 씻는 일을 마치면, 당 위로 올라가 술잔에 술을 따라서 관을 쓴 사람에게 건네준다.

始加, 醮, 用脯醢. 賓降, 取爵于篚, 辭降如初. 卒洗, 升酌.

정현주

'시가始加'는 첫 번째 관을 씌운 후 첫 번째 초례를 행하는 것을 말한다. 당 위 동쪽 벽(東序)에서 관을 씌우고, 실문(室戶)의 서쪽에서 초례를 행하는 것은 예례를 행하는 경우와 마찬가지이다.[10] 첫 번째 초례에서도 말린 고기를 담은 대나무제기와 고기젓갈을 담은 나무제기를 올린다.[11] '빈이 내려온다'(賓降)는 것은 술잔은 뜰에 있고, 술은 당 위에 있으므로 장차 스스로 술잔에 술을 따르려고 하는 것이다. '내려올 필요가 없다고 사양을 하는데, 처음과 동일한 절차로 한다'(辭降如初)[12]는 것은 예례를 행하는 경우 빈이 관을 씌우기에 앞서 당에서 내려와 손을 씻을 때 주인도 따라 내려오면 빈은 내려올 필요가 없다고 사양을 하는데, 초례를 행하는 경우에도 이와 마찬가지로 한다는 뜻이다.[13] 무릇 말린 고기를 담은 대나무제기와 고기젓갈을 담은 나무제기는 동방東房에서 가져온다. '始加'者, 言一加一醮也. 加冠於東序, 醮之於戶西, 同耳. 始醮亦薦脯醢. '賓降'者, 爵在庭, 酒在堂, 將自酌也. '辭降如初', 如將冠時降盥, 辭主人降也. 凡薦出自東房.

[士冠禮01 : 經－84]

관을 쓴 사람은 배례를 한 후 술잔을 받고 빈은 답배를 하는데, 예례를 행하는 경우와 동일한 절차로 한다.

冠者拜受, 賓答拜如初.

정현주 빈의 찬자가 실문의 서쪽(戶西)에 자리를 펼쳐 놓으면, 빈은 당 위로 올라가 관을 쓴 사람에게 읍을 하면서 자리로 나아가도록 청한다. 이어서 빈이 관을 쓴 사람에게 술을 따르면, 관을 쓴 사람은 남쪽을 향해 배례를 한 후 술잔을 받고, 빈은 술잔을 건네준 후 동쪽을 향해 답배를 하니, 예례를 행할 때와 절차가 동일하다.[14] 빈이 답배를 할 때, 빈의 찬자는 또한 말린 고기를 담은 대나무제기와 고기젓갈을 담은 나무제기를 올린다. 贊者筵于戶西, 賓升, 揖冠者就筵. 乃酌, 冠者南面拜受, 賓授爵, 東面答拜, 如醴禮也. 於賓答拜, 贊者則亦薦之.

[士冠禮01 : 經-85]

관을 쓴 사람은 자리 위로 올라가 앉는다. 왼손으로 술잔을 잡고, 오른손으로 말린 고기를 집어들어 고기젓갈에 묻힌 후 고수레를 하고, 또 술로 고수레를 한 후 일어난다. 자리 끝으로 가서 앉아 술을 맛본다. 관을 쓴 사람은 자리에서 내려와 빈에게 배례를 한다. 빈은 답배를 한다. 관을 쓴 사람은 말린 고기를 담은 대나무제기와 고기젓갈을 담은 나무제기의 왼쪽에 술잔을 내려놓고 자리의 서쪽으로 가서 선다.

冠者升筵, 坐. 左執爵, 右祭脯醢, 祭酒, 興. 筵末坐, 啐酒. 降筵, 拜, 賓答拜. 冠者奠爵于薦東, 立于筵西.

정현주

관을 쓴 사람은 선 채로 빈의 명을 기다리고 있다가 빈이 그에게 읍을 하면, 당 위 동쪽 벽(東序)에 있는 자리로 나아간다. 冠者立俟賓命, 賓揖之, 則就東序之筵.

[士冠禮01 : 經-86]

빈의 찬자는 말린 고기를 담은 대나무제기·고기젓갈을 담은 나무제기와 술잔을 거두어들이는데, 자리와 질그릇 술동이는 거두지 않고 그대로 둔다.

徹薦·爵, 筵·尊不徹.

정현주

말린 고기를 담은 대나무제기·고기젓갈을 담은 나무제기와 술잔을 거두어들이는 것은 후에 두 번째 피변을 씌우는 일에 방해가 되지 않도록 피하는 것이다. 자리와 술동이를 거두지 않는 것은 세 차례 관을 씌울 때마다 서로 이어서 사용할 수 있기 때문이니, 편리함을 따르는 것이다. 徹薦與爵者, 辟後加也. 不徹筵·尊, 三加可相因, 由便也.

[士冠禮01 : 經-87]

피변皮弁을 씌우는데, 예례에서 피변을 씌울 때와 동일한 절차로 한다.[15] 피변을 씌운 후 두 번째 초례를 행하는데, 술동이 안의 술을 한 번 휘저어 새롭게 정돈하고, 그 밖에는 모두 첫 번째 초례를 행할 때와 동일한 절차로 한다.[16]

加皮弁, 如初儀. 再醮, 攝酒, 其他皆如初.

정현주

'섭攝'은 정제한다(整)는 뜻과 같다. 술을 정제한다는 것은 그것을 휘젓는다는 뜻이다. 금문본에는 '攝'이 '聶'으로 되어 있다. '攝'猶整也. 整酒謂撓之. 今文'攝'爲'聶'.

[士冠禮01 : 經-88]

작변爵弁을 씌우는데, 예례에서 작변을 씌울 때와 동일한 절차로 한다. 작변을 씌운 후 세 번째 초례를 행하는데, 말린 희생고기를 잘라서 올려놓은 희생 제기(乾肉折俎)[17]를 관을 쓴 사람의 자리 앞에 진설하면, 관을 쓴 사람은 그 고기를 맛본다. 그 밖에는 첫 번째 초례를 행할 때와 동일한 절차로 한다.[18] 세 차례의 초례가 끝나면 관을 쓴 사람은 자리의 남쪽으로 가서 북쪽을 향해 앉아 말린 고기(脯)를 집어 든 후 어머니를 뵙는다.

加爵弁, 如初儀. 三醮, 有乾肉折俎, 嚌之. 其他如初. 北面取脯, 見于母.

정현주 '건육乾肉'은 희생의 몸체를 말린 고기이다.[19] 그 고기를 잘라서 희생 제기(俎) 위에 올려놓는다. '제嚌'는 맛본다는 뜻이다. '乾肉', 牲體之脯也. 折其體以爲俎. '嚌', 嘗之.

[士冠禮01 : 經—89]

말린 희생고기(乾肉) 대신에 희생을 잡아 초례를 거행하는 경우에는,[20] 새끼돼지 한 마리를 잡는데,[21] 가마솥(鑊)에 넣고 삶거나 희생 제기(俎) 위에 올려놓을 때 모두 왼쪽 몸체와 오른쪽 몸체를 함께 사용한다. 중앙 부위를 조금 남기고 자른 허파(離肺)[22]는 세발솥(鼎)에 담아 두는데, 가로막대(扃)[23]로 세발솥의 양 귀를 꿰어 걸고 덮개보(鼏)[24]로 세발솥의 위를 덮는다.

若殺, 則特豚, 載合升, 離肺實于鼎, 設扃鼏.

정현주 '특돈特豚'은 한 마리의 새끼돼지이다. 무릇 희생은 모두

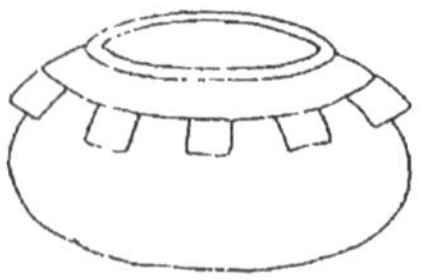

확鑊

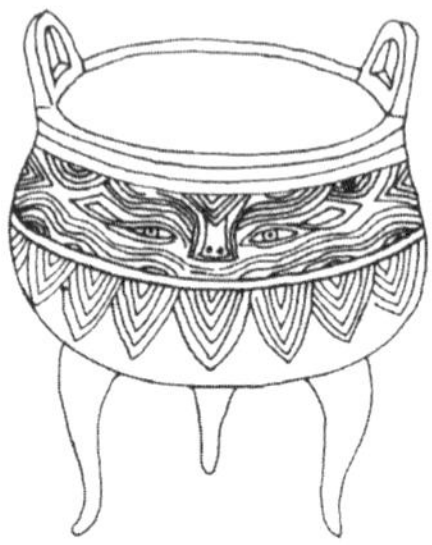

정鼎

황이주(淸), 『예서통고』

멱鼏

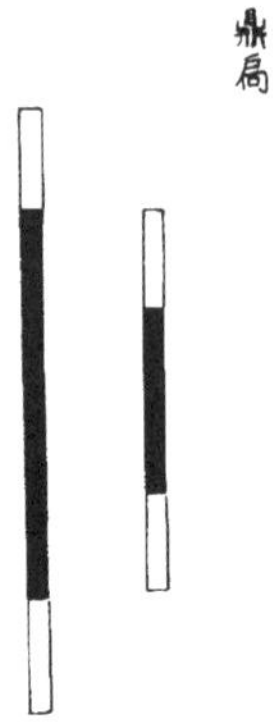

경扃

황이주(淸), 『예서통고』

왼쪽 몸체를 사용하는데,[25] 가마솥(鑊)에 넣고 삶는 것을 '팽亨'이라고 하고, 세발솥(鼎)에 담아 놓는 것을 '승升'이라 하고, 희생 제기(俎) 위에 올려놓는 것을 '재載'라고 한다. '재합승載合升'은 가마솥에 넣고 삶을 때나 희생 제기 위에 올려놓을 때나 모두 희생의 왼쪽 몸체와 오른쪽 몸체를 합쳐서 사용한다는 뜻을 밝힌 것이다.[26] '이離'는 가른다(割)는 뜻이다. 허파를 가르는 것은 제사를 지낼 수도 있고 맛을 볼 수도 있게 하기 위한 것이다. 금문본에는 '扃'이 '鉉'으로 되어 있다. 고문본에는 '鼏'이 '密'로 되어 있다. '特豚', 一豚也. 凡牲皆用左胖, 煑於鑊曰亨, 在鼎曰升, 在俎曰載. '載合升'者, 明亨與載皆合左右胖. '離', 割也. 割肺者, 使可祭也, 可嚌也. 今文'扃'爲'鉉', 古文'鼏'爲'密'.

[士冠禮01 : 經－90]

희생을 잡을 경우의 첫 번째 초례에서는 말린 희생고기(乾肉)를 사용할 때와 동일한 절차로 한다.[27]

始醮, 如初.

정현주

또한 말린 고기를 담은 대나무제기와 고기젓갈을 담은 나무제기를 올리고, 말린 고기를 담은 나무제기·고기젓갈을 담은 나무제기와 술잔은 거두어들이지만 자리와 술동이는 거두지 않는다는 뜻이다. 亦薦脯醢, 徹薦爵, 筵·尊不徹矣.

[士冠禮01 : 經－91]

희생을 잡을 경우의 두 번째 초례에서는 2개의 나무제기(豆)를 진설하는데 아욱절임(葵菹)과 달팽이젓갈(蠃醢)을 각각 담아 놓으며, 2개의 대나무제기(籩)를 진설하는데 밤과 말린 고기를 각각 담아 놓는다.[28]

再醮, 兩豆, 葵菹·蠃醢, 兩籩, 栗·脯.

정현주

'나해蠃醢'는 달팽이젓갈(蜲蝓醢)이다. 금문본에는 '蠃'가 '蝸'로 되어 있다. '蠃醢', 蜲蝓醢. 今文'蠃'爲'蝸'.

[士冠禮01 : 經－92]

희생을 잡을 경우의 세 번째 초례에서는 술동이 안의 술을 휘저어 정제하는데 두 번째 초례를 행할 때와 동일한 절차로 한다. 새끼 돼지를 올려놓은 희생 제기(俎)를 진설하고, 관을 쓴 사람은 희생 제기 위에 올려놓은 허파로 고수레를 하는데 모두 말린 고기와 고기젓갈로 고수레를 할 때와 동일한 절차로 하며, 이어서 허파를 맛본다.

三醮, 攝酒如再醮. 加俎·嚌之, 皆如初, 嚌肺.

정현주 '술동이의 술을 휘저어 정제하는데 두 번째 초례를 행할 때와 동일한 절차로 한다'(攝酒如再醮)고 하였으므로 두 번째 초례에서도 술동이의 술을 정제하는 것이다.[29] '가조제지加俎嚌之'에서의 '제嚌'는 '제祭'가 되어야 하니,[30] 글자의 잘못이다. '희생 제기 위에 올려놓은 새끼돼지의 허파로 고수레를 하는데 처음과 동일한 절차로 한다'(祭俎如初)는 것은 말린 고기를 집어들어 고기젓갈에 묻힌 후 고수레를 할 때와 동일한 절차로 한다는 뜻이다.[31] '攝酒如再醮', 則再醮亦攝之矣. '加俎嚌之', '嚌'當爲'祭', 字之誤也. '祭俎如初', 如祭脯醢.

[士冠禮01 : 經—93]

세 차례의 초례를 마친 후 관을 쓴 사람은 대나무제기(籩)에 담겨 있는 말린 고기(脯)를 집어 들고 당에서 내려와 어머니를 뵙는데, 말린 희생고기(乾肉)를 사용할 때와 동일한 절차로 한다.[32]

卒醮, 取籩脯以降, 如初.

주

1_ 만일 예례를 ~ 거행한다 : '醴'는 관례를 마친 후에 빈이 관을 쓴 사람에게 醴禮를 행하는 것을 말하는데, 예례를 행할 때에는 예주(醴)를 사용한다. 그 구체적인 절차는 [經-61]에서 [經-66]까지 참조하기 바란다. '醮'는 醮禮를 행하는 것을 말하는데, 초례를 행할 때에는 청주(酒)를 사용한다. ○ 호배휘는 '예주'(醴)와 '청주'(酒)의 차이를 다음과 같이 설명한다. '예주'는 태고시대의 술로서 濁하고 질박한 술이며, '청주'는 후대에 만들어진 술로서 淸하고 문식을 낸 술이다. 행례의 근본은 질박함을 중시하기 때문에 관례에서는 '예주'를 쓰는 것을 정상적인 예법으로 삼지만, '청주'를 사용하는 초례도 병행한다. 관례에서 초례의 절차는 빈이 청주를 술잔(爵 : 1승의 용량)에 따라서 관을 쓴 사람에게 '獻'을 하고, 관을 쓴 사람은 이를 받아서 술을 맛보는 것으로 끝나며, 빈과 관을 쓴 사람 사이에 일체 술잔을 주고받는 酬와 酢의 과정이 없다. 『의례정의』, 100쪽 참조. ○ 장이기는 '예례'와 '초례'의 차이를 아래의 표와 같이 설명한다. 『의례정의』, 100쪽 참조.

예례	초례
예주(醴)를 넣은 한 통의 질그릇 술동이(甒)만을 東房에 진설한다.	물(玄酒)과 청주(酒)를 넣은 두 통의 질그릇 술동이(甒)를 東房과 室戶 사이에 진설한다.
술잔으로 觶(3승 용량)를 사용한다.	술잔으로 爵(1승 용량)을 사용한다.
대광주리(篚)는 東房에 진설한다.	대광주리(篚)는 庭에 진설한다.
세 차례의 관을 씌워 주는 절차(三加冠)가 모두 끝났을 때 한 차례 예례를 거행한다.	관을 씌워 줄 때마다(加冠) 각각 한 차례의 초례를 거행한다.
술과 함께 올리는 안주는 말린 고기(脯)와 고기젓갈(醢)이다.	초례를 행할 때마다 모두 말린 고기(脯)와 고기젓갈(醢)을 올리고, 세 번째 초례에는 말린 고기를 올려놓은 희생제기(俎)를 진설한다.
빈의 찬자가 술잔(觶)에 예주를 따라 빈에게 건네준다.	빈이 직접 당 아래로 내려가서 술잔(爵)을 집어들고, 다시 당 위로 올라와서 술잔에 청주를 따른다.
관례를 치르는 사람은 관을 쓸 때마다 東房 안으로 들어가 옷을 갈아입고, 다시 방에서 나와 빈의 명을 기다린다.	관례를 치르는 사람은 초례가 끝날 때마다 자리의 서쪽에 서서 빈의 명을 기다린다.
빈은 관을 씌워 줄 때마다 반드시 축사를 하고, 예례를 행할 때에도 醴辭를 한다.	빈은 관을 씌워 줄 때에는 축사를 하지 않고, 초례를 행할 때에만 醮辭를 한다.

○ 가공언은 청주를 사용하여 '초례'를 거행하는 것은 하·은의 冠子法이라고 하였다. 그러나 주희는 '예례'를 행하지 않고 '초례'를 행하는 것은 당시 예법이 나라마다 다르기 때문일 뿐 반드시 하·은의 예법이라고 단정할 수는 없다고 하였다. 또한 유창은 '청주를 사용하여 초례를 행하는 것'을 서자의 冠法이라고 하였지만, 성세좌

는 이것이 서자의 관법이라면 경문에서 '若庶子則醮用酒'라고 했을 것이라고 하여 그 잘못을 비판하였다. 『의례정의』, 101쪽 참조.

2_ 2통의 질그릇 술동이 : 채진덕은 "예례의 경우 예주를 넣은 한 통의 질그릇 술동이(甒)만을 진설하는데, 술동이를 받쳐 놓는 술동이 받침대(禁)가 없으며, 물(玄酒)을 넣은 술동이도 없다. 술을 뜨는 술 국자(勺)는 대광주리(篚)에 넣어 두고, 술동이 위에 얹어 놓지 않는다. 초례의 경우 두 통의 질그릇 술동이를 진설하는데, 술동이를 받쳐 놓는 술동이 받침대가 있으며, 청주(酒)를 넣은 술동이와 함께 물을 넣은 술동이도 있으며, 술 국자는 술동이 위에 얹어 놓는다. 이것이 그 차이점이다"(醴一甒, 無禁, 無玄酒, 有勺在篚, 不加於尊. 醮則兩甒, 有禁, 有玄酒, 加勺尊上, 此其異也)라고 하였다. 『의례정의』, 102쪽 참조.

3_ 술동이 받침대 : '禁'은 술동이나 술잔을 받쳐 놓는 기구이다. '棜'·'棜禁'·'斯禁'이라 칭하는 술동이도 있다. '禁'에는 다리가 있고 '棜'·'棜禁'과 '斯禁'에는 다리가 없으며, 대부는 '棜'를 사용하고 사는 '禁'을 사용한다. 섭숭의의 『삼례도』에 인용된 『舊圖』에 의하면 '禁은 길이가 4척, 너비가 2척 4촌이며, 받침대의 다리 높이는 3촌'이다. 『예기』「예기」에 "대부와 사는 棜·禁을 사용한다"(大夫士棜禁)라고 한 것에 대해서 공영달은 "대부는 棜를 사용하고, 사는 禁을 사용한다"(大夫用棜, 士用禁)고 해석하였다. 또한 정현은 『예기』「예기」의 같은 경문에 대해 "棜는 斯禁이다. 그것을 '棜'라고 말하는 것은 다리가 없어서 棜(갸자 : 음식을 나르는 도구)와 비슷하기 때문에 아마도 그렇게 명칭을 붙여 부른 듯하다. 대부는 斯禁을 사용하고, 사는 禁을 사용하는데, 오늘날의 方案(앉은뱅이책상)처럼 생겼다"(棜, 斯禁也. 謂之棜者, 無足, 有似於棜, 或因名云耳. 大夫用斯禁, 士用禁, 如今方案)고 하였다.

4_ 물을 넣은 ~ 서쪽에 놓으며 : 오계공은 "두 개의 술동이 가운데 한 통에는 청주(酒)를 넣고, 한 통에는 물(玄酒)을 넣는다. 물을 넣은 술동이를 서쪽에 놓는데, 이는 술동이를 놓을 때에는 서쪽을 윗자리로 삼기 때문이다"(兩甒, 一酒, 一玄酒. 玄酒在西, 尊西上也)라고 하였다. 『의례정의』, 102쪽.

5_ '방호간'은 ~ 동쪽이다 : 능정감은 『예경석례』에서 "무릇 술동이를 진설할 때, 빈과 주인이 동등한 경우에는 동방과 실문 사이에 놓으며, 군주와 신하 사이인 경우에는 당 위 동쪽 기둥(東楹)의 서쪽에 놓는데, 모두 두 통의 술동이를 진설한다"고 하였다. 『의례정의』, 102쪽.

6_ 이곳의 ~ 물받이 항아리로서 : 정현은 北堂에 진설하는 물받이 항아리 즉 '北洗'와 구별하기 위해 이곳에서 특별히 뜰에 진설하는 물받이 항아리 즉 '庭洗'라고 주를

붙인 것이다. 초례의 절차를 설명하는 이 경문에서 물받이 항아리를 진설하는 절차를 말하지 않고 단지 대광주리(篚)의 위치만을 언급한 것에 대해서, 오계공은 초례에서 물받이 항아리를 진설하는 절차는 예례와 마찬가지이지만 대광주리를 진설하는 것이 예례와 다르기 때문이라고 해석하였다. 그러나 호배휘는 예례에서도 대광주리를 진설하는데 그 위치는 房으로서 뜰에 대광주리를 진설하는 초례와 다르다고 하여 오계공의 설을 비판하였다. 『의례정의』, 104쪽 참조.

7_ 물받이 항아리에서 ~ 동일하게 한다 : [經－26]의 각주 4) 참조.

8_ 대광주리 안에는 ~ 넣어 두는데 : 왕사양은 "세 차례의 초례에서는 술잔으로 모두 爵(1승의 용량)을 사용하고, 술 국자(勺)는 술동이 위에 얹어 놓는다. 대광주리 안에 넣어 두는 술잔은 觶(3승의 용량)가 아니며, 술 국자도 없다. 정현의 주는 잘못되었다"(三醮皆用爵, 勺加在尊上. 篚中非觶, 幷無勺也, 注誤耳)고 하여 대광주리 안에 술 국자와 觶 술잔을 넣어 둔다는 정현의 설을 비판하였다. 그러나 호배휘는 爵과 觶는 통칭이며, 아울러 '술 국자를 먼저 대광주리 안에 넣어 둔 후 술동이 위에 얹어 놓는 것이다'라는 저인량의 설을 인용하여 정현의 해석이 타당하다고 하였다. 『의례정의』, 104쪽 참조.

9_ '남순'은 ~ 놓는다는 뜻이다 : '南順'은 대광주리의 머리 부분이 북쪽을 향하고, 꼬리 부분이 남쪽을 향하도록 세로로 놓는다는 뜻이다. 호배휘는 대광주리는 세로로 진설하여 북쪽을 위쪽으로 삼는데, 대광주리는 머리와 꼬리에 표지물을 붙여 구분하며, 여기서의 대광주리는 뜰에 있는 것이므로 北堂에 진설하는 '上篚'(內篚)에 대하여 '下篚'가 된다고 하였다. 『의례정의』, 104쪽 참조.

10_ 당 위 동쪽 벽에서 ~ 마찬가지이다 : 예례를 행하는 경우, 아들에게 관을 씌울 때에는 당 위 동쪽 벽(東序)에 자리를 펼쳐 놓고,([經－48]) 아들에게 예례를 행할 때에는 실문의 서쪽(戶西)에 자리를 펼쳐 놓는다.[經－61] 초례를 행하는 경우에도 마찬가지인데, 이곳의 경문에서 이를 언급하지 않았기 때문에 정현 주에서 보충한 것이다. 예례를 행하는 경우 세 차례 관을 씌우는 三加冠의 절차가 모두 끝난 후에 한 차례 예례를 행하고, 초례를 행하는 경우에는 관을 씌울 때마다 각각 초례를 행하는 차이는 있지만, 예례나 초례나 그 행례의 장소는 동일함을 밝히기 위한 것이다.

11_ 첫 번째 초례에서도 ~ 올린다 : 예례를 행하는 경우에는 한 차례만 말린 고기를 담은 대나무제기와 고기젓갈을 담은 나무제기를 올리지만, 초례를 행하는 경우에는 모두 세 차례를 올리니, 첫 번째 초례를 행할 때에도 올린다는 뜻이다.

12_ 내려올 필요가 ~ 동일한 절차로 한다 : 호배휘는 "이 장에서 그 절차가 예례와 동일한 경우에는 모두 '처음과 동일한 절차로 한다'(如初)고 하였으므로 예례가 正禮임을 더욱 알 수 있다"고 하였다. 『의례정의』, 104쪽.

13_ 예례를 행하는 경우 ~ 한다는 뜻이다 : 예례를 행하는 경우, 관을 씌우려고 할 때 빈이 당에서 내려와 손을 씻으면 주인도 빈을 따라서 당에서 내려오는데, 빈은 주인에게 내려올 필요가 없다고 사양을 한다.([經-52]) 초례를 행하는 여기서도 빈이 당에서 내려와 술잔을 집어들면, 주인도 빈을 따라 당에서 내려오고, 빈은 주인에게 내려올 필요가 없다고 사양을 한다. 다만 예례를 행하는 경우 빈이 내려오는 것은 단지 손을 씻기 위한 것인 데 비해 초례를 행하는 경우에는 손과 더불어 술잔도 함께 손수 씻는다.([經-83]) 이 점에서는 다르지만, 주인이 내려오는 것을 사양하는 절차는 동일하다. 『의례정의』, 105쪽 참조.

14_ 예례를 행할 때와 절차가 동일하다 : [經-63]에서 [經-64]까지의 예례 절차 참조.

15_ 예례에서 ~ 절차로 한다 : 주희는 경문의 '如初儀'를 예례에서 두 번째 피변을 씌우는 장의 절차와 동일하게 한다는 뜻이라고 하였다.(此如初儀者, 如前再加一章之儀也, 下條放此) 『의례정의』, 107쪽. 예례에서 두 번째 피변을 씌우는 절차는 [經-57]에서 [經-58] 참조하기 바란다.

16_ 그 밖에는 ~ 절차로 한다 : 주희에 따르면 두 번째 초례에서는 술을 휘저어 정제하는 것이 첫 번째 초례와 다를 뿐이고 그 나머지는 모두 첫 번째 초례와 동일한 절차로 한다는 뜻이다.(再醮攝酒, 其他皆如初, 言惟攝酒異於始醮, 其他皆如之也) 『의례정의』, 107쪽.

17_ 말린 희생고기를 잘라서 올려놓은 희생 제기 : 가공언은 혹자의 설을 인용하여 돼지를 해체하여 7개의 몸체로 만들고 그것을 말리는데 이를 '乾肉'이라고 하고, 그것을 희생제기 위에 올릴 때에는 잘라서 21개의 몸체로 만들기 때문에 '乾肉折俎'라 한다고 하였다. 성세좌는 희생제기 위에 건육을 올리는 것은 희생을 잡지 않기 때문이라고 하였다. 『의례정의』, 107쪽 참조.

18_ 그 밖에는 ~ 절차로 한다 : 주희는 세 번째 초례에서는 술을 휘저어 정제하는 것과 말린 고기를 잘라서 올려놓은 희생제기를 진설하여 그 고기를 맛보는 것이 첫 번째 초례와 다를 뿐이고 그 나머지는 모두 첫 번째 초례와 동일한 절차로 한다는 뜻이라고 하였다.(三醮唯攝酒及有乾肉折俎嚌之爲異, 其他皆如初) 『의례정의』, 107쪽 참조.

19_ '건육'은 ~ 말린 고기이다 : 정현은『주례』「천관·납인」에 주를 달면서 "큰 짐승을 해체시켜 말리면 그것을 '乾肉'이라고 한다. 오늘날 양주의 烏翅 즉 肉脯와 같은 것이다. 얇게 썬 것을 '脯'라고 하고, 그것을 두들긴 다음 생강이나 계피를 뿌린 것을 '鍛脩'라고 한다. '腊'은 작은 동물을 통째로 말린 것이다"(大物解肆乾之, 謂之乾肉. 若今涼州烏翅矣. 薄折曰'脯', 棰之而施薑桂曰'鍛脩'. '腊', 小物全乾)라고 하였다. 즉 '乾肉'·'脯'·'鍛脩'·'腊'은 모두 구분된다. 정현이 주에서 '牲體之脯'(희생의 몸체로 만든 말린 고기)라고 한 것은 희생의 몸체를 말린 것이 '脯'와 같다는 뜻이다. 이 때문에 심동은 "단지 脯의 마른 것을 취한 것이지, 그것을 얇게 썬 형태를 취한 것은 아니다"(但取於脯之乾, 不取其薄析)라고 하였다.『의례정의』, 107쪽 참조.

20_ 말린 희생고기 ~ 경우에는 : 가공언은 앞의 초례는 乾肉을 사용하고 희생을 잡지 않는 경우를 기록한 것이고, 이하에서는 하·은에서 초례를 행할 때 희생을 잡는 일을 기술한 것이라고 하였지만, 호배휘는 초례에서 희생을 잡는 것은 옛 풍속에 따르는 것이지 하·은 시대의 예법은 아니라고 하였다. 또한 호배휘는 乾肉折俎를 사용하는 것은 예례보다 성대히 하는 것이고, 희생을 잡는 것은 折俎보다 더욱 성대히 하는 것인데, 관례를 행할 때 성대한 것을 우선하지 않는 것은 성인이 예를 제정할 때 모든 사람이 실행할 수 있도록 한 것으로 순박한 뜻을 보여 주는 것이라고 하였다.『의례주소』, 51쪽 및『의례정의』, 108쪽 참조.

21_ 새끼돼지 한 마리를 잡는데 : 심동은 돼지(豕)를 사용하지 않고 새끼돼지(豚)를 사용하는 것은 새끼돼지가 아직 제사에 쓰일 정도로 자란 희생은 아니지만 장차 희생이 될 것이므로 관례를 거행하는 의리와 유사하기 때문이라고 하였다.『의례정의』, 108쪽.

22_ 중앙부위를 조금 남기고 자른 허파 : '離'는 '가른다'는 뜻이다. 허파 한 부분을 몸체와 완전히 분리되지 않도록 부분적으로 가르는 것을 말한다.『예기』「소의」에 "소와 양의 허파는 가를 때 허파 중심에 이르지 않게 한다"(牛羊之肺, 離而不提心)고 한 것이 이것을 의미한다. 허파는 두 가지가 있다. 하나는 먹기 위해 진설하는 '擧肺'로서, 가를 때 중앙 부위가 끊어지지 않고 조금 남아 있게 한다. 離肺 혹은 嚌肺라고도 한다. 다른 하나는 제사를 지내기 위해 진설하는 '祭肺'로서, 자를 때 완전히 끊어지게 자른다. '刌肺' 혹은 '切肺'라고도 한다. 호배휘에 의하면『의례』의 여러 편에서 대부분 '離肺'(擧肺)와 '刌肺'(祭肺)를 함께 언급하였는데, 이 경문에서 '이폐'만을 말한 것은 '촌폐'의 문장을 생략한 것이다. 허파는 氣의 주인이기 때문에 희생의 몸체와 함께 세발솥에 담는다.『의례정의』, 110쪽 참조.

23_ 가로막대 : 세발솥의 양 귀를 관통하는 가로막대로서, 세발솥을 들 때에 사용한다.

24_ 덮개보 : 세발솥의 위를 덮는 데 사용되며, 띠풀로 만든다. [공사대부례09 : 經一12]에 "가로막대로 세발솥의 양 귀를 꿰어 걸고 덮개보로 세발솥의 위를 덮는다. 덮개보는 띠풀의 밑동을 묶거나 중간 부분을 엮어서 만든다"(設扃·鼏, 鼏若束若編)라고 한 것에 대해 정현은 "세발솥의 덮개보는 대체로 띠풀로 만드는데, 띠풀의 길이가 길면 뿌리를 묶고, 짧으면 그 가운데를 엮어서 만든다"(鼎鼏, 蓋以茅爲之, 長則束本, 短則編其中央)고 하였다.

25_ 무릇 희생은 ~ 사용하는데 : 『의례』「향음주례」·「향사례」·「특생궤사례」의 記文이나 「소뢰궤사례」의 經文에는 모두 '右胖' 즉 희생의 오른쪽 몸체를 사용한다고 되어 있다. 이곳의 정현 주에서 모든 희생은 '左胖' 즉 왼쪽 몸체를 사용한다고 한 것에 대해 가공언은 하·은의 예법에 의한 것이라고 하였지만, 능정감은 희생은 모두 오른쪽 몸체를 사용하며 오직 變禮에서만 길례와 반대로 왼쪽 몸체를 사용한다고 하였다. 『의례주소』, 51쪽 및 『의례정의』, 108쪽 참조.

26_ 모두 희생의 ~ 밝힌 것이다 : 그 이유에 대해서 오정화는 "길한 일에는 희생의 오른쪽 몸체를 사용하고 흉한 일에는 왼쪽 몸체를 사용한다. 새끼돼지는 작기 때문에 양쪽 모두 함께 사용하는 것이다"(吉事牲用右, 凶事用左. 豚小, 故合用之)라고 하였다. 『의례정의』, 109쪽 참조.

27_ 말린 희생고기를 ~ 한다 : '初'는 가공언, 주희, 호배휘 모두 정현과 마찬가지로 희생을 잡지 않을 경우 즉 건육을 사용하는 때의 첫 번째 초례를 가리킨다고 하였다. 오정화는 예례와 초례를 겸하여 말한 것이라고 하였지만, 호배휘는 잘못된 해석이라고 비판하였다. 『의례정의』, 111쪽 참조.

28_ 2개의 대나무제기를 ~ 담아 놓는다 : 나무제기(豆)와 대나무제기(籩)를 각각 2개씩 진설하는 이유에 대해서 가공언은 희생을 잡기 때문에 반찬을 성대하게 하는 것이라고 하였다. 주희는 두 번째 초례에서는 술을 휘저어 맑게 정제하고 대나무제기와 나무제기를 진설하는 것만 다를 뿐 나머지는 첫 번째 초례와 동일한 절차로 한다고 하였다. 『의례주소』, 52쪽 및 『의례정의』, 112쪽 참조.

29_ 두 번째 초례에서도 ~ 것이다 : 가공언은 두 번째 초례에서 '술동이의 술을 휘저어 정제한다'(攝酒)는 문장이 생략된 것이라고 하였다. 『의례주소』, 52쪽 참조.

30_ '가조제지' ~ 되어야 하니 : 가공언은 경문에 '嚌'가 두 번 보이는데 정현이 앞의 '加俎嚌'의 '嚌'만 '祭'로 바꾸고 뒤의 '嚌肺'의 '嚌'는 그대로 둔 것은 '고수레를 한 후에 맛을 보기 때문'이라고 하였다. 『의례주소』, 52쪽.

31_ 희생 제기 위에 올려놓은 ~ 뜻이다 : 가공언은 세 번째 초례에서는 다만 희생제기 위에 올려놓은 허파만으로 고수레를 하고 다시 말린고기를 집어들어 고기젓갈에 묻힌 후 고수레하는 절차를 행하지 않는다는 뜻으로 해석하였다.(祭俎如初, 如祭脯醢者, 以三醮唯祭俎之肺, 不復祭脯醢也) 『의례주소』, 53쪽.

32_ 말린 희생고기를 ~ 한다 : 자리의 남쪽으로 가서 북쪽을 향해 앉아 말린 고기(脯)를 집어 든 후 어머니를 뵙는다. [經-88] 참조.

「고자관도」(孤子冠圖)

(淸),『흠정의례의소』

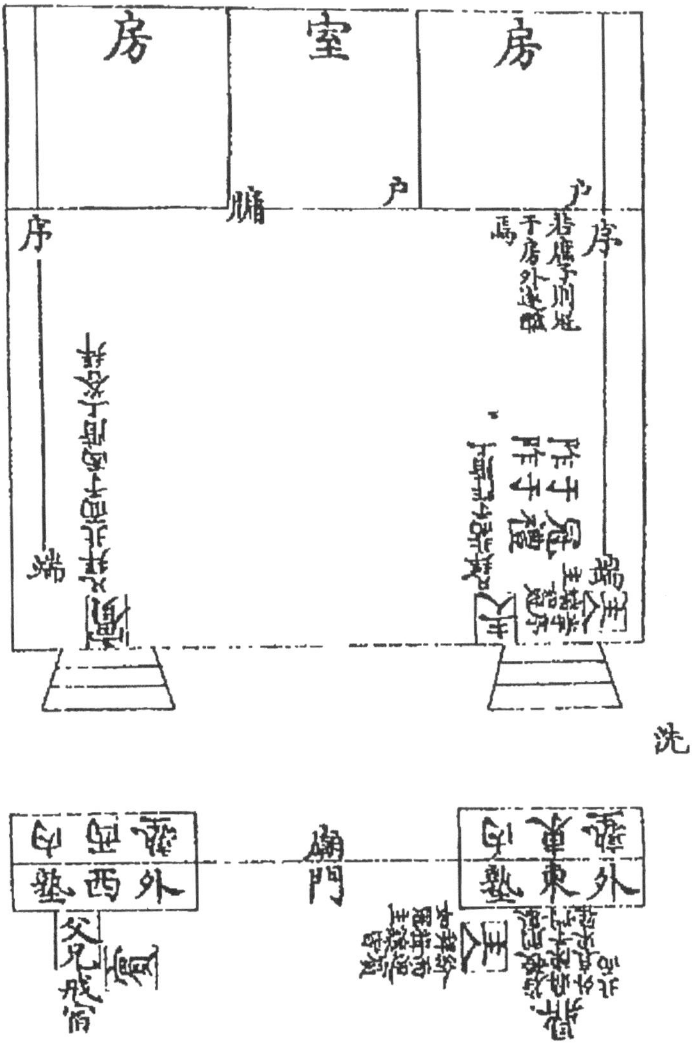

해제 經-94에서 經-97까지는 '고자孤子' 즉 적자이지만 아버지가 일찍 돌아가신 고아의 관례 절차이다.

[士冠禮01 : 經-94]

관을 쓸 당사자가 적자인 고아(孤子)[1]라면, 빈의 집으로 찾아가 관례의 날짜를 알리고 참여해 줄 것을 청하는 계빈戒賓과 빈의 집으로 찾아가 관례에 참여해 줄 것을 다시 한 번 고하여 청하는 숙빈宿賓의 의절은 부형父兄이 행한다.[2]

若孤子, 則父兄戒·宿.

정현주 '부형父兄'은 제부諸父(伯父나 叔父)와 제형諸兄(從兄)을 가리킨다. '父兄', 諸父·諸兄.

[士冠禮01 : 經-95]

관례를 거행하는 날에 고아(孤子)는 스스로 주인이 되어 머리를 땋아 묶어 상투를 틀고서(紒)[3] 빈을 맞이하고, 빈에게 배례를 하고, 빈과 세 차례 읍을 하고, 빈과 세 차례 양보를 한 후 당 위로 올라가 당 위 동쪽 벽(東序)의 남쪽 끝에 서는데, 모두 친부親父나 종형宗兄이 주인이 되었을 때와 동일한 절차로 한다.[4] 세 차례 관을 씌워 주는 예가 끝나면 빈은 조계 위쪽에서 고아(孤子)에게 예례를 행한다.[5]

冠之日, 主人紒而迎賓, 拜, 揖, 讓, 立于序端, 皆如冠主, 禮於阼.

정현주 '관주冠主'는 관을 쓰는 사람의 친부 및 종형이다.[6] 고문본에는 '紒'가 '結'로 되어 있고, 금문본에는 '禮'가 '醴'로 되어 있다. '冠主', 冠者親父若宗兄也. 古文'紒'爲'結', 今文'禮'作'醴'.

[士冠禮01 : 經-96]

무릇 배례를 행할 때,[7] 고아(孤子)는 모두 조계 위쪽에서 북쪽을 향해 배례를 하고, 빈도 서쪽 계단 위쪽에서 북쪽을 향해 답배를 한다.[8]

凡拜, 北面于阼階上, 賓亦北面于西階上答拜.

[士冠禮01 : 經-97]

적자인 고아의 관례에서 만약 희생을 잡는다면, 희생고기를 담은 세발솥(鼎)을 들어 묘문 밖에서 묘문 밖 동쪽 당(東塾)과 마주하게 진설하는데, 머리 부분이 북쪽을 향하도록 하여 놓는다.[9]

若殺, 則舉鼎陳于門外, 直東塾, 北面.

정현주 고아(孤子)의 관례에서는 예를 펼쳐 성대하게 할 수 있다.[10] 아버지가 살아 계신다면 세발솥을 묘문 밖에 진설하지 못한다. 孤子得申禮, 盛之. 父在, 有鼎不陳於門外.

주

1_ 고아 : 정현은 『예기』「곡례상」의 주에서 "孤子는 30세 이전에 아버지를 잃은 사람을 가리킨다"(孤子之年未三十而喪父者)고 하였고, 호배휘는 이 경문의 '고자'는 적자이지만 아버지가 돌아가신 경우라고 하였다. 『의례정의』, 113쪽.

2_ 부형이 행한다 : 오계공은 父兄이 계빈과 숙빈을 하는 이유는 孤子가 아직 관례를 치르지 않아서 성인들과 집밖에서 예를 행할 수 없기 때문이라고 하였다. 또 경문에 '부형이 계빈과 숙빈을 한다'고 한 것을 근거로 筮日·筮賓·爲期 등의 의절은 모두 관을 쓰는 당사자, 즉 고자가 직접 주관한다고 하였다. 『의례정의』, 113쪽 참조.

3_ 머리를 땋아 묶어 상투를 틀고서 : [經—39]에서는 "장차 관을 쓸 사람은 채의를 입고, 머리를 땋아 묶어 상투를 틀고 방 안에서 남쪽을 향해 선다"(將冠者采衣, 紒, 在房中, 南面)고 하였는데, 여기서 '채의'를 말하지 않은 것은 孤子는 가정을 이루어 세대주가 되더라도 관과 옷에 색깔 있는 것으로 가선을 두르지 못하기 때문이다.(『예기』「곡례상」, "孤子當室, 冠·衣不純采")

4_ 빈을 맞이하고 ~ 한다 : [經—42]에서 [經—46]까지 친부나 종형이 주인이 되었을 경우의 절차 참조.

5_ 조계 위쪽에서 ~ 행한다 : 친부나 종형이 주인이 되었을 경우에는 세 번 관을 씌워주는 三加의 예가 끝난 후 빈이 실문(室戶)의 서쪽에서 관을 쓴 사람에게 예례를 행하는데, 孤子가 주인이 되었을 때에는 조계 위쪽에서 한다는 뜻이다. 경문의 '阼'는 조계 위쪽 즉 당위 동쪽 벽 조금 북쪽의 위치를 말한다. [經—48] 참조.

6_ '관주'는 ~ 종형이다 : '冠主'는 관을 쓰는 사람의 부형을 가리키는데, 관례를 주관하기 때문에 '관주'라고 칭한다.

7_ 무릇 배례를 행할 때 : 경문의 '무릇'(凡)은 예례 및 초례를 행할 때, '배례를 한 후 술잔을 받고', '술 맛을 본 후 배례를 하고', '답배를 하는' 등 모든 배례의 경우를 가리킨다.

8_ 고아는 모두 ~ 답배를 한다 : 孤子의 관례에서 빈과 고자(주인)는 모두 북쪽을 향해 배례를 한다. 아버지가 생존해 있을 경우, 관례를 치른 아들은 자리(筵)의 서쪽에서 남쪽을 향해 배례를 하고, 빈은 당 위 서쪽 벽(西序)의 끝에서 동쪽을 향해 배례를 한다. [經—64] 참조.

9_ 묘문 밖 동쪽 당과 ~ 놓는다 : 세발솥을 묘문 밖 동쪽 당(東塾)의 남쪽에 진설한다

는 뜻이다.

10_ 고아의 관례에서는 ~ 있다 : 관례를 거행할 때 희생을 잡는 것은 본래 그 아들을 위한 것이기 때문에 묘문 밖에 세발솥을 진설하지 못하는데, 고아가 스스로 관례를 거행할 때에는 묘문 밖에 진설한다. 이는 희생을 잡아서 빈에게 공경함을 다하기 위한 것으로 자신을 위한 것이 아니다. 『의례정의』, 118쪽 참조.

해제 經－98은 '서자庶子'의 관례 절차이다.

[士冠禮01 : 經－98]

관을 쓸 당사자가 서자庶子라면,[1] 방 밖에서 남쪽을 향해 관을 쓰고, 이어서 초례도 이곳에서 행한다.

若庶子, 則冠于房外南面, 遂醮焉.

정현주 '방 밖'(房外)은 술동이의 동쪽을 가리킨다.[2] 조계 위쪽에서 관을 쓰지 않는 것은 서자는 후사가 되어 아버지를 대신하는 의리가 없기 때문이다.[3] 빈객의 자리에서 초례를 행하지 않는 것은 성인이 되었지만 높여 주지 않기 때문이다.[4] '房外', 謂尊東也. 不於阼階, 非代也. 不醮於客位, 成而不尊.

주

1_ 관을 쓸 당사자가 서자라면 : [經－94]에서 [經－97]까지는 아버지가 돌아가신 경우 적자의 관례를 말한 것인데, 이것은 아버지가 살아 계신 경우 서자의 관례 절차이다.

2_ '방 밖'은 ~ 가리킨다 : [經－81]에서 "東房과 室門 사이에 술동이를 진설한다"(尊于房戶之間)고 하였는데, 정현에 따르면 술동이가 동방의 서쪽 실문의 동쪽에 있는 것을 뜻한다. 여기서는 동방의 밖에서 남쪽을 향하고 있으므로 술동이의 동쪽에 있는 것이 된다.

3_ 조계 위쪽에서 관을 쓰지 않는 것은 ~ 때문이다 : [記－02]에서 "적자는 조계 위쪽에서 관을 쓰는데, 아들이 후사가 되어 아버지의 대를 잇는 의리를 밝히기 위한 것이다"(適子冠于阼, 以著代也)라고 하였다. 서자는 아버지의 대를 잇는 존재가 아니다.

4_ 빈객의 자리에서 ~ 때문이다 : [記－02]에서 "(적자의 경우에는) 빈객의 자리에서 초례를 행하는데, 관을 써서 성인의 도리가 있게 되었음을 높여 주기 위한 것이다"(醮于客位, 加有成也)라고 하였다. 빈객의 자리는 室門의 서쪽을 가리킨다. 빈객의 자리에서 적자에게 초례를 행하는 것은 성인이 되었기 때문에 그를 높여 주는 것이다. 이 경문에서 서자는 관을 썼던 곳에서 그대로 초례를 받는다. 이는 성인이 되었지만 높여 주지 않는 것이다.

해제

經-99는 어머니의 부재 중에 관례를 거행할 때의 절차이다.

[士冠禮01 : 經-99]

관을 쓴 사람의 어머니가 집에 없을 경우에는 다른 사람을 시켜서 어머니를 대신하여 서쪽 계단 아래에서 말린 고기를 받도록 한다.[1]

冠者母不在, 則使人受脯于西階下.

주

1_ 관을 쓴 사람의 어머니가 ~ 받도록 한다 : 가공언은 경문에서 '沒'이라고 하지 않고 '不在'라고 한 것에 주목하여, 어머니가 친정 부모의 상 때문에 친정집에 갔거나 질병에 걸려서 관례에 참석하지 못한 경우를 말한 것으로, 다른 사람을 시켜 말린 고기를 받게 했다가 후에 어머니를 뵙고 드리는 것으로 해석하였다. 장이기, 저인량도 같은 입장이다. 호배휘는 어머니가 친정집의 상복 기간이 끝나지 않아서 묘에 들어가 가례에 참여할 수 없는 상황 때문이라는 왕사양의 견해를 인용하여 '不在'는 어머니가 闈門 밖에 있지 못한 경우를 말했을 뿐이라고 하였다. 『의례주소』, 54~55쪽 및 『의례정의』, 120쪽 참조.

해제 經－100에서 經－103까지는 계빈과 숙빈의 의절을 행할 때 주인과 빈이 하는 말이다.

[士冠禮01 : 經－100]

주인은 빈의 집으로 찾아가 관례의 날짜를 알리고 참여해 줄 것을 청할 때(戒賓), "아무개(주인의 이름)에게 아들 아무개(아들의 이름)가 있는데, 그의 머리에 베로 짠 관을 씌우고자 하오니,[1] 그대(빈)께서 오셔서 관 쓰는 예를 가르쳐 주시기 바랍니다"라고 말한다.[2]

戒賓, 曰, "某有子某, 將加布於其首, 願吾子之教之也."

정현주

'오자吾子'는 서로 친근히 함을 보이는 말이다. '오吾'는 우리(我)라는 뜻이다. '자子'는 남자에 대한 미칭이다. 고문본에는 '某'가 '謀'로 되어 있다. '吾子', 相親之辭. '吾', 我也. '子', 男子之美稱. 古文'某'爲'謀'.

[士冠禮01 : 經－101]

빈은 "아무개(빈의 이름)는 현명하지 못하니, 관례의 일을 제대로 수행하지 못하여 그대를 욕되게 할까 두렵습니다. 감히 사양하겠습니다"라고 대답한다.

賓對曰, "某不敏, 恐不能共事, 以病吾子, 敢辭."

정현주

'병病'은 욕되게 한다(辱)는 뜻과 같다. 고문본에는 '病'이 '柄'으로 되어 있다. '病'猶'辱'也. 古文'病'爲'柄'.

[士冠禮01 : 經-102]

주인은 "아무개는 그래도 그대께서 끝내 오셔서 아들을 가르쳐 주시기 바랍니다"라고 말한다. 빈은 "그대께서 이처럼 거듭 명하시니, 아무개가 감히 따르지 않을 수 있겠습니까!"라고 대답한다.

主人曰, "某猶願吾子之終敎之也." 賓對曰, "吾子重有命, 某敢不從!"

정현주

'감히 따르지 않을 수 있겠습니까!'라고 말하는 것은 허락하는 말이다. '敢不從', 許之辭.

[士冠禮01 : 經-103]

주인은 빈의 집으로 찾아가 관례에 참여해 줄 것을 다시 한 번 고하여 청할 때(宿賓), "아무개(주인의 이름)는 아무개(아들의 이름)의 머리에 베로 짠 관을 씌우고자 하오니, 그대(빈)께서 참석해 주시기를 감히 다시 한 번 청합니다"라고 말한다. 빈은 "아무개(빈의 이름)가 감히 일찍 일어나서 가지 않을 수 있겠습니까!"라고 대답한다.

宿曰, "某將加布於某之首, 吾子將莅之, 敢宿." 賓對曰, "某敢不夙興!"

정현주

'이莅'는 임한다(臨)는 뜻이다. 금문본에는 '對'가 없다. '莅', 臨也. 今文無'對'.

주

1_ 그의 머리에 베로 짠 관을 씌우고자 하오니 : 치포관과 작변은 모두 베(布)로 만들고, 피변은 사슴가죽(鹿皮)으로 만든다. 여기서 '베로 짠 관을 씌운다'(加布)고 한 것은 두 가지의 관을 들어 포괄하여 말한 것이다.

2_ 주인은 빈의 집으로 찾아가 ~ 말한다 : 호배휘는 「사관례」에서는 관례의 의절을 쉽게 이해할 수 있도록 행례의 절차를 먼저 기록하고, 여러 '辭'들을 그 뒤에 실었다고 하였다. 한편 '辭'와 '記'의 차이에 대해서 왕사양은 "'記'는 후대에 經을 읽던 사람들이 덧붙인 것이고, '辭'는 經을 작성할 당시에 기록된 정식 문장으로서 사·대부가 이용하는 데 편리하도록 한 것인데 이 또한 經이다"('記'乃讀經者所附, '辭'則作經時著爲正式之文, 便於士·大夫承用, 亦卽經也)라고 하였다. 한편 오계공은 「사혼례」에서 '辭'들이 모두 '記' 안에 실려 있는 것을 근거로 '辭'를 記文으로 파악한다. 이에 대해 심동은 "「사관례」의 '辭'들은 經이다. 「사혼례」에서는 經에서 '辭'를 언급하지 못했기 때문에 記에서 보충한 것이다. 또 「사관례」에는 經이 상세하기 때문에 記에서는 단지 관례의 의미에 대해서만 언급하였다. 「사혼례」에는 經이 소략하기 때문에 記에서 그 갖추지 못한 바를 모두 보충하였다"(「冠禮」諸辭卽經也. 「昏禮」經未及辭, 故于記補之. 右「冠禮」經詳, 故記但言冠義. 「昏禮」經略, 故記皆補其所未備)고 하였다. 『의례정의』, 121쪽 참조.

해제 經－104에서 經－110까지는 빈이 관을 씌워 주면서 하는 축사祝辭이다.

[士冠禮01 : 經－104]

빈은 첫 번째 치포관緇布冠을 씌워 줄 때 축사祝辭를 한다. "이 좋은 달 길한 날에 그대에게 첫 번째 관을 씌워 주게 되었다.

始加, 祝曰, "令月吉日, 始加元服.

정현주 '영令'과 '길吉'은 모두 좋다(善)는 뜻이다. '원元'은 머리(首)의 뜻이다.[1] '令'·'吉', 皆善也. '元', 首也.

[士冠禮01 : 經－105]

그대의 어린애 같은 마음을 버리고, 그대의 성인으로서의 덕을 삼가 닦도록 하라.[2] 그리하면 장수를 누리는 상서로움이 있을 것이고, 그대의 큰 복을 더욱 크게 하리라."

棄爾幼志, 順爾成德. 壽考惟祺, 介爾景福.

정현주 '이爾'는 너(女)의 뜻이다. 관례를 마치면 성인으로서의 덕을 갖추게 된다. '기祺'는 상서롭다(祥)는 뜻이다. '개介'와 '경景'은 모두 크다(大)는 뜻이다. 관을 씌우면서 경계하고 또 권면하게 하는 것이다. 그대가 이와 같이 한다면 장수를 누리는 상서로움이 있고, 그대의 큰 복이 더욱 크게 될 것이라는 뜻이다. '爾', 女也. 既冠爲成德. '祺', 祥也. '介'·'景', 皆大也. 因冠而戒, 且勸之. 女如是則有壽考之祥, 大女之大福也.

[士冠禮01 : 經—106]

빈은 두 번째 피변皮弁을 씌워 줄 때 축사祝辭를 한다. "이 좋은 달 길한 날[3]에 그대에게 두 번째 관을 씌워 주게 되었다.

再加, 曰, "吉月令辰, 乃申爾服.

정현주

'진辰'은 자子·축丑 등의 12지이다.[4] '신申'은 거듭한다(重)는 뜻이다. '辰', 子丑也. '申', 重也.

[士冠禮01 : 經—107]

그대의 성인으로서의 몸가짐을 공경스럽게 하고, 그대의 덕을 맑고 신중하게 하라. 그리하면 오래도록 장수할 것이고, 영원히 끝없는 복을 받으리라."

敬爾威儀, 淑愼爾德. 眉壽萬年, 永受胡福.

정현주

'호胡'는 멀다(遐), 아득하다(遠)는 뜻이니, 영원히 끝이 없다는 말이다. 고문본에는 '眉'가 '麋'로 되어 있다. '胡'猶遐也·遠也, 遠無窮. 古文'眉'作'麋'.

[士冠禮01 : 經－108]

빈은 세 번째 작변爵弁을 씌워 줄 때 축사祝辭를 한다. "이 좋은 해 길한 달에 그대에게 세 가지 관을 모두 씌워 주게 되었다.

三加, 曰, "以歲之正, 以月之令, 咸加爾服.

정현주

'정正'은 좋다(善)는 뜻과 같다. '함咸'은 모두(皆)의 뜻이다. '그대에게 세 가지 관을 모두 씌워 주게 되었다'(皆加女之三服)는 것은 치포관·피변·작변을 씌워 주게 되었다는 뜻이다. '正'猶善也. '咸', 皆也. 皆加女之三服, 謂緇布冠·皮弁·爵弁也.

[士冠禮01 : 經－109]

형제들이 모두 이곳에 오셔서 그대의 성인으로서의 덕을 완성시켜 주셨다.

兄弟具在, 以成厥德.

정현주

'궐厥'은 그(其)의 뜻이다.[5] '厥', 其.

[士冠禮01 : 經－110]

누런 머리카락이 다시 생겨나고 검은 반점이 돋아날 때까지 끝없이 장수를 누리고, 하늘의 축복을 받으리라."

黃耇無疆, 受天之慶.

정현주 '황黃'은 누런 머리카락(黃髮)[6]의 뜻이고, '구耇'는 언 배(凍梨)[7]의 뜻이니, 모두 장수의 징조이다. '강疆'은 끝(竟)의 뜻이다. '黃', 黃髮也, '耇', 凍梨[8]也, 皆壽徵也. '疆', 竟.

주

1_ '원'은 머리의 뜻이다 : 『좌전』 희공 33년조에 "晉의 先軫이 狄의 군대를 향해 공격해 들어갔다가 죽음을 당했다. 狄人은 선진의 머리(元)를 돌려주었는데, 얼굴이 살아 있는 듯하였다"(晉先軫入狄師, 死焉. 狄人歸其元, 面如生)라고 한 것이나, 『맹자』에서 "용사는 그 머리(元)를 잃겠다는 생각을 잊지 않는다"(勇士不忘喪其元)고 한 것은 '元'이 곧 머리(首)의 뜻이라는 증거이다. 따라서 경문의 '加元服'은 '首服' 즉 머리의 복식인 관을 씌운다는 뜻이 된다.

2_ 그대의 성인으로서의 덕을 삼가 닦도록 하라 : 주희는 경문의 '順'자는 옛날에는 '愼'자와 통용되었다고 한다.('順', 古與'愼'通用)

3_ 이 좋은 달 길한 날 : 경문에서 '吉月令辰'이라고 한 것은 달과 날이 모두 좋다는 뜻이다. [經-104]의 '令月吉日'과 호문으로서 특별히 다른 뜻은 없다.

4_ '진'은 자·축 등의 12지이다 : 이는 10간을 12지에 배당한 것이다. "辰은 子·丑 등의 12支이다"라고만 말했지만, 10간이 있음을 알 수 있다. 즉 甲子, 乙丑 등을 간략하게 말한 것이다.

5_ '궐'은 그의 뜻이다 : 오계공은 '厥'이 형제를 가리킨다고 하였지만, 장이기와 호배휘는 관을 쓰는 사람을 가리켜 말한 것이라고 하였다. 『의례정의』, 124쪽 참조.

6_ 누런 머리카락 : 『이아』「석고상」에 "黃髮과 齯齒와 鮐背와 耇와 老는 장수한다는 뜻이다"(黃髮·齯齒·鮐背·耇·老, 壽也)라고 하였다. '黃髮'은 머리카락이 빠졌다가 다시 누런 머리카락이 생겨난 것이고, '齯齒'는 이가 빠졌다가 다시 가는 이가 생겨난 것이다. '鮐背'는 등의 피부가 복어 등과 같다는 뜻이다.

7_ 언 배 : '凍梨'는 장수하는 사람의 얼굴빛을 말한다. 『석명』「석장유」에 "90세를 '鮐背'라고 한다. … '凍梨'라고도 하는데, 피부에 언 배의 색깔처럼 검은 반점이 있는 것을 말한다"(九十曰'鮐背' … 或曰'凍梨', 皮有斑黑如凍梨色也)고 하였다.

8_ 凍梨 : 嚴本에는 '凍梨'로 되어 있고, 監本에는 '凍黎'로 되어 있는데, 노문초는 『羣書拾補』에서 "梨'와 '黎'는 통한다"고 하였다. 『의례정의』, 124쪽 참조.

해제 經－111에서 經－112까지는 빈이 관을 쓴 사람에게 예주(醴)를 따라 주어 예례를 행할 때에 하는 예사醴辭이다.

[士冠禮01 : 經－111]

빈은 관례를 마친 후 관을 쓴 사람에게 예주를 따라 주어 예례醴禮를 행할 때 예사醴辭를 한다. "단맛 나는 예주는 진하고,[1] 좋은 안주는 향기롭도다.

醴辭曰, "甘醴惟厚, 嘉薦令芳.

정현주 '가嘉'는 좋다(善)는 뜻이다. '좋은 안주'(善薦)란 말린 고기와 고기젓갈의 향기로움을 말한다. '嘉', 善也. '善薦', 謂脯醢芳香也.

[士冠禮01 : 經－112]

배례를 하고 술잔을 받은 후 고수레를 하여,[2] 그대의 상서로움을 다지도록 하라. 하늘의 아름다운 복을 받고, 늙을 때까지 아름다운 명성이 잊혀지지 않으리라."

拜受祭之, 以定爾祥. 承天之休, 壽考不忘."

정현주 '휴休'는 아름답다(美)는 뜻이다. '잊혀지지 않는다'(不忘)는 것은 오래도록 좋은 명성을 누린다는 뜻이다.[3] '休', 美也. '不忘', 長有令名.

주

1_ 단맛 나는 예주는 진하고 : 오계공에 의하면, 예주에 대해서 '진하다'(厚)라고 표현한 것은 아직 찌꺼기를 거르지 않은 술임을 나타내기 위한 것이다. 『의례정의』, 125쪽 참조.

2_ 배례를 하고 ~ 고수례를 하여 : 관례를 마친 후 빈이 관을 쓴 사람에게 예례를 행할 때의 절차를 말한다. [經—64] 참조.

3_ 오래도록 ~ 누린다는 뜻이다 : 오계공은 "장수함에 이르러서도 다른 사람들이 그를 잊지 못한다"(謂至於壽考, 而人不能忘之也)는 뜻으로 해석하였다. 『의례정의』, 125쪽 참조.

해제 經-113에서 經-119까지는 빈이 관을 쓴 사람에게 청주(酒)를 따라 주어 초례를 행할 때에 하는 초사醮辭이다.

[士冠禮01 : 經-113]

빈은 관을 쓴 사람에게 청주를 따라 주어 첫 번째 초례를 행할 때 초사醮辭를 한다. "맛난 청주는 이미 맑아졌고, 좋은 안주는 진실로 때맞추어 올라와 있도다.[1]

醮辭曰, "旨酒旣淸, 嘉薦亶時.

정현주 '단亶'은 진실로(誠)의 뜻이다. 고문본에는 '亶'이 '癉'으로 되어 있다. '亶', 誠也. 古文'亶'爲'癉'.

[士冠禮01 : 經-114]

첫 번째 치포관을 씌워 주게 되었는데, 형제들도 모두 와서 자리하고 계신다. 효도와 우애를 지극히 다해야, 오래도록 평안할 수 있을 것이다."

始加元服, 兄弟具來. 孝友時格, 永乃保之."

정현주 부모에게 잘하는 것을 효도(孝)라고 하고, 형제에게 잘하는 것을 우애(友)라고 한다. '시時'는 이(是)의 뜻이다. '격格'은 지극하다(至)

는 뜻이다. '영永'은 오래도록(長)이라는 뜻이다. '보保'는 평안하다(安)는 뜻이다. 이 효도와 우애를 행해야 평안할 수 있다는 뜻이다. 금문본에는 '格'이 '嘏'로 되어 있다. 무릇 초례를 행하는 경우에는 축사를 하지 않는다.[2] 善父母爲孝, 善兄弟爲友. '時', 是也. '格', 至也. '永', 長也. '保', 安也. 行此乃能保之. 今文'格'爲'嘏'. 凡醮者不祝.

[士冠禮01 : 經-115]

빈은 관을 쓴 사람에게 두 번째 초례를 행할 때 초사醮辭를 한다. "맛난 청주는 이미 맑게 걸러졌고, 좋은 안주로는 말린 고기가 있도다.[3]

再醮, 曰, "旨酒既湑, 嘉薦伊脯.

정현주

'서湑'는 맑다(淸)는 뜻이다.[4] '이伊'는 어조사이다. '湑', 淸也. '伊', 惟也.

[士冠禮01 : 經-116]

그대에게 두 번째 관을 씌워 주게 되었는데, 예를 행하는 의식에는 순서가 있는 법이로다. 이 좋은 술로 고수레를 하여,[5] 하늘의 복을 받도록 하라."

乃申爾服, 禮儀有序. 祭此嘉爵, 承天之祜."

정현주

'호祜'는 복福의 뜻이다. '祜', 福也.

[士冠禮01 : 經－117]

빈은 관을 쓴 사람에게 세 번째 초례를 행할 때 초사醮辭를 한다. "맛난 청주는 매우 향기롭고,[6] 대나무제기(籩)와 나무제기(豆)는 가지런히 진열되어 있도다.

三醮, 曰, "旨酒令芳, 籩豆有楚.

정현주

'지旨'는 맛나다(美)는 뜻이다. '초楚'는 진열되어 있는 모습(陳列之貌)이다. '旨', 美也. '楚', 陳列之貌.

[士冠禮01 : 經－118]

그대에게 세 가지 관을 모두 씌워 주게 되었는데, 안주로 희생고기의 뼈를 잘라서 올려놓은 희생 제기(折俎)가 진상되어 있도다.

咸加爾服, 肴升折俎.

정현주

'안주로 희생고기의 뼈를 잘라서 올려놓은 희생 제기가 진상되어 있다'는 것은 또한 새끼돼지를 가리켜 말한 것이다.[7] '肴升折俎', 亦謂豚.

[士冠禮01 : 經－119]

하늘의 축복을 받을 것이니, 끝없이 복을 누리리라."

承天之慶, 受福無疆."

주

1_ 빈은 관을 쓴 사람에게 ~ 올라와 있도다 : 호배휘에 따르면 이 경문은 예례를 행하지 않고 초례를 행할 경우의 축사이다. 초례는 세 차례 관을 씌워 줄 때마다 청주를 따라 주어 행한다. 이 때문에 예례에서는 축사를 한 차례만 하지만, 초례에서는 세 차례의 축사가 있다. 초례 가운데에는 희생을 잡지 않는 경우([經－80]~[經－88])와 잡는 경우가 있지만([經－89]~[經－93]) 축사의 내용은 동일하다. 『의례정의』, 125쪽 참조.

2_ 무릇 초례를 ~ 하지 않는다 : 가공언은 정현의 주에서 '무릇'(凡)은 '서자'를 가리키는 것으로 해석한다. 그는 서자의 경우 조계 위쪽에서 관을 씌우지 않으며 또 빈객의 자리에서 예례를 행하지 않는데 이는 세대를 잇는 이치가 없기 때문이며 따라서 초례에서도 축사를 하지 않는다고 하였다. 또한 가공언은 위 경문의 '醮辭'는 단지 적자의 경우를 말한 것으로, 적자는 장차 아버지를 이어 세대를 계승할 사람이기 때문에 예를 갖추어 축사를 한다고 주장하였다. 그러나 장이기, 양복, 이여규, 호배휘 등은 초례에는 축사가 없다고 주장한다. 장이기는 "'초례에서 축사를 하지 않는다'는 것은 청주(酒)를 사용하여 초례를 행하는 경우에는 관을 씌워 주는 일이 끝날 때마다 단지 초사를 할 뿐, 막 관을 씌워 줄 때에는 축사를 하지 않는다"(醮者不祝, 謂用酒以醮者, 每加冠畢, 但用醮辭, 其方加冠時, 不用祝辭也)라고 하여 가공언이 정현의 의도를 잘못 파악하였다고 주장한다. 이여규도 "초례를 행하는 경우에는 초례를 행할 때에 비로소 초사를 하고 관을 씌울 때에는 축사를 하지 않는다"(醮者於醮乃有辭, 冠時不祝)고 하였고, 양복은 "세 차례 관을 씌워 주면서 세 차례 초례를 행할 때에 이미 초사를 하였기 때문에 축사는 하지 않는다"(三加三醮, 旣有醮辭, 則不用祝辭也)고 하였다. 『의례정의』, 126쪽 참조.

3_ 좋은 안주로는 말린 고기가 있도다 : 오계공에 따르면, 여기서 '말린 고기'(脯)만을 말한 것은 음을 맞추기 위한 것일 뿐 사실은 '고기젓갈'(醢)도 함께 올린다. 『의례정의』, 126쪽 참조.

4_ '서'는 맑다는 뜻이다 : 『설문』에서는 "湑는 걸러 낸 술이다"(湑, 莤酒也)라고 하였고, 『시』「대아·부예」에 "爾酒旣湑"라고 한 것에 대해 정현의 箋에서는 "湑는 술을 걸러 낸 것이다"(湑, 酒之泲者也)라고 하였다. 술을 걸러 내면 맑기 때문에 정현이 "'湑'는 맑다는 뜻이다"라고 한 것이다.

5_ 이 좋은 술로 고수레를 하여 : 경문의 '嘉爵'은 '좋은 술'이라는 뜻이다. 초례에서는 술을 권할 때 술잔으로 '爵'(1승 용량)을 사용하기 때문에 경문에서 '술'을 '爵'으로 표현한 것이다.

6_ 맛난 청주는 매우 향기롭고 : 호배휘는 초례의 3장에서 모두 '맛난 청주'(旨酒)로 문장을 시작한 것은 '예주'(醴)를 사용하지 않음을 밝히기 위한 것이라고 하였다. 『의례정의』, 126쪽 참조.

7_ '안주로 희생고기의 ~ 말한 것이다 : '肴'는 어육 등의 술안주를 말한다. 婺繼公은 이곳의 술안주는 말린 희생고기(乾肉) 혹은 새끼돼지 고기(豚)를 가리킨다고 하였다. 호배휘는 희생을 잡지 않고 건육으로 초례를 거행하는 경우나 희생으로 새끼돼지를 잡아 초례를 거행하는 경우 모두 이 초사를 사용함을 밝힌 것이라고 하였다. 『의례정의』, 126쪽 참조.

해제 經—120에서 經—122까지는 관례를 마친 후 빈이 관을 쓴 사람에게 자字를 지어 줄 때 하는 자사字辭이다.

[士冠禮01 : 經—120]

빈은 관례를 마친 후 관을 쓴 사람에게 자字를 지어 줄 때 자사字辭를 한다. "세 차례 관을 씌워 주는 절차가 이미 완료되었으니, 이 좋은 달 길한 날에 밝게 그대의 자字를 고해 주게 되었노라.

字辭曰, "禮儀旣備, 令月吉日, 昭告爾字.

정현주 '소昭'는 밝다(明)는 뜻이다. '昭', 明也.

[士冠禮01 : 經—121]

이 자字는 매우 아름다우니, 그대 같은 빼어난 선비에게 마땅한 바로다.

爰字孔嘉, 髦士攸宜.

정현주 '원爰'은 어於의 뜻이다. '공孔'은 매우(甚)라는 뜻이다. '모髦'는 빼어나다(俊)는 뜻이다. '유攸'는 소所의 뜻이다. '爰', 於也. '孔', 甚也. '髦', 俊也. '攸', 所也.

[士冠禮01 : 經-122]

자字는 적합하게 짓는 것이 중대하니, 영원히 받아서 잘 지니도록 하라. 그대의 자는 '백伯 아무개某 보甫'이다."[1] 관을 쓴 사람이 형제 가운데 몇째인가에 따라 백伯 대신에 중仲, 숙叔, 계季 등 해당하는 바대로 짓는다.

宜之于假, 永受保之, 曰伯某甫." 仲·叔·季, 唯其所當.

정현주

'우于'는 위爲의 뜻과 같다. '하假'는 크다(大)는 뜻이다.[2] 적합하게 하는 것이 중대하다는 뜻이다. 백·중·숙·계는 나이에 따른 칭호이다. '보甫'는 장부에 대한 아름다운 칭호이다. 공자는 니보尼甫라고 하였으며, 주나라 대부 가운데 가보嘉甫가 있고 송나라 대부 가운데 공보孔甫가 있는 것이 그러한 식이다. '甫' 글자는 어떤 판본에서는 '父'로 되어 있다.[3] '于'猶爲也. '假', 大也. 宜之是爲大矣. 伯·仲·叔·季, 長幼之稱. '甫'是丈夫之美稱. 孔子爲尼甫, 周大夫有嘉甫, 宋大夫有孔甫, 是其類. '甫', 字或作'父'.

주

1_ '백 아무개 보'이다 : 예를 들면 伯禽父, 仲山甫, 叔興父 등과 같은 경우이다.

2_ '하'는 크다는 뜻이다 : 이는 『이아』「석고」의 문장이다. 그러나 주희는 "'假'자는 아마도 '嘏'자와 같은 것이니, '福'의 뜻이다"('假'恐與'嘏'同, 福也)라고 하여 정현의 해석은 옳지 않다고 비판하였다. 또 『예문유취』 권40「예부하」와 『통전』 권56, 예 16에서도 「사관례」의 이 문장을 인용하고 있는데, 모두 '嘏'로 되어 있다. 이에 따라 경문을 번역하면 '자는 적합하게 짓는 것이 복이 된다'가 될 것이다.

3_ '보'는 장부에 대한 ~ 되어 있다 : 단옥재는 '甫'와 '父'는 동음으로 통용된다고 하였다. 호승공에 따르면, 정현이 『예』에 주를 달 때 '今文云', '古文云'이라고 하지 않고 '或作'이나 '或爲謂'라고 한 것은 당시에 별도의 판본이 있어서 그것을 보존하여 세속과 통하게 하기 위한 것이었다. 『의례정의』, 128쪽 참조.

해제 經—123에서 經—127까지는 관례를 거행할 때 신는 신발에 대한 설명이다.

[士冠禮01 : 經—123]

관례를 거행할 때의 신발은 여름에는 칡으로 엮은 것을 사용한다. 현단에는 검은 신발을 신고,[1] 신발의 코 장식(絇), 신발의 장식끈(繶), 신발의 가선 장식(純)은 모두 청색으로 하는데, 가선(純)의 너비는 1촌이다.

屨, 夏用葛. 玄端黑屨, 青絇·繶·純, 純博寸.

정현주 신발은 치마의 색깔에 따르니,[2] '현단에는 검은 신발을 신는다'는 것은 검은 치마를 올바름으로 삼는다는 뜻이다.[3] '구絇'라는 글자는 구속한다(拘)는 뜻이니, 그것으로 행동의 경계로 삼는 것으로, 형태는 도의비刀衣鼻(칼집의 코)[4]와 같으며 신발의 앞머리에 붙어 있다. '억繶'은 바느질한 곳의 장식끈이다.[5] '준純'은 가선(緣)이다.[6] 세 가지 모두 청색으로 한다. '박博'은 너비(廣)라는 뜻이다. 屨者順裳色, '玄端黑屨', 以玄裳爲正也. '絇'之言拘也,

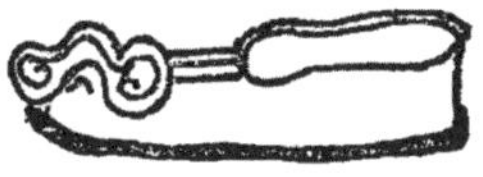

구屨

쳰쉬안, 『삼례사전』

구屨 석舃

황이주(淸), 『예서통고』

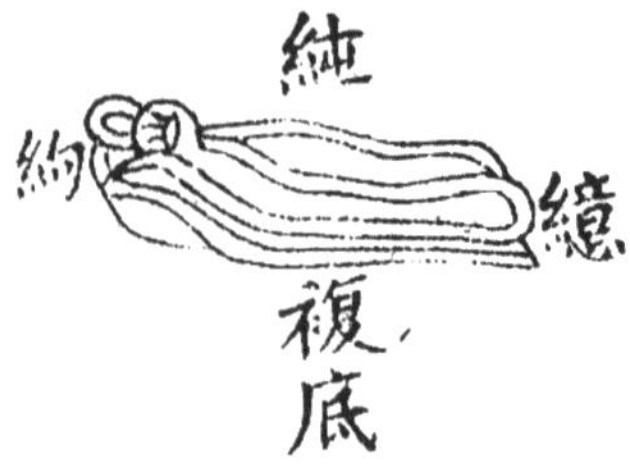

구絇·억繶·준純

장혜언(淸), 『의례도』

억繶

진상도(宋), 『예서』

以爲行戒, 狀如刀衣鼻, 在屨頭. '繶', 縫中紃也. '純', 緣也. 三者皆青. '博', 廣也.

[士冠禮01 : 經-124]

흰색 주름치마(素積)에는 흰색 신발을 신는데,[7] 대합가루(魁)로 칠을 한다. 신발의 코 장식(絇), 신발의 장식끈(繶), 신발의 가선 장식(純)은 모두 검은색으로 하는데, 가선(純)의 너비는 1촌이다.

素積白屨, 以魁柎之. 緇絇·繶·純, 純博寸.

정현주

'괴魁'는 대합가루(蜃蛤)이다. '부柎'는 칠한다(注)는 뜻이다.[8]

'魁', 蜃蛤. '柎', 注者.

[士冠禮01 : 經-125]

작변에는 옅은 진홍색의 신발을 신는다.[9] 신발의 코 장식(絇), 신발의 장식끈(繶), 신발의 가선 장식(純)은 모두 검은색으로 하는데, 가선(純)의 넓이는 1촌이다.

爵弁纁屨. 黑絇·繶·純, 純博寸.

정현주 작변에 신는 신발은 흑색으로 장식을 한다. 작변은 존귀하기 때문에 그 신발의 장식은 웃옷에 그림을 그려 넣는 방식에 따른다.[10] 爵弁屨以黑爲飾, 爵弁尊, 其屨飾以績次.

[士冠禮01 : 經－126]

겨울에는 가죽신발(皮屨)을 신어도 괜찮다.

冬, 皮屨可也.

[士冠禮01 : 經－127]

관례를 거행할 때 가늘고 성긴 베로 만든 신발(繐屨)은 신지 않는다.

不屨繐履.

정현주 '세구繐屨'는 상례에 신는 신발이다. 잿물로 빨지 않은 실을 '세繐'라고 한다. '繐屨', 喪屨也. 縷不灰治曰'繐'.

1_ 현단에는 검은 신발을 신고 : 호배휘에 의하면 이는 첫 번째 치포관을 쓸 때에 사용하는 신발이다. 『의례정의』 129쪽 참조.

2_ 신발은 치마의 색깔에 따르니 : 예의 통례에서 웃옷은 관과 같은 색깔로 하고, 신발은 치마와 같은 색깔로 한다.

3_ 현단에는 ~ 삼는다는 뜻이다 : 현단복의 치마로는 上士는 검은색(玄裳), 中士는 누런색(黃裳), 下士는 앞은 검고 뒤는 누런색(雜裳)을 쓴다. 이 중 검은색 치마를 기준으로 해서 검은색 신발을 신는다는 의미이다.

4_ 도의비 : '刀衣鼻'는 칼집 위의 옥 장식(璏)을 말한다. 그 끝이 위로 감아 올라가, 옆에서 보면 의 형상을 하고 있어 신발 앞머리의 장식(屨絇)과 매우 유사하다.

도의비 刀衣鼻

쑨지, 『한대물질문화자료도설』

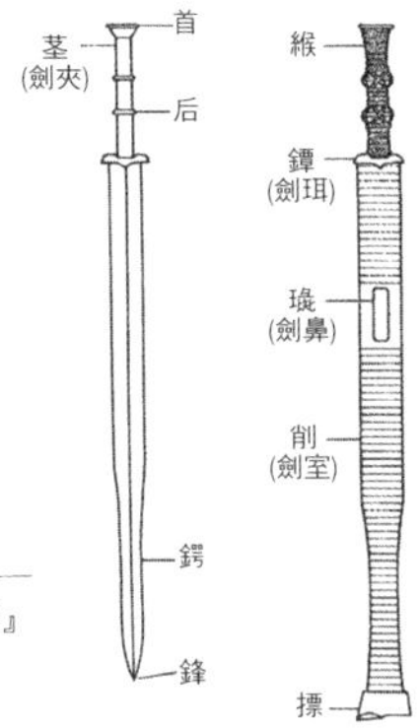

검과 검구

5_ '억'은 바느질한 곳의 장식끈이다 : 신발의 밑바닥과 옆부분이 서로 만나는 곳을 바느질한 선 위에 대는 장식끈을 말한다.

6_ '준'은 가선이다 : 신발 윗면의 가장자리 장식끈을 말한다.

7_ 흰색 주름치마에는 흰색 신발을 신는데 : 호배휘에 의하면 이는 두 번째 피변을 쓸 때 사용하는 신발이다. 『의례정의』, 130쪽 참조.

8_ '부'는 칠한다는 뜻이다 : 대합의 껍질을 갈아 灰를 만들고, 이것을 신발 위에 칠해서 하얗게 만든다.

9_ 작변복에는 옅은 진홍색의 신발을 신는다 : 신발을 설명하는 방식이 모두 다른 이유에 대해서 가공언은 다음과 같이 설명한다. 현단복의 경우에는 웃옷을 가지고 신발을 설명했다. 현단복을 착용할 때에는 검은색 치마(玄裳)뿐 아니라 누런색 치마(黃裳), 잡색 치마(雜裳) 등 어떤 치마를 입어도 상관없다.([經-30]) 이 때문에 현단을 가지고 신발을 설명한 것이다. 피변복의 경우에는 흰색 주름치마(素積)를 가

지고 신발을 설명했다. 신발은 치마와 같은 색으로 하는데, 이것이 올바른 표현 방식이다. 작변복의 경우 웃옷이나 치마가 아닌 작변으로 신발을 설명한 것은 작변복에 입는 검은 웃옷(玄衣)와 옅은 진홍색의 치마(纁裳)을 冕服에서도 입으므로 치마의 색을 가지고 설명하면 여기서 면복을 말하는 것으로 오해될 염려가 있기 때문이다. 『의례주소』, 60쪽 참조.

10_ 웃옷에 그림을 그려 넣는 방식에 따른다 : 면복의 무늬를 표현하는 방식에 따른다는 뜻이다. 면복에 무늬를 표현할 때 배색 방식은 '繢次'와 '繡次' 두 가지가 있다. 면복의 웃옷에는 그림을 그리고 치마에는 자수를 놓는데, '회차'는 웃옷에 그림을 그릴 때의 배색 방식이고 '수차'는 치마에 자수를 놓을 때의 배색 방식이다. 이 때문에 '繢'와 '繡'라 한 것이다. 이 중 繢는 '繪'와 통하는 글자이고, 그 안에는 畵를 포함한다. 畵는 그림을 그릴 때 선으로 윤곽선을 묘사하는 것이고, 繢(繪)는 그 위에 색을 입혀 무늬를 완성하는 것이다. 『예기』 「예운」 공영달의 소에 "'繢'는 '그림을 그려 넣는다'(畵)고 한 것과 같은 뜻이다. 그러나 처음 그림을 그려 넣는 것을 '畫'라고 하고, 무늬를 이루는 것을 '繢'라고 한다"(繢猶畵也. 然初畫曰畫, 成文曰繢)라고 하였다. 자수를 놓을 때도 먼저 밑그림을 그리고[畵] 그 위에 채색실로 수를 놓는다. 때문에 『주례』 「화궤」의 직책에 畵工과 繡工이 포함되어 그림을 그리는 일과 자수를 놓는 일을 모두 담당한다. 웃옷에 그림을 그려 넣는 '繪次'의 방식은 對方, 즉 반대 방향의 색을 사용하는 원칙에 따른다. 『주례』 「동관·화궤」에 "동방은 靑이고, 남방은 赤이고, 서방은 白이고, 북방은 黑이며, 하늘을 상징하는 것은 玄이고, 땅을 상징하는 것은 黃이다. 청과 백이 서로 이어진다. 적과 흑이 서로 이어진다. 현과 황이 서로 이어진다"(東方謂之青, 南方謂之赤, 西方謂之白, 北方謂之黑, 天謂之玄, 地謂之黃. 青與白相次, 赤與黑相次, 玄與黃相次)고 한 것에 대해 정현은 "이는 여섯 가지 색이 상징하는 바와 채색을 넣는 차례를 말한 것으로, 그림을 그려 넣어 웃옷을 만든다"(此言畫繢六色所象, 及布采之第次, 繢以爲衣)고 하였다. 치마에 자수를 놓는 '繡次'의 방식은 比方, 즉 옆에 있는 색을 사용하는 원칙에 따른다. 「화궤」에서 "청과 적으로 그려 넣은 것을 '文'이라 하고, 적과 백으로 그려 넣은 것을 '章'이라 하고, 백과 흑으로 그려 넣은 것을 '黼'라고 하고, 흑과 청으로 그려 넣은 것을 '黻'이라 하고, 다섯 가지 색채를 모두 갖추어 그려 넣은 것을 '繡'라고 한다"(青與赤謂之文, 赤與白謂之章, 白與黑謂之黼, 黑與青謂之黻, 五采備謂之繡)고 한 것에 대해 정현은 "이는 자수를 놓을 때 사용하는 채색을 말한 것으로, 자수를 놓아 치마를 만든다"(此言刺繡采所用, 繡以爲裳)고 하였다. 정현은 『주례』 「춘관·구인」의 주에서 "이중 바닥을 '舃'이라 하고, 홑 바닥을 '屨'라고 한다"(複下曰舃, 禪下曰屨)고 하였고, 또 "舃의 장식은 옷에 그림을 그려 넣는 방식과 같이 한다. … 무릇 屨의 장식은 옷에 수를 놓는 방식과 같이 한다"(凡舃之飾, 如繢之次. … 凡屨之飾, 如繡次也)고 하였다. [經-123]과 [經-124]에서 黑屨에는 絇·繶·純을 모두 青色으로 하

고, 白屨에는 絇·繶·純을 모두 黑色으로 한다고 하였는데, 백색과 흑색, 흑색과 청색을 사용하는 것은 繡次(옷에 자수를 놓는 방식)이다. [經—125]에서 '작변에는 纁屨를 신는다'고 하였는데, '纁'은 남방의 적색이다. 絇·繶·純의 장식을 서방의 백색으로 하지 않고 북방의 흑색으로 한 것은 반대 방향의 색을 사용하는 繪次(그림을 그려 넣는 방식)의 원칙을 적용한 것이다.

해제 記—01은 치포관을 사용하는 의미를 기록한 것이다.

[士冠禮01 : 記—01]

기記.[1] 관의冠義[2]

첫 번째 씌우는 관은 검은 베로 만든 관, 즉 치포관緇布冠이다. 태고시대에는 흰 베로 만든 관을 썼는데, 재계할 때에는 그것을 검은색으로 물들였다. 관끈의 장식(緌)[3]에 대하여 공자는 "나는 그런 것에 대해 들어 본 적이 없다"고 하였다. 치포관은 관례가 끝난 후에 버리고 사용하지 않아도 괜찮다.[4]

記. 冠義.

始冠, 緇布之冠也. 大古冠布, 齊則緇之. 其緌也, 孔子曰, "吾未之聞也." 冠而敝之可也.

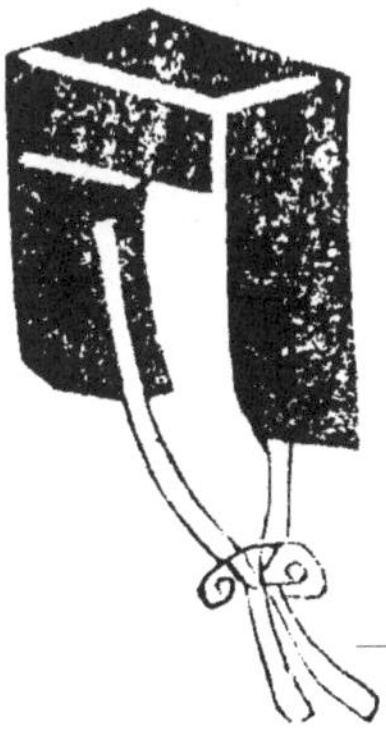

치포관緇布冠

섭숭의(宋), 『삼례도』

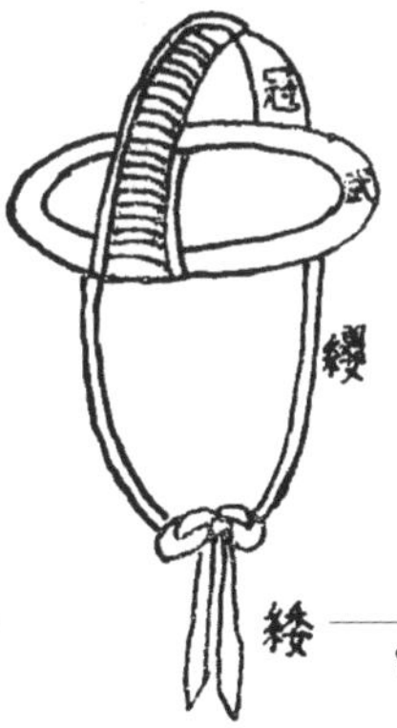

유緌

양톈위, 『의례역주』

정현주

'태고大古'는 당唐(요임금)과 우虞(순임금) 이전의 시대를 말한다. '유緌'는 관끈(纓)의 장식이다. '들어 보지 못하였다'(未之聞)고 한 것은 태고시대에는 질박함을 숭상하였으므로, 아마도 장식이 없었을 것이라는 뜻이다. 옛날을 중시하기 때문에 첫 번째 관을 씌울 때에는 재계할 때의 관을 씌운다.[5] 흰 베로 만든 관(白布冠)은 오늘날의 상관喪冠이 그것이다.[6] '大古', 唐·虞以上. '緌', 纓飾. '未之聞', 大古質, 蓋亦無飾. 重古, 始冠冠其齊冠. 白布冠, 今之喪冠是也.

주

1_ 기 : 가공언은 "무릇 '記'라고 한 것은 모두 경문의 미비함을 기록하고, 아울러 경문에 쓰이지 않는 상고시대의 말을 기록한 것이다"(凡言'記'者, 皆是記經不備, 兼記經外遠古之言)라고 하였고, 또 자하 이전 공자시대에 작성되었으며, 작자는 알 수 없다고 하였다. 장이기는 「사관례」의 記文에 '孔子曰'이라는 문장이 있음을 근거로 '記'는 공자 이후에 작성된 것으로 보이지만 누가 기록하였는지는 확정할 수 없다고 하였다. 성세좌는 '記'에는 세 가지가 있는데, ① 경문의 미비함을 보충하여 기록한 것, ② 예의 變異를 기록한 것, ③ 들은 바가 경문의 의리와 사뭇 다른 것을 기록한 것으로서, ①은 주공의 제자들이 작성하여 經과 함께 유통되었으며, ②는 춘추시대에 작성되었으며, ③은 공자 70제자의 후학들이 기록한 것이라고 하였다. 한편 성세좌는 '歸賓俎'([經-79])까지를 '經'으로, '若不醴則醮, 用酒'([經-80]) 이하를 모두 '記'로 구분한다. 『의례주소』, 61쪽 및 『의례정의』, 133쪽 참조.

2_ 관의 : 가공언은 '冠義'란 「사관례」 안의 의의를 기록한 것이라고 하였다. 이하는 모두 記文이다. 『의례주소』, 61쪽 참조.

3_ 관끈의 장식 : '緌'는 관의 끈이 아래로 늘어뜨려진 부분을 가리킨다. 『예기』「내칙」의 정현 주에 "'緌'는 관끈의 장식이다"('緌', 纓之飾也)라고 한 것에 대해 공영달은 "관끈을 묶고 턱 아래로 내려서 관을 고정시키면, 묶은 나머지는 흩어져 아래로 늘어뜨려지는데, 이것을 '緌'라고 한다"(結纓頷下, 以固冠, 結之餘者, 散而下垂, 謂之緌)고 하였다. 치포관 제도를 보면, 관의 테두리가 있는데 이를 '武'라고 하고, 武 위에 정수리를 덮는 부분이 있는데 앞쪽에서 뒤쪽으로 머리를 가로지른다. 武의 양측에 관을 묶는 2개의 끈이 있는데, 턱 아래에서 묶어서 관을 고정시킨다. 이를 纓(관끈)이라 한다. 纓을 묶고 난 나머지 끈은 아래로 늘어뜨리는데, 이를 '緌'라고 한다.

4_ 첫 번째 씌우는 관은 ~ 괜찮다 : 이와 동일한 문장이 『예기』「교특생」에도 보인다. 「교특생」 공영달의 소에 "태고시대에는 그 관은 오직 흰 베로 짠 것을 사용하였는데, 평소에 쓰는 관이다. 재계할 때에는 그것을 물들여 검은색으로 만들었다"(大古之時, 其冠唯用白布, 常所冠也. 若其齋戒, 則染之爲緇)라고 하였다. 관례에서 첫 번째 씌우는 치포관은 상고시대에는 재계할 때에만 쓰는 관이었음을 알 수 있다.

5_ 옛날을 중시하기 ~ 관을 씌운다 : 치포관은 옛날에 재계할 때에 쓰던 관인데, 이를 중시하기 때문에 첫 번째 관을 씌울 때에는 현관을 사용하지 않고 치포관을 사용한다는 뜻이다.

6_ 흰 베로 만든 관은 ~ 그것이다 : 태고시대에는 오직 흰 베로 짠 관 즉 白布冠을 썼는데, 후에 毋追 등의 관이 만들어지자 기존에 착용하던 백포관을 喪冠으로 사용하

였다는 뜻이다. 『예기』「교특생」의 정현 주에 "하·은·주 삼대에 제도를 바꾸어 재계할 때 검게 물들여 썼던 관(緇布冠)은 더 이상 사용하지 않았고, 흰 베로 짠 관(白布冠)은 질박하므로 喪冠으로 사용하였다"(三代改制, 齊冠不復用也, 以白布冠質, 以爲喪冠也)고 하였다.

해제 記－02는 적자를 중시하는 의리를 기록한 것이다

[士冠禮01 : 記－02]

적자適子는 조계 위쪽에서 관을 쓰는데, 아들이 후사가 되어 아버지의 대를 잇는 의리를 밝히기 위한 것이다.[1] 빈객의 자리에서 초례를 행하는데, 관을 써서 성인의 도리가 있게 되었음을 높여 주기 위한 것이다.[2]

適子冠於阼, 以著代也. 醮於客位, 加有成也.

정현주 초례는 하나라와 은나라의 예법이다. 조계 위쪽에서 관을 쓸 때마다, 빈객의 자리에서 초례를 행하는 것은 그를 높이고 공경하여 그가 성인이 되는 것을 이루어 주기 위한 것이다. 醮, 夏·殷之禮, 每加於阼階, 醮之於客位, 所以尊敬之, 成其爲人也.

주

1_ 적자는 조계 위쪽에서 ~ 것이다 : 조계 위쪽은 당 위 동쪽 벽(東序)을 가리킨다. 당 위 동쪽 벽(東序)은 주인의 자리이고, 관을 쓰는 아들의 자리는 당 위 동쪽 벽(東序)에서 약간 북쪽에 있다. 아들이 주인(아버지)의 자리인 당 위 동쪽 벽(東序), 즉 조계 위쪽으로 가서 관을 쓰는 것은 아들이 후사가 되어 아버지의 대를 잇는다는 의리를 밝히는 것이다. 記文의 '著代'에 대하여 오계공은 "'著'는 밝힌다는 뜻이니, 아버지의 대를 잇는 의리를 밝힌다는 뜻이다"(著', 明也, 明其代父也)라고 하였다. [經一48] 및 『의례정의』, 135쪽 참조.

2_ 빈객의 자리에서 ~ 것이다 : 오계공은 "『예기』「관의」의 정현 주 '적자는 조계 위쪽에서 관을 쓴다. 만약 예례를 행하지 않을 경우에는 빈객의 자리에서 청주를 사용하여 초례를 행하는데, 그를 공경하여 성인으로 대우하는 것이다'에 대해 실문의 서쪽(戶西)은 빈객의 자리이다. 서자의 경우에는 동방의 문(房戶) 밖에서 관례를 거행하고, 또 그곳에서 초례를 행하는데, 아버지의 대를 잇는 의리가 없기 때문이다"(『禮記』「冠義」注云, '適子冠於阼. 若不醴, 則醮用酒於客位, 敬而成之也.' 戶西爲客位. 庶子冠於房戶外, 又因醮焉, 不代父也)라고 하였다. 또 호배휘는 "적자의 경우에는 빈객의 자리에서 예례를 행하고, 초례 또한 빈객의 자리에서 행한다. 記文에서 예례를 언급하지 않고 초례만을 말한 것은 초례는 예례와 비록 행례의 절차는 다르지만 빈객의 자리에서 행한다는 점에서는 동일함을 보여 주어 서자의 경우와 구별하기 위한 것이다"(適子醴於客位, 醮亦於客位, 記不言醴而言醮者, 欲見醮與醴雖殊, 而於客位則同, 以別於庶子也)라고 하였다. ○ 경문의 '加有成也'에서의 '加'자에 대해서 오계공은 "'加'는 숭상한다(尙), 높인다(尊)는 뜻이니, 아들이 성인의 도리를 갖추게 되었음을 높여 주는 것이다. 빈객의 자리에서 초례를 거행하는 것은 그를 높여 주는 것이다"('加'猶尙也, 尊也, 尊其有成人之道, 故以客禮待之)라고 하였고, 호배휘도 '加'는 '높여 준다'(尊)는 뜻이라고 하였다. 『의례정의』, 135쪽 참조.

해제 記—03과 記—04는 관례를 마친 후 관을 쓴 사람에게 자를 지어 주는 의리를 기록한 것이다.

[士冠禮01 : 記—03]

세 차례 관을 씌울 때마다 쓰는 관이 더욱 존귀해지는 것은 관을 쓴 사람이 뜻을 세워 덕을 진전시키도록 깨우치기 위한 것이다.

三加彌尊, 諭其志也.

정현주

'미彌'는 더욱(益)이라는 뜻이다. 관과 복장은 뒤로 갈수록 더욱 존귀하게 된다.[1] '유기지諭其志'는 그 덕이 진전되기를 바란다는 뜻이다.

'彌'猶益也. 冠服後加益尊. '諭其志'者, 欲其德之進也.

[士冠禮01 : 記—04]

관례를 마친 후 자字를 지어 주는 것은 부모가 지어 준 이름을 공경하기 위한 것이다.[2]

冠而字之, 敬其名也.

정현주

'이름'(名)은 질박한 것으로 부모에게서 받은 것이다. 관을 써서 성인이 되면 더욱 문식을 한다.[3] 그러므로 그 이름을 공경히 하는 것이다. 금문본에는 '之'가 없다. '名'者, 質, 所受於父母. 冠成人, 益文. 故敬之也. 今文無'之'.

주

1_ 관과 복장은 ~ 존귀하게 된다 : 첫 번째는 치포관을 씌우고, 두 번째는 피변을 씌우고, 세 번째는 작변을 씌우는데 피변은 치포관보다 존귀하고, 작변은 또 피변보다 존귀한다.

2_ 부모가 지어 준 ~ 것이다 : 장이기는 "'그 이름을 공경히 한다'(敬其名)는 것은 부모에게서 받은 이름을 공경히 한다는 뜻으로, 군주나 부모 앞이 아니면 이름을 부르지 않는다"('敬其名', 敬其所受於父母之名, 非君父之前, 不以呼也)고 하였다.

3_ '이름'은 질박한 것으로 ~ 문식을 한다 : 자식이 태어난 지 3개월 만에 아버지가 이름을 지어 주고, 관례를 마친 후에 빈이 字를 지어 주어서 字로 이름을 대신한다. 이것이 '더욱 문식을 한다'(益文)는 의미이다.

> **해제** 記—05에서 記—07까지는 하·은·주 삼대에서 사용한 관의 차이를 기록한 것이다.

[士冠禮01 : 記—05]

위모委貌는 주나라에서 평소 도를 행할 때 쓰던 관이다. 장보章甫는 은나라에서 평소 도를 행할 때 쓰던 관이다. 무퇴毋追는 하나라에서 평소 도를 행할 때 쓰던 관이다.[1]

委貌, 周道也. 章甫, 殷道也. 毋追, 夏后氏之道也.

정현주 '위委'는 안정시킨다는 뜻과 같으니, 용모를 안정시키고 바르게 함을 말한다. '장章'은 밝다는 뜻이다. 은나라는 질박함을 숭상하였으니, 장보관을 써서 문식을 냄으로써 장부를 밝게 드러내 보이는 것을 말한다. '보甫'는 어떤 판본에는 '보父'로 되어 있고, 금문본에는 '斧'로 되어 있다.

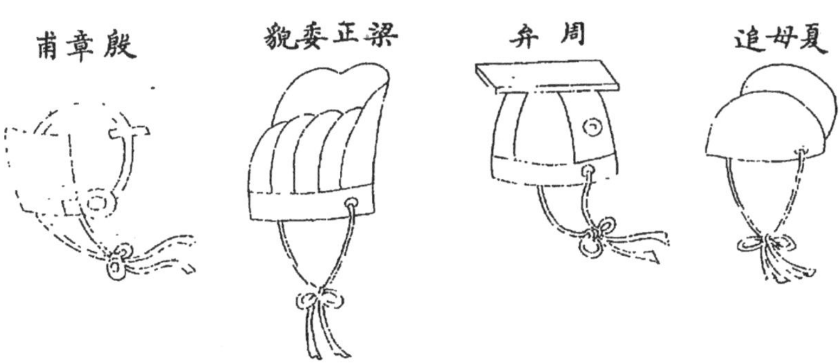

(淸), 『흠정의례의소』

'무毋'는 발성조사이다. '퇴追'는 높이 쌓는다(堆)는 뜻과 같다. 하후씨는 질박하니, 그 형태를 가지고 명칭을 삼은 것이다. 세 가지 관 모두 그것을 쓰고서 도를 행하던 것이다.[2] 그 제도의 차이에 대해서는 들어 보지 못했다. '委'猶安也, 言所以安正容貌. '章', 明也. 殷質, 言以表明丈夫也. '甫', 或爲'父', 今文爲'斧'. '毋', 發聲也. '追'猶堆也. 夏后氏質, 以其形名之. 三冠皆所服以行道也. 其制之異同未之聞.

[士冠禮01 : 記－06]

주나라에서는 변弁을 썼고, 은나라에서는 후冔를 썼고, 하나라에서는 수收를 썼다.

周弁, 殷冔, 夏收.

정현주

'변弁'의 명칭은 반槃에서 나왔다. '반'은 크다(大)는 뜻으로 스스로를 빛나고 크게 함을 말한다. '후冔'의 명칭은 무幠에서 나왔다. '무'는 덮는다(覆)는 뜻으로 스스로를 덮고 문식함을 말한다. '수收'는 머리카락을 거두어들인다는 뜻이다. 그 제도의 차이에 대해서는 역시 들어 보지 못했다. '弁'名出於槃. '槃', 大也, 言所以自光大也. '冔'名出於幠, '幠', 覆也. 言所以自覆飾也. '收', 言所以收斂髮也. 其制之異亦未聞.

[士冠禮01 : 記－07]

피변皮弁과 흰색 주름치마(素積)[3]는 하·은·주 삼대에서 함께 착용하였다.

三王共皮弁·素積.

정현주 질박하여 바꾸지 않은 것이다. 質不變.

주

1_ 위모는 주나라에서 ~ 쓰던 관이다 : 강균은 [記—05]의 委貌 이하 세 가지 관은 경문의 치포관에 의거하여 추론한 것이고, 아래 [記—06]의 周弁 이하 세 가지 관은 경문의 작변에 의거하여 말한 것이며, 관례에서 두 번째 씌우는 피변이 가장 아래의 [記—07]에 기록되어 있는 것은 앞의 두 경우는 하·은·주 삼대마다 제도와 명칭이 다르지만 피변은 차이가 없기 때문이라고 하였다. 『의례정의』, 137쪽 참조.

2_ 세 가지 관 모두 ~ 것이다 : 정현은 『예기』「교특생」의 주에서도 "평소 쓰고서 도를 행하던 관이다"(常所服以行道之冠也)라고 하였다. 이에 대한 공영달의 소에 "'도를 행한다'(行道)고 한 것은 養老, 燕飮, 燕居의 복장을 말한 것이다. 만약 視朝를 하면서 도를 행할 때에는 피변을 쓴다"('行道', 謂養老·燕飮·燕居之服. 若視朝行道, 則皮弁也)고 하였다. 정현과 공영달은 경문의 '道'를 '도를 행한다'(行道)는 의미로 해석하였다. 오계공은 '道'를 제도(制)의 뜻으로 해석하였지만, 호배휘는 정현의 설이 타당하다고 하였다. 『의례정의』, 138쪽 참조.

3_ 흰색 주름치마 : '積'은 옷의 주름을 가리키며, '襞積'이라고도 한다. '素積'은 허리 부분에 주름을 무수히 많이 잡은 흰색 치마이다. 사용하는 재료는 비단이라고도 하고, 베라고도 한다.

해제 記—08에서 記—12까지는 대부 이상이 관례를 행할 경우에도 사례士禮를 사용하는 의리를 기록한 것이다.

[士冠禮01 : 記—08]

대부의 관례는 없지만 대부의 혼례는 있다. 옛날에는 50세 이후에 작위를 받아 대부가 될 수 있었으니, 어떻게 대부의 관례가 있을 수 있었겠는가?

無大夫冠禮, 而有其昏禮. 古者五十而后爵, 何大夫冠禮之有?

정현주 당시 아직 관례를 치르지 않았지만 대부로 임명되는 경우가 있었음을 기초로 말한 것이다. 주나라 초기의 예제에서는 아직 50세가 되지 않았더라도 현능한 재주가 있는 사람에게는 대부의 일을 맡겼는데, 그럴 경우에도 오히려 사의 복장을 착용하고 사의 예를 행했다. 20세에 관례를 행하는 것은 성인이 되는 것을 급선무로 여긴 것이다. 50세가 되어서야 비로소 작위를 내리는 것은 사람에게 관직을 주는 것을 신중히 한 것이다. 대부가 때때로 재혼을 하는 경우가 있는데, '(대부의) 혼례가 있다'고 말한 것은 이 경우를 말한다. 據時有未冠而命爲大夫者. 周之初禮, 年未五十而有賢才者, 試以大夫之事, 猶服士服, 行士禮. 二十而冠, 急成人也. 五十乃爵, 重官人也. 大夫或時改取, '有昏禮'是也.

[士冠禮01 : 記－09]

공公·후侯가 관례를 거행하는 것은 하나라 말기에 만들어진 것이다.

公[1]侯之有冠禮也, 夏之末造也.

정현주

'조造'는 만든다(作)는 뜻이다. 하나라 초기 이전에는 제후가 비록 아버지가 죽고 아들이 계승한 경우라도 나이가 50세가 되지 않은 경우에는 또한 사의 복장을 착용하고 사의 예를 행하였으며, 50세가 되어서야 비로소 작명爵命을 받았다. 하나라가 쇠퇴한 말기에 이르러 상하의 질서가 문란하여 찬탈과 시해가 생겨나게 되었다. 이 때문에 공·후의 관례를 만들어 군주와 신하의 관계를 바르게 하였다. 『예기』「방기坊記」에 "군주는 동성同姓인 사람과 함께 수레를 타지 않고, 이성異姓인 사람과 함께 수레를 탈 때는 같은 복장을 하지 않는다. 이는 백성들에게 혐의를 두지 않음을 보이려는 것이다. 이것으로 백성들을 막아도 그들 가운데는 여전히 동성同姓으로서 군君을 시해하는 자가 있었다"고 하였다. '造', 作也. 自夏初以上, 諸侯雖父死子繼, 年未滿五十者亦服士服, 行士禮, 五十乃命也. 至其衰末, 上下相亂, 簒殺所由生. 故作公侯冠禮以正君臣也. 「坊記」曰, "君不與同姓同車, 與異姓同車不同服. 示民不嫌也. 以此坊民, 民猶得同姓以殺其君也."

[士冠禮01 : 記－10]

천자의 원자元子[2]도 관례를 행할 때에는 오히려 사례士禮를 사용하였으니, 천하에 태어나면서부터 존귀한 사람은 없는 것이다.

天子之元子猶士也, 天下無生而貴者也.

정현주 '원자元子'는 세자世子이다. '태어나면서부터 존귀한 사람은 없다'(無生而貴)는 것은 모두 아래로부터 올라간다는 뜻이다. '元子', 世子也. 無生而貴, 皆由下升.

[士冠禮01 : 記－11]

제후의 자손으로 하여금 대를 잇게 하여 제후로 세우는 것은 선조의 어진 덕을 본받을 수 있기 때문이다.

繼世以立諸侯, 象賢也.

정현주 '상象'은 본받는다(法)는 뜻이다. 자손이 선조의 어진 덕을 본받을 수 있기 때문에 그로 하여금 대를 잇게 하는 것이다. '象', 法也. 爲子孫能法先祖之賢, 故使之繼世也.

[士冠禮01 : 記－12]

관직과 작위를 수여할 때는 덕의 크고 작음으로 기준을 삼는다.

以官爵人, 德之殺也.

정현주 '쇄殺'는 차등(衰)[3]의 뜻과 같다. 덕이 큰 사람에게는 큰 관으로 작명을 주고, 덕이 작은 사람에게는 작은 관으로 작명을 준다.[4] '殺'猶衰也. 德大者爵以大官, 德小者爵以小官.

주

1_ 公 : 『예기』「교특생」에는 이 문장을 인용하면서 '公'을 '諸'로 썼다.

2_ 원자 : 아직 미성년인 천자와 제후의 적장자로서 '元良'이라고도 한다. 성년이 되어 차기 후계자로 책봉을 받으면 천자의 적장자는 '太子', 제후의 적장자는 '世子'라고 부른다.

3_ 차등 : 혜동은 '衰'는 '차등'(差)의 뜻과 같다고 하였다. 『의례정의』, 142쪽.

4_ 덕이 큰 자에게는 ~ 작명을 준다 : 『예기』「왕제」에 "논평이 확정된 후에 임시로 관직을 준다. 관직을 잘 수행한 뒤에 작위를 내린다"(論定然後官之. 任官然後爵之)고 하였다.

해제

記-13은 시호諡號 제도의 고금의 변화를 기록한 것이다.

[士冠禮01 : 記-13]

죽은 후에 모든 사람에게 시호를 내려주는 것은 오늘날의 제도이다. 옛날에는 살아 있을 때 작위가 없었다면 죽더라도 시호를 내려주지 않았다.

死而諡, 今也. 古者生無爵, 死無諡.

정현주

'오늘날'(今)은 주나라가 쇠퇴한 때로서 기記가 작성되던 시대를 말한다. '옛날'(古)은 은나라 때를 말한다. 은나라 시대에는 사士가 살아 있을 때에 작위를 받지 못하였다면 죽더라도 시호를 내리지 않았다. 주나라 제도에서는 사를 작위로 여겼지만 죽더라도 여전히 시호를 내리지 않았는데, 이는 대부보다 낮추는 것이다. 주나라가 쇠퇴하여 기記가 작성된 시대에는 사가 죽으면 시호를 붙여 주는데, 잘못된 것이다. 시호를 붙여 주는 것은 노나라 장공莊公 때부터 시작되었다.[1] '今'謂周衰, 記之時也. '古'謂殷. 殷士生不爲爵, 死不爲諡. 周制以士爲爵, 死猶不爲諡耳, 下大夫也. 今記之時, 士死則諡之, 非也. 諡之, 由魯莊公始也.

주

1_ 시호를 붙여 주는 것은 ~ 시작되었다 : 『예기』「단궁상」에 "노나라 장공과 송나라가 乘丘에서 전투를 벌였다. 縣賁父가 말을 몰았고 卜國이 車右가 되었다. 말이 놀라 크게 무너지고 공이 수레에서 떨어지자 보조 수레에서 줄을 던져 공을 구했다. 공이 '변변치 못하구나, 복이여!'라고 했다. 현분보는 '다른 때는 무너지지 않더니 이번에 무너진 것은 용기가 없기 때문이다'라고 하고는 마침내 적진으로 뛰어들어 죽었다. 圉人이 말을 씻기는데 화살이 말의 넓적다리에 박혀 있었다. 공이 '그들의 죄가 아니다'라고 하고 드디어 誄文을 지었다. 士에게 뇌문을 쓰는 것은 이때부터 시작되었다"(魯莊公及宋人戰于乘丘. 縣賁父御, 卜國爲右. 馬驚, 敗績, 公隊, 佐車授綏. 公曰, '末之卜也.' 縣賁父曰, '他日不敗績而今敗績, 是無勇也', 遂死之. 圉人浴馬, 有流矢在白肉. 公曰, '非其罪也', 遂誄之. 士之有誄, 自此始也)라고 하였고, 이에 대해 정현은 "주나라에서는 비록 士를 작위로 여겼지만 시호를 내린 경우는 없었다. 은나라에서는 대부 이상을 작위로 여겼다"(周雖以士爲爵, 猶無謚也. 殷大夫以上爲爵)고 주를 달았다.

士昏禮

第二

역주 박례경

儀禮

士昏禮 第二

소 정현鄭玄(127~200)의 『삼례목록三禮目錄』에서 말한다. "사士가 아내를 얻는 예는 저녁(昏)을 혼례시간으로 삼기 때문에 이로 인해 편명으로 삼은 것이다. 혼례를 반드시 저녁 때 하는 것은 양陽이 가면 음陰이 오는 이치를 취한 것이다. 해가 지고 삼각三刻[1]이 되는 시점이 '혼昏'(저녁)이 된다. 혼례는 오례五禮 가운데 가례嘉禮에 속한다. 대대본과 소대본의 『의례』 및 유향劉向(BC 77~BC 6)의 『별록』에는 모두 제2로 되어 있다."

疏 鄭『目錄』云, "士娶妻之禮, 以昏爲期, 因而名焉. 必以昏者, 陽[2]往而陰來, 日入三商爲昏. 昏禮於五禮屬嘉禮, 大·小『戴』及『別錄』此皆第二."

주

1_ 삼각 : 『의례주소』에 인용된 『삼례목록』 원문은 '三商'이다. 三商은 三刻을 가리킨다. 고대의 漏刻 시계를 商이라고 하였다. 가공언은 마융의 설을 인용하여, 三商은 정수로 말한 것이고 실은 二刻 半에 해당한다고 하였다. 고대에는 1晝夜를 100각으로 나누었다. 따라서 三刻은 43분 정도 된다. 곧 해가 진후 43분 정도 지난 때가 '昏'(또는 闇)이 된다.

2_ 陽 : 陸德明의 『경전석문』에 인용된 정현의 『삼례목록』에는 '陽'자 앞에 '取其' 두 글자가 더 있으며, 『의례정의』에도 마찬가지로 되어 있다. 『의례주소』, 68쪽 교감 및 『의례정의』, 146쪽 참조. 이에 따라 번역한다.

「납채·문명도納采·問名圖」

(淸),『흠정의례의소』

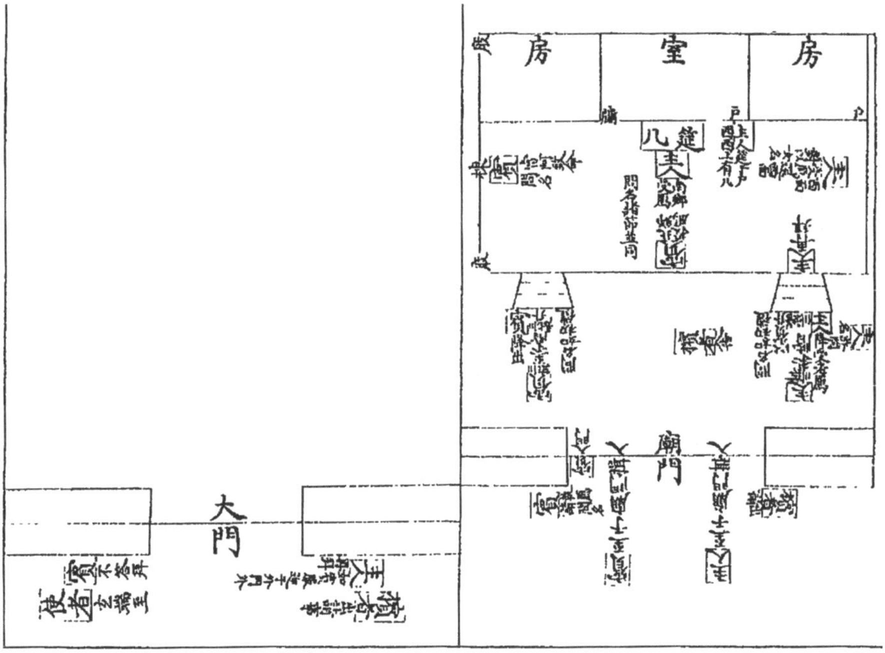

해제 經－01에서 經－09까지는 '납채納采', 즉 신랑 측에서 신부를 채택하는 예를 드리는 절차이다.

[士昏禮02 : 經－01]

혼례昏禮.

신랑 측에서 신부 집으로 중매인을 보내어 혼인의 뜻을 전달하게 한다. 신부 측에서 허락을 하면, 신랑 측에서 사자使者를 보내어 납채納采의 예를 행하는데 예물로 기러기를 사용한다.

昏禮.

下達, 納采用鴈.

정현주 '달達'은 통한다는 뜻이다. 장차 상대방과 혼인을 맺고자 하면 반드시 먼저 중매인(媒氏)을 보내어 혼인의 뜻을 전달하여 통하게 한다. 신부 측에서 허락한 후에 비로소 사람을 시켜서 그 채택하는 예를 드린다.[1] 기러기를 예물(摯)[2]로 사용하는 것은 음양의 왕래에 순종하는 기러기의 성정을 취한 것이다.[3] 『시詩』에서는 "아내를 얻으려면 어떻게 해야 하나? 중매하는 사람이 없으면 얻을 수 없네"[4]라고 하였다. 혼례는 반드시 중매하는 사람을 통해야 하니, 서로 교제할 때 소개시켜 주는 사람을 두는 것은 모두 염치를 기르도록 하기 위한 것이다. '達', 通也. 將欲與彼合昏姻, 必

안雁

(淸), 『흠정의례의소』

先使媒氏下通其言. 女氏許之, 乃後使人納其采擇之禮. 用鴈爲摯者, 取其順陰陽往來. 『詩』云, "取妻如之何? 匪媒不得." 昏必由媒, 交接設紹介, 皆所以養廉恥.

[士昏禮02 : 經－02]

주인(신부의 아버지)은 실문의 서쪽(戶西)[5]에 자리를 펼쳐 놓는데, 자리의 머리 부분이 서쪽을 향하도록 하여 놓으며,[6] 안석(几)[7]은 자리의 오른쪽에 놓는다.

主人筵于戶西, 西上, 右几.

정현주 '주인'은 신부의 아버지[8]이다. '자리를 펼쳐 놓는다'(筵)[9]는 것은 신神을 위해서 자리를 펼쳐 놓는다는 뜻이다. '실문의 서쪽'은 존귀한 곳이다. 장차 선조의 유체遺體[10]를 남에게 허락하려는 것이므로 그 예를 녜묘禰廟(아버지의 사당)에서 받는 것이다. 자리의 머리 부분이 서쪽을 향하도록 펼쳐 놓고 오른쪽에 안석을 놓는 것[11]은 신의 기물은 주인에게 통섭되지 않기 때문이다.[12] 자리에는 머리 부분이 있고 꼬리 부분이 있다. '主'人, 女父也. '筵', 爲神布席也. '戶西'者, 尊處. 將以先祖之遺體許人, 故受其禮於禰廟也. 席西上, 右設几, 神不統於人, 席有首尾.

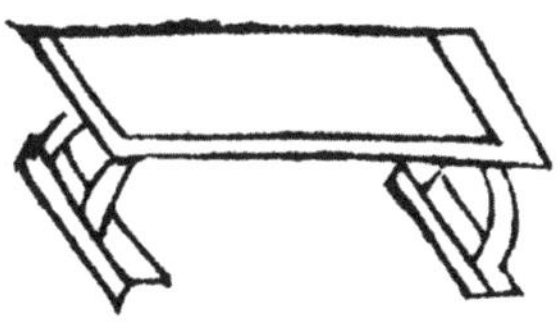

궤几

섭숭의(宋), 『삼례도』

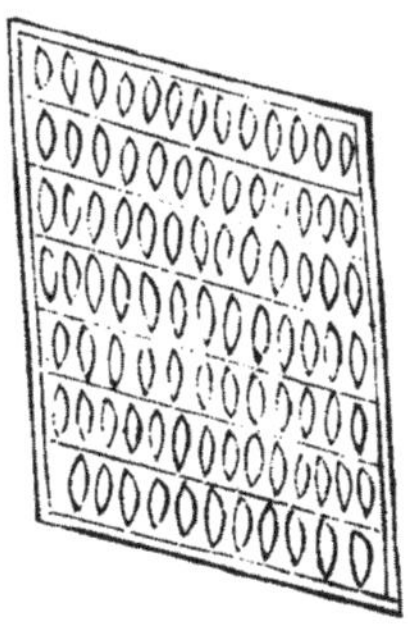

연筵

섭숭의(宋), 『삼례도』

[士昏禮02 : 經－03]

사자使者는 현단복玄端服[13]을 입고 신부의 집에 도착한다.[14]

使者玄端至.

정현주 '사자使者'는 군리羣吏와 같은 신랑 측 집안의 속리屬吏로서 신부 집을 왕래하도록 한 사람이다. '현단복玄端服'은 사士가 날이 저물 즈음 석례夕禮[15]를 할 때 입는 옷인데, 또 그것을 입고서 신부 집의 묘廟에서 예를 행한다. 유사는 검은색 치마(緇裳)[16]를 입는다. '使者', 夫家之屬, 若羣吏使往來者. '玄端', 士莫夕之服, 又服以事於廟. 有司緇裳.

현단玄端

섭숭의(宋), 『삼례도』

[士昏禮02 : 經－04]

빈자擯者(예의 진행을 돕는 주인 쪽의 사람)는 대문 밖으로 나가서 무슨 일로 왔는지 묻고 들어와서 주인에게 사자가 도착하였음을 보고한다.

擯者出請事, 入告.

정현주 '빈자擯者'는 유사로서 예를 돕는 자이다. '청請'은 묻는다(問)는 뜻과 같다. 예에서는 일을 반드시 기필하지 않으니, 비록 알고 있더라도 묻는 것은 거듭 삼가는 것이다. '擯者', 有司佐禮者. '請'猶問也. 禮不必事, 雖

知, 猶問之, 重愼也.

[士昏禮02 : 經－05]
주인은 빈(사자)과 동일한 복장을 하고 대문大門 밖으로 나아가 빈을 맞이하는데, 재배를 한다. 빈은 답배를 하지 않는다. 주인은 빈과 읍을 하고 함께 대문 안으로 들어간다.
主人如賓服, 迎于門外, 再拜. 賓不答拜. 揖入.

정현주 '문 밖'(門外)은 대문 밖이다. '답배를 하지 않는다'는 것은 심부름을 받드는 사람은 성대한 예를 감당하지 못하기 때문이다.[17] '門外', 大門外. '不答拜者', 奉使不敢當其盛禮.

[士昏禮02 : 經－06]
묘문廟門 앞에 이르면, 주인은 빈과 서로 읍을 한 후에 묘문 안으로 들어간다. 묘문 안으로 들어간 후에 주인은 빈과 서로 세 차례 읍을 하고, 계단 앞에 이르렀을 때 서로 먼저 오르도록 세 차례 양보를 한다.[18]
至于廟門, 揖入. 三揖, 至于階, 三讓.

정현주 '들어간 후에 세 차례 읍을 한다'는 것은 묘문 안쪽의 낙수물받이(內霤)[19]에 이르러 꺾어지려는 곳에서 읍을 하고, 꺾어진 후에 북쪽을 향하여 읍을 하고, 비碑[20]에 이르러 읍을 하는 것이다. '入三揖'者, 至內霤, 將曲,

揖, 旣曲, 北面, 揖, 當碑, 揖.

[士昏禮02 : 經-07]

주인은 빈과 함께 당 위로 올라가 서쪽을 향해 선다. 빈은 서쪽 계단을 통해 당 위로 올라가 마룻대(阿)와 마주하는 곳에서 동쪽을 향하여 신랑 아버지의 명을 바친다. 주인은 조계阼階[21] 위에서 북쪽을 향하여 빈에게 재배를 한다.

主人以賓升, 西面. 賓升西階, 當阿, 東面致命. 主人阼階上北面再拜.

정현주 '아阿'는 마룻대(棟)이다.[22] 당의 깊은 곳까지 들어가는 것은 친친親親의 도리를 보이는 것이다. 금문본에는 '阿'가 '庪'로 되어 있다. '阿', 棟也. 入堂深, 示親親. 今文'阿'爲'庪'.

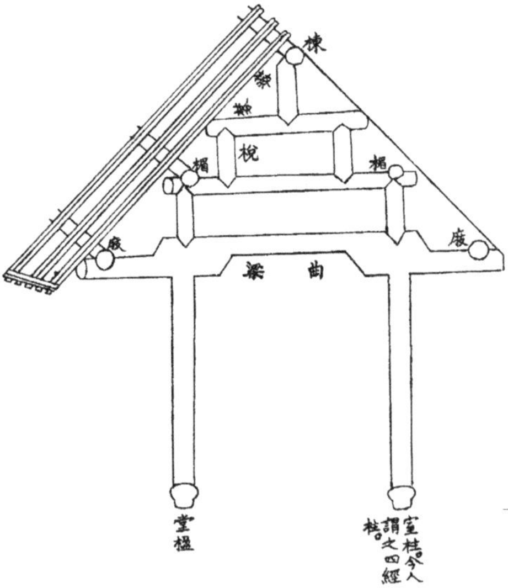

동棟

황이주(淸), 『예서통고』

[士昏禮02 : 經－08]

빈은 당 위의 동쪽 기둥(東楹)과 서쪽 기둥(西楹) 사이에서 남쪽을 향해 기러기를 주인에게 준다.

授于楹間, 南面.

정현주

'당 위의 동쪽 기둥(東楹)과 서쪽 기둥(西楹) 사이에서 주는 것'[23]은 화합하여 우호함을 밝히는 것이므로 그 절차가 같다. '남쪽을 향해'라는 것은 나란히 하여 준다는 뜻이다.[24] '授於楹間', 明爲合好, 其節同也. '南面', 並授也.

[士昏禮02 : 經－09]

빈은 당에서 내려와 묘문 밖으로 나간다. 주인도 당에서 내려와 기러기를 노老에게 건네준다.

賓降, 出, 主人降. 授老鴈.

정현주

'노老'는 군리 가운데 존귀한 자이다.[25] '老', 羣吏之尊者.

주

1_ 장차 상대방과 ~ 예를 드린다 : 혼례의 여섯 가지 절차인 納采, 問名, 納吉, 請期, 納徵, 親迎 가운데, 세 가지 절차에 '入納'의 의미인 '納'자를 쓰는 이유에 대해 정현과 가공언은 모두 여자 집안에서 받아들이지 않을 것을 두려워하기 때문이라고 하였다. 여자 쪽 집안에서 받아들이도록 사람을 보내어 삼가 드린다는 뜻이다. 문명이나 친영 등의 경우는 이미 여자 쪽 집안에서 허락하였으므로 '納'자를 쓰지 않는다. 『의례주소』, 68쪽, 가공언의 소 참조.

2_ 예물 : '摯'는 빈이 주인을 찾아뵐 때 들고 가는 예물을 가리키는데, 그 '摯'는 들고 간 사람의 신표로서 신분을 나타낸다. 『예기』「표기」에 "辭(언사)가 없으면 서로 교유하지 않고, 禮(예물)가 없으면 서로 만나지 않는다"(無辭不相接也, 無禮不相見也)라고 한 것에 대해 정현은 "'禮'는 '摯'를 가리킨다"('禮', 謂摯也)고 하였다. 이는 빈이 주인을 찾아뵐 때에는 반드시 '摯'가 있어야 한다는 뜻이다. '摯'는 작위에 따라서 玉, 帛(비단), 禽(짐승) 등을 사용하는데, 예가 끝나면 주인은 그 예물을 되돌려준다. 『예기』「곡례하」에는 상대를 만날 때 천자는 울창주(鬯), 제후는 명규(圭), 경은 새끼 양(羔), 대부는 기러기(雁), 사는 꿩(雉), 서인은 집오리(匹)를 '摯'로 쓴다고 하였다.(凡摯, 天子鬯, 諸侯圭, 卿羔, 大夫鴈, 士雉, 庶人之摯匹) 『주례』「춘관·대종백」에서는 "玉으로 여섯 가지의 瑞玉을 만들어서 제후들의 신분을 통일한다. 왕은 鎭圭를 잡는다. 公은 桓圭를 잡는다. 侯는 信圭를 잡는다. 伯은 躬圭를 잡는다. 子는 穀璧을 잡는다. 男은 蒲璧을 잡는다. 짐승으로 여섯 가지의 摯를 만들어 신하들의 신분을 통일한다. 孤는 皮帛(짐승 가죽으로 덮어서 장식을 한 비단 묶음)을 잡고, 卿은 羔(새끼 양)를 잡고, 大夫는 雁(기러기)을 잡고, 士는 雉(꿩)를 잡고, 庶人은 鶩(집오리)을 잡고, 工·商은 鷄(닭)를 잡는다"(以玉作六瑞, 以等邦國. 王執鎭圭. 公執桓圭. 侯執信圭. 伯執躬圭. 子執穀璧. 男執蒲璧. 以禽作六摯, 以等諸臣. 孤執皮帛, 卿執羔, 大夫執雁, 士執雉, 庶人執鶩, 工商執雞.)고 하였다. 이는 작위의 차이에 따라 사용하는 '摯'가 다름을 보여 주는 것이며, 따라서 '摯'는 빈의 신분 및 빈과 주인의 관계를 표시하는 것이라고 할 수 있다. 『삼례사전』, 1055쪽 '摯' 항목 참조.

3_ 기러기를 예물로 ~ 취한 것이다 : 기러기가 낙엽이 떨어지면 따듯한 남쪽으로 날아가고 해빙기가 되면 서늘한 북쪽으로 날아감으로써 음양이 왕래하는 원리에 순종하듯이, 남편은 양이고 아내는 음이므로 아내가 남편을 따르는 것이 음양이 왕래하는 원리에 순종하는 것이라는 뜻이다. 그러나 혼례에서 기러기를 예물로 사용하는 의미에 대해서는 이 외에도 여러 의견이 있다. 강균은 기러기는 짝을 잃으면 다시 짝을 맺지 않으므로 그 종신토록 짝을 바꾸지 않는 의리를 취한 것이라고 하였다. 한편 성세좌는 사는 꿩(雉)을 예물로 사용하는데 살아 있는 꿩은 바칠 수가 없으므로 대신 기러기를 사용하는 것이라고 하였다. 『의례주소』, 69쪽 및 『의례정의』, 150쪽 참조.

4_ 아내를 얻으려면 ~ 없네 : 『시』「제풍·남산」의 편이다.

5_ 실문의 서쪽 : 경문의 '戶'는 '室戶' 즉 실의 문을 가리킨다. 당 위에는 중앙에 室이 있고, 동쪽과 서쪽에 각각 東房과 西房이 있다. 방에는 남쪽에 한 개의 문(戶)이 있을 뿐이다. 실에는 문과 창(牖)이 있는데, 문은 동쪽에 있고, 창은 서쪽에 있다. 따라서 실문의 서쪽과 창의 동쪽은 당의 정중앙이 된다.

6_ 머리 부분이 ~ 놓으며 : [연례06 : 經－06]의 '筵賓于戶西, 東上'(실문의 서쪽에 빈의 자리를 펼쳐 놓는데, 자리의 머리 부분이 동쪽을 향하도록 하여 놓는다)에서의 '東上'에 대해 채덕진은 '자리의 머리 부분이 동쪽에 있는 것'(東上, 席首在東也)이라고 하였다. 따라서 이곳 경문의 '西上'은 '자리의 머리 부분이 서쪽에 있다'는 뜻이 된다. 호배휘는 "'머리 부분이 있고 꼬리 부분이 있다'는 것은 머리 부분을 위쪽으로 삼는다는 뜻이다. 머리 부분이 서쪽을 향하도록 하는 것은 神의 도리이다. 가공언의 소에 '「공식대부례」의 記에 부들자리와 갈대자리는 모두 끝에서부터 말아서 둔다'고 한 것이 이것이다"(有首尾者, 上其首也. 西上, 神道也. 賈疏云, "「公食大夫禮記」, '蒲筵萑席, 皆卷自末', 是也")라고 하였다. 즉 자리의 머리 부분은 '上'(위쪽)으로, 꼬리 부분은 '末'(끝)로 표현한다는 것이다. 『의례정의』, 676쪽 및 150쪽 참조.

7_ 안석 : 앉을 때 몸을 편안하게 기대는 작은 탁자이다.

8_ 주인은 신부의 아버지 : 저인량에 따르면 신부의 아버지가 있으면 아버지가 주인이 되고, 조부(祖)가 있으면 조부가 주인이 된다. 만약 아버지와 조부가 모두 돌아가신 경우에는 宗子의 묘에서 예를 거행하는데 종자를 주인으로 삼는다. 『의례정의』, 151쪽 참조.

9_ 자리를 펼쳐 놓는다 : '筵'은 대나무나 혹은 부들 등으로 엮어서 만든 자리를 말한다. '筵'은 땅에 까는 자리이고, '席'은 筵의 위에 덧까는 자리이다. 그리고 호배휘에 의하면 [사관례01 : 經－48]의 '筵于東序'처럼 '筵'은 동사로서 '자리를 펼쳐 놓는 행위'를 가리키기도 한다. 본문의 '筵'은 후자의 경우이다. 『의례정의』, 48쪽 참조.

10_ 선조의 유체 : 遺體는 부모가 낳은 자식의 신체를 뜻하는데 여기서는 조상이 남긴 후손이라는 말로, 장차 시집보내려는 딸을 가리킨다.

11_ 자리의 머리 부분이 ~ 놓는 것 : 가공언에 따르면 『의례』의 「향사례」와 「연례」 등에서 사람의 자리는 모두 동쪽을 윗자리로 하여 펼쳐 놓는다. 따라서 여기서 서쪽을 윗자리로 삼는 것은 神의 자리이다. 地道는 오른쪽을 존숭하기 때문에 그 뜻을

취하여 자리는 서쪽을 윗자리로 하고 오른쪽에 안석을 놓는 것이다. 호배휘는 "안석은 신이 의지하는 것이다. 人道는 자리의 머리 부분이 동쪽을 향하도록 하여 펼쳐 놓고 안석을 자리의 왼쪽에 놓는다. 이 경문은 神道이므로 地道가 오른쪽을 존숭하는 의리를 취한 것이다. '서쪽'(西)은 오른쪽이다". 『의례주소』, 69쪽 및 『의례정의』, 151쪽 참조.

12_ 신의 기물은 ~ 때문이다 : 가공언은 "「향사례」와 「연례」 등을 살펴보건대, 자리를 진설할 때 모두 머리가 동쪽을 향하도록 펼쳐 놓는데, 이는 자리가 주인에게 통섭되는 것이다. 이제 神은 존귀하므로 주인에게 통섭되지 않고, 地道가 오른쪽을 존숭하는 의리를 취한 것이다. 그러므로 자리는 머리가 서쪽을 향하도록 펼쳐 놓고, 안석은 그 오른쪽에 두는 것이다"(案「鄕射」「燕禮」之等設席皆東上, 是統於人. 今以神尊, 不統於人, 取地道尊右之義, 故席西上, 几在右也)라고 하였다. 『의례주소』, 69쪽 참조.

13_ 현단복 : '玄端'은 검은색 베로 만든 웃옷(緇布衣)으로, 직물을 斜線으로 재단하지 않고 正幅을 그대로 쓰기 때문에 '玄端'이라 한다. 정폭 그대로 옷을 만드는 것은 그 바름(正)을 취한 것으로, '端'은 바름(正)의 뜻과 통한다. '玄端'은 웃옷만을 말하기도 하지만, 때로 '玄端服'과 같은 의미로 쓰여 이 웃옷을 입을 때 부속되는 복식 일습을 통칭하기도 한다. 그 일습은 玄冠, 緇布衣, 下裳, 爵韠로 구성된다. 천자부터 士까지 모든 계급이 입는다. 천자와 제후는 휴식을 취할 때 입고(燕居服), 士는 평소의 예복으로 입는다. 『삼례사전』, 305쪽 및 최규순, 『중국역대제왕면복연구』, 26~27쪽 참조.

14_ 사자는 ~ 집에 도착한다 : 경문의 '使者'에 대해 정현은 신랑 측 집안의 屬吏로 해석하였지만, 오정화는 『주례』「지관·매씨」에 보이는 '媒氏'로서, 신랑의 아버지가 보내어 납채의 예를 행하러 왔기 때문에 '사자가 도착하였다'(使至)고 한 것으로 보았다. 호배휘도 이곳의 '사자'는 '매씨'로서 '속리'라고 말해서는 안 된다고 본다. 『의례정의』, 152쪽.

15_ 석례 : 저녁에 군주를 알현하는 것을 '夕'이라고 한다.

16_ 검은색 치마 : [사관례01 : 經一30]에 "玄端에는 치마로 玄裳(검은색 치마), 黃裳(누런색 치마), 雜裳(잡색 치마) 가운데 어느 것을 사용해도 괜찮다"(玄端, 玄裳·黃裳·雜裳可也)고 하였는데, 경문에서의 '緇裳'은 검은색 치마인 '玄裳'을 가리킨다. 『의례주소』, 70쪽, 가공언의 소 참조.

17_ '답배를 하지 않는다'는 ~ 못하기 때문이다 : 가공언은 빈이 답배를 하지 않는 이유는 사가 비천하여 군신의 예가 없기 때문이라고 하였다. 그러나 오정화는 사자는 신랑 집의 납채를 위하여 왔으므로 빈으로서의 예를 감당하지 못하기 때문이지 비천해서가 아니라고 하여 가공언의 설을 비판한다. 『의례정의』, 153쪽 참조.

18_ 묘문 안으로 ~ 양보를 한다 : 주인(신부의 아버지)은 빈(사자)과 함께 묘문 안으로 들어가 뜰(庭) 앞에 이르렀을 때 서로 읍을 한 후에 각각 동쪽(오른쪽)과 서쪽(왼쪽) 방향으로 걸어 나간다. 이것이 첫 번째 읍이다. 동쪽과 서쪽으로 걸어가다가 북쪽으로 동쪽 계단과 서쪽 계단을 마주하는 곳에서 읍을 한 후에 각각 북쪽을 향해 걸어간다. 이것이 두 번째 읍이다. 북쪽으로 걸어가다가 뜰의 2/3가 되는 지점에 놓인 碑에 이르렀을 때 세 번째 읍을 한 후에 각각 동쪽 계단과 서쪽 계단 앞에 이른다. 이후 세 차례 서로 양보하면서 각각 당에 오른다.

19_ 묘문 안쪽의 낙수물받이 : '內霤'에서 '霤'(낙수물받이)는 지붕의 처마에서 빗물이 떨어지는 곳을 가리킨다.

20_ 비 : 당하에서 묘문에 이르는 곳을 '뜰'(庭)이라고 하는데, 이 뜰을 3등분하여 북쪽에 돌로 만든 '碑'를 설치한다. 이것으로 해그림자를 관측해서 시간을 계산하거나 희생을 매다는 데 이용한다.

21_ 조계 : 동쪽 계단을 가리킨다. 서쪽 계단을 빈객이 사용하는 계단이라는 의미에서 '賓階', 동쪽 계단을 주인이 사용하는 계단이라는 의미에서 '阼階'라고도 한다. 『서』「고명」에 "大輅는 賓階에서 남쪽을 향하고, 綴輅는 阼階에서 남쪽을 향한다"(大輅在賓階面, 綴輅在阼階面)고 하였다.

22_ '아'는 마룻대이다 : 호승공에 따르면, 정현이 '棟'(마룻대)으로 '阿'를 해석한 것은 棟에 阿의 이름이 있다는 것이 아니라 지붕 중앙의 등성마루(中脊)를 가리키는 것으로, 棟과 마주하는 곳을 '阿'라고 이름한 것일 뿐이다. '阿'의 의미는 '구부러지다'(曲)는 뜻으로, 궁실 제도에 있어 '지붕 중앙의 등성마루'는 위쪽은 하늘 높이 솟아 일어나고, 아래쪽은 반드시 말듯이 구부러지는데, 그 구부러진 곳을 '阿'라고 한다. 무릇 지붕에는 4개의 기둥이 있어 양쪽 아래로 내려오는데, 반드시 모두 가운데 중앙 서까래에서 나뉜다. 그렇다면 '阿'는 지붕의 중앙 서까래가 말듯이 구부러지는 곳임이 분명하다. '지붕 중앙의 등성마루'는 마룻대(棟)가 떠받치고 있다. 그러므로 정현은 '阿와 마주하다'(當阿)를 '棟과 마주하다'(當棟)라고 해석한 것이다. 『의례정의』, 154쪽 참조. 집을 측면에서 볼 때 5부분으로 나뉜 집을 '五架屋'이라고 하는데, 중앙의 서까래가 가장 높을 곳을 '棟'(마룻대)이라고 하고, 棟의 양쪽 부분

을 '楣'(들보)라고 하고, 그 아래 가장자리 양쪽 부분을 '扆'(상인방)이라고 한다.

23_ 당 위의 동쪽 기둥과 서쪽 기둥 사이에서 주는 것 : 성세좌는 빈과 주인이 東楹과 西楹 사이에 각각 서는 것은 지위가 대등할 경우의 예인데, 이제 사자가 주인과 대등한 예를 행할 수 있는 것은 그가 신랑 아버지의 명을 받들기 때문이라고 하였다. 『의례정의』, 156쪽 참조.

24_ 나란히 하여 준다는 뜻이다 : 가공언은 경문의 '南面'에 대해 주체가 명시되어 있지 않기 때문에 정현은 '並授'라고 하여 빈과 주인이 함께 나란히 서서 주는 것(俱南面並授也)으로 풀이하였다. 『의례주소』, 72쪽 참조. 성세좌도 이제 사자가 敵者(대등한 자)의 예로서 '南面並授'하는 것으로 본다. 그러나 호배휘는 이곳의 '授'는 '受'의 잘못으로 문맥에서 본다면 주인이 받는 것이라고 하였다. 『의례정의』, 156쪽 참조.

25_ '노'는 ~ 자이다 : 오정화는 이곳의 '老'를 가신의 우두머리(家臣之長)라고 하였다. 『의례정의』, 156쪽 참조.

해제 經―10에서 經―11까지는 '문명問名', 즉 신랑 측에서 신부의 이름을 묻는 절차이다.

[士昏禮02 : 經―10]

빈자는 묘문 밖으로 나가서 빈에게 다른 일이 더 있는지 묻는다.

擯者出請.

정현주 빈의 용무가 더 있는지 없는지 기필하지 않는 것이다. 不必賓之事有無.

[士昏禮02 : 經―11]

빈이 기러기를 들고 문명問名(신부 될 사람의 이름을 묻는 것)의 예를 청하면, 주인은 허락한다.[1] 빈은 묘문 안으로 들어가 주인에게 기러기를 건네주는데, 처음 납채의 예를 행할 때와 동일한 절차로 한다.

賓執鴈, 請問名, 主人許. 賓入, 授, 如初禮.

정현주 '신부 될 사람의 이름을 묻는 것'(問名)[2]은 장차 돌아가서 그 길흉을 점치려는 것이다. 고문본에는 '禮'가 '醴'로 되어 있다. '問名'者, 將歸卜其吉凶. 古文'禮'爲'醴'.

주

1_ 빈이 기러기를 들고 ~ 허락한다 : 빈이 기러기를 들고 주인의 빈자에게 주인의 딸 이름이 무엇인지 묻고자 한다고 청하면, 빈자는 주인에게 가서 빈의 청을 보고하고, 주인이 이에 허락한다는 의사를 표시한다는 것이다.

2_ 신부 될 사람의 이름을 묻는 것 : 가공언은 여자의 이름에는 태어난 지 3개월 만에 아버지가 지어 주는 이름 즉 三月名인 名字와 '舜'이나 '曾子' 등과 같은 名號 두 가지 종류가 있는데, 문명의 절차에서 묻는 것은 姓氏이며 이것은 명호에 속한다고 하였다. 호배휘도 부녀자는 이름을 가지고 예를 행하지 않으므로 문명의 의절에서 묻는 것은 삼월명이 아님이 분명하다고 하였다. 오정화는 여자에게도 본래 아버지가 지어 준 이름이 있고, 여자의 氏는 아버지의 氏일 뿐이지만 아직은 납채의 예가 끝난 것이 아니므로 그 氏를 알지 못하는 것처럼 하는 것이라고 하였다. 『의례주소』, 72쪽 및 『의례정의』, 154쪽 참조.

「예빈도醴賓圖」

(淸), 『흠정의례의소』

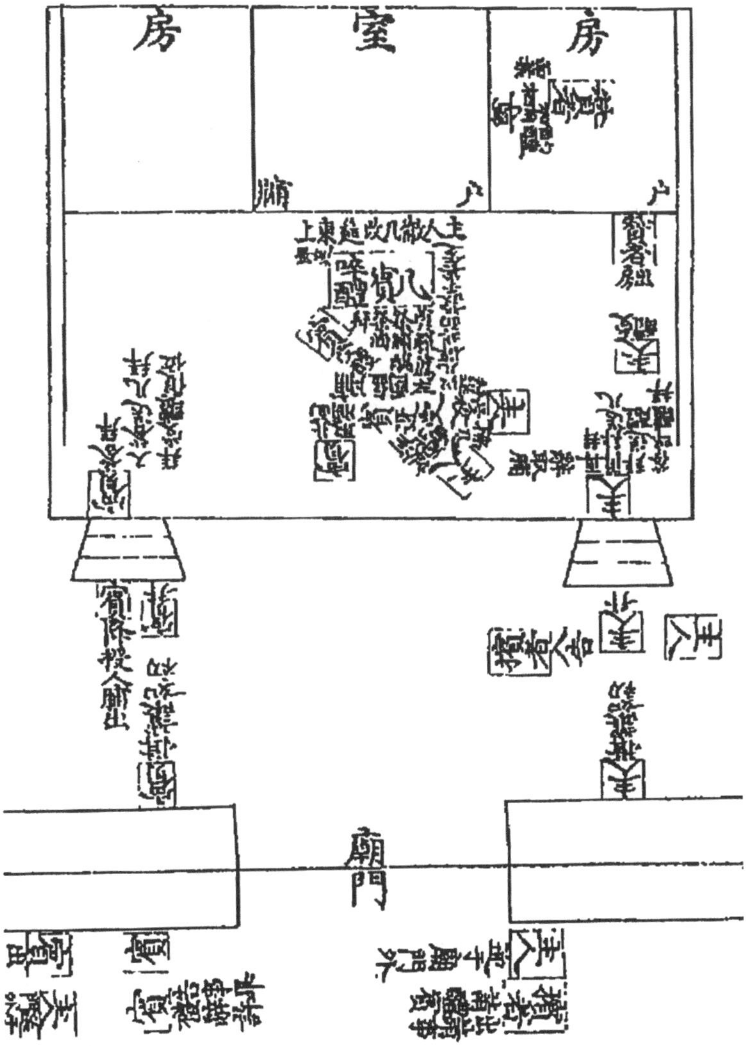

해제 經-12에서 經-21까지는 '예빈醴賓' 즉 주인이 빈에게 예주를 따라 주어 대접하는 예례醴禮의 절차이다.

[士昏禮02 : 經-12]

빈자는 묘문 밖으로 나가서 빈에게 다른 일이 더 있는지 묻는다.[1] 빈은 일이 끝났음을 빈자에게 고한다. 빈자는 묘문 안으로 들어가서 이를 주인에게 보고하고, 다시 묘문 밖으로 나가서 빈에게 예주를 따라 주어 예례醴禮[2]를 행하고자 한다고 청한다.

擯者出請, 賓告事畢. 入告, 出請醴賓.

정현주 이곳의 '예醴'도 '예禮'가 되어야 한다.[3] '빈에게 예를 올린다'(禮賓)는 것은 그를 후대하고자 하는 것이다. 此'醴'亦當爲'禮'. '禮賓'者, 欲厚之.

[士昏禮02 : 經-13]

빈은 한 번 사양한 후에 허락한다.

賓禮辭, 許.

정현주 '예사禮辭'는 한 번 사양한다는 뜻이다. '禮辭', 一辭.

[士昏禮02 : 經－14]

주인은 찬자贊者(예의 진행을 돕는 사람)를 시켜서 안석(几)을 거두고 자리(筵)를 바꿔서 다시 펼쳐 놓게 하는데, 자리의 머리 부분이 동쪽을 향하도록 하여 놓는다.[4] 예주(醴)[5]를 넣은 한 통의 질그릇 술동이(甒)[6]만을 방 안에 단독으로 진설한다.

主人徹几改筵, 東上. 側尊甒醴于房中.

정현주 '안석을 거두고 자리를 바꿔서 다시 펼쳐 놓게 한다'(徹几改筵)는 것은 지난번에는 신을 위해서 마련한 것이었으므로 이제 사람을 위해서 다시 마련한다는 뜻이다. '단독으로 진설한다'(側尊)는 것은 또한 물을 넣은 술동이 없이 예주를 넣은 한 통의 술동이만을 방 안에 단독으로 진설한다는 말이다.[7] 또한 대광주리(篚)와 대나무제기(籩), 나무제기(豆)를 두는데 관례에서 진설할 때와 동일한 절차로 한다.[8] '徹几改筵'者, 鄕爲神, 今爲人. '側尊', 亦言無玄酒, 側尊於房中. 亦有篚有籩·豆, 如冠禮之設.

와무瓦甒(有蓋) 비篚 두豆 변籩

섭숭의(宋), 『삼례도』

[士昏禮02 : 經－15]

주인은 묘문 밖으로 나가서 빈을 맞이하고, 묘문 안으로 들어와서 처음 납채의 예를 행할 때와 동일한 절차로 읍을 하고 양보를 한 후에 당 위로 올라간다. 주인은 조계 위쪽에서 북쪽을 향해 재배를 한다. 빈은 서쪽 계단 위쪽에서 북쪽을 향해 답배를 한다. 주인은 안석(几)을 닦아내고,[9] 안석의 다리 쪽을 잡고서 빈에게 건네준 후에 배례를 한다. 빈은 안석을 잡으면서 주인의 배례를 피한 후에[10] 북쪽을 향해 자리에 안석을 내려놓는데 자리의 왼쪽에 놓고, 다시 서쪽 계단 위쪽으로 가서 답배를 한다.

主人迎賓于廟門外, 揖讓如初, 升. 主人北面, 再拜. 賓西階上北面答拜. 主人拂几, 授校, 拜送. 賓以几辟, 北面設于坐, 左之, 西階上答拜.

정현주

'불拂'은 닦아낸다(拭)는 뜻이다. 안석을 닦는 것은 빈을 존중하여 새롭게 하는 것이다. '교校'는 안석의 다리이다.[11] '피辟'는 물러나 피한다는 뜻이다. 고문본에는 '校'가 '枝'로 되어 있다. '拂', 拭也. 拭几者, 尊賓, 新之也. '校', 几足. '辟', 逡巡. 古文'校'爲'枝'.

[士昏禮02 : 經－16]

찬자는 술잔에 예주를 따르고 그 위에 뿔 숟가락(角柶)[12]을 얹어 놓는데 머리 부분이 앞쪽을 향하도록 놓고, 방에서 나간다.

贊者酌醴, 加角柶, 面葉, 出于房.

정현주 '찬贊'은 돕는다는 뜻이니, 주인이 술 따르는 일을 돕는다. 찬자가 또한 술잔을 씻어 술을 따르고 뿔 숟가락을 얹어 얹어 놓는 것은 관례의 경우와 마찬가지이다. 방에서 나가 남쪽을 향해 서서 주인이 맞이하여 건네받기를 기다린다. 고문본에는 '葉'이 '擖'로 되어 있다. '贊', 佐也, 佐主人酌事也. 贊者亦洗酌, 加角柶, 覆之, 如冠禮矣. 出房南面, 待主人迎受. 古文'葉'作'擖'.

사柶

황이주(淸), 『예서통고』

[士昏禮02 : 經-17]

주인은 찬자에게서 예주를 담은 술잔을 받은 다음, 술잔 위에 뿔 숟가락의 손잡이 부분이 앞쪽을 향하도록 얹어 놓고, 빈의 자리 앞으로 가서 서북쪽을 향해 선다. 빈은 서쪽 계단 위쪽에서 배례를 하고 자리 앞으로 가서 예주를 받은 후에 서쪽 계단 위쪽의 본래 위치로 돌아간다. 주인은 조계 위쪽에서 술잔을 보내준 후에 배례를 한다.

主人受醴, 面枋, 筵前西北面. 賓拜受醴, 復位. 主人阼階上拜送.

정현주 주인이 서북쪽을 향해 몸을 바르게 하여 서는 것은 빈이 자리로 나아가기를 기다리는 것이다. 빈이 서쪽 계단 위쪽의 본래 위치로 돌아가서 북쪽을 향하는 것은 서로 높이고 공경함을 밝히는 것이다. 이곳의 자리는 마시고 먹는 일을 위주로 하여 진설한 것이 아니기 때문이다.[13] 主人西北面疑立, 待賓即筵也. 賓復位於西階上北面, 明相尊敬. 此筵不主爲飮食起.

[士昏禮02 : 經—18]

주인의 찬자는 말린 고기를 담은 대나무제기와 고기젓갈을 담은 나무제기를 빈의 자리 앞에 올린다.

贊者薦脯·醢.

정현주 '천薦'은 올린다(進)는 뜻이다. '薦', 進.

[士昏禮02 : 經—19]

빈은 자리로 나아가 앉아서 왼손으로 술잔(觶 : 3승 용량)을 잡고, 오른손으로 말린 고기와 고기젓갈로 고수레를 한 후에 숟가락(柶)으로 예주를 조금 떠서 고수레를 세 차례 한다.[14] 서쪽 계단 위쪽에서 북쪽을 향해 앉아 예주를 맛보고, 예주를 넣은 술잔 안에 숟가락을 꽂고 일어난다. 다시 앉아서 술잔을 내려놓고, 드디어 주인에게 배례를 한다. 주인은 답배를 한다.

賓即筵坐, 左執觶, 祭脯·醢, 以柶祭醴三, 西堦上北面坐, 啐醴, 建柶, 興. 坐奠觶, 遂拜. 主人答拜.

정현주 '즉卽'은 나아간다(就)는 뜻이다. 왼손으로 술잔을 잡았으므로 고수레는 오른손으로 하는 것이다. 대나무제기와 나무제기 사이에서 말린 고기와 고기젓갈로 고수레를 하는 것은 반드시 고수레 해야 할 대상에 대해 겸양하고 공경하는 것이니 앞서 이 음식을 만든 이가 있음을 보이는 것이다.[15] '쵀啐'는 맛본다는 뜻이다. 맛을 보는 것은 주인의 뜻을 이루어 주려는 것이다.[16] '건建'은 꽂는다는 뜻과 같다. '홍興'은 일어난다는 뜻이다. '전

奠'은 멈춰둔다는 뜻이다. '卽', 就也. 左執觶, 則祭以右手也. 凡祭於脯·醢之豆間, 必所爲祭者, 謙敬, 示有所先也. '啐', 嘗也. 嘗之者, 成主人意. '建'猶扱也. '興', 起也. '奠', 停也.

치觶

섭숭의(宋), 『삼례도』

[士昏禮02 : 經-20]

빈은 자리로 나아가 말린 고기를 담은 대나무제기와 고기젓갈을 담은 나무제기 왼쪽(薦左)에 술잔을 내려놓고 자리에서 내려와 자리의 남쪽에서 북쪽을 향해 앉아서 말린 고기를 담은 대나무제기를 집는다. 주인은 빈이 말린 고기를 담은 대나무제기를 친히 거두는 것을 사양한다.

賓卽筵, 奠于薦左, 降筵, 北面坐取脯. 主人辭.

정현주

'말린 고기와 고기젓갈의 왼쪽'(薦左)은 말린 고기를 담은 대나무제기(籩)와 고기젓갈을 담은 나무제기(豆)의 동쪽이다.[17] '강降'은 내려간다는 뜻이다. 직접 말린 고기를 담은 대나무제기를 잡는 것은 주인이 내려 준 것을 존중하여 장차 돌아가서 그것을 가지고 복명復命을 하기 위함이다.[18] '사양한다'는 것은 빈이 친히 거두어주는 것을 사양한다는 뜻이다.[19] '薦左', 籩·豆之東. '降', 下也. 自取脯者, 尊主人之賜, 將歸執以反命. '辭'者, 辭其親徹.

[士昏禮02 : 經-21]

빈은 당에서 내려와 말린 고기를 담은 대나무제기를 자신의 종자

從者에게 건네주고 대문 밖으로 나간다. 주인은 대문 밖까지 전송을 하는데 재배를 한다.

賓降, 授人脯, 出. 主人送于門外, 再拜.

정현주 '인人'은 사자使者의 종자를 가리킨다. 계단 아래에서 서쪽을 향해 건네준 후에 나가는 것이다. '人'謂使者從者, 授於階下西面, 然後出去.

주

1_ 빈자는 묘문 밖으로 ~ 묻는다 : 빈은 문명의 예를 마친 후 묘문 밖으로 나가기 때문에 주인의 빈자가 또다시 묘문 밖으로 나가서 묻는 것이다. 경문에서 '賓出'(빈이 묘문 밖으로 나간다)이라고 말하지 않은 것은 문장을 생략한 것이다.

2_ 예례 : 의례가 끝난 후에 예주를 따라 주어 그 노고를 위로하는 의식절차를 말한다. 관례나 혼례 등 주인이 빈에게 예주를 따라 주어 예례를 행하는 것을 '醴賓', 관례에서 빈이 관을 쓴 아들에게 예주를 따라 주어 예례를 행하는 것을 '醴子', 혼례에서 시부모가 며느리에게 예주를 따라 주어 예례를 행하는 것을 '醴婦'라고 칭한다

3_ 이곳의 '醴'도 '禮'가 되어야 한다 : 저인량, 가공언, 호승공, 호배휘는 정현이 '醴'자를 '禮'자로 고친 것에 대해, 이는 사람에게 優禮를 더하는 뜻이라고 하여 긍정적으로 평가하고, 가공언도 『주례』에서 제후는 울창주(鬯)를 가지고 빈객에게 예를 올린다고 하였지만 '鬯賓'이라고 하지 않았듯이 예주(醴)를 가지고 빈에게 예를 올린다고 하여 곧바로 '醴賓'이라 할 수 없음을 밝히고자 '醴'를 '禮'로 바꾼 것이라고 설명하였다. 『의례정의』, 84쪽 및 『의례주소』, 42쪽, 가공언의 소 참조. 그러나 이여규는 士의 '醴子'·'醴賓'·'醴婦'의 경우처럼 경문에서는 모두 '醴'자로 되어 있으므로 굳이 '禮'자로 고칠 필요는 없다고 본다. 『의례정의』, 84쪽. 정현도 경문의 '醴賓'을 '禮賓'으로 고쳐 읽어야 한다고 하였지만 이 역시 '예주를 따라 주어 빈에게 예를 올린다'는 의미이다. [사관례01 : 經—72]와 정현주 및 각주 참조.

4_ 자리의 머리 부분이 동쪽을 향하도록 하여 놓는다 : 장이기에 의하면, [經—02]에서 神을 위한 자리를 펼쳐 놓을 때에는 자리의 머리가 서쪽을 향하도록 하여 주인에게 통섭되지 않게 하였는데, 여기서 '사람을 위한 자리를 펼쳐 놓는데 자리의 머리가 동쪽을 향하도록 하여 놓는 것은 주인에게 통섭되도록 하는 것'(爲人設則東上者, 統於主人也)이다. 『의례정의』, 158쪽 참조.

5_ 예주 : '醴'는 즙과 앙금이 뒤섞여 있는 탁한 술로서, 누룩이 적고 곡물이 많이 들어간 술이다. 『주례』「천관·주정」에서 泛齊·醴齊·盎齊·醍齊·沈齊를 '五齊'라고 하였는데, 정현은 "醴은 體와 같다. 빚고 나서도 즙과 앙금이 서로 뒤엉켜 있다. 오늘날의 恬酒와 같은 것이다"(醴猶體也, 成而汁滓相將, 如今恬酒矣)라고 하였다. 예를 행할 때에는 모두 이 술을 사용하는데, 입으로 맛을 보기만 하고 마시지는 않는다. '예주'(醴)는 그 맛이 약간 달며, 하루 동안 숙성시켜 만들기 때문에 鷄鳴酒 혹은 一宿酒라고도 한다.

6_ 질그릇 술동이 : '甒'는 예주를 넣는 질그릇의 술동이로 '瓦大', '瓦甒'라고도 한다. 송나라 섭숭의의 『삼례도』에 인용된 『舊圖』에 따르면 醴甒는 질그릇으로 만드는데

용량은 5두, 입구 직경은 1척, 목 부분 높이는 2촌이며, 아랫부분이 좁고 밑바닥은 평평하다.

7_ 물을 넣은 ~ 진설한다는 말이다 : 장이기의 해석을 따르면, 醴酒가 이미 태고를 상징하는 술로 질박하기 때문에 태고의 질박함을 상징하는 玄酒를 다시 쓰지 않는다는 뜻이다. 『의례정의』, 158쪽 참조.

8_ 또한 대광주리와 ~ 동일한 절차로 한다 : [사관례01 : 經—34]에 의하면 관례에서는 남쪽에서 북쪽으로 복장(服) → 질그릇 술동이(甒) → 대광주리(篚) → 말린 고기(脯)를 담아 넣은 대나무제기(籩)와 고기젓갈(醢)을 담아 넣은 나무제기(豆)의 순으로 진설하여 남쪽을 윗자리로 삼았는데, 사혼례에서도 술동이와 대광주리를 남쪽을 윗자리로 삼아 진설하기 때문에 관례에서의 진설과 동일한 절차로 한다고 한 것이다. 『의례정의』, 158쪽 참조.

9_ 안석을 닦아내고 : 가공언은 「관례」, 「향음주례」, 「향사례」, 「연례」 등에서는 빈의 안석(几)을 진설하지 않지만 「혼례」에서는 「빙례」나 「공식대부례」와 마찬가지로 빈의 궤를 진설하는데, 이는 혼례에서 빈의 비중이 크고 중요하기 때문이라고 하였다. 『의례주소』, 74쪽 참조.

10_ 빈은 안석을 ~ 피한 후에 : 빈의 지위가 낮기 때문에 피하는 것으로서, 이는 「빙례」의 경우와 같다고 하였다. 이에 비해 「유사철」에서는 시동을 높이고, 「근례」에서는 왕의 사신을 높이기 때문에 피하지 않는다. 『의례주소』, 74쪽, 가공언의 소 참조.

11_ '교'는 안석의 다리이다 : 정현은 안석의 다리(几足)라고 하였지만, 오계공은 '校'의 의미를 자세히 알 수 없다고 하면서, 「유사철」에서의 안석(几) 잡는 방법에 비추어 봤을 때 왼쪽 모서리(左廉)가 아닐까 추측하였다. 『의례정의』, 159쪽 참조.

12_ 뿔 숟가락 : '角柶'는 뿔로 만든 숟가락이다. 본래 예주를 뜨는 용도로 만든 것인데 형태가 匙(숟가락)와 비슷하다. '각사'는 술 뜨는 것 이외에 喪事에서도 사용하는데, 含玉·飯含할 때에 이빨을 떠받치는 용도로도 사용되며, 이때는 숟가락 두 개를 연결한 형태로 한다.

13_ 이곳의 자리는 ~ 때문이다 : 가공언은 여기서의 자리는 예를 행하기 위해 진설한 것이므로, 배례를 하고 술을 맛보는 것은 모두 서쪽 계단 위쪽에서 한다고 하였다. 『의례정의』 161쪽 참조.

14_ 예주를 조금 ~ 한다 : 술잔에 든 예주를 숟가락으로 조금 떠서 땅에 부어 고수레를 한다는 뜻이다. 처음에 숟가락으로 떠서 한 번 땅에다 붓고 다시 한 번 더 떠서 두 차례로 나누어 땅에 붓는다. 이렇게 하여 모두 세 차례가 된다. [사혼례02 : 記—07] 참조.

15_ 앞서 ~ 것이다 : 정현 주의 '示有所先也'에 대해 가공언은 "'앞서'는 곧 '근본'이다. 선대에 이 음식을 만든 이를 말한다"(先卽本. 謂先世造此食者也)라고 하였다. 또한 가공언은 말린 고기와 고기젓갈로 고수레를 할 때에는 모두 籩과 豆 사이에 놓고 하는데, 경문의 정현 주에서 '籩'을 언급하지 않은 것은 문장을 생략한 것이라고 하였다.(此及「冠禮」,「鄕飮酒」,「鄕射」,「燕禮」,「大射」皆有脯醢, 則在籩豆之閒. 此注不言'籩'直言'豆'者, 省文) 『의례주소』, 76쪽, 가공언의 소 참조. 오늘날 우리가 음식을 먹을 수 있는 것은 모두 최초로 그 음식을 만든 이가 있기 때문이므로 고수레는 음식을 먹기 전에 그 뿌리에 대해 공경을 나타내 보이는 의식이라는 뜻이다.

16_ 주인의 뜻을 이루어 주려는 것이다 : 주인이 禮饌을 마련한 뜻은 빈이 맛있게 먹기를 바라서이다. 『의례주소』, 76쪽, 가공언의 소.

17_ 말린 고기와 ~ 나무제기의 동쪽이다 : 가공언은 "반드시 남쪽을 향해서 술잔을 내려놓는 것은 자리의 올바름을 취하는 것이다"(必南面奠者, 取席之正)라고 하였으므로, 말린 고기(脯)는 대나무제기(籩)에 담아 놓고, 고기젓갈(醢)은 나무제기(豆)에 담아 놓는다. 따라서 '말린 고기와 고기젓갈의 왼쪽'(薦左)은 실제로는 '말린 고기를 담은 대나무제기(籩)와 고기젓갈을 담은 나무제기(豆)의 동쪽'을 의미하며, 이때 자리에 올라가 남쪽을 향해 술잔을 내려놓으므로 '왼쪽'은 곧 '동쪽'이 된다.

18_ 돌아가서 그것을 ~ 위함이다 : 反命은 돌아가서 복명(復命)하는 것을 가리킨다. 복명은 명을 받은 사자가 명을 완수하고 돌아가서 상황을 보고하는 것을 말한다. 여기서는 말린 고기를 가지고 돌아가 그것으로 복명을 한다는 뜻이다.

19_ 사양한다는 뜻이다 : 정현은 경문의 '辭'를 사양한다는 뜻으로 해석하였는데, 호배휘는 빈이 자기의 물건을 진귀하게 여겨 집는 것을 보고, 그것이 변변치 못하다는 이유로 겸사를 하는 것이라고 하였다.(主人辭者, 蓋見賓珍己之物而取之, 則以不腆辭之) 『의례정의』, 162쪽 참조.

해제 經－22는 '납길納吉', 즉 신랑 측에서 점을 쳐서 얻은 길조를 신부 측에 고하는 의식절차이다.

[士昏禮02 : 經－22]

납길納吉의 예를 행할 때에는 예물로 기러기를 사용하는데, 납채納采의 예와 동일한 절차로 한다.

納吉, 用鴈, 如納采禮.

정현주 돌아가 묘廟에서 점을 쳐서 길한 징조를 얻으면 다시 사자로 하여금 가서 알리게 한다. 혼인하는 일이 여기서 결정된다. 歸卜於廟, 得吉兆, 復使使者往告. 昏姻之事於是定.

「납징례도納徵禮圖」

(淸), 『흠정의례의소』

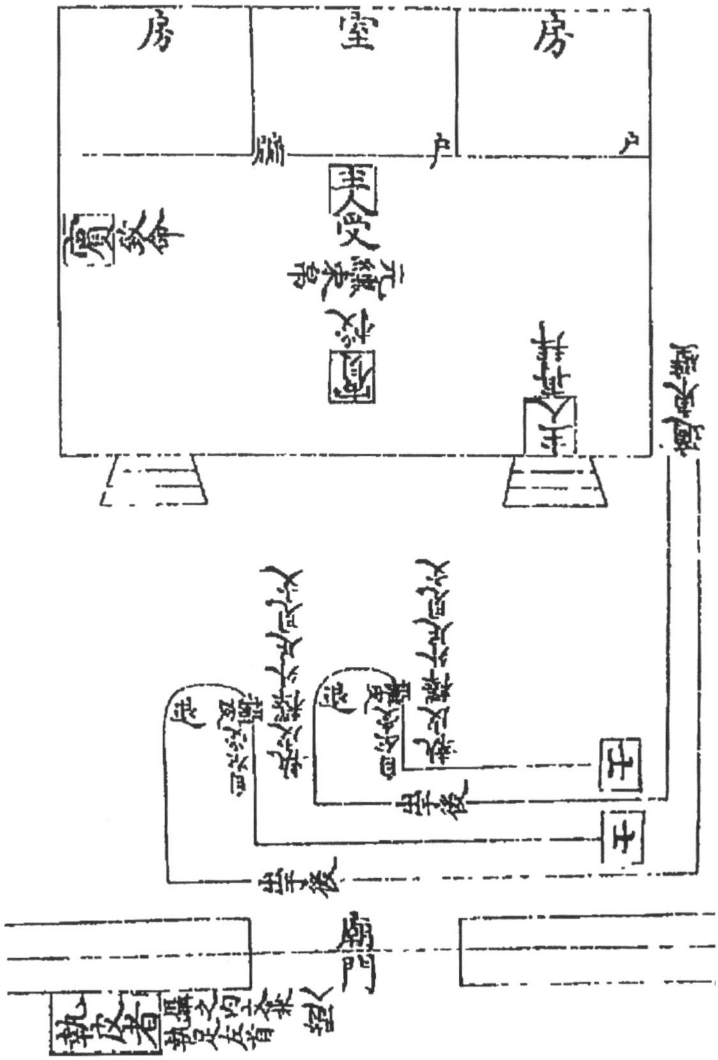

해제

經－23은 '납징納徵', 즉 신부 측에 예물을 드림으로써 혼례가 성사되었음을 보이는 의식절차이다.

[士昏禮02 : 經－23]

납징納徵의 예를 행할 때에는 검은색과 옅은 진홍색의 비단 열 단(束帛)[1]과 사슴가죽 두 장(儷皮)을 예물로 사용하는데, 납길納吉의 예를 행할 때와 동일한 절차로 한다.

納徵, 玄纁束帛·儷皮, 如納吉禮.

정현주 '징徵'은 성사시킨다는 뜻이다. 사자로 하여금 예물을 드리게 함으로써 혼례를 성사시키는 것을 말한다. 검은색과 옅은 진홍색을 사용하는 것은 음과 양이 갖추어진 것을 상징한다. '속백束帛'은 비단 열 단이다.[2] 『주례』「지관地官·매씨媒氏」에 "딸을 시집보내거나 아내를 얻을 때 예물을 드리는데, 검은색 비단 5량을 넘기지 않는다"[3]고 하였다. '여儷'는 두 장이다. 열 단의 비단을 잡고서 명을 아뢰고, 두 장의 가죽으로 정실庭實[4]을 삼는다. '가죽'은 사슴가죽을 말한다. 금문본에서는 '纁'이 모두 '熏'으로 되어 있다. '徵', 成也. 使使者納幣以成昏禮. 用玄纁者, 象陰陽備也. '束帛', 十端也. 『周禮』曰, "凡嫁子娶妻, 入幣純帛無過五兩." '儷', 兩也. 執束帛以致命, 兩皮爲庭實. '皮', 鹿皮. 今文'纁'皆作'熏'.

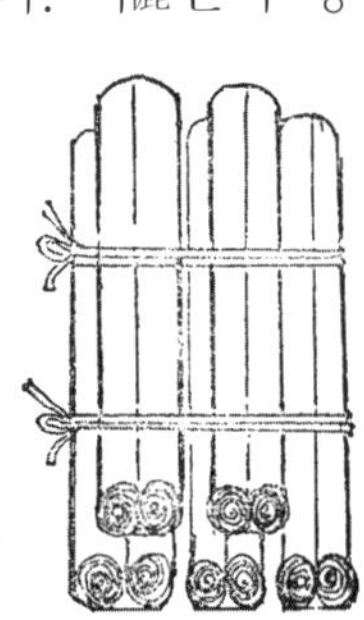

속백束帛

첸쉬안, 『삼례사전』

주

1_ 검은색과 옅은 진홍색의 비단 열 단 : [빙례08 : 經一24]의 정현 주에 의하면 '玄纁束帛'은 검은색 3, 옅은 진홍색 2의 비율로 이루어진 비단 10단을 가리킨다.

2_ 속백은 비단 열 단이다 : '束帛'은 비단묶음이고, '端'은 비단의 양쪽 끝이다. 비단 10단을 '束帛'이라고 한다. 2단을 합해 말아서 하나의 두루마리를 만드는데, 이를 '兩'이라고 한다. 따라서 10단은 5량으로 이루어지고, 그것을 1束이라 한다. 1량의 길이는 5尋인데, 1심은 8尺이므로, 5심은 40척 곧 4丈이 된다. 따라서 매 단의 길이는 2장이 된다. 첸쉬안, 『삼례사전』 407쪽 참조.

3_ 딸을 시집보내거나 ~ 넘기지 않는다 : '入幣'는 곧 '納幣'(예물을 드린다)의 뜻으로 혼례에서의 '납징'을 가리킨다. 정현에 따르면 '純帛'은 검은색 비단을 가리킨다. 『주례』「지관·매씨」의 정현의 주에 "'純'은 실은 '緇'자이다. 옛날에 '緇'는 '才'(紂 : 검은색)의 뜻으로 발음하였다. 예물을 드릴 때 검은색을 사용하는 것은 부인은 陰이기 때문이다. 무릇 혼례에서는 반드시 그러한 종류의 것을 사용한다. '5량'은 10단이다. 반드시 '兩'이라고 말한 것은 그 배합하는 명칭을 얻고자 한 것이다. '10'은 5行과 10日이 서로 이루어 주는 것을 상징한다. 사와 대부는 玄纁束帛(검은색과 옅은 진홍색의 비단 열 단)을 사용하고, 천자는 玄纁束帛의 위에 穀圭(쌀 입자의 장식을 새겨 넣은 규)를 올려놓고 예를 행하고, 제후는 玄纁束帛의 위에 大璋(문식을 가한 옥)을 올려놓고 예를 행한다"('純', 實緇字也. 古'緇'以'才'爲聲. 納幣用緇, 婦人陰也. 凡於娶禮, 必用其類. '五兩', 十端也. 必言'兩'者, 欲得其配合之名. '十'者, 象五行十日相成也. 士大夫乃以玄纁束帛, 天子加以穀圭, 諸侯加以大璋)라고 하였다.

4_ 정실 : 뜰(庭) 가운데에 진열하는 예물을 말한다. 정실에는 말(馬), 짐승 가죽(皮), 희생(牲), 쌀(米), 젓갈(醢) 등이 포함된다.

해제

經—24는 '청기請期' 즉 신랑 측에서 신부 측에 혼인날을 알리는 의식절차이다. 신랑 측에서 신부 측에 혼인할 날을 청하면 신부 측이 사양을 하고, 이에 신랑 측에서 정한 날을 알리는 형식을 취하기 때문에 '기일을 청한다'(請期)고 한 것이다.

[士昏禮02 : 經—24]

신랑 측에서 신부 집으로 사자를 보내어 혼인날을 청하는데, 예물로 기러기를 사용한다. 주인(신부의 아버지)이 혼인날 정하는 일을 사양하면, 빈(신랑 측 사자)은 사양을 허락하고 신랑 측 집에서 정한 혼인날을 알려 주는데, 납징納徵의 예를 행할 때와 동일한 절차로 한다.

請期, 用鴈. 主人辭, 賓許, 告期, 如納徵禮.

정현주

'주인(신부의 아버지)이 사양한다'(主人辭)고 한 것은 양陽이 부르면 음陰이 화답하는 것이므로 혼인날은 마땅히 신랑 측에서 정해 와야 하기 때문이다. 신랑 집에서 반드시 먼저 혼인날을 점쳐서 길일吉日을 얻은 후에 비로소 사자를 보내는데, 주인이 사양을 하면 곧바로 혼인날을 알려 준다. '主人辭'者, 陽倡陰和, 期日宜由夫家來也. 夫家必先卜之, 得吉日, 乃使使者往, 辭即告之.

「서가진정급기도 壻家陳鼎及器圖」

(淸),『흠정의례의소』

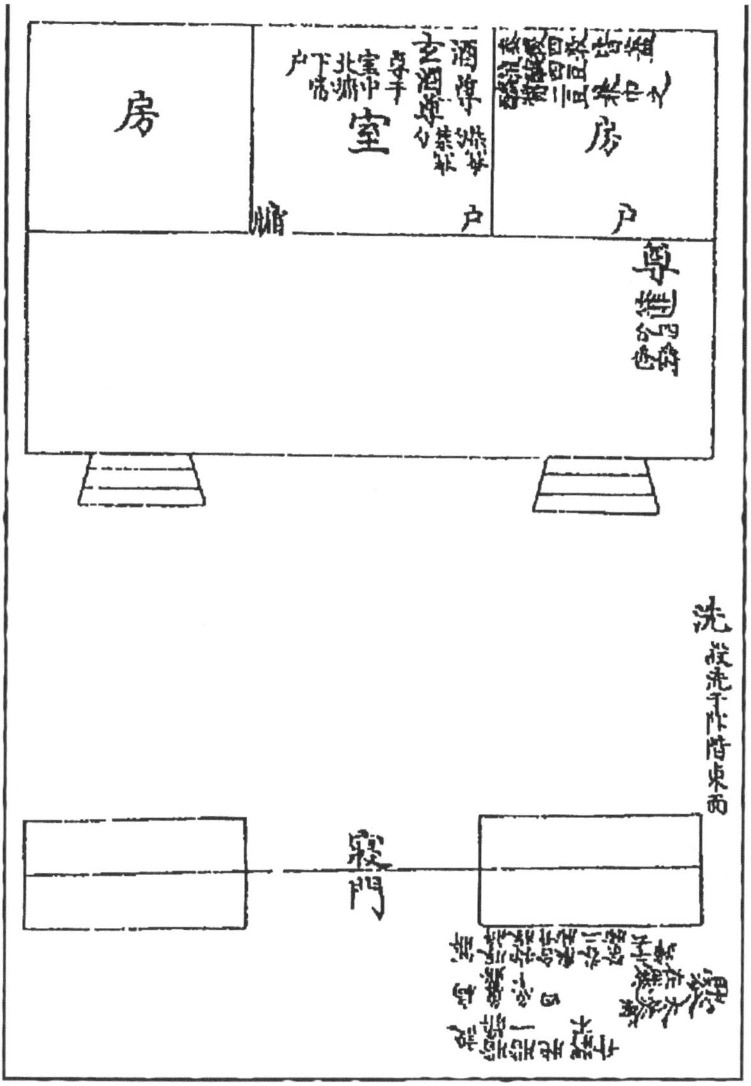

해제

經—25에서 經—30까지는 신랑 집에서 신부를 맞이하기 위한 준비로서, 신랑 신부가 음식을 함께 먹는 '동뢰同牢' 의식의 예찬을 미리 진설하는 절차이다.

[士昏禮02 : 經—25]

아내를 얻는 날 초저녁, 신랑 집의 침문寢門 밖 동쪽에 3개의 세발솥(鼎)[1]을 진열하는데, 솥의 앞면이 북쪽을 향하도록 하고 북쪽을 윗자리로 삼아 놓아둔다.[2] 새끼돼지 한 마리(特豚)를 담는데 왼쪽 몸체와 오른쪽 몸체를 함께 올리고 발굽은 제거한다. 거폐擧肺(중앙 부위를 조금 남기고 자른 허파)[3] 두 조각과 등뼈 두 대와 제폐祭肺(중앙 부위를 완전하게 끊어서 자른 허파) 두 조각을 가장 북쪽의 세발솥(豚鼎)에 담아 놓고, 건어(魚)[4] 14마리를 그 다음 세발솥(魚鼎)에 담아 놓고, 말린 토끼고기(腊) 한 마리의 좌우 전체를 가장 남쪽의 세발솥(腊鼎)에 담아 놓는데 넓적다리는 올리지 않는다.[5] 3개의 세발솥에 담아 놓은 음식이 모두 익으면, 가로막대(扃)[6]로 세발솥의 양 귀를 꿰어 걸고 덮개보(鼏)[7]로 세발솥의 위를 덮는다.

期, 初昏, 陳三鼎于寢門外東方, 北面, 北上. 其實特豚, 合升, 去蹄. 擧肺脊二, 祭肺二, 魚十有四, 腊一肫, 髀不升. 皆飪, 設扃鼏.

정현주

'기期'는 아내를 얻는 날을 말한다. '3개의 세발솥을 진열한다'(鼎三)는 것은 새끼돼지고기(豚)와 건어(魚)와 말린 토끼고기(腊)를 담아 놓는다는 뜻이다. '침寢'은 신랑의 집을 가리킨다. '북쪽을 향한다'(北面)는 것은 안쪽을 향한다는 뜻이다. '특特'은 하나(一)라는 뜻이다. '합하여 올린다'(合升)는 것은 희생의 좌우 몸체를 함께 세발솥에 담아 놓는다는 뜻이다. '발굽은 제거한다'(去蹄)는 것은 발굽은 담아 놓지 않는다는 뜻이다. '거폐擧肺'와 '등뼈'(脊)는 식사를 할 때에 먼저 드는 것이다. '허파'(肺)는 기氣를 주관하는 것이니, 주周나라 사람들이 그것을 숭상하였다. '등뼈'는 몸의 정중앙이니, 먹을 때에 먼저 그것으로 고수레를 하고 식사를 할 때에는 반드시 그것을 먼저 드는 것은 등뼈를 귀하게 여겨서이다. 모두 두 조각씩 담지만 부부가 각각 하나씩 취할 뿐이다. 무릇 건어를 정식으로 올리려면 15마리로 해서 세발솥에 올리는데, 1마리를 덜어서 14마리가 되는 것은 짝이 맞게 하려는 것이다. '말린 고기'(腊)는 '말린 토끼고기'(兎腊)를 가리킨다. '순肫'은 어떤 판본에는 '순純'으로 되어 있는데, '순純'은 '전체'라는 뜻이다. 무릇 말린 고기(腊)는 전체를 사용한다. '넓적다리를 올리지 않는 것'(髀不升)은 그것이 항문에 가까워서 천하기 때문이다. '임飪'은 익힌다(熟)는 뜻이다. '가로막대'(扃)는 세발솥을 드는 기구이다. '덮개보'(鼏)는 덮는 기구이다. 고문본에는 '純'이 '鈞'으로 되어 있고, '髀'는 '脾'로 되어 있다. 금문본에서는 '扃'이 '鉉'으로 되어 있고, '鼏'은 모두 '密'로 되어 있다. '期', 取妻之日. '鼎三'者, 升豚·魚·腊也. '寢', 壻之室也. '北面', 鄕內也. '特'猶一也. '合升', 合左右胖升於鼎也. '去蹄', 蹄甲不用也. '擧肺'·'脊'者, 食時所先擧也. '肺'者, 氣之主也, 周人尙焉. '脊'者, 體之正也, 食時則祭之, 飯必擧之, 貴之也. 每皆二者, 夫婦各一耳. 凡魚之正, 十五而鼎, 減一爲十四者, 欲其敵偶也. '腊', 兎腊也. '肫', 或作'純', '純', 全也. 凡腊用全. 髀不升者, 近竅, 賤也. '飪', 孰也. '扃', 所以扛鼎. '鼏', 覆之. 古文'純'爲'鈞', '髀'爲'脾'. 今文'扃'作'鉉', '鼏'皆作'密'.

세洗

섭숭의(宋), 『삼례도』

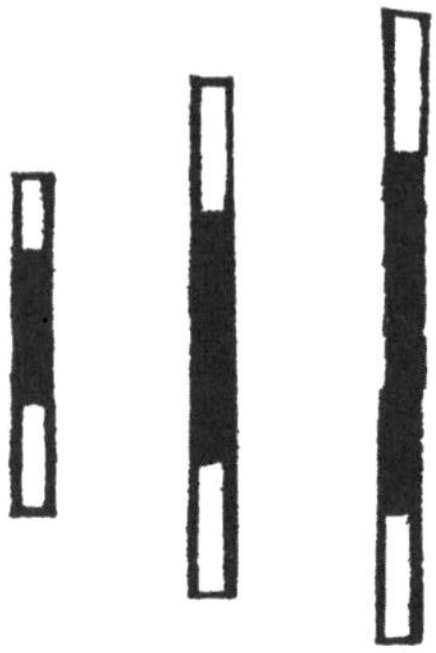

우정경牛鼎扃, 양정경羊鼎扃, 시정경豕鼎扃

섭숭의(宋), 『삼례도』

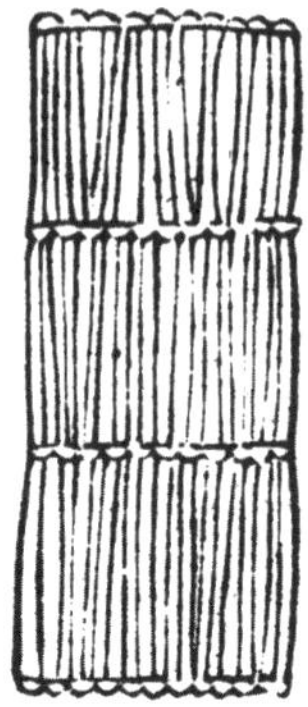

정멱鼎冪

섭숭의(宋), 『삼례도』

[士昏禮02 : 經－26]

조계의 동남쪽에 물받이 항아리(洗)를 진설한다.

設洗于阼階東南.

정현주 '물받이 항아리'(洗)는 손을 씻고 술잔을 씻은[8] 그릇에서 버리는 물을 받는 것이다.[9] '洗', 所以承盥洗之器棄水者.

시정豕鼎

섭숭의(宋), 『삼례도』

[士昏禮02 : 經－27]

방房 안에 음식을 진설한다. 식초로 조미한 장(醯醬)을 2개의 나무제기(豆)[10]에 나누어 담고 채소절임(菹)과 고기젓갈(醢)을 4개의 나무제기에 담아 두는데, 하나의 수건(巾)으로 6개의 나무제기를 함께 덮는다. 찰기장 밥(黍)과 메기장 밥(稷)을 4개의 둥근 밥그릇(敦)[11]에 담는데, 모두 뚜껑으로 덮는다.
饌于房中. 醯醬二豆, 菹醢四豆, 兼巾之. 黍·稷四敦, 皆蓋.

정현주 '혜장醯醬'은 식초로 장醬을 조미한 것이다. 산 사람은 평소 즐겨 먹는 맛을 중시한다. '함께 수건으로 덮는다'(兼巾之)는 것은 6개의 나무제기(豆)를 같은 수건으로 덮는다는 뜻이다. 수건을 덮는 것은 먼지를 막아주기 위함이고, 뚜껑을 덮는 것은 따듯한 것을 중시하기 때문이다. 『주례』「천관天官·총재冢宰」에서 "음식을 조리하는 것은 따듯한 봄날처럼 한다"고 하였다. '醯醬'者, 以醯和醬. 生人尙褻味. '兼巾之'者, 六豆共巾也. 巾爲禦塵, 蓋爲尙溫. 『周禮』曰, "食齊視春時."

돈敦

섭숭의(宋), 『삼례도』

[士昏禮02 : 經-28]

나물을 넣지 않은 고기국물(大羹湆)을 부뚜막에서 끓인다.
大羹湆在爨.

정현주 '대갱읍大羹湆'은 고기를 끓인 국물을 가리킨다. 아주 오랜 옛날에는 국에 소금과 채소를 넣지 않았다. '부뚜막'(爨)은 불 위를 가리킨다. 『주례』에서 "국을 조리하는 것은 뜨거운 여름과 같이 한다"고 하였다. 금문본에는 '湆'이 모두 '汁'으로 되어 있다. '大羹湆', 煑肉汁也. 大古之羹無鹽菜. '爨', 火上. 『周禮』曰, "羹齊視夏時." 今文'湆'皆作'汁'.

[士昏禮02 : 經－29]

실 안의 북쪽 벽(北墉) 아래에 술동이를 진설하는데, 술동이 받침대(禁)[12]로 받쳐 놓는다. 물(玄酒)을 넣은 술동이를 예주(醴)를 넣은 술동이의 서쪽에 진설한다. 거친 칡베로 만든 덮개보로 술동이를 덮는다. 그 위에 술 국자(勺)를 얹어 놓는데, 모두 손잡이 부분이 남쪽을 향하도록 놓는다.

尊于室中北墉下, 有禁. 玄酒在西. 綌冪. 加勺, 皆南枋.

정현주 '용墉'은 벽(墻)이다. '술동이 받침대'(禁)는 술동이를 얹어 놓는 기구이다. 물을 넣은 술동이를 진설하는 것은 옛날을 잊지 않기 위한 것이다.[13] '격綌'은 거친 칡베이다. 금문본에서는 '枋'이 '柄'으로 되어 있다. '墉', 牆也. '禁', 所以庪甒者. '玄酒'不忘古也. '綌', 麤葛. 今文'枋'作'柄'.

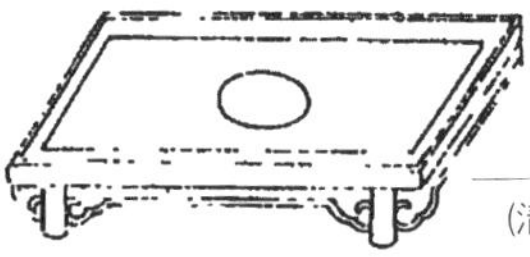

금禁

(淸), 『흠정의례의소』

작勺

황이주(淸), 『예서통고』

[士昏禮02 : 經－30]

방문의 동쪽에 술동이를 진설하는 경우에는 물을 넣은 술동이는 진설하지 않는다. 대광주리(篚)를 술동이의 남쪽에 놓는데, 그 안에 4개의 술잔(爵 : 1승 용량)[14]과 합쳐 놓은 근巹(박을 반으로 갈라 만든 술잔)[15]을 넣어 둔다.

尊于房戶之東, 無玄酒. 篚在南, 實四爵合巹.

정현주 ‘물을 넣은 술동이는 진설하지 않는다’(無玄酒)는 것은 간략하게 한다는 뜻이다. 부부는 안에 있는 술동이에서 술을 따르고 나머지 사람들은 밖에 있는 술동이에서 술을 따른다. ‘합쳐 놓은 근巹’은 박을 갈라서 만든 것이다. 4개의 작爵에 양쪽의 근巹을 합해서 모두 6개인 것은 부부가 각각 세 차례 입가심을 하기 때문이다. 1승 용량의 술잔을 ‘작爵’이라고 한다. ‘無玄酒’者, 略之也. 夫婦酌於內尊, 其餘酌於外尊. ‘合巹’, 破匏也. 四爵兩巹凡六, 爲夫婦各三酳. 一升曰‘爵’.

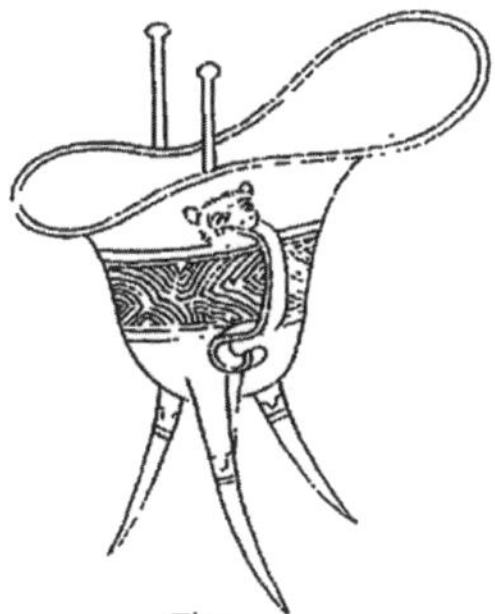

작爵

(淸), 『흠정의례의소』

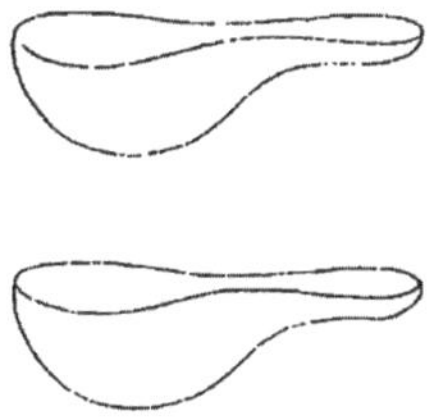

합근포작合巹匏爵

(淸), 『흠정의례의소』

주

1_ 세발솥 : '鼎'은 희생을 담아 놓는 다리 세 개가 달린 솥이다. 鑊(가마솥)에서 희생고기를 삶는데, 그것이 익으면 鼎에 올려놓고 그 맛을 조리한다.

2_ 북쪽을 향하도록 ~ 놓아둔다 : 학경에 의하면 '북쪽을 향한다'(北面)는 것은 세발솥의 앞면이 북쪽을 향하는 것이고, '북쪽을 윗자리로 삼아 놓아둔다'(北上)는 것은 세발솥을 북쪽에서 남쪽으로 진설하는데 새끼돼지고기를 담아 놓은 세발솥을 가장 북쪽에 놓는다는 뜻이다. 『의례정의』, 166쪽 참조. 豚鼎(새끼돼지고기를 담은 세발솥)을 가장 북쪽에 놓고, 다음으로 그 남쪽에 魚鼎(물고기를 담은 세발솥)을 놓고, 그 남쪽에 腊鼎(말린 토끼고기를 넣은 세발솥)을 놓는 것은 豚鼎이 가장 존귀하고 腊鼎이 가장 천하기 때문이다.

3_ 거폐 : '擧肺'는 離肺 혹은 嚌肺라고도 한다. 먹기 위해 진설하는 허파로, 그 중앙 부위를 끊어지지 않게 조금 남기고 자른 것을 가리킨다. 허파를 진설할 때 자르는 방식에는 두 가지가 있다. 하나는 먹기 위해 진설하는 '擧肺'로서, 가를 때 중앙 부위가 끊어지지 않고 조금 남아 있게 한다. 離肺 혹은 嚌肺라고도 한다. 다른 하나는 제사를 지내기 위해 진설하는 '祭肺'로서, 자를 때 완전히 끊어지게 자른다. '刌肺' 혹은 '切肺'라고도 한다.

4_ 건어 : 鼎에 담는 魚에 대해서, 호배휘는 [빙례08 : 經―232] "牛・羊・豕・魚・腊・腸胃同鼎"의 '魚'를 '鮮魚'와 대비시키며 '죽은 물고기'(薨魚)라고 하였고, [공사대부례09 : 經―42] "魚・腊飪"의 '魚'에 대해서는 '건어乾魚'라고 하였다. 건어는 [공사대부례09 : 經―44]의 정현의 주에서 '乾魚'라고 한 것과 통한다. 따라서 빙례에서의 '죽은 물고기'가 곧 '건어'를 가리키는 것으로 보인다. 특생궤사례, 소뢰궤사례 등의 鼎에 담는 魚에 대해서, 분명한 주석은 보이지 않으나, 「공사대부례」의 주석에 따라서 '건어'로 번역하였다. 상기의 예에 따르면 여기 昏禮에서도 '건어'로 해석하는 것이 타당할 것으로 보인다. [사혼례02 : 記―03]에 의하면 이때 사용하는 물고기의 종류는 '붕어'이다.(魚用鮒) 『의례정의』, 1056・1202쪽 참조.

5_ 말린 토끼고기 ~ 않는다 : [소뢰궤사례16 : 經―31]에서 "腊一純而俎"(말린 큰 사슴고기 한 마리는 좌우 전체를 하나의 희생제기 위에 올려놓는다)고 하였는데, 정현 주에는 "왼쪽과 오른쪽 몸체를 합해서 올리는 것을 '純'이라고 한다. 純은 전체(全)라는 뜻과 같다"(合升左右胖曰純, 純, 猶全也)라고 하였다. 따라서 '전체'(純)라고 말하면 '넓적다리뼈'(髀)까지 모두 올리는 것으로 오해될 수 있다. 그러나 '넓적다리뼈'는 뒷다리 뼈 위쪽부위(肫)의 아래 부위로 항문과 연결되어 있어 천하기 때문에 올리지 않는다.

6_ 가로막대 : '扃'은 세발솥의 양 귀를 관통하는 가로막대로서, 鼎을 들 때에 사용한다. 본래 글자는 '鼏'이며 '鉉'으로도 쓴다. 『설문』「정부」에 "鼏은 나무로 鼎의 귀를 가로로 관통하여 드는 것이다. 鼎을 따르고, 冂이 발음을 나타낸다"(鼏, 以木橫貫鼎耳擧之. 從鼎, 冂聲)이라고 하였다. 『설문』「금부」에서는 "鉉은 鼎을 드는 도구이다"(鉉, 所以擧鼎也)라고 하였다. 『예기』「곡례상」에 "문으로 들어갈 때 가로막대를 받들 듯이 한다"(入戶奉扃)고 한 것에 대해 공영달은 "예에 鼎扃이 있는데, 鼎을 꿰는 도구이다. 오늘날 문에 빗장을 치는 나무가 鼎을 꿰는 것과 서로 유사하기 때문에 또한 扃으로 칭하게 되었다"(謂禮有鼎扃, 所以關鼎. 今關戶之木, 與關鼎相似, 亦得稱扃)고 하였다. 『삼례사전』, 555쪽 참조.

7_ 덮개보 : '鼏'은 세발솥의 위를 덮는 데 사용되며, 띠풀로 만든다. [공식대부례09 : 經—12]에 "가로막대로 세발솥의 양 귀를 꿰어 걸고 덮개보로 세발솥의 위를 덮는다. 덮개보는 띠풀의 밑둥을 묶거나 중간 부분을 엮어서 만든다"(設扃·鼏. 鼏若束若編)라고 한 것에 대해 정현은 "세발솥의 덮개보는 대체로 띠풀로 만드는데, 띠풀의 길이가 길면 뿌리를 묶고, 짧으면 그 가운데를 엮어서 만든다"(鼎鼏, 蓋以茅爲之, 長則束本, 短則編其中央)고 하였다.

8_ 손을 씻고 술잔을 씻은 : [향음주례04 : 經—22]의 "물받이 항아리가 진설된 곳으로 가서 남쪽을 향해 앉는다"(適洗南面)고 한 것에 대해 정현은 "손을 씻고 또 술잔을 씻는 것은 정결함과 공경함을 다하는 것이다"(盥手又洗爵, 致潔敬也)라고 하였으므로, 이곳 정현 주의 '盥洗'는 '盥手洗爵'을 줄인 말로서 손을 씻고 술잔을 씻는다는 뜻임을 알 수 있다.

9_ '물받이 항아리'는 ~ 받는 것이다 : [사관례01 : 經—26]의 정현 주에는 이 문장이 '洗, 承盥洗者, 棄水器也'로 되어 있다. 즉 '물받이 항아리는 손을 씻고 술잔을 씻은 물을 받는 것으로, 물을 버리는 그릇이다'는 뜻이다. 가공언에 의하면, 손을 씻거나 술잔을 씻을 때 물이 지면을 더럽히지 않도록 물받이 항아리(洗)로 씻은 물을 받아서 버리기 때문에 '물받이 항아리는 물을 버리는 그릇이다'(棄水器)라고 한 것이다. 『의례주소』, 20쪽 참조.

10_ 나무제기 : 나무를 사용하여 만든 그릇으로, 주로 말린 고기(脯)나 고기젓갈(醢)처럼 젖은 음식을 담는 데 사용한다.

11_ 둥근 밥그릇 : 찰기장 밥(黍)이나 메기장 밥(稷) 등을 담아 두는 기물이다. 모두 뚜껑이 있어 밥을 따뜻하게 할 수 있다. 춘추전국 시기에 유행한 그릇으로 일반적으로 세 개의 짧은 다리가 있고, 배는 원형이며, 양쪽에 고리가 달려 있다. 뚜껑이 있

고 뚜껑 위에는 들 수 있도록 자루가 달려 있다. 『예기』「명당위」에 "유우씨는 2개의 敦를 사용하고, 하후씨는 4개의 璉을 사용하였다"(有虞氏之兩敦, 夏后氏之四璉)라고 하였다. 정현의 주에는 "모두 찰기장 밥과 메기장 밥을 담는 그릇이다"(皆黍稷器)라고 하였고, 육덕명의 『경전석문』에 "敦는 음이 대對이다. 또한 都와 雷의 半切이다"(敦音對, 又都雷反)라고 하였다. 『삼례사전』, 811쪽 참조.

12_ 술동이 받침대 : 술잔이나 술동이를 올려놓는 받침대이다. 대부는 다리가 없는 棜를 사용하고, 사는 다리가 있는 禁을 사용하는데, 술을 조심하라는 戒酒의 의미가 있다.

13_ '물'을 ~ 것이다 : '玄酒'는 물을 의미한다. 물이 검은빛을 띠기 때문에 '玄酒'라고 한 것이다. 술이 없었던 상고시대에는 각종 禮制 의식에 물을 사용하였다. 술이 등장한 이후에도 여전히 물을 넣은 술동이를 함께 진설하는 것은 비록 실제로 사용하지 않더라도 근본을 잊지 않음을 보이는 뜻이다.

14_ 술잔 : '爵'은 1升 용량의 술잔으로, 그 모습이 참새와 같이 생겼다고 하여 爵이라고 부른다. 나무나 청동, 옥으로 만든 것도 있다. 1升은 10合이고, 10升은 1斗이다. 1升 용량의 술잔을 '爵', 2升 용량의 술잔을 '觚', 3升 용량의 술잔을 '觶', 4升 용량의 술잔을 '角', 5升 용량의 술잔을 '散'이라고 한다.

15_ 근 : 혼례에 사용하는 술잔이다. 박(匏)을 둘로 갈라서 부부가 하나씩 사용한다. 匏爵이라고도 한다.

「친영례도親迎禮圖」

(淸),『흠정의례의소』

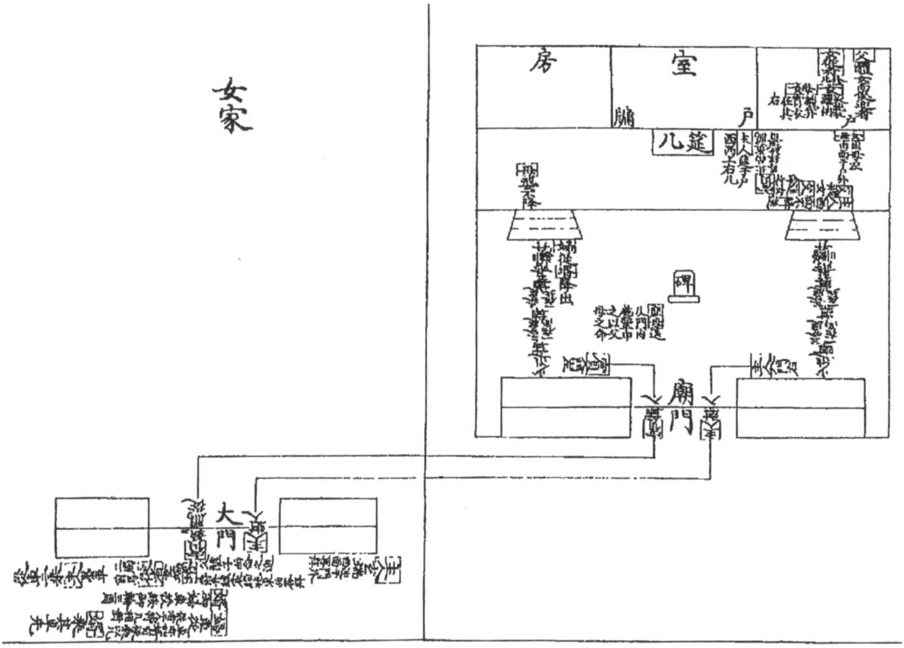

해제 經—31에서 經—42까지는 신랑이 직접 신부의 집으로 가서 신부를 맞이하여 신랑의 집으로 오는 '친영親迎'의 의식절차이다.

[士昏禮02 : 經—31]

주인(신랑)은 작변爵弁[1]을 쓰고 옅은 진홍색 치마(纁裳)를 입는데, 치마의 아랫자락에 검은색 가선을 댄다. 종자從者들은 모두 현단복玄端服을 입는다. 신랑은 묵거墨車[2]를 타는데, 따르는 수레가 두 대이다. 노역하는 사람들이 횃불을 들고 말의 앞에서 길을 밝힌다.

主人爵弁, 纁裳, 緇袘. 從者畢玄端. 乘墨車, 從車二乘, 執燭前馬.

정현주 '주인主人'은 신랑을 가리키니, 신랑은 신부의 주인이 되기 때문이다. 작변을 쓰고 옅은 진홍색 치마를 입는 것은 현면복玄冕服의 다음 등급에 해당하는 복장이다. 대부 이상은 친영을 할 때에 면복冕服을 입는다.[3] 면복을 입고 맞이하는 것은 귀신鬼神을 섬기듯이 하는 것이다.[4] 귀신을 섬기듯이 한다는 것은 그렇게 함으로써 존중하고 친애한다는 뜻이다. 옅은 진홍색 치마(纁裳)에는 검은색 웃옷(緇衣)을 입는다. 웃옷(衣)과 허리띠(帶)를 말하지 않고 가선(袘)을 말한 것은 그 문장을 비워 놓은 것이니, 가선과 더불어 모두 검은색을 사용함을 밝힌 것이다. '이袘'는 가선(緣)을 가리킨다. '이袘'라는 글자는 두른다(施)는 뜻으로, 검은색으로 치마의 가선을 두르는 것은 양기陽氣가 아래로 베풀어짐을 상징하는 것이다. '종자從者'는 유사를 가리키니, 이거貳車(副車)를 타고 따라가는 사람이다. '필畢'은 모두(皆)라는 뜻과 같다. '묵거墨車'는 검은 칠을 한 수레이다. 사士인데도 묵거를 타는 것은 한 등급을 올려서 귀하고 성대함을 보이는 것이다.[5] '횃불을 들고 말 앞에서 간다'(執燭前馬)는 것은 노역하는 사람들로 하여금 횃불을 들고 앞에서 길을 밝히도록 하는 것이다. '主人', 壻也, 婿爲婦主. 爵弁而纁裳, 玄冕之次. 大夫以上親迎冕服. 冕服迎者, 鬼神之. 鬼神之者, 所以重之親之. 纁裳者, 衣緇衣. 不言衣與帶而言袘者, 空其文, 明其與袘俱用緇. '袘', 謂緣. '袘'之言施, 以緇緣裳, 象陽氣下施. '從者', 有司也, 乘貳車, 從行者也. '畢'猶皆也. '墨車', 漆車. 士而乘墨車, 攝盛也. '執燭前馬', 使徒役持炬火居前炤道.

작변爵弁

섭숭의(宋), 『삼례도』

묵거墨車

섭숭의(宋), 『삼례도』

초燋

(淸), 『흠정의례의소』

[士昏禮02 : 經—32]

신부가 탈 수레도 신랑의 수레와 동등하게 하는데, 수레 위에 휘장이 있다.[6]

婦車亦如之, 有裧.

정현주 '또한 동등하게 한다'(亦如之)는 것은 수레의 등급이 같다는 뜻이다. 사士의 아내가 타는 수레는 남편 집안에서 공급한다. 대부 이상이 딸을 시집보낼 때에는 스스로 수레를 마련하여 보낸다.[7] '첨裧'은 수레의 휘장이다. 『주례』「춘관春官·건거巾車」에서는 그것을 '용容'이라고 하였다. 수레에 '용'이 있다면 본디 덮개가 있다는 것이다. '亦如之'者, 車同等. 士妻之車, 夫家共之. 大夫以上嫁女, 則自以車送之. '裧', 車裳幃. 『周禮』謂之'容'. 車有容, 則固有蓋.

[士昏禮02 : 經－33]

신랑의 수레가 신부 집의 대문 밖에 도착한다.

至于門外.

정현주 신부 집의 대문 밖에 도착한다는 뜻이다. 婦家大門之外.

[士昏禮02 : 經－34]

주인(신부의 아버지)은 녜묘禰廟(아버지의 사당)의 실문 서쪽(戶西)에 자리를 펼쳐 놓는데, 자리의 머리 부분이 서쪽을 향하도록 하여 놓고, 안석(几)은 자리의 오른쪽에 놓는다.

主人筵于戶西, 西上, 右几.

정현주 '주인'은 신부의 아버지를 가리킨다. '자리를 펼쳐 놓는다'(筵)는 것은 신神을 위하여 자리를 펼쳐 놓는다는 뜻이다. '主人', 女父也. '筵',

爲神布席.

[士昏禮02 : 經－35]

신부는 머리에 가채(次)를 올리고 엷은 진홍색 가선 장식을 한 검은 색의 비단 웃옷(純衣纁袡)을 입고서,[8] 방 안에서 남쪽을 향해 선다.

女次, 純衣纁袡, 立于房中, 南面.

정현주

'차次'는 머리 장식으로 오늘날의 '피髲'(가발장식)이다. 『주례』「천관天官·퇴사追師」에서는 "퇴사追師는 부副와 편編과 차次[9]를 만드는 일을 관장한다"고 하였다. '순의純衣'는 비단으로 만든 웃옷이다. 여종자女從者들은 모두 웃옷과 치마를 똑같이 검은색으로 하는데, 이 순의 또한 검은색이다. '염袡' 또한 가선이다. '염袡'이라는 글자는 나아간다는 뜻이다. 엷은 진홍색으로 옷에 가선 장식을 하는 것은 음기陰氣가 위로 나아가는 것을 상징한다.[10] 대개 부인은 평소에 가선 장식을 한 옷을 입지 않는데 혼례를 성대하게 하기 위해서 이러한 복장을 하는 것이다. 『예기』「상대기喪大記」에서 "복復(魂을 부르는 의식)을 할 때 입는 옷에는 붉은 가선 장식을 하지 않는다"고 한 것은 가선 장식을 한 옷이 일상복이 아님을 밝힌 것이다. '次', 首飾也, 今時髲也. 『周禮』「追師」"掌爲副·編·次." '純衣', 絲衣. 女從者畢袗玄, 則此衣亦玄矣. '袡', 亦緣

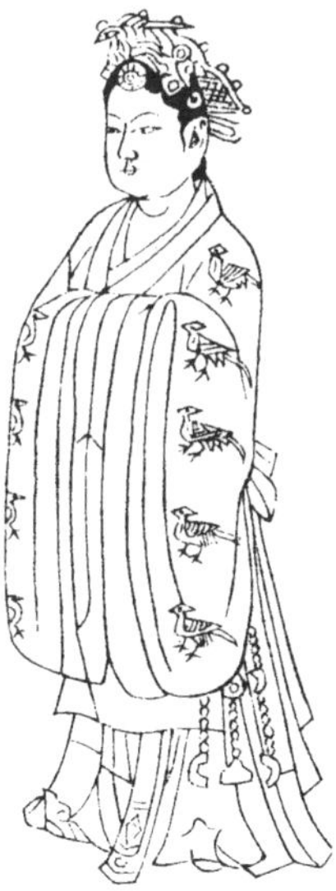

순의純衣

섭숭의(宋), 『삼례도』

也. '袡'之言任也. 以纁緣其衣, 象陰氣上任也. 凡婦人不常施袡之衣, 盛昏禮, 爲此服. 「喪大記」曰, "復衣不以袡", 明非常.

[士昏禮02 : 經-36]

보모(姆)는 머리싸개로 머리를 싸서 쪽머리를 한 후 비녀를 꽂고, 비단 옷깃을 한 검은색 웃옷(宵衣)을 입고서 신부의 오른쪽에 선다.

姆纚·笄·宵衣, 在其右.

정현주

'보모'(姆)는 부인이 나이가 50이 되어서도 자식이 없어 쫓겨나 다시 시집을 갈 수는 없지만, 부도婦道로써 남을 가르칠 수 있는 자이다. 오늘날의 유모와 같은 경우이다. '머리싸개'(纚)는 머리를 싸는 도구이다. '비녀'(笄)는 오늘날의 '잠簪'(비녀)이다.[11] 머리싸개는 또한 너비는 온폭으로 하고 길이는 6척이다. '초宵'는 『시詩』에서 "소의주초素衣朱綃"(흰 웃옷에 붉은 비단 옷깃)[12]라고 했을 때의 '초綃'의 뜻으로 읽는다. 『노시魯詩』에서는 '초綃'를 비단 종류라고 하였다. 보모도 검은색 웃옷(玄衣)을 입는데, 비단(綃)으로 옷깃을 만들었기 때문에 이로 인해 옷의 명칭을 삼고 또 서로 구별한 것이다. 보모가 신부의 오른쪽에 있는 것은 신부의 예를 전달하는 일을 담당해야 하기 때문이다. '姆', 婦人年五十無子, 出而不復嫁, 能以婦道教人者, 若今時乳母矣. '纚', 縚髮.

초의宵衣

섭숭의(宋), 『삼례도』

'笄', 今時簪也. 纚亦廣充幅, 長六尺. '宵', 讀爲『詩』"素衣朱綃"之'綃'. 『魯詩』以綃爲綺屬也. 姆亦玄衣, 以綃爲領, 因以爲名, 且相別耳. 姆在女右, 當詔以婦禮.

[士昏禮02 : 經-37]

여종자女從者들은 모두 웃옷과 치마를 똑같이 검은색으로 하여 입고, 머리싸개로 머리를 싸서 쪽머리를 한 후 비녀를 꽂고, 도끼 문양을 수놓은 홑 옷깃[13]을 걸치고 신부의 뒤에 선다.

女從者畢袗玄, 纚笄, 被纇黼, 在其後.

정현주 '여종자女從者'는 여조카와 여동생을 가리킨다. 『시』「대아大雅·한혁韓奕」에서는 "여동생들이 따라가니 성대하기가 구름과 같네"라고 하였다. '균袗'[14]은 똑같다(同)는 뜻이다. '똑같이 검은색으로 한다'는 것은 웃옷과 치마를 모두 검은색으로 한다는 뜻이다. '경纇'은 홑(禪)의 뜻이다. 『시』「당풍唐風·양지수揚之水」에서 "흰 웃옷에 붉은 옷깃"(素衣朱襮)이라고 하였는데, 『이아』에서는 "도끼 문양을 수놓은 옷깃(黼領)을 '박襮'이라고 한다"고 하였고, 『주례』「동관冬官·화회畫繢」에서는 "흰색과 흑색으로 문양을 낸 것을 '보黼'라고 한다"[15]고 하였다. 천자의 후와 제후의 부인은 꿩 문양이 있는 옷(狄衣)을 입고,[16] 경과 대부의 처는 도끼 문양을 수놓아 옷깃을 만드는데, 지금의 언령偃領과 같은 것이다. 사의 처가 시집갈 때에 상의의 옷깃 위에 도끼 문양을 수놓은 홑 옷깃을 걸치는 것은 성대한 문식을 빌려 오는 것일 뿐이다. '걸친다'(被)고 한 것은 평상시의 옷이 아님을 밝힌 것이다. '女從者'謂姪娣也. 『詩』云, "諸娣從之, 祁祁如雲." '袗', 同也. '同玄'者, 上下皆玄. '纇', 禪也. 『詩』云, "素衣朱襮." 『爾雅』云, "黼領謂之襮." 『周禮』曰, "白與黑謂之黼." 天子·諸侯后

夫人狄衣, 卿·大夫之妻, 刺黼以爲領, 如今偃領矣. 士妻始嫁, 施禪黼於領上, 假盛飾耳. 言'被', 明非常服.

[士昏禮02 : 經－38]

주인은 현단복을 착용하고 대문 밖으로 나가서 빈(신랑)을 맞이하는데, 서쪽을 향하여 재배를 한다. 빈은 동쪽을 향해 답배를 한다.

主人玄端, 迎于門外, 西面再拜. 賓東面答拜.

정현주

'빈'은 신랑을 가리킨다. '賓', 壻.

[士昏禮02 : 經－39]

주인은 빈에게 읍을 한 후 대문大門 안으로 들어가고, 빈은 기러기를 들고 뒤를 따라 들어간다. 묘문廟門 앞에 이르면, 주인은 빈과 서로 읍을 한 후에 묘문 안으로 들어간다. 묘문 안으로 들어가 후에 주인은 또다시 빈과 서로 세 차례 읍을 하고, 계단 앞에 이르렀을 때 주인은 빈과 서로 먼저 오르도록 세 차례 양보를 한다. 주인은 당 위로 올라가 서쪽을 향해 선다. 빈은 당 위로 올라가 북쪽을 향해 기러기를 내려놓고 머리를 바닥에 대면서 재배를 한 후에[17] 당에서 내려와 묘문 밖으로 나간다. 신부는 신랑의 뒤를 따라 서쪽 계단을 통해 당에서 내려온다. 주인은 내려가 전송하지 않는다.

主人揖入, 賓執鴈從. 至于廟門, 揖入. 三揖, 至于階, 三讓. 主人升, 西面. 賓升, 北面奠鴈, 再拜稽首, 降, 出. 婦從, 降自西階. 主人不降送.

정현주 빈이 당으로 올라가 기러기를 내려놓고 배례를 하는데 주인이 답배를 하지 않은 것은 예의 중심이 딸을 보내 주는 것에 있음을 밝히는 것이다. '주인은 당에 내려가 전송하지 않는다'(主人不降送)고 한 것은 예에 참여하지 않기 때문이다.[18] 賓升奠鴈拜, 主人不答, 明主爲授女耳. 主人不降送, 禮不參.

[士昏禮02 : 經—40]

신랑이 직접 신부의 수레를 몰고 와서 수레 손잡이 줄(綏)을 신부에게 건네주면, 보모가 신부를 대신하여 사양을 하고 받지 않는다.
壻御婦車, 授綏, 姆辭不受.

정현주 신랑이 직접 수레를 모는 것은 신부를 친애하고 자신을 낮추는 것이다. '수綏'는 그것을 잡아당기면서 수레에 올라타는 것이다. 마부(僕人)의 예에서는 반드시 마부가 수레 타는 사람에게 수레 손잡이 줄을 건네준다.[19] 壻, 御者, 親而下之. '綏', 所以引升車者. 僕人之禮, 必授人綏.

수綏
(淸),『흠정의례의소』

[士昏禮02 : 經—41]

신부가 디딤대(几)를 밟고 수레에 올라타면, 보모는 신부에게 겉옷(景)을 덧입혀 준다. 신랑이 수레를 몰아 세 바퀴를 돈 다음에는 마부(御者)가 신랑을 대신해서 수레를 몬다.
婦乘以几, 姆加景, 乃驅, 御者代.

정현주

'디딤대를 밟고 수레에 올라탄다'(乘以几)는 것은 안전하고 편안한 것을 중시하기 때문이다. 경景의 제도는 아마도 명의明衣와 같은 듯하다.[20] 그것을 덧입음으로써 길을 갈 때 먼지를 막아 주는데, 옷이 깨끗하고 밝도록 하기 위한 것이다. '경景'은 또한 밝다는 뜻이다. '수레를 몬다'(驅)는 것은 운행한다는 뜻이니, 수레를 몰아 세 바퀴 도는 것을 가리킨다. 마부(御者)가 이어서 신랑을 대신해서 수레를 몬다. 금문본에는 '景'이 '憬'으로 되어 있다. '乘以几'者, 尙安舒也. 景之制蓋如明衣. 加之以爲行道禦塵, 令衣鮮明也. '景'亦'明'也. '驅', 行也, 行車輪三周. 御者, 乃代壻. 今文'景'作'憬'.

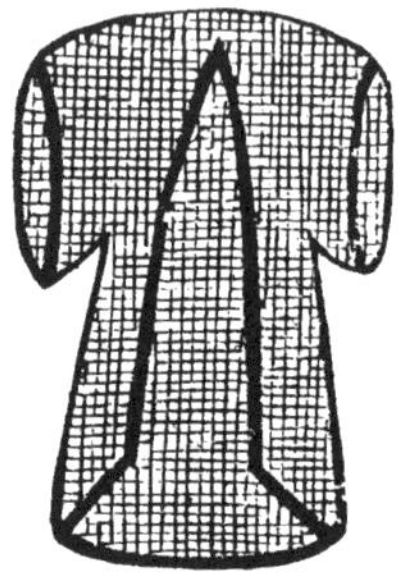

명의明衣

섭숭의(宋), 『삼례도』

[士昏禮02 : 經－42]

신랑은 수레를 타고 먼저 출발하여 자신의 집 대문 밖에 이르러서 부인의 수레가 도착하기를 기다린다.
壻乘其車先, 俟于門外.

정현주

신랑의 수레가 대문 밖에 있는 것은 먼저 탄 사람이 길을 인도해야 하기 때문이다. 남자가 여자를 이끌고 여자가 남자를 따라가는 것이다. 남편은 강하고 아내는 부드러움이 되는 의리가 여기에서 시작된다.

‘사俟’는 기다린다는 뜻이다. ‘문 밖’(門外)은 신랑 집 대문 밖을 가리킨다. 壻車在大門外, 乘之先者, 道之也. 男率女, 女從男. 夫婦剛柔之義, 自此始也. ‘俟’, 待也. ‘門外’, 壻家大門外.

주

1_ 작변 : '爵弁'은 冕 다음 등급에 해당하는 冠이다. 사가 혼례에서 친영할 때에는 작변을 쓰고 緇衣와 纁裳을 갖춰 입는다.

2_ 묵거 : 수레의 몸체에 검은색 칠을 하고 문식을 하지 않은 수레이다. 대부들이 타는 수레인데, 사의 혼례에서 신랑이 탄다.

3_ 작변을 쓰고 ~ 면복을 입는다 : 혼례를 치르는 신랑은 각기 자신의 신분으로서 입을 수 있는 최고 등급의 복장을 입는다. 대부 이상은 면복을 입을 수 있는데, 면복에는 大裘冕, 袞冕, 鷩冕, 毳冕, 希冕(絺冕), 玄冕의 6종류가 있다. 그런데 이 6가지 면복을 모두 입을 수 있는 신분은 천자뿐이다. 諸侯, 孤, 卿, 大夫는 곤면복 이하 현면복까지를 각 신분과 의례 상황에 따라 차별적으로 입지만, 이들 신하가 곤면복부터 치면복까지를 입을 수 있는 것은 천자가 주관하는 제사에 참여하여 제사를 도울 때(助祭)뿐이다. 각자 자신이 주관하는 제사에서는 6면복 가운데 가장 낮은 등급인 현면복만 입을 수 있다. 정현이 말한 '玄冕'은 이 현면복을 말한 것으로 볼 수 있다. 그러나 공영달은 『예기』「교특생」에서 "현면의 복장을 하고 재계하는 것은 귀신과 음양의 도리이다"(玄冕齊戒, 鬼神陰陽也)라고 한 것에 대해 "현면은 제사를 도울 때의 복식이다. 5면복이 모두 현색이기 때문에 합하여 '현면'이라 한 것이다"(玄冕, 謂助祭服也. 五冕通玄, 故合爲玄冕也)라고 하였다. 한편 士는 면복을 입을 수 없고, 작변복이 그 신분에서 입을 수 있는 최고 등급의 복장이다. 면복과 작변복은 본래 제사 때 입는 제복이다.

4_ 귀신을 섬기듯이 하는 것이다 : 신랑이 친영할 때에 제복인 면복 차림을 하는 것은 장차 제사의 주관자이자 후사를 계승할 아내를 맞이하는 데 귀신을 섬기듯이 공경스럽게 한다는 의미가 있다. 『예기』「교특생」에서는 제후가 혼례를 할 때 현면 차림을 하는 것에 대해 "현면의 복장을 하고 재계하는 것은 귀신과 음양을 섬기는 도리이다. 장차 사직 제사의 주관자가 되고 선조의 종묘를 계승하는 이가 되는데 공경하지 않을 수 있겠는가?"(玄冕齊戒, 鬼神陰陽也, 將以爲社稷主, 爲先祖後, 而可以不致敬乎?)라고 하였다.

5_ 사인데도 묵거를 ~ 보이는 것이다 : 대부는 墨車를 타고 사는 棧車를 타는데, 사가 혼례에서 친영할 때에는 한 등급을 올려서 대부가 타는 묵거를 탄다. 사의 잔거도 검은 칠을 하는데, 묵거에 비해 짐승의 가죽으로 車輿를 장식하는 革鞔이 없다.

6_ 수레 위에 휘장이 있다 : 혼례 때 신부가 타는 수레는 신랑의 묵거와 같은데, 수레 위에 덮개와 휘장이 있는 점만 다르다. 아래 그림은 가공언이 소에서 말한 왕후 및 제후의 부인이 타는 翟車 가운데, 『주례』에 나오는 왕후의 五路 중에서 厭翟車의 휘

장이다.

염적거厭翟車

섭숭의(宋), 『삼례도』

7_대부 이상이 ~ 마련하여 보낸다 : 정현의 이런 해석에 대해 가공언은 『좌전』 선공 5년에 齊의 고고가 숙희를 맞이하면서 '反馬', 즉 신부 집에서 시집올 때 타고 온 수레의 말을 보내는 절차를 거행했던 것을 근거로 제시한다. 그러나 호배휘와 오정화는 혼례에서 신랑 집에서 보내온 수레를 타지 않고 신부 집의 수레를 타고 시집을 가는 이치는 있을 수 없다고 보고, 정현의 주는 잘못이라고 비판한다. 그리고 가공언이 근거로 제시한 『좌전』의 예는 신부를 호송하면서 함께 타고 온 사람의 수레이거나 혼례에 필요한 물품을 싣고 온 수레일 것이라고 하였다. 『의례정의』, 171쪽 참조.

8_신부는 머리에 ~ 입고서 : 정현은 [사관례01 : 經－28] 주에서, 관례에서 작변복에 착용하는 純衣를 비단옷(絲衣)으로 해석하였다. 『예기』「상대기」에 "사는 작변복을 입고, 사의 처는 稅衣를 입는다"(士以爵弁, 士妻以稅衣)고 하였고, 『주례』「천관·내사복」의 정현 주에서는 이를 인용하면서 '稅衣'는 '褖衣'로 써야 한다고 하였다. 따라서 이 경문의 '순의'는 곧 '稅衣' 혹은 '褖衣'로 생각된다. 작변복이 사의 최고 등급 복장인 것과 마찬가지로, 사의 처의 최고 등급 복장은 가채(次)를 올리고 순의(褖衣)를 입는 것이다. 이는 본래 제사를 도울 때 입는 복장인데, 정현에 따르면 친영할 때에 이것을 입는 것은 한 등급을 올려서 귀하고 성대함을 보이는 것이다.(『周禮』「天官·追師」, "「昏禮」, 女純衣, 攝盛服耳") 『예기』「잡기상」에 의하면, 자고의 상에 염을 할 때 솜옷과 稅衣纁袡(열은 진홍색의 가선 장식을 한 稅衣)이 한 벌을 이루자, 증자는 부인의 복장으로 염을 하는 것이 아니라고 비난하였다.(子羔之襲也, 繭衣裳與稅衣纁袡爲一 … 曾子曰, "不襲婦服") 그렇다면 '稅衣纁袡'은 곧 '純衣纁袡'이며, '稅'와 '褖'은 통용되는 글자이다. 그런데 『예기』「잡기상」의 정현 주에는 "'단의'는 현단과 같은데, 웃옷과 치마를 이어지게 하는 것이다"(稅衣', 若玄端而連衣裳者也) 라고 하였고, 가공언도 이곳 [사혼례02 : 經－35]의 경문에서 웃옷만 말하고 치마를 언급하지 않은 것은 부인의 복장은 웃옷과 치마를 달리하지 않기 때문이라고 하였다.(不言裳者, 以婦人之服不殊裳, 是以「內司服」皆不殊裳) 『주례』「천관·내사복」의 정현 주에서도 부인은 웃옷과 치마를 이어지게 하고, 그 색을 달리하지 않는다고 하였다.(連衣裳不異其色) 이렇게 보면 정현과 가공언은 여기 경문의 '純衣纁袡'은 열은 진홍색의 가선 장식을 한 검은색의 비단 웃옷이며, 치마 역시 검은색(玄)으로 한

다고 본 것이다. 한편 오계공은 '純衣纁袡'에 대해 웃옷과 치마를 이어지게 하지만 그 색은 달리하는 것으로 '緇衣'에 '纁裳' 즉 '검은 색의 비단 웃옷에 가선 장식을 한 옅은 진홍색의 치마를 입는 것'으로 해석하고, 부인의 복장에서 웃옷과 치마의 색을 달리하는 것은 시집갈 때의 특례라고 하였다. 이에 대하여 저인량은 시집갈 때에만 웃옷과 치마의 색을 달리하여 웃옷은 검은 색으로 하고 치마는 옅은 진홍색으로 한다는 것은 있을 수 없다고 반박하였다. 『의례정의』, 173쪽 참조.

9_ 부와 편과 차 : 이 세 가지는 모두 여성의 머리장식이다. 가공언에 따르면 모두 고대 여성의 머리장식으로서 '副'는 머리를 덮어서 장식하는 것으로 정현 당시의 '步繇'에 그 모습이 남아 있으며, '編'은 가발을 묶어서 만든 것으로 역시 당시의 '假紒'에 그 모습이 남아 있다. '次'는 이른바 '髲髢'이다. 『의례주소』, 87쪽, 가공언의 소 참조.

10_ '염'이라는 글자는 ~ 것을 상징한다 : 이에 대해서 가공언은 婦人은 陰이므로, 음기가 위로 陽과 교접하는 것을 상징하므로, 교접하는 의리를 취한 것이라고 설명하였다. 『의례주소』, 87쪽 참조.

11_ '비녀'는 오늘날의 잠이다 : '笄'는 용도에 따라 두 가지로 나뉜다. 하나는 두발을 안정시키는 것이고 다른 하나는 관을 고정시키는 것이다. [특생궤사례15 : 經-50]에 대한 가공언의 소에 "(경문의) '笄'는 머리를 안정시키는 비녀이지, 관을 고정시키는 비녀가 아니다. 관을 고정시키는 비녀는 남자에게만 있고, 부인에게는 없다. 머리를 안정시키는 비녀는 남자와 부인 모두에게 있다"('笄', 安發之笄, 非冠冕之笄. 冠冕之笄, 男子有, 婦人無. 若安發之笄, 男子婦人俱有)고 하였다. '笄'는 주대의 일반적인 명칭이었는데, 진한 이후에는 주로 '簪'이라 칭하였다.

12_ 素衣朱綃 : 가공언은 『시』의 "素衣朱襮"과 『이아』「석기」의 "黼領謂之襮"을 근거로 '綃'를 옷깃(領)으로 추정한다. 『의례주소』, 89쪽, 가공언의 소 참조.

13_ 도끼 문양을 수놓은 홑 옷깃 : 오계공은 "黼 문양을 수놓아 홑옷를 만들어서 玄衣 위에 걸쳐 입는 것으로, 이 또한 신부가 景衣를 덧입는 것과 같다"(以黼爲襌衣, 而被於玄衣之上, 亦猶婦之加景)고 하였다. 성세좌는 "경문의 '穎'은 '褧'과 통하는 글자로 '襌'(홑)의 뜻이다. '穎黼'란 안감이 없게 하여 옷깃을 만들고 그 옷깃 위에 黼 문양을 수놓은 것이다"('穎'與'褧'通, 襌也. '穎黼'者, 蓋爲無裏之領, 而刺黼於其上也)라고 하였다. 『의례정의』, 175쪽 참조. 여기 경문은 정현의 주와 성세좌의 설에 의거하여 번역하기로 하겠다.

14_ 균 : 가공언에 따르면 '袗'은 '均'과 통하는 글자이다. 『의례주소』, 89쪽 참조.

15_ 흰색과 흑색으로 문양을 낸 것을 '보'라고 한다 : 『주례』「춘관·사궤연」의 정현 주에 "도끼 문양을 그려 넣은 것을 '黼'라고 하는데, 흑색과 백색의 채색으로 수를 놓고 진홍색 비단으로 바탕을 삼는다"(斧謂之黼, 其繡白黑采, 以絳帛爲質)고 하였다.

16_ 천자의 후와 ~ 옷을 입고 : '狄衣'는 꿩 문양이 있는 옷을 말한다. 정현 주의 '천자의 후와 제후의 부인'은 천자의 왕후, 二王後의 왕후, 侯·伯·子·男의 부인을 말한다. 이들은 모두 꿩 문양이 있는 옷을 입을 수 있다. 꿩 문양이 있는 옷으로는 褘衣(휘의), 揄狄(요적), 闕狄(궐적)이 있는데, 왕후는 3가지를 모두 입고, 侯와 伯의 부인은 요적을 입으며, 子와 男의 부인은 궐적을 입는다. 『의례주소』, 90쪽 참조.

17_ 머리를 바닥에 대면서 재배를 한 후에 : '稽首'의 절차는 먼저 무릎을 꿇어 바닥에 붙이고, 이어서 왼손과 오른손을 포개어 맞잡고, 다시 머리를 천천히 바닥에 붙이는데, 손을 무릎 앞에 두고 머리는 손 앞에 둔다. 이러한 과정으로 一拜의 예를 완성한다. '再拜稽首'는 두 차례의 稽首를 행하는 것이다. 『주례』「춘관·대축」에서는 절을 ① 稽首(절을 할 때 머리가 바닥에 이르는 것), ② 頓首(절을 할 때 머리가 바닥을 두드리는 것), ③ 空手(절을 할 때 머리가 손이 있는 곳에 이르는 것), ④ 振動, ⑤ 吉拜, ⑥ 凶拜, ⑦ 奇拜, ⑧ 褎拜, ⑨ 肅拜의 '九拜'로 분류하는데, 稽首는 이 가운데 가장 공경스러움을 나타내는 절이다.

18_ 예에 참여하지 않기 때문이다 : 호배휘는 아버지에게는 딸을 전송하는 의례가 없기 때문에 사위를 전송하지 않는 것이며, 또 사위가 딸을 맞이하고 딸이 그를 따라가는 것은 사위와 딸 두 사람 사이에 예를 행하는 것이므로 아버지는 그 예에 참여하지 않는 것이라고 하였다. 『의례정의』, 176쪽 참조.

19_ 마부의 예에서는 ~ 건네준다 : 『예기』「곡례상」의 문장이다. 『예기』「곡례상」에 의하면 수레에 올라타는 사람의 신분이 마부보다 높으면 수레 손잡이 줄을 받고, 신분이 낮으면 수레 손잡이 줄을 받지 않는다.(若僕者降等, 則受. 不然, 則否) 경문에서 보모가 신부를 대신하여 사양하고 수레 손잡이 줄을 받지 않는 것은 신랑에게 겸양을 하는 것이다. 僕人은 집에서 부리는 사람으로, 여기서는 수레를 모는 사람이다. 신랑이 수레를 몰고 있기 때문에 '복인'이라고 표현한 것이다.

20_ 경의 제도는 아마도 명의와 같은 듯하다 : '景'의 제도에 대해서는 正文이 없다. '明衣'는 청결한 옷으로, 재계할 때 목욕을 한 후에 입거나 시신을 목욕시킨 후에 입히는 옷이다. [기석례13 : 記—33]에 따르면 布를 사용하여 만들며, 폭을 연결하여 소매와 몸통이 일체가 되도록 하고, 길이는 무릎까지 내려오도록 한다.

「부부즉석도夫婦卽席圖」

(淸), 『흠정의례의소』

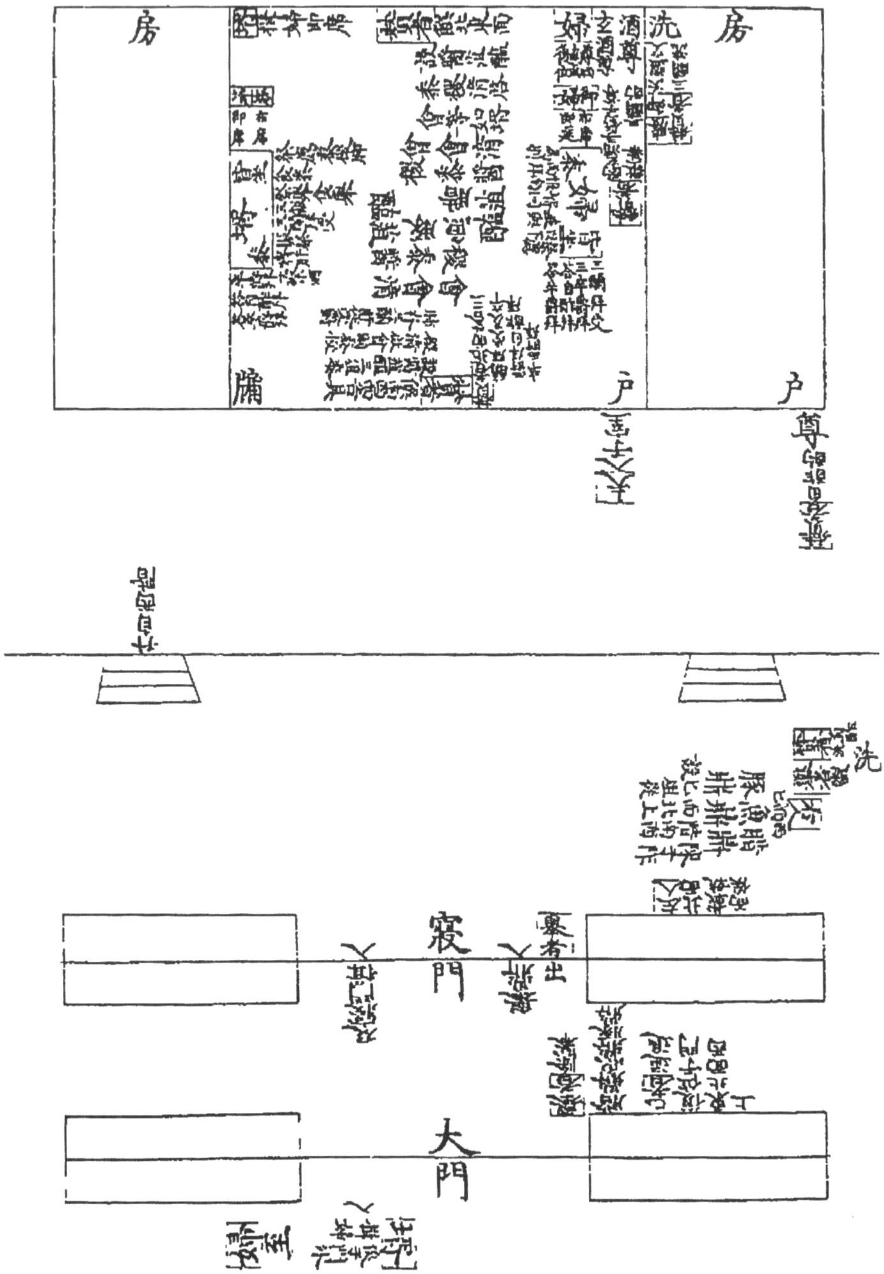

해제 經—43에서 經—65까지는 신부가 신랑 집에 도착한 후에 '성례成禮' 즉 혼례식을 거행하는 절차이다. 經—43에서 經—53까지는 '동뢰同牢', 즉 부부가 희생고기를 함께 나누어 먹는 의식, 經—54에서 經—59까지는 부부가 식사를 마친 뒤 입가심을 하고 방에 음식을 거두어 놓는 의식, 經—60에서 經—65까지는 부부가 침식寢息에 들고, 신부의 수종자(媵)와 신랑의 수종자(御)가 남은 음식을 먹는 '준餕'의 의식으로 나뉜다.

[士昏禮02 : 經—43]

신부가 신랑 집의 대문 밖에 도착하면, 주인(신랑)은 신부에게 읍을 하고 인도하여 대문 안으로 들어간다.[1] 침문寢門 앞에 이르면, 주인은 신부에게 읍을 하고 침문 안으로 들어간 후 함께 서쪽 계단을 통해 당 위로 올라간다. 신부의 수종자(媵)들은 실室의 서남쪽 모퉁이에 자리를 펼쳐 놓는다. 신랑은 실 안으로 들어가서 자리 앞으로 나아가 선다. 신부는 실 안으로 들어간 후 술동이의 서쪽에서 남쪽을 향해 선다. 신부의 수종자들과 신랑의 수종자들은 서로 상대를 바꾸어 물을 따르고 손을 씻도록 해 준다.

婦至, 主人揖婦以入. 及寢門, 揖入, 升自西階. 媵布席于奧. 夫入于室, 即席. 婦尊西, 南面. 媵・御沃盥交.

정현주 '서쪽 계단을 통해 당 위로 올라간다'(升自西階)고 한 것은 신부를 인도하여 실室 안으로 들어가기 때문이다.[2] '잉媵'은 전송한다는 뜻으로, 신부의 수종자를 가리킨다. '어御'는 '아訝'자가 되어야 하는데, '아訝'는 맞이한다(迎)는 뜻으로 신랑의 수종자를 가리킨다. 신부의 수종자들은 조계의 동남쪽에 진설한 물받이 항아리(南洗)에서 물을 따라 신랑이 손을 씻도록 해 주고, 신랑의 수종자들은 북당北堂에 진설한 물받이 항아리(北洗)에서 물을 따라 신부가 손을 씻도록 해 준다.[3] 부부가 처음 만나서 부끄러워하는 마음이 있으므로 신부의 수종자와 신랑의 수종자가 서로 그 뜻을 인도하는 것이다. '升自西階', 道婦入也. '媵', 送也, 謂女從者也. '御', 當爲'訝', '訝', 迎也, 謂壻從者也. 媵沃壻盥於南洗, 御沃婦盥於北洗. 夫婦始接, 情有廉恥, 媵·御交道其志.

[士昏禮02 : 經－44]

찬자는 술동이의 덮개보를 걷어 낸다. 세발솥(鼎)을 드는 사람들은 손을 씻은 후 침문寢門 밖으로 나가서 세발솥의 덮개보를 걷어 낸 다음 세발솥을 들고 다시 침문 안으로 들어와 조계의 남쪽에 진설하는데, 세발솥의 앞면이 서쪽을 향하도록 하고 북쪽을 윗자리로 삼아 놓아둔다.[4] 숟가락(匕)과 희생제기(俎)를 따라서 진설한다.

贊者徹尊冪. 舉者盥, 出, 除鼏, 舉鼎入, 陳于阼階南, 西面, 北上. 匕俎從設.

정현주 숟가락(匕)을 들고 있는 사람들과 희생제기(俎)를 들고 있는 사람들이 세발솥(鼎)을 들고 있는 사람들의 뒤를 따라 침문 안으로 들어가서 숟가락과 희생제기를 진설한다는 뜻이다. '비匕'는 희생고기를 가려내어 꺼내는 숟가락이다. '조俎'는 그 꺼낸 희생고기를 올려놓는 제기이다. 執匕者, 執俎者, 從鼎而入, 設之. '匕', 所以別出牲體也. '俎', 所以載也.

비匕

섭숭의(宋), 『삼례도』

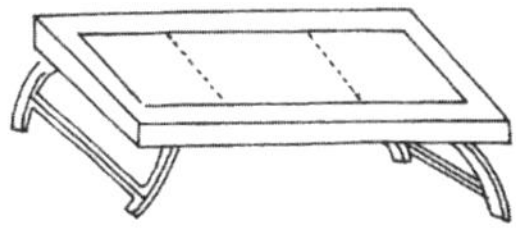

조俎

섭숭의(宋), 『삼례도』

[士昏禮02 : 經-45]

희생제기를 든 사람들은 북쪽을 향해 세발솥에서 꺼낸 희생고기를 희생제기 위에 올려놓고 그것을 들고 서서 진설할 때를 기다린다.

北面載, 執而俟.

정현주 희생제기(俎)를 들고 서서 나무제기(豆)가 먼저 진설되기를 기다리는 것이다. 執俎而立, 俟豆先設.

[士昏禮02 : 經-46]

숟가락을 든 사람들은 세발솥에서 희생고기를 꺼내는 일이 끝나면 들어올 때와 반대의 순서로 물러난 후에 침문 동쪽의 처음 위치로 돌아가 북쪽을 향해 서는데, 서쪽을 윗자리로 삼는다.

匕者逆退, 復位于門東, 北面, 西上.

정현주 숟가락을 든 사람들이 일을 끝내면 들어올 때와 반대의 순서로 물러나는 것은 편리함을 따르는 것이다. 이곳에 이르러 비로소 그들의 위치를 밝힌 것은 신분이 낮은 사람들에 대해서는 생략하기 때문이다. 執

匕者事畢逆退, 由便. 至此乃著其位, 略賤也.

[士昏禮02 : 經－47]

찬자는 신랑의 자리 앞에 장醬을 담은 나무제기를 진설하고, 채소 절임(菹)을 담은 나무제기와 고기젓갈(醢)을 담은 나무제기(豆)를 장醬을 담은 나무제기의 북쪽에 놓아둔다. 희생제기를 들고 있는 사람이 들어와 채소절임과 고기젓갈을 담아 놓은 2개의 나무제기 동쪽에 새끼돼지고기를 올려놓은 희생제기를 진설하고, 건어(魚)를 올려놓은 희생제기를 그 동쪽에 진설하는데, 말린 토끼고기를 올려놓은 희생제기는 새끼돼지고기를 올려놓은 희생제기와 건어를 올려놓은 희생제기의 북쪽에 단독으로 진설한다.

贊者設醬于席前, 菹醢在其北. 俎入, 設于豆東, 魚次. 腊特于俎北.

정현주 '나무제기의 동쪽'(豆東)은 채소절임(菹)을 담은 나무제기와 고기젓갈을 담은 나무제기의 동쪽을 가리킨다. '豆東', 菹醢之東.

[士昏禮02 : 經－48]

찬자는 찰기장 밥을 담은 둥근 밥그릇을 장을 담은 나무제기의 동쪽에 진설하고, 메기장 밥을 담아 놓은 둥근 밥그릇을 그 동쪽에 놓아두며, 고기국물(湆)[5]을 담은 나무제기를 장을 담은 나무제기의 남쪽에 진설한다.

贊設黍于醬東, 稷在其東, 設湆于醬南.

정현주

음식을 진설하는 것은 방정해야 한다. 饌要方也.

[士昏禮02 : 經－49]
말린 토끼고기를 올려놓은 희생제기(腊俎)의 동쪽에 신부의 장醬을 담은 나무제기를 진설한다.
設對醬于東.

정현주

'대장對醬'은 신부의 장을 담은 나무제기를 가리킨다.[6] 장을 담은 나무제기를 진설할 때에는 단독으로 진설한 희생제기(特俎 : 腊俎)와 마주하게 놓는다.[7] '對醬', 婦醬也. 設之當特俎.

[士昏禮02 : 經－50]
채소절임을 담은 나무제기와 고기젓갈을 담은 나무제기를 장을 담은 나무제기의 남쪽에 진설하는데, 북쪽을 윗자리로 삼아 놓는다. 찰기장 밥을 담은 둥근 밥그릇을 말린 토끼고기를 올려놓은 희생제기(腊俎) 북쪽에 진설하고, 그 서쪽에 메기장 밥을 담은 둥근 밥그릇을 놓아둔다. 고기국물을 담은 나무제기를 장을 담은 나무제기의 북쪽에 진설한다. 신랑의 수종자는 신랑의 자리 맞은편에 신부의 자리를 펼쳐 놓는다. 찬자는 신랑을 위해 진설한 둥근 밥그릇의 뚜껑(會)을 열어서 둥근 밥그릇의 남쪽에 엎어 놓고, 신부를 위해 진설한 둥근 밥그릇의 뚜껑은 둥근 밥그릇의 북쪽에 엎어 놓는다.[8]

菹醢在其南, 北上. 設黍于腊北, 其西稷. 設湆于醬北. 御布對席, 贊啓會, 郤于敦南, 對敦于北.

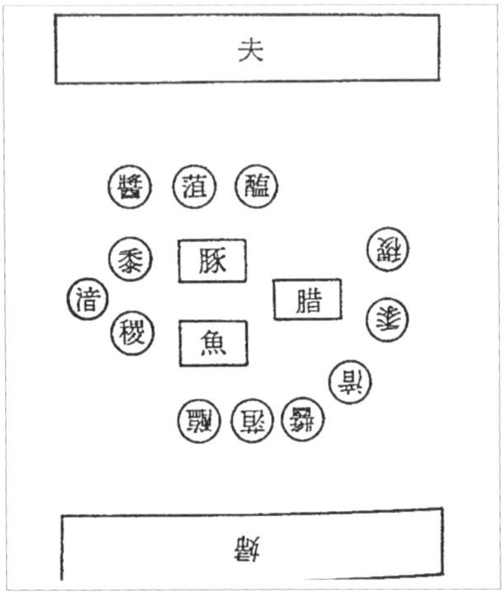

가공언 설

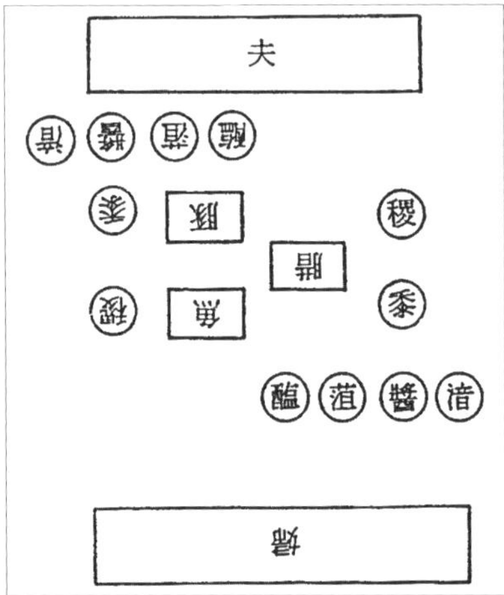

오계공 설

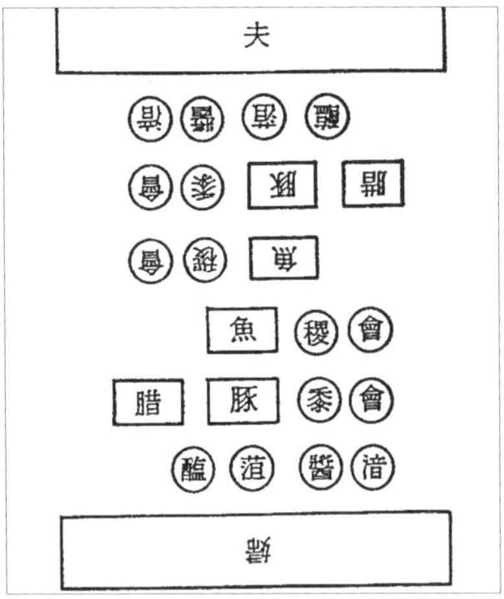

심동 설

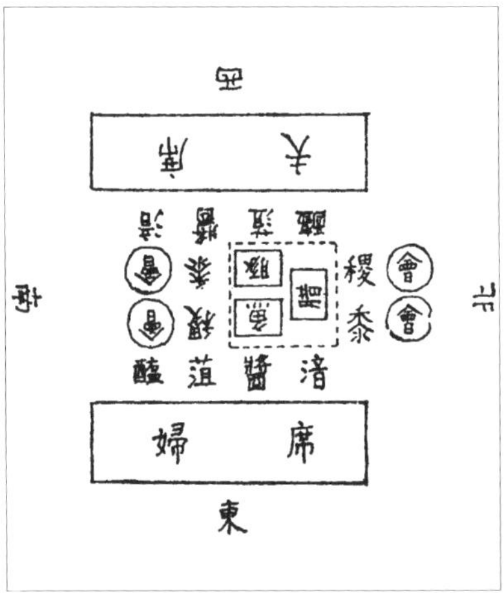

부부동뢰공찬夫婦同牢共饌

양톈위, 『의례역주』

정현주 '계啓'는 연다는 뜻이다. 금문본에는 '啓'가 '開'로 되어 있다. 고문본에는 '卻'이 '綌'으로 되어 있다. '啓', 發也. 今文'啓'作'開', 古文'卻'爲'綌'.

[士昏禮02 : 經－51]

찬자는 주인에게 음식이 갖추어졌음을 보고한다. 신랑은 신부에게 읍을 하면서 신부의 자리로 나아가도록 한다. 부부는 모두 각자의 자리로 나아가 앉는다. 부부는 모두 고수레를 하는데 채소절임, 고기젓갈, 찰기장 밥, 메기장 밥, 허파로 고수레를 한다.

贊告具. 揖婦, 即對筵. 皆坐. 皆祭, 祭薦·黍·稷·肺.

정현주 찬자가 서쪽을 향해서 주인에게 음식이 갖추어졌음을 보고한다. 신랑이 신부에게 읍을 하면서 자리로 나아가도록 한다. '천薦'은 채소절임과 고기젓갈을 가리킨다. 贊者西面告饌具也. 壻揖婦, 使即席, '薦', 菹醢.

[士昏禮02 : 經－52]

찬자는 찰기장 밥을 담은 나무제기를 자리 위로 옮겨서 먹기 편리하도록 해 주고, 허파와 등뼈를 부부에게 나누어 준다. 부부는 모두 찰기장 밥을 한 순가락 떠먹는데, 고기국물을 마시고 장을 맛본다. 부부는 모두 허파와 등뼈로 고수레를 한 후에 허파와 등뼈를 맛본다.[9]

贊爾黍, 授肺脊. 皆食, 以湆·醬, 皆祭舉. 食舉也.

정현주

'이爾'는 옮긴다(移)는 뜻이다. 자리 위로 옮겨 놓아서 그 식사를 편하게 하는 것이다. '모두 먹는다'(皆食)는 것은 찰기장 밥을 먹는 것을 말한다. '이以'는 사용한다는 뜻이다. '사용한다'는 것은 고기국물을 마시고 장을 맛보는 것을 말한다. 고문본에는 '黍'가 '稷'으로 되어 있다. '爾', 移也. 移置席上, 便其食也. '皆食', 食黍也. '以', 用也. '用'者, 謂啜湆咂醬. 古文'黍'作'稷'.

[士昏禮02 : 經－53]

세 번 숟가락으로 떠서 밥을 먹고, 식사를 마친다.

三飯, 卒食.

정현주

'졸卒'은 그친다는 뜻이다. 희생고기를 함께 나누어 먹는 예(同牢)는 친애함을 보이는 것으로 먹는 일을 위주로 하지 않는 것이니, 세 번 숟가락으로 떠서 밥을 먹어 예를 완성하는 것이다.[10] '卒', 已也. 同牢示親, 不主爲食起, 三飯而成禮也.

[士昏禮02 : 經－54]

찬자가 술잔(爵)을 씻고 술을 따라서 주인(신랑)에게 입가심하도록 건네주면, 주인은 배례를 한 후에 술잔을 받는다. 찬자는 실문(室戶) 안에서 북쪽을 향해 답배를 한다. 신부에게 입가심하도록 할 때에도 동일한 절차로 한다. 부부는 모두 술로 고수레를 한 후에 술을 마신다.

贊洗爵, 酌酳主人, 主人拜受. 贊戶內北面答拜. 酳婦亦如之. 皆祭.

정현주 '윤酳'은 입가심을 한다는 뜻이다. '윤酳'이라는 글자는 흘러내리게 하다, 편안하게 하다는 뜻이다. 입가심을 하는 것은 입안을 깨끗하게 하고 또 먹은 것들이 잘 내려가서 편안하게 하려는 것이다. 입가심하는 술은 실내의 술동이에서 따른다. '酳', 漱也. '酳'之言演也, 安也. 漱, 所以絜口, 且演安其所食. 酳酌內尊.

[士昏禮02 : 經-55]
찬자는 술을 올릴 때 구운 간(肝)을 곁들여 올리는데, 부부는 모두 구운 간을 집어 들고 소금에 묻힌 후 흔들어서 고수레를 하고(振祭)[11] 맛을 본 후에 모두 채소절임을 담은 나무제기 안에 넣어 둔다. 贊以肝從, 皆振祭, 嚌肝, 皆實于菹豆.

정현주 '간肝'은 구운 간을 가리킨다. 술을 마실 때에는 안주를 마련하여 속을 편안하게 해야 한다. '肝', 肝炙也. 飮酒, 宜有肴以安之.

[士昏禮02 : 經-56]
부부는 술잔의 술을 다 마시면 찬자에게 모두 배례를 한다. 찬자는 답배를 한 후에 부부의 비운 술잔을 건네받는다. 두 번째 입가심도 첫 번째 입가심을 할 때와 동일한 절차로 하는데, 구운 간은 곁들여 올리지 않는다. 세 번째 입가심을 할 때에는 근巹(박을 반으로 갈라 만든 술잔)을 사용하는데, 또한 마찬가지로 구운 간은 곁들여 올리지 않는다.

卒爵, 皆拜. 贊答拜, 受爵. 再酳如初, 無從. 三酳用巹, 亦如之.

정현주

역시 구운 간은 곁들여 올리지 않는다. 亦無從也.

[士昏禮02 : 經-57]

찬자는 술잔을 씻고 실문(室戶) 밖에 진설한 술동이에서 술을 따라 술잔에 채운 후, 실문 안으로 들어가 서쪽으로 가서 북쪽을 향해서 술잔을 내려놓고 신랑과 신부에게 배례를 한다. 부부는 모두 답배를 한다. 찬자는 앉아서 술로 고수레를 한 후에 술잔의 술을 다 마시고 배례를 한다. 부부 모두 답배를 하고 일어난다.

贊洗爵, 酌于戶外尊, 入戶, 西北面奠爵, 拜. 皆答拜. 坐祭, 卒爵, 拜. 皆答拜, 興.

정현주

찬자가 술을 따라 술잔에 채우는 것은 '자작自酢'의 예를 행하는 것이다.[12] 贊酌者, 自酢也.

[士昏禮02 : 經-58]

주인(신랑)이 실문 밖으로 나가면, 신부는 본래의 위치로 돌아간다.

主人出, 婦復位.

정현주

실室 안에 있는 술동이의 서쪽에서 남쪽을 향해 서 있던 위치로 돌아가는 것이다.([經-43]) 復尊西南面之位.

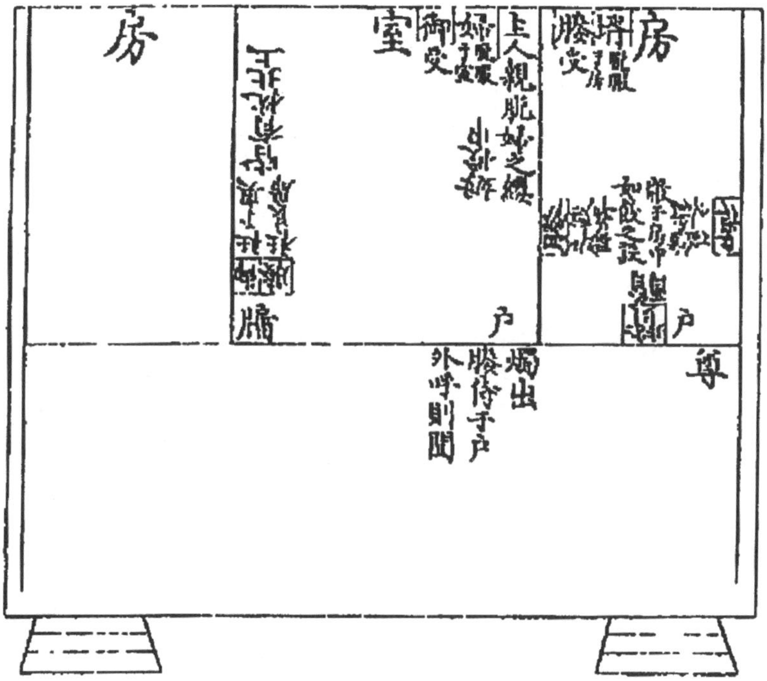

「철찬성례도徹饌成禮圖」

(淸), 『흠정의례의소』

[士昏禮02 : 經－59]

이어서 찬자는 음식을 거두어 방房 안에 갖다 놓는데, 실室에 음식을 진설할 때와 동일한 절차로 하지만 술동이는 진설하지 않는다.

乃徹于房中, 如設于室, 尊否.

정현주 실室 안의 음식을 거두어서 방房 안에다 진설하는 것은 신부의 수종자와 신랑의 수종자에게 준餕(남은 음식을 먹는 절차)을 하게 하려는 것이다. 거둔 술동이를 진설하지 않는 것은 방문 밖에 술동이가 있기 때문이다. 徹室中之饌設于房中, 爲媵御餕之. 徹尊不設, 有外尊也.

[士昏禮02 : 經－60]

주인이 방房 안에서 예복을 벗으면, 신부의 수종자가 그 예복을 건네받는다. 신부가 실室 안에서 예복을 벗으면, 신랑의 수종자가 그 예복을 건네받는다.[13] 보모는 신부에게 닦을 수건을 건네준다.

主人說服于房, 媵受. 婦說服于室, 御受. 姆授巾.

정현주 수건은 자신을 청결하게 하는 도구이다. 금문본에는 '說'이 모두 '稅'로 되어 있다. 巾, 所以自絜清. 今文'說'皆作'稅'.

[士昏禮02 : 經－61]

신랑의 수종자는 실室의 서남쪽 모퉁이에 신부의 이부자리를 펼쳐 놓고, 신부의 수종자는 그 동쪽에 신랑의 이부자리를 펼쳐 놓는다. 이부자리 위에 모두 베개를 놓아두는데 머리가 남쪽을 향하고 발이 북쪽을 향하도록 하여 놓는다.

御衽于奧, 媵衽良席在東. 皆有枕, 北止.

정현주 '임衽'은 이부자리를 펼쳐 놓는다는 뜻이다. 아내가 남편을 부를 때 '양良'이라고 한다. 『맹자』「이루하」에서 "장차 양인良人(남편)이 가는 곳을 엿보겠다"고 한 것이 그것이다. '지止'는 발이다. 고문본에는 '止'가 '趾'로 되어 있다. '衽', 卧席也. 婦人稱夫曰良. 『孟子』曰, "將見良人之所之." '止', 足也. 古文'止'作'趾'.

[士昏禮02 : 經-62]

주인은 실室 안으로 들어가서 몸소 신부의 끈(纓)[14]을 풀어준다.

主人入, 親說婦之纓.

정현주 '들어간다'(入)는 것은 방房에서 다시 실室 안으로 들어간다는 뜻이다. 여자가 15세가 되어 혼인을 허락하면, 비녀를 꽂아 주는 예(笄禮)를 행한 후에 예주를 사용하여 예례醴禮를 베풀어 주는데,[15] 이로 인해 끈(纓)을 착용함으로써 매인 곳이 있음을 밝히는 것이다. 오채색의 비단실로 만드는 것 같은데, 그 제도에 대해서는 들어 보지 못했다. '入'者, 從房還入室也. 婦人十五許嫁, 笄而禮之, 因著纓, 明有繫也. 蓋以五采爲之, 其制未聞.

[士昏禮02 : 經－63]

실室에서 횃불(燭)을 거두어 나간다.

燭出.

정현주 혼례가 끝나고 누워서 쉬려는 것이다. 昏禮畢, 將臥息.

[士昏禮02 : 經－64]

신부의 수종자는 주인(신랑)이 남긴 음식을 먹고, 신랑의 수종자는 신부가 남긴 음식을 먹는다. 찬자는 방문 밖에 있는 술동이에서 술을 따라서 신부의 수종자와 신랑의 수종자에게 건네주어 입가심을 하도록 한다.

媵餕主人之餘, 御餕婦餘. 贊酌外尊酳之.

정현주 '밖에 있는 술동이'(外尊)는 방문 밖의 동쪽에 있는 술동이를 말한다. '外尊', 房戶外之東尊.

[士昏禮02 : 經－65]

신부의 수종자는 실문 밖에서 대기하면서, 부르면 들을 수 있도록 한다.

媵侍于戶外, 呼則聞.

정현주 존귀한 사람이 찾을 경우가 있기 때문이다. 금문본에는 '侍'자가 '待'자로 되어 있다.[16] 爲尊者有所徵求. 今文'侍'作'待'.

주

1_ 주인은 신부에게 ~ 들어간다 : 오정화에 따르면 신랑이 먼저 대문 안으로 들어가 신부를 인도하는 것인데, 대문 안으로 들어갈 때에는 문 말뚝(闑)의 서쪽(왼쪽)을 통해서 들어간다.(壻先入大門道之, 由闑西) 『의례장구』 권2, 「사혼례」 제2 참조.

2_ '서쪽 계단을 통해 당 위로 올라간다'고 ~ 때문이다 : 주인은 본래 조계를 통해서 당 위로 올라가는데, 이곳에서 서쪽 계단을 통해 올라가는 것에 대하여 정현은 '신부를 인도하여 올라가기 때문'이라고 하였지만, 오정화는 아버지가 계시기 때문에 조계를 통해 올라갈 수 없기 때문이라고 하였다.(壻亦西階者, 父在不由阼階) 『의례장구』 권2, 「사혼례」 제2 참조.

3_ 신부의 수종자들은 ~ 씻도록 해 준다 : 정현이 媵과 御가 자신들이 모시는 신부와 신랑을 서로 바꾸어 손을 씻어 주는 것으로 해석한 반면, 호배휘는 媵과 御는 예를 돕는 사람들로서 손을 씻어서 청결함을 다해야 하므로, 자신들의 손을 직접 씻는 것으로 해석하여 정현을 비판하였다. 또한 경문의 '交'는 서로 역할을 바꾸어 교대로 한다는 의미로 해석하면서 한 번은 媵이 물을 따라 주어 御가 손을 씻고, 한 번은 御가 물을 따라 주어 媵이 손을 씻는다는 뜻이라고 하였다. 『의례정의』, 179쪽 참조.

4_ 세발솥의 앞면이 ~ 놓아둔다 : '서쪽을 향한다'(西面)는 것은 鼎의 앞면이 서쪽을 향하는 것이고, '북쪽을 윗자리로 삼아 놓아둔다'(北上)는 것은 鼎을 북쪽에서 남쪽으로 진설하여 새끼돼지고기를 담은 鼎을 가장 북쪽에 놓는 것을 말한다.

5_ 고기국물 : 고기국물을 담는 그릇에 대해서는 경문에 언급되지 않았는데, 오계공은 豆에 담는 것이라고 하였다. 『의례정의』, 181쪽 참조.

6_ '대장'은 ~ 가리킨다 : 신부의 장을 담은 나무제기를 '對醬'이라 한 것에 대해 성세좌는 "이 醬은 신부를 위해 진설하는 것이다. 신랑의 장은 서쪽에 있고 신부의 장은 동쪽에 있기 때문에 '對'(맞은 쪽)라고 한 것이다. 모든 음식이 다 마주하고 있는데, 홀로 醬에 대해서만 '對'라고 말한 것은 그것이 가장 먼저 진설되기 때문이다"(此爲婦設也. 夫西婦東, 故云'對'. 凡饌皆對, 獨於醬言之者, 以其首設也)라고 하였다. 『의례정의』, 182쪽.

7_ 장을 담은 나무제기를 ~ 놓는다 : 정현은 신부의 '醬'을 담은 나무제기를 特俎(腊俎)와 마주하여 그 동쪽에 진설하는 것으로 해석하였는데, 가공언도 마찬가지이다. 오계공은 '特俎(腊俎)의 동쪽'은 실제로는 '黍의 동쪽'으로 '特俎(腊俎)의 동북쪽'을 가리킨다고 하였다. "[經一50]에서 '찰기장 밥을 담은 둥근 밥그릇을 말린 토끼고기를 올려놓은 희생제기의 북쪽에 진설한다'(黍于腊北)고 하였으므로 이곳의 醬을 담은 나

무제기는 찰기장 밥을 담아 놓은 밥솥의 동쪽에 있어야 한다. 따라서 特俎(腊俎)를 기준으로 한다면 동북쪽이 된다"고 하였다. 『의례정의』, 182쪽 참조.

8_ 찬자는 신랑을 위해 ~ 엎어 놓는다 : 여기서 설명하는 것은 신랑과 신부가 각각 오른손을 사용하기에 편리한 방향에 뚜껑을 두는 것이라고 할 수 있다. 가공언은 신랑은 동쪽을 향하므로 남쪽이 오른쪽이 되고, 신부는 서쪽을 향하므로 북쪽이 오른쪽이 되기 때문이라고 하였다. 『의례주소』, 94쪽 참조.

9_ 부부는 모두 허파와 ~ 맛본다 : 경문의 '祭擧'·'食擧'에서의 '擧'는 호배휘에 의하면, 허파(肺)와 등뼈(脊)를 가리킨다. 허파와 등뼈는 식사 전에 모두 먼저 들어서 고수레를 하기 때문에 '擧'라고 한다.(擧謂肺·脊, 以其先食擧之, 因名之曰擧) 『의례정의』, 184쪽 참조.

10_ 세 번 숟가락으로 ~ 예를 완성하는 것이다 : 가공언은 소뢰궤사례는 十一飯에, 특생궤사례는 九飯에 예가 이루어지는데 여기서는 三飯이므로 이와 같이 말한 것이라고 하였다. 『의례주소』, 95쪽 참조.

11_ 구운 간을 집어 ~ 고수레를 하고 : '振祭'는 『주례』「춘관·대축」에 나오는 九祭 가운데 하나로, 식사를 하기 전에 간이나 허파, 채소절임 등을 먼저 소금에 묻힌 후 소금을 털어 내어 고수레를 하는 것을 말한다. 정현의 해석에 따르면 九祭는 9종류의 食祭로 음식을 먹기 전에 그 음식을 만든 선인에게 보답하는 간단한 제사행위들을 가리키는 것으로서, '고수레'에 해당한다.

12_ 술을 따라 ~ 행하는 것이다 : 주인이 빈에게 먼저 술을 올려 마시게 하는 것을 '獻'이라 하고, 빈이 이에 대한 보답으로 술을 올려 마시게 하는 것을 '酢'이라 하는데, 여기서는 빈(찬자)이 스스로 술잔에 술을 따라 마시기 때문에 '自酢'이라 한 것이다.

13_ 주인이 방 안에서 ~ 건네받는다 : 신랑의 예복은 '爵弁服'이고, 신부의 예복은 '純衣纁袡'(옅은 진홍색 가선 장식을 한 검은색의 비단 웃옷)이다. [經-31]과 [經-35] 참조.

14_ 신부의 끈 : 여자의 纓(끈)에는 두 가지가 있다. 『예기』「곡례」에 "여자는 혼인을 하기로 허락하면 끈을 착용한다"(女子許嫁, 纓)고 하였는데 다른 사람을 따르는 단서가 있음을 보이는 것이다. [經-62]의 '纓'이 이에 해당한다. 『예기』「내칙」에서는 "남녀가 아직 관례나 비녀를 꽂을 나이가 되지 않았을 때에는 닭이 처음 울

면 모두 손을 씻고, 양치질을 하고, 머리를 빗고, 머리싸개를 하고, 다팔머리 장식을 떼고, 머리를 따고, 끈을 묶는다"(男女未冠笄者, 鷄初鳴, 咸盥·漱, 櫛·縰·拂髦, 總角·衿纓)고 하였다. 이는 어렸을 때에 끈을 묶는 것이다. 양자 모두 남자가 관끈을 묶는 것과는 다르다. 이 때문에 정현이 그 제도를 알지 못한다고 한 것이다. 『의례정의』, 188쪽 참조.

15_ 비녀를 꽂아 주는 예를 ~ 베풀어 주는데 : [記－04]에는 '笄而醴之'(비녀를 꽂아주는 준 후에 예주를 따라 주어 醴禮를 한다)로 되어 있다. 정현은 경문과 기문의 '醴'자를 모두 '禮'자로 바꾸었지만, 예주를 따라 주어 예례를 행한다는 의미에는 변함이 없다. [經－12]의 주석 3) 참조. 따라서 여기의 '禮'도 '醴'의 뜻으로 번역하기로 하겠다.

16_ 금문본에는 '侍'가 '待'로 되어 있다 : 호승공은 옛날에는 '侍'와 '待'의 발음이 같았기 때문에 두 글자를 혼용하여 사용했다고 한다. 『의례정의』, 188쪽 참조.

「부현구고급예부도婦見舅姑及醴婦圖」

(淸), 『흠정의례의소』

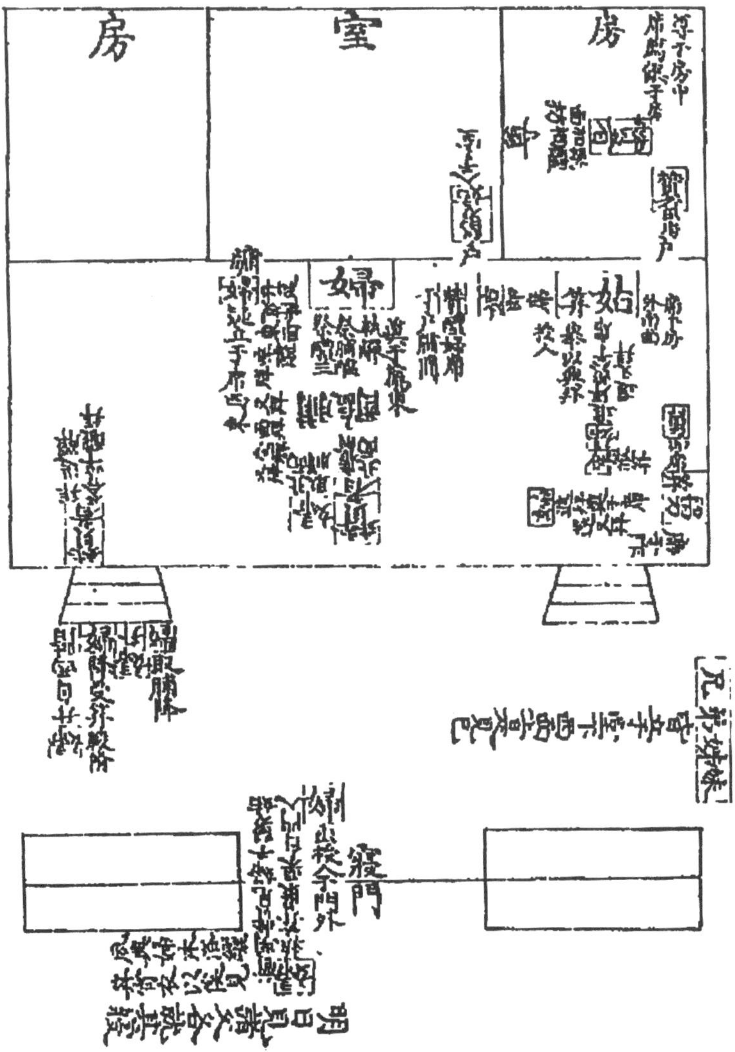

해제 經－66에서 經－70까지는 며느리가 시부모를 뵙는 의식절차이다.

[士昏禮02 : 經－66]

다음날 새벽에 일어나, 며느리는 목욕을 하고 머리싸개로 머리를 싸서 쪽머리를 한 후 비녀를 꽂고, 비단 옷깃을 한 검은색 웃옷(宵衣)을 입고서 침문 밖에서 시부모 뵙기를 기다린다.

夙興, 婦沐浴, 纚笄·宵衣以俟見.

정현주 '숙夙'은 이른 아침이라는 뜻이니, 혼인한 다음날 새벽을 가리킨다. '흥興'은 일어난다는 뜻이다. '사俟'는 기다린다는 뜻이다. 침문 밖에서 시부모 뵙기를 기다리는 것이다. 옛날에 명사命士 이상은 나이가 15세가 되면 아버지와 아들이 처소를 달리하였다.[1] '夙', 早也, 昏, 明日之晨. '興', 起也. '俟', 待也. 待見於舅姑寢門之外. 古者命士以上, 年十五父子異宮.

[士昏禮02 : 經－67]

동틀 무렵, 찬자는 며느리에게 시부모를 뵙도록 해 준다. 찬자가 조계의 위쪽에 자리를 펼쳐 놓으면, 시아버지는 자리로 나아가 앉는다. 찬자가 방문 밖의 서쪽에 자리를 펼쳐 놓는데 자리의 머리 부분이 남쪽을 향하도록 하여 놓으면, 시어머니는 자리로 나아가 앉는다.

質明, 贊見婦于舅姑. 席于阼, 舅即席. 席于房外, 南面, 姑即席.

정현주 '질質'은 바야흐로라는 뜻이다. '방외房外'는 방문 밖 서쪽을 가리킨다. 고문본에는 '舅'가 모두 '咎'로 되어 있다. '質', 平也. '房外', 房戶外之西. 古文'舅'皆作'咎'.

[士昏禮02 : 經—68]

며느리는 대추(棗)와 밤(栗)을 담은 폐백바구니(笲)[2]를 들고 침문 안으로 들어가 서쪽 계단을 통해 당 위로 올라가서, 시아버지의 자리 앞으로 나아가 동쪽을 향해 배례를 한 후에 폐백바구니를 자리 위에 내려놓는다.[3]

婦執笲棗栗, 自門入, 升自西階, 進拜, 奠于席.

정현주 '변笲'(폐백바구니)은 대나무 그릇에 옷을 입힌 것인데, 그 형태는 아마도 오늘날의 '거筥'[4]나 '거로(𥯤)'[5]와 같을 듯하다. '나아가 배례를 한다'(進拜)는 것은 나아가서 동쪽을 향한 후에 배례를 한다는 뜻이다. '폐백바구니를 내려놓는다'(奠之)는 것은 시아버지는 존귀하므로 감히 건네주지 못하기 때문이다. '笲', 竹器而衣者, 其形蓋如今之筥·𥯤蘆矣. '進拜'者, 進東面乃拜. '奠之'者, 舅尊, 不敢授也.

변笲

섭숭의(宋), 『삼례도』

[士昏禮02 : 經-69]

시아버지는 자리에 앉아서 손으로 폐백바구니를 어루만진 후에[6] 일어나 며느리에게 답배를 한다. 며느리는 앞서 배례를 했던 곳으로 돌아가서 또 배례를 한다.

舅坐撫之, 興, 答拜. 婦還, 又拜.

정현주

'돌아가서 또 배례를 한다'(還又拜)는 것은 앞서 동쪽을 향하여 배례를 했던 곳으로 돌아가서 배례를 한다는 뜻이다.[7] 부녀자는 남자와 예를 행할 때에 협배俠拜[8]를 한다. '還又拜'者, 還於先拜處拜. 婦人與丈夫爲禮則俠拜.

[士昏禮02 : 經-70]

며느리는 계단을 통해 내려와 수종자에게 생강이나 계피를 넣어 말린 고기(腶脩)를 담은 폐백바구니를 받아 들고, 다시 당 위로 올라가서 시어머니의 자리 앞으로 나아가 북쪽을 향해 배례를 한 후에 폐백바구니를 자리 위에 내려놓는다. 시어머니는 자리 위에 앉아서 폐백바구니를 들고 일어나 며느리에게 답배를 한 다음 유사에게 폐백바구니를 건네준다.

降階, 受笲腶脩, 升, 進, 北面拜, 奠于席. 姑坐, 擧以興, 拜, 授人.

정현주

'인人'은 유사를 가리킨다. 시어머니는 폐백바구니를 들고 일어나서 며느리의 배례에 답배를 하고, 유사에게 건네주어서 거두도록 한다. 시아버지의 경우는 재宰가 거둔다. '人', 有司. 姑執笲以起, 答婦拜, 授有司徹之. 舅則宰徹之.

주

1_ 명사 이상은 ~ 처소를 달리하였다 : 『예기』「내칙」에 보인다. 命士는 爵命을 수여받은 사를 칭하는 말이다.

2_ 폐백바구니 : '笲'은 고대에 견과류를 담는 대나무로 만든 그릇이다. 혼례에서 며느리가 시부모를 처음 뵐 때 사용할 대추(棗), 밤(栗), 생강이나 계피를 넣어 말린 고기(腶脩) 등을 담는 데 사용한다.

3_ 시아버지의 자리 앞으로 ~ 내려놓는다 : 시아버지 자리 앞까지 나아가 동쪽을 향해 서서 배례를 할 때 손에 폐백바구니를 들고 있다는 것이다. 학경에 의하면, 옛날에 부인들은 배례를 할 때 머리를 바닥에 대지 않기 때문에 폐백바구니를 손에 든 채로 배례를 한 후 자리 위에 내려놓았다. 『의례정의』, 189쪽 참조.

4_ 거 : 고대에 음식을 담는 원형의 대나무 그릇이다. 이에 비해 筐은 사각형의 대나무 그릇을 가리킨다.

5_ 거로 : 고대에 밥 종류를 담는 대나무 그릇이다.

6_ 시아버지는 ~ 어루만진 후에 : 장이기는 대추와 밤을 담은 폐백바구니를 어루만짐으로써 받겠다는 뜻을 보이는 것이라고 하였다. 『의례정의』, 190쪽 참조.

7_ 앞서 동쪽을 ~ 뜻이다 : 호배휘는 정현 주의 '還於先拜處拜'에서 '還'은 '旋'(몸을 돌리다)의 뜻과 같으므로 '며느리가 몸을 돌린다'(婦旋)는 것은 몸을 돌려 뒷걸음질을 하면서 시아버지의 배례를 피하여 감히 감당하지 못하는 뜻을 보이는 것이라고 하였다. 『의례정의』, 190쪽 참조. 여기서는 일단 정현의 주를 따라 '며느리는 앞서 동쪽을 향하여 배례를 했던 곳으로 돌아간다'로 번역하겠다.

8_ 협배 : 고대에 부녀자가 남자와 예를 행할 때, 여자가 먼저 一拜를 하면, 남자가 답례로 再拜를 하고, 여자가 다시 배례하는 것을 말한다. 남자가 한 차례 배례를 하고 여자가 두 차례 배례를 하므로 '俠拜'라고 하는 것이다. 『삼례사전』, 533쪽 참조.

해제 經—71에서 經—75까지는 '예부醴婦' 즉 찬자가 시부모를 대신해서 며느리에게 예주를 따라 주어 예례醴禮를 행하는 절차이다.

[士昏禮02 : 經—71]

찬자는 며느리에게 예주를 따라 주어 예례醴禮를 행한다.[1]

贊醴婦.

정현주 '예醴'는 당연히 '예禮'가 되어야 한다. 찬자가 며느리에게 예를 올리는 것은 며느리의 도리가 새롭게 이루어졌으므로 친애하고 후대하는 것이다. '醴'當爲'禮'. 贊禮婦者, 以其婦道新成, 親厚之.

[士昏禮02 : 經—72]

실室의 문과 창 사이에 며느리의 자리를 펼쳐 놓는다.[2]

席于戶牖間.

정현주 실의 문 서쪽이자 창 동쪽에서 자리의 머리 부분이 남쪽을 향하는 위치이다. 室戶西, 牖東, 南面位.

[士昏禮02：經-73]

예주를 넣은 한 통의 질그릇 술동이만을 방 안에 단독으로 진설한다. 며느리는 자리의 서쪽에 단정하게 선다.

側尊甒醴于房中. 婦疑立于席西.

정현주

'의疑'는 바르게 서서 스스로를 안정시키는 모습이다. '疑', 正立自定之貌.

[士昏禮02：經-74]

찬자는 예주를 따라 술잔에 채운 후 숟가락을 술잔 위에 얹어 놓는데 손잡이 부분이 앞쪽을 향하도록 놓고, 방에서 나가 며느리의 자리 앞으로 가서 북쪽을 향해 며느리에게 술잔을 건네준다. 며느리는 동쪽을 향해서 배례를 한 후에[3] 술잔(觶：3승 용량)을 받는다. 찬자는 술잔을 건네준 후에 서쪽 계단의 위쪽으로 가서 북쪽을 향해 답배를 한다. 며느리는 또 배례를 한다. 찬자는 말린 고기를 담은 대나무제기와 고기젓갈을 담은 나무제기를 올린다.

贊者酌醴, 加柶, 面枋, 出房, 席前北面. 婦東面拜受. 贊西階上北面拜送. 婦又拜. 薦脯醢.

정현주

며느리가 동쪽을 향해 배례를 하고 찬자가 북쪽을 향해서 그에 답배를 하는 것은 장부가 처음 관冠을 써서 성인이 되는 예와 달리하는 것이다.[4] 婦東面拜, 贊北面答之, 變于丈夫始冠成人之禮.

[士昏禮02 : 經－75]

며느리는 자리로 올라가 왼손으로 술잔(觶)을 잡고 오른손으로 말린 고기(脯)와 고기젓갈(醢)을 집어서 고수레를 하고, 숟가락으로 예주를 떠서 세 차례 고수레를 하고, 자리에서 내려와 동쪽을 향해 앉아서 예주를 맛본 후에 숟가락을 술잔 안에 꽂아 두고 일어나서 찬자에게 배례를 한다. 찬자는 답배를 한다. 며느리는 또 찬자에게 배례를 한 후에 말린 고기를 담은 대나무제기와 고기젓갈을 담은 나무제기의 동쪽에 술잔을 내려놓고, 자리의 남쪽에서 북쪽을 향해 앉아서 말린 고기를 담은 대나무제기를 집어 들고 당에서 내려와 침문 밖으로 나가는데, 침문 밖에 있는 친정집 사람에게 말린 고기를 건네준다.

婦升席, 左執觶, 右祭脯醢, 以柶祭醴三, 降席, 東面坐, 啐醴, 建柶, 興, 拜. 贊答拜. 婦又拜, 奠于薦東, 北面坐取脯, 降, 出, 授人于門外.

정현주 '말린 고기를 담은 대나무제기와 고기젓갈을 담은 나무제기의 동쪽에 내려놓는다'(奠于薦東)는 것은 자리로 올라가서 그것들을 내려놓는 것을 말한다. '말린 고기를 담은 대나무제기를 집어 들고 당에서 내려와 침문 밖으로 나가는데, 문밖에 있는 친정집 사람에게 말린 고기를 건네준다'(取脯降出授人)는 것은 며느리가 직접 말린 고기를 거둔다는 뜻이고, 또 예를 행한 것을 영예롭게 여긴다는 뜻이다. '인人'은 친정집 사람을 가리킨다.

'奠于薦東', 升席, 奠之. '取脯降出授人', 親徹, 且榮得禮. '人'謂婦氏人.

주

1_ 찬자는 며느리에게 ~ 행한다 : 오계공은 찬자가 시부모를 대신해서 한다는 것으로, 며느리가 처음 온 상태에서 시부모는 尊卑의 예를 보이기 위해서 스스로 예를 행하지 않는 것이라고 하였다. 『의례정의』, 191쪽 참조.

2_ 실의 문과 ~ 펼쳐 놓는다 : 가공언은 醴子(관례에서 빈이 관을 쓴 아들에게 예주를 따라 주어 행하는 예례), 醴賓(관례에서 관례를 마친 후 주인이 빈에게 예주를 따라 주어 행하는 예례), 醴婦(혼례에서 찬자가 시부모를 대신해서 며느리에게 예주를 따라 주어 행하는 예례)의 예를 행할 때 빈객은 모두 이곳에 자리를 펼쳐 놓는데, 지극히 높여 주는 것이라고 하였다. 『의례주소』, 100쪽 참조.

3_ 며느리는 동쪽을 ~ 한 후에 : 시부모가 동쪽에 있기 때문에 그들을 향해 배례하는 것이다.

4_ 장부가 처음 ~ 달리하는 것이다 : 관례에서 관을 씌워 주는 加冠禮를 마친 후 빈이 장부(관을 쓴 아들)에게 예주를 따라 주어 예례를 행하는 '醴子'의 경우도, 혼례에서 시부모가 며느리에게 예주를 따라 주어 예례를 행하는 '醴婦'의 경우와 마찬가지로 모두 賓位 즉 빈의 자리에서 한다. 그러나 '예자'에서는 관례를 행한 아들이 빈을 향해 南面하면서 술잔을 받고, '예부'에서는 혼례를 행한 신부가 시부모를 향해 東面하여 술잔을 받는 점이 다른 것을 가리킨다. 『의례주소』, 101쪽 참조.

「부궤구고도婦饋舅姑圖」

(淸),『흠정의례의소』

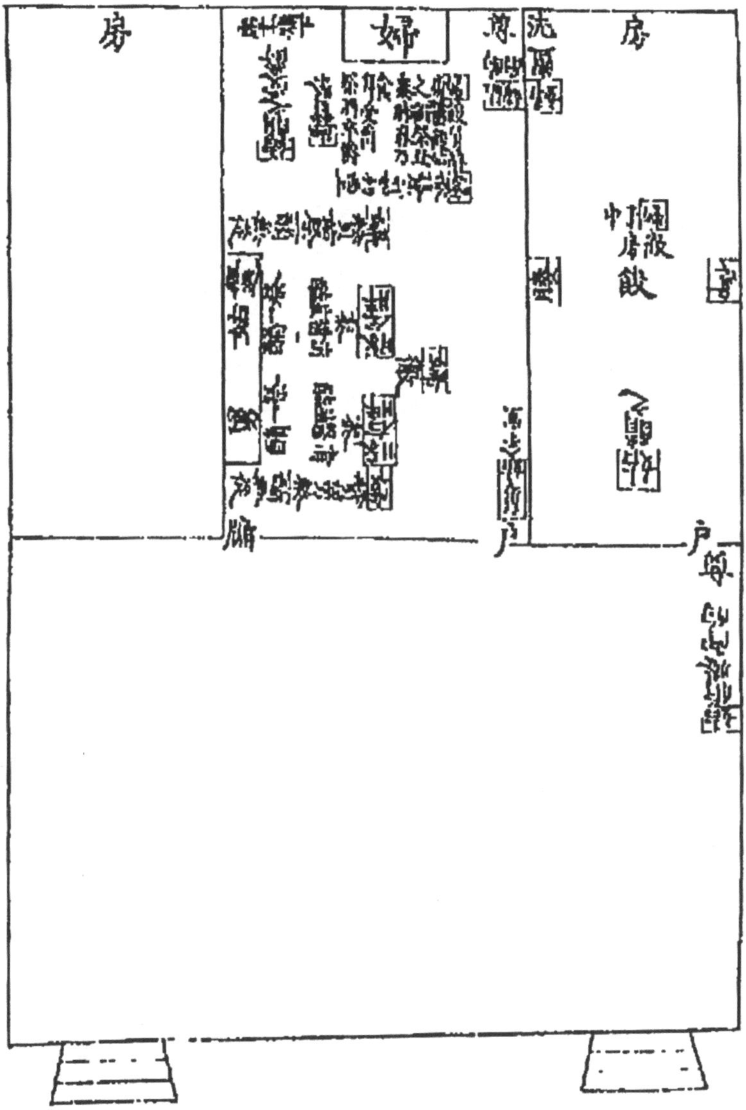

해제 經－76에서 經－82까지는 며느리가 시부모에게 음식을 올려서 효도하고 봉양함을 이루는 궤사례饋食禮의 절차이다.

[士昏禮02 : 經－76]

시아버지와 시어머니가 실室 안으로 들어가면, 며느리는 손을 씻고 음식을 올린다.

舅姑入于室, 婦盥饋.

정현주 '음식을 올리는 것'(饋)은 며느리의 도리가 이미 이루어졌으니, 음식을 올림으로써 효도와 봉양을 완성시키는 것이다.[1] '饋'者, 婦道旣成, 成以孝養.

[士昏禮02 : 經－77]

새끼돼지 한 마리를 익혀서 좌우 몸체를 함께 하나의 세발솥(鼎)에 담은 다음 2개의 희생제기(俎) 위에 좌우 한쪽씩 나누어 올려놓는다. 건어와 말린 토끼고기는 올리지 않으며, 메기장 밥도 올리지 않는다. 시아버지와 시어머니의 음식은 모두 남쪽을 윗자리로 하여 진설한다.[2] 다른 음식들은 신부를 얻어 동뢰同牢의 예를 행할 때와 동일한 절차로 진설한다.

特豚, 合升, 側載. 無魚腊, 無稷. 並南上. 其他如取女禮.

정현주 '좌우 한쪽씩 나누어 희생제기 위에 올려놓는다'(側載)는 것은 오른쪽 몸체의 고기는 시아버지의 희생제기 위에 올려놓고 왼쪽 몸체의 고기는 시어머니의 희생제기 위에 올려놓는다는 뜻인데, 존비尊卑에 따라 다르게 하는 것이다. '모두 남쪽을 윗자리로 한다'(並南上)는 것은 시아버지와 시어머니는 실室의 서남쪽 모퉁이에서 자리를 함께하고, 그 음식은 각각 남쪽을 윗자리로 하여 진설한다는 뜻이다. '그 밖의 음식'(其他)은 장醬과 고기국물(湆)과 채소절임(菹)과 고기젓갈(醢)을 말한다. '여女'는 신부를 가리킨다. 신부를 얻는 예에서 동뢰의 의식을 거행할 때와 동일한 절차로 진설한다는 뜻이다.[3] 금문본에는 '並'이 '併'으로 되어 있다.[4] '側載'者, 右胖載之舅俎, 左胖載之姑俎, 異尊卑. '並南上'者, 舅姑其席于奥, 其饌各以南爲上. '其他'謂醬湆菹醢. '女', 謂婦也. 如取婦禮同牢時. 今文'並'當作'併'.

[士昏禮02 : 經-78]

며느리는 시부모를 도와 고수레를 완성시키고,[5] 식사를 마치면 한 차례 술을 올려 입가심을 하도록 해 주는데 구운 간은 곁들여 올리지 않는다.[6]

婦贊成祭, 卒食, 一酳, 無從.

정현주 '고수레를 도와 완성시킨다'는 것은 시어머니에게 제물을 건네주고, 또 그것을 내려놓는 것을 가리킨다.[7] 금문본에는 '成'이 없다. '贊成祭'者, 授處之. 今文無'成'也.

[士昏禮02 : 經－79]

며느리가 실室 안의 북쪽 벽(北墉) 아래에 자리를 펼쳐 놓는다.

席于北墉下.

정현주

'용墉'은 벽(牆)의 뜻이니, 실 안의 북쪽 벽 아래를 가리킨다. '墉', 牆也, 室中北牆下.

[士昏禮02 : 經－80]

며느리가 시부모 자리 앞에 진설되었던 음식을 거두어 당 위 북쪽 벽 아래의 자리 앞에 차려 놓는데, 처음 진설할 때와 동일한 절차로 하고 서쪽을 윗자리로 하여 진설한다. 며느리가 먹고 남은 음식을 먹으려고 하면, 시아버지는 사양을 하고 장醬을 바꾸어서 준다.

婦徹, 設席前如初, 西上. 婦餕, 舅辭, 易醬.

정현주

'며느리가 남은 음식을 먹는다'(婦餕)는 것은 자리로 나아가 남은 음식을 먹으려고 한다는 뜻이다. '사양을 하고 장을 바꾸어서 준다'(辭易醬)는 것은 더러워진 것을 피한다는 것이다.[8] '婦餕'者, 即席將餕也. '辭, 易醬'者, 嫌淬汙.

[士昏禮02 : 經－81]

며느리는 시어머니가 먹고 남긴 음식을 먹는다. 며느리가 음식을 먹기 전에 신랑의 수종자는 며느리를 도와 말린 고기, 고기젓갈,

찰기장 밥, 허파, 거폐擧肺(중앙 부위를 조금 남기고 자른 허파), 등뼈로 고수레 하는 것을 돕는다. 고수레가 끝난 후에 비로소 며느리가 음식을 먹고, 식사가 끝나면 시어머니는 술을 주어 입가심을 하게 한다. 며느리는 배례를 한 후에 술잔을 받고, 시어머니는 술잔을 건네준 후에 배례를 한다. 며느리는 앉아서 술로 고수레를 하고, 술잔의 술을 다 마신다. 시어머니는 며느리가 비운 술잔을 받아서 대광주리 안에 넣어 둔다.
婦餕姑之饌. 御贊祭豆·黍·肺·擧肺·脊. 乃食, 卒, 姑酳之. 婦拜受, 姑拜送. 坐祭, 卒爵. 姑受, 奠之.

정현주 '넣어 둔다'(奠之)는 것은 대광주리 안에 넣어 둔다는 뜻이다. '奠之', 奠于篚.

[士昏禮02 : 經-82]
며느리가 음식을 거두어 방 안에 갖다 놓으면, 며느리의 수종자와 신랑의 수종자는 남긴 음식을 먹고, 시어머니는 그들에게 술을 주어 입가심을 하게 한다. 며느리의 수종자 가운데 비록 여동생이 없고 여조카만 있는 경우라도, 며느리의 수종자가 신랑의 수종자보다 먼저 먹는다. 이어서 며느리의 수종자와 신랑의 수종자는 바꾸어서 시부모가 먹고 남긴 음식을 먹는다.
婦徹于房中, 媵御餕, 姑酳之. 雖無娣, 媵先. 於是與始飯之錯.

정현주 옛날에는 딸을 시집보낼 때, 반드시 여동생과 여조카가 따라가서 모셨는데, 그것을 '잉媵'(신부의 수종자)라고 한다. '질姪'은 언니의 딸이다. '제娣'는 여동생이다. 여동생은 지위가 높고 여조카는 지위가 낮다. 만약 여동생이 없는 경우라도 며느리의 여조카(媵)에게 먼저 먹도록 하는 것은 그를 빈객으로 대우하기 때문이다. '처음 먹던 음식'(始飯)은 처음 시아버지와 시어머니가 먹던 음식을 말한다. '착錯'은 며느리의 수종자가 시아버지가 먹고 남긴 음식을 먹고, 신랑의 수종자가 시어머니가 남긴 음식을 먹는 것을 말한다. 고문본에는 '始'가 '姑'로 되어 있다. 古者嫁女, 必姪娣從, 謂之'媵'. '姪', 兄之子. '娣', 女弟也. 娣尊姪卑. 若或無娣, 猶先媵, 容之也. '始飯'謂舅姑. '錯'者, 媵餕舅餘, 御餕姑餘也. 古文'始'爲'姑'.

주

1_ '음식을 올리는 것'은 ~ 것이다 : 호배휘는 시부모가 며느리에게 예례를 행한 후에 며느리가 곧바로 시부모에게 饋食禮를 행하는 것은 시부모의 예에 보답하는 것이며 또 며느리의 도리를 행하는 것이라고 하였다. 『의례정의』, 193쪽 참조.

2_ 모두 남쪽을 윗자리로 하여 진설한다 : 室은 서남쪽 모퉁이(奧)를 존귀한 곳으로 삼기 때문에 시아버지는 실의 서남쪽 모퉁이에 자리하고, 시어머니는 시아버지의 북쪽에 자리한다. 이는 시아버지와 시어머니가 자리를 함께하여 모두 동쪽을 향해 나란히 앉는 것이다. 시아버지와 시어머니 자리 앞의 음식은 모두 그릇을 나누어 진설하여 시아버지와 시어머니 앞에 각각으로 차려 놓는데, 진설하는 음식은 모두 남쪽을 윗자리로 하여 놓는다. 『의례정의』, 194쪽, 저인량의 說 참조.

3_ 신부를 얻는 예에서 ~ 뜻이다 : 부부가 희생고기를 함께 나누어 먹는 동뢰연을 할 때, 장醬, 고기국물(湆), 채소절임(菹), 고기젓갈(醢)의 4가지 음식을 담은 나무제기를 자리 앞에 진설하는데, 고기젓갈을 담은 나무제기를 가장 윗자리에 놓고, 다음에 채소절임, 장, 고기국물을 담은 나무제기 순서로 3개를 진설한다. 이곳에서도 마찬가지로 한다는 뜻이다. [經-47] 참조.

4_ 금문본에는 '並'이 '併'으로 되어 있다 : '今文並當作併'의 정현 주 원문에서 호배휘는 '今文' 두 글자를 '衍文'으로 보고 그럴 경우 '並'은 '併'이 되어야 한다고 하였다. '當'자가 있기 때문에 일리 있는 지적이다. 『의례정의』, 193쪽 참조.

5_ 며느리는 ~ 완성시키고 : 호배휘는 경문에서 '시아버지와 시어머니'(舅姑)를 언급하지 않은 것은 室의 서남쪽 모퉁이 자리에서 하는 것이기 때문에 문장에서 생략한 것이라고 하였다. 『의례정의』, 194쪽.

6_ 구운 간은 곁들여 올리지 않는다 : 호배휘는 경문의 '從' 즉 곁들여 올리는 안주는 구운 간을 가리킨다고 하였다.(從者, 從肝席也) 『의례정의』, 194쪽 참조.

7_ '고수레를 도와 완성시킨다'는 ~ 가리킨다 : 호배휘에 의하면, 며느리가 채소절임과 고기젓갈 및 찰기장 밥 등 제물을 시어머니에게 건네주고 또 시어머니를 도와 채소절임과 고기젓갈을 담은 2개의 나무제기 사이에 이들 제물을 내려놓고 고수레하는 것을 말한다.(祭薦及黍也. 成者, 謂旣授之, 又處置之, 使知當在豆間, 贊祭則其餘皆贊矣) 『의례정의』, 194쪽 참조.

8_ 더러워진 것을 피한다는 것이다 : 가공언은 시아버지가 자기가 먹다 남은 음식을 며느리가 먹는 것에 대해 사양하는 이유는 단지 더러워졌을 것을 염려해서만이 아니고, 시아버지는 尊者이기 때문에 서로 親狎하는 것을 피하기 위함이라 하였다. 『의례주소』, 102쪽 참조.

「구고향부일헌도舅姑饗婦一獻圖」

(淸), 『흠정의례의소』

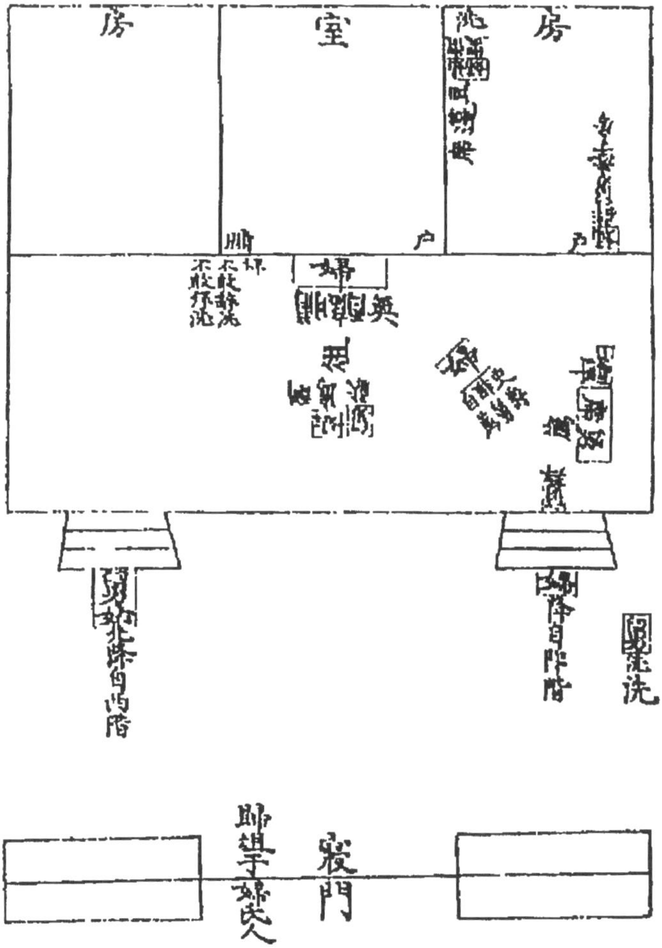

해제 經—83에서 經—85까지는 시부모가 며느리에게 술과 밥으로 향례饗禮를 베풀어 주는 절차이다.

[士昏禮02 : 經—83]

시아버지와 시어머니는 함께 일헌一獻의 예[1]로 며느리에게 향례饗禮를 베풀어 준다. 시아버지는 뜰(庭 : 조계의 동남쪽)에 진설한 물받이 항아리(南洗)에서 술잔을 씻고, 시어머니는 북당北堂[2]에 진설한 물받이 항아리(北洗)에서 술잔을 씻는다. 며느리는 시어머니가 수酬의 예를 행할 때 건네준 술잔을 내려놓고 마시지 않는다.[3]

舅姑共饗婦以一獻之禮. 舅洗于南洗, 姑洗于北洗. 奠酬.

정현주

술과 밥으로 사람을 위로하는 것을 '향饗'이라고 한다. 남세南洗는 뜰에 있고, 북세北洗는 북당에 있다. 두 개의 물받이 항아리[4]를 설치하는 이유는 헌獻(술잔을 올림)-작酢(보답의 술잔을 올림)-수酬(재차 술을 권함)를 행할 때에 청결한 것을 공경함으로 삼기 때문이다. '수의 예를 행할 때 건네받은 술잔을 내려놓는다'(奠酬)는 것은 정식의 예가 완성되었으므로 다시 술잔을 들지 않음을 밝히는 것이다. 무릇

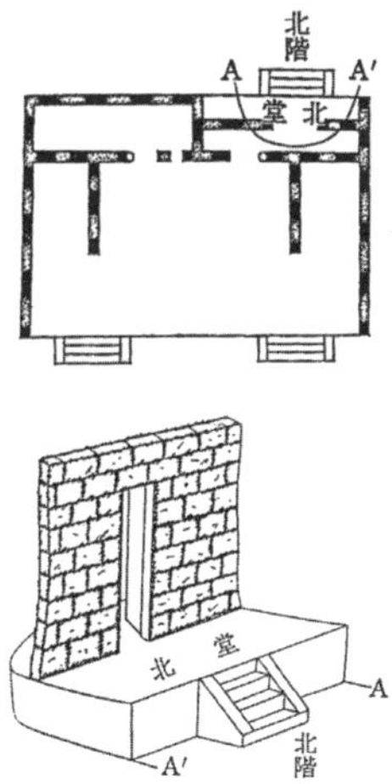

북당도北堂圖

이케다 스에토시, 『의례(Ⅰ)』

수酬의 예를 행할 때 건네받은 술잔은 모두 말린 고기를 담은 대나무제기와 고기젓갈을 담은 나무제기의 왼쪽에 내려놓고 다시 들지 않는다. 「연례燕禮」의 경우에는 다시 사람을 시켜서 술잔을 들도록 한다.[5] 以酒食勞人曰'饗'. 南洗在庭, 北洗在北堂. 設兩洗者, 獻酬酢以絜清爲敬. 奠酬者, 明正禮成, 不復舉. 凡酬酒皆奠於薦左, 不舉. 其燕則更使人舉爵.

[士昏禮02 : 經－84]
시아버지와 시어머니가 먼저 서쪽 계단을 통해 당에서 내려가면, 며느리는 조계를 통해 당에서 내려간다.
舅姑先降自西階, 婦降自阼階.

정현주 며느리에게 집안의 일을 물려주어[6] 주인이 되게 하는 것이니, 자기(시부모)를 대신하게 되었음을 밝히는 것이다. 授之室, 使爲主, 明代己.

[士昏禮02 : 經－85]
며느리의 희생제기 위에 올려놓았던 희생고기를 며느리 집안사람들에게 보내 준다.
歸婦俎于婦氏人.

정현주 '희생제기'(俎)라고 말했으므로 향례에는 희생고기를 올리는 것이다. '며느리 집안사람'(婦氏人)은 며느리를 전송하러 온 남자들이다.

유사로 하여금 며느리의 희생제기 위에 올려놓았던 희생고기를 보내서 마땅히 며느리의 부모에게 돌아가 그것으로 복명復命하게 함으로써 예가 이루어졌음을 밝히도록 하는 것이다. 言'俎', 則饗禮有牲矣. '婦氏人', 丈夫送婦者, 使有司歸以婦俎, 當以反命於女之父母, 明其得禮.

주

1_ 일헌의 예 : 주인과 빈이 獻-酢-酬의 과정을 한 번만 행하는 것을 '一獻의 禮'라고 한다.

2_ 북당 : 室과 房의 남쪽에는 벽·문·창이 있고, 실의 북쪽에는 벽이 있는데 이를 '北墉'이라고 한다. 방의 북쪽에는 벽이 없기 때문에 방의 중간에서 그 북쪽을 '북당'이라고 하고, 또 '房中'이라고도 한다. '北堂'의 북쪽 아래에는 '北階'가 있다.

3_ 며느리는 시어머니가 ~ 않는다 : '奠酬'는 술을 권하여 酬의 예를 행할 때 건네준 술잔을 내려놓고 마시지 않음으로써 예가 끝났음을 보여 주는 의식행위이다. 주희는 시부모가 며느리에게 향례를 베풀어 주는 절차를 다음과 같이 정리한다. 며느리 자리는 실문 밖 서쪽에 있다. ① 시아버지는 술을 따라서 자리의 서쪽에서 며느리에게 '獻'의 예를 행한다. ② 며느리는 술잔을 받아 술을 마신 후 술잔을 바꾸어서 시아버지에게 술을 올려 '酢'의 예를 행한다. ③ 이어서 시어머니가 술을 따라 스스로 마신 후에 다시 술을 따라서 며느리에게 '酬'의 예를 행한다. ④ 며느리는 술잔(觶)을 받아서 말린 고기와 고기젓갈의 왼쪽에 술잔을 내려놓고 술잔을 들어 마시는 일을 하지 않는다. 이렇게 하여 正禮가 끝난다.(席在室戶外西. 舅酌酒, 獻婦於席西. 受飮畢, 更爵酢舅. 姑乃酌自飮畢, 更酌以酬婦. 婦受觶, 奠於薦左, 不擧. 正禮畢) 『의례정의』, 197쪽 참조.

4_ 두 개의 물받이 항아리 : 가공언에 따르면 조계의 동남쪽에 南洗를 진설하는데 또다시 북당에 北洗를 진설하는 것은 며느리가 당 아래로 내려가지 않기 때문이다. 『의례주소』, 103쪽 참조.

5_ 「연례」의 경우에는 ~ 들도록 한다 : 연례에서는 '主人酬賓'의 의절에서, 빈은 주인이 건네준 酬의 술잔을 받으면 말린 고기를 담은 대나무제기와 고기젓갈을 담은 나무제기의 동쪽에 술잔을 내려놓고 마시지 않는데, 군주는 2명의 下大夫를 시켜 술잔을 들어서 올리도록 한다. [연례06 : 經-53]에서 [연례06 : 經-60] 참조.

6_ 집안의 일을 물려주어 : '授之室'은 『예기』 「교특생」의 인용문이다. 『예기』 「혼의」의 정현 주에서는 "집안의 일을 며느리에게 물려주는 것이다"(授之以室事也)라고 하였다. 본래 집안의 주인이자 尊者의 자리인 조계를 며느리가 사용하게 하고, 시부모는 빈객의 자리인 서쪽 계단으로 내려옴으로써, 家事의 권한을 며느리에게 물려주고 세대가 교체됨을 상징하는 것이다.

해제 經—86에서 經—88까지는 시부모가 며느리를 전송하러 따라왔던 유사들에게 향례饗禮를 베풀어 주는 의식절차이다.

[士昏禮02 : 經—86]

시아버지는 일헌一獻의 예로 며느리를 전송하러 온 며느리 집안의 유사들에게 향례를 베풀어 주는데, 수酬의 예를 행할 때에 속금束錦(화려한 무늬를 넣은 비단 열 단)[1]을 선물한다.

舅饗送者以一獻之禮, 酬以束錦.

정현주 '전송하러 온 자'(送者)는 며느리 집안의 유사를 가리킨다. 술잔을 주고받으면서 빈(유사)에게 수酬의 예를 행하는 단계에 이르면 또 속금束錦(화려한 무늬를 넣은 비단 열 단)을 곁들여 선물하는데, 서로의 정을 돈독하게 하기 위한 것이다. 고문본에는 '錦'이 모두 '帛'으로 되어 있다. '送者', 女家有司也. 爵至酬賓, 又從之以束錦, 所以相厚. 古文'錦'皆作'帛'.

[士昏禮02 : 經—87]

시어머니는 며느리를 전송하러 온 며느리 집안 자제의 처첩들에게 향례를 베풀어 주는데, 수酬의 예를 행할 때에 속금束錦을 선물한다.

姑饗婦人送者, 酬以束錦.

정현주 '며느리 집안의 전송하러 온 자'(婦人送者)는 예자제隸子弟의 처첩[2]을 가리킨다. 모든 향례에는 빈의 관사로 찾아가서 초빙을 한다.[3] '婦人送者', 隸子弟之妻妾. 凡饗, 速之.

[士昏禮02 : 經-88]

만약 다른 나라에서 며느리를 얻은 경우라면 며느리를 전송하러 온 며느리 집안의 남자들에게도 속금束錦을 보내 준다.[4]

若異邦, 則贈丈夫送者以束錦.

정현주 '증贈'은 보내 준다는 뜻이다. 빈의 관사로 나아가서 주는 것이다. '贈', 送也. 就賓館.

주

1_ 속금 : 비단 열 단을 '束錦'이라고 하는데, 자신의 신분을 나타내는 예물(摯)로 사용하기도 하고, 빈에게 酬의 예를 행할 때에 사용하기도 한다. 『주례』「추관·소행인」에 "여섯 가지 예물의 법을 정한다. 圭에는 馬를 짝지우고, 璋에는 皮를 짝지우고, 璧에는 帛을 짝지우고, 琮에는 錦을 짝지우고, 琥에는 繡를 짝지우고, 璜에는 黼를 짝지운다. 이 여섯 가지 물건은 제후간의 우호를 꾀하기 위한 것이다"(合六幣. 圭以馬, 璋以皮, 璧以帛, 琮以錦, 琥以繡, 璜以黼. 此六物者, 以和諸侯之好故)라고 하였으므로, '錦'이 '帛'보다 한 등급 아래임을 알 수 있다. 따라서 대사에는 '束帛'을 사용하고, 소사에는 '束錦'을 사용한다. 또한 '帛'은 단색으로 된 비단임에 비하여 '錦'은 화려한 무늬를 넣은 비단인데, 고대인들은 단색을 숭상하였기 때문에 '錦'이 '帛'보다 등급이 낮다고 해석되기도 한다. 『삼례사전』, 407~408쪽 참조.

2_ 예자제의 처첩 : 『좌전』 환공 2년조에 "사에게는 예자제가 있다"(士有隸子弟)고 한 것에 대해 두예의 주에는 "사는 신분이 낮기 때문에 스스로 자신의 자제로 僕隸를 삼는다"(士卑, 自以其子弟爲僕隸)고 하였다. 『열자』「중니」의 장담 주에 "'隸'는 무리의 뜻이다"('隸', 猶群輩也)라고 하였으므로, '隸子弟'는 사가 자신의 자제를 이르는 칭위이다. 가공언에 따르면 사는 자신의 자제를 복예로 삼아서 자기 자제의 처첩들을 아우르게 하는데, 신분이 높은 사람이 신분이 낮은 사람을 전송하는 이치는 없으므로 경문에서 신부를 전송하는 사람은 隸子弟(자제)가 아니라 隸子弟의 처첩이라고 하였다. 한편 경문의 '隸子弟'를 양톈위는 '여자 노복'을 가리킨다고 하였고, 이케다 스에토시는 '유사의 처첩'일 것으로 보았는데, [經－86]에서 시아버지가 향례를 베풀어 주는 며느리 집안의 남자가 유사임을 감안한다면, 여기서 며느리 집안의 여자를 '여자 노복'으로 보는 것은 신분의 격이 맞지 않으므로 무리일 듯하다. 이곳에서는 일단 정현의 주에 의거하여 '자제의 처첩'으로 번역하겠다. 『의례주소』, 105쪽; 楊天宇, 『儀禮譯注』, 65쪽; 이케다 스에토시, 『의례(Ⅰ)』, 167쪽 참조.

3_ 모든 향례에는 ~ 초빙을 한다 : 『예기』「향음주의」에 "주인이 직접 賓과 介의 집에 미리 찾아가 초빙한다"(主人親速賓及介)라고 한 것에 대해 정현은 "'速'은 집에 찾아가 초빙하는 것을 말한다"(速, 謂即家召之)라고 하였다.

4_ 속금을 보내 준다 : 호배휘에 의하면 이것은, 酬의 예를 행할 때에 선물하는 속금 이외에 별도로 다시 또 보내 주는 것이다. 『의례정의』, 199쪽 참조.

「삼월전채도三月奠菜圖」

(淸), 『흠정의례의소』

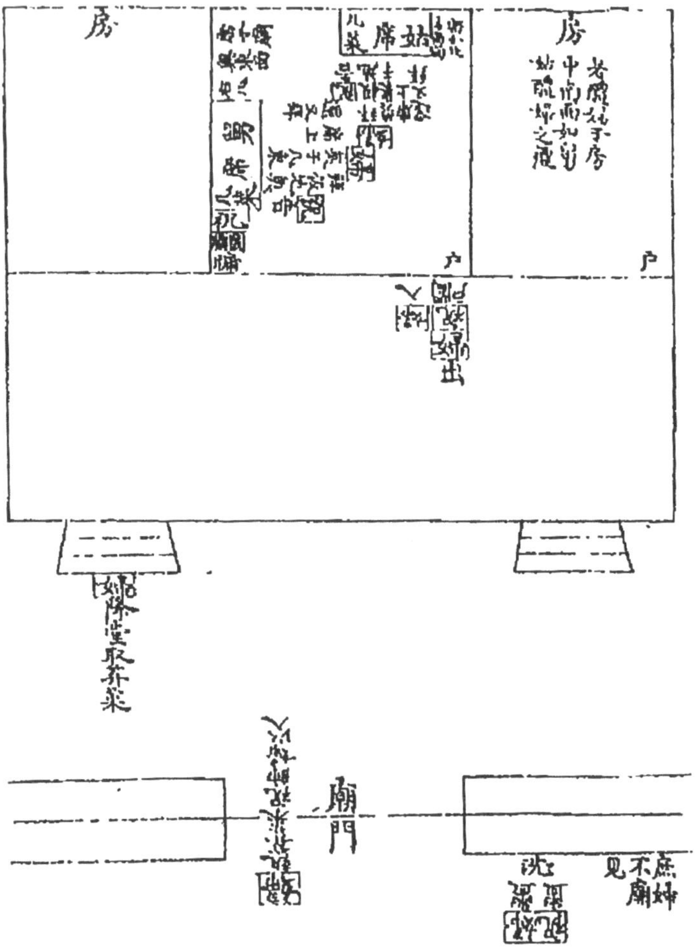

해제

經—89에서 經—96까지는 '묘현廟見' 즉 시부모가 돌아가셨을 경우 3개월 만에 사당을 알현하는 의식과 부인 및 빈객들에게 향례를 베풀어 주는 절차이다.

[士昏禮02 : 經—89]

만약 시아버지와 시어머니가 이미 돌아가신 경우라면, 며느리는 시집에 들어가 3개월이 지난 후에 비로소 녜묘禰廟(아버지의 사당) 안에 채소를 내려놓고 제사를 지낸다.[1]

若舅姑旣沒, 則婦入三月, 乃奠菜.

정현주

'몰沒'은 생을 마친다는 뜻이다. '전채奠菜'는 대광주리에 채소를 담아서 제사지내는 것을 가리키는데, 아마도 바꽃(菫)[2]을 사용하는 듯하다. '沒', 終也. '奠菜'者, 以篚祭菜也, 蓋用菫.

[士昏禮02 : 經—90]

묘실廟室의 서남쪽 모퉁이에 돌아가신 시아버지를 위한 자리(席)를 펼쳐 놓는데, 자리의 머리 부분이 동쪽을 향하도록 하여 놓고, 안석(几)은 자리의 오른쪽에 놓는다. 묘실의 북쪽 벽 아래에 돌아가신 시어머니를 위한 자리를 펼쳐 놓는데, 자리의 머리 부분이 남쪽을 향하도록 하여 놓는다.[3]

席于廟奥, 東面, 右几. 席于北方, 南面.

정현주 '묘廟'는 돌아가신 시부모의 묘를 말한다. '북쪽'은 벽(墉) 아래를 가리킨다. '廟', 考妣之廟. '北方', 墉下.

[士昏禮02 : 經-91]

축祝이 손을 씻으면, 며느리는 묘문 밖에서 손을 씻는다.[4] 며느리가 채소를 담은 폐백바구니(笲)를 들고 있으면, 축은 며느리를 인도하여 묘실廟室 안으로 들어간다. 축은 돌아가신 시아버지에게 아뢰기를, 며느리의 성姓을 일컬으면서 "아무개 씨(某氏 : 며느리의 성씨)가 와서 며느리가 되어 감히 시아버님(皇舅) 아무개 분(某子 : 시아버지의 字)[5] 앞에 아름다운 채소를 올립니다"라고 한다.

祝盥, 婦盥于門外. 婦執笲菜, 祝帥婦以入. 祝告, 稱婦之姓, 曰, "某氏來婦, 敢奠嘉菜于皇舅某子."

정현주 '솔帥'은 인도한다는 뜻이다. '들어간다'(入)는 것은 묘실 안으로 들어간다는 뜻이다. '모씨某氏'라는 것은 제齊나라 여자인 경우에는 '강씨姜氏'라고 하고, 노魯나라 여자인 경우에는 '희씨姬氏'라고 말하는 것과 같다. '래부來婦'는 와서 며느리가 되었다는 뜻이다. '가嘉'는 아름답다는 뜻이다. '황皇'은 군君의 뜻이다. '帥', 道也. '入', 入室也. '某氏'者, 齊女則曰'姜氏', 魯女則曰'姬氏'. '來婦', 言來爲婦. '嘉', 美也. '皇', 君也.

[士昏禮02 : 經-92]

며느리는 손을 바닥에 대면서 배례를 한 후에 조금 앞으로 나아가 앉아서 안석(几) 동쪽의 자리(席) 위에다 채소를 내려놓고, 다시 돌아와 또 처음과 마찬가지로 손을 바닥에 대면서 배례를 한다.
婦拜, 扱地, 坐奠菜于几東席上, 還, 又拜如初.

정현주 '급지扱地'는 손이 바닥에 이른다는 뜻이다. 부인이 손을 바닥에 대는 것은 남자가 머리를 바닥에 대는 것(稽首)과 같다. '扱地', 手至地也. 婦人扱地, 猶男子稽首.

[士昏禮02 : 經－93]
며느리는 당에서 내려와 서쪽 계단 위에서 채소가 담긴 폐백바구니를 받아 들고서 묘실 안으로 들어간다. 축은 "아무개 씨(某氏 : 며느리의 성씨)가 와서 며느리가 되어 감히 시어머님(皇姑) 아무개 씨(某氏 : 시어머니의 字)에게 아룁니다"라고 말한다. 며느리는 돌아가신 시어머니의 자리 위에 채소를 내려놓는데, 처음 돌아가신 시아버지에게 예를 올렸을 때와 동일한 절차로 한다.[6]
婦降堂, 取笲菜入. 祝曰, "某氏來婦, 敢告于皇姑某氏." 奠菜于席, 如初禮.

정현주 '당에서 내려온다'(降堂)는 것은 계단 위에 있는 것을 가리킨다. 실室의 일은 문(戶)에서 서로 주고받는 것인데,[7] 이제 당에서 내려와 계단 위에서 폐백바구니를 받는 것에는 공경하는 뜻이 있다. 시어머니에게 '감히 아룁니다'라고만 말하는 것은 시아버지가 시어머니보다 지위가 높기 때문이다.[8] '降堂', 階上也. 室事交乎戶, 今降堂者, 敬也. 於姑言'敢告', 舅尊於姑.

[士昏禮02 : 經—94]

며느리는 묘문 밖으로 나간다. 축은 실室의 창과 문을 닫는다.

婦出, 祝闔牖户.

정현주 무릇 묘에 일이 없을 때에는 창과 문을 닫아 둔다. 凡廟無事則閉之.

[士昏禮02 : 經—95]

노老[9]는 묘廟의 방 안에서 며느리에게 예주를 따라 주어 예례醴禮를 행한다. 며느리는 남쪽을 향해 앉는데, 시부모가 며느리에게 예주를 따라 주어 예례를 행할 때와 동일한 절차로 한다.

老醴婦于房中. 南面, 如舅姑醴婦之禮.

정현주 묘에서 시부모를 뵈었기 때문에 이로 인해 그에게 예를 행하는 것이다. 因於廟見禮之.

[士昏禮02 : 經—96]

신랑은 신부를 전송하러 온 신부 집안의 남자들과 여자들에게 향례饗禮를 베풀어 주는데, 시부모가 향례를 베풀어 줄 때와 동일한 절차로 한다.

壻饗婦送者丈夫·婦人, 如舅姑饗禮.

주

1_ 며느리는 시집에 ~ 제사를 지낸다 : '奠菜'는 대광주리에 채소를 담은 후 묘 안에 내려놓고 제사지내는 것으로, 정식 제사보다 의식을 줄인 비교적 간단한 제사인데, 이것이 이른바 '廟見'이다. 며느리는 반드시 시부모가 집안의 일을 물려주어 자신(시부모)을 대신하게 한 이후에 제사를 주관한다. 시부모가 살아 계실 경우에는 '조계를 통해 당에서 내려올 때'([經-84]) 이미 시부모에게 집안일을 물려받았기 때문에 제사에 참여할 수가 있다. 시부모가 돌아가신 경우에는 집안일을 물려줄 사람이 없다. 그러므로 時祭를 지낼 때가 되면, 먼저 廟見의 예를 행하여 그 직무를 받게 된 유래가 있음을 밝히고, 그런 후에 助祭를 할 수 있다. 시집에 들어간 지 3개월 만에 廟見을 하는 것은 時祭는 3개월을 넘기는 일이 없으므로 그 가장 긴 기간을 들어서 말한 것이다. 만약 혼례를 치른 날짜가 時祭를 지내는 날짜와 가까운 경우에는 3개월이 못 되어서 廟見의 예를 행한다. ① 廟見·奠菜·祭禰의 관계, ② '廟見'의 예가 시부모가 돌아가셨을 경우에만 거행하는 특례인가, 시부모 생존 시에도 거행하는 상례인가 등에 대해서는 다양한 해석이 병존한다. 『의례정의』, 199쪽 참조.

2_ 바꽃 : 바꽃(堇)의 또 다른 명칭은 陸英이다. 육영은 芨, 排風草 등으로도 칭하며 인동과에 속하는 풀로 약용과 식용으로 쓰인다. 가오밍첸, 『식물고한명도고』(大象出版社, 2006), 296쪽.

3_ 묘실의 북쪽 벽 아래에 ~ 놓는다 : 이것은 돌아가신 시아버지를 위해 서쪽에 자리를 펼쳐 놓는 것에 대해서, 돌아가신 시어머니를 위한 자리이다. 가공언에 따르면, 『주례』「사궤연」의 정현 주에서는 비록 동시에 합장을 했더라도 几를 따로 진설하는 것은 몸체가 실제로 다르기 때문이고, 묘에서 제사지낼 때는 几를 같이하여 정기가 합하게 한다고 하였다. 『예기』「제통」에서도 几를 같이 진설한다고 했으므로, 几를 같이하면 자리를 같이하는 것이다. 그런데 경문에서는 묘에서 제사를 지내는 것인데도 자리를 따로 하고 있다. 이것은 마치 며느리가 살아 계실 때에 시부모를 다른 자리에서 다른 곳을 향한 채 뵙는 것과 같이 하는 것이다. 즉 지금 자리를 따로 하고 다른 곳을 향하도록 하는 것은 시부모가 살아 계실 때를 형상한 것으로서, 평소의 제사와 같게 하지 않는 것이다. 『의례주소』, 106쪽 참조.

4_ 며느리는 묘문 밖에서 손을 씻는다 : 묘문 밖에서 손을 씻는 것은 평소의 제사와 다르다. 이것은 생전의 시부모를 뵐 때, 밖에서 목욕하고 시부모의 침실에 들어가는 것을 본떠서 문밖에서 씻는 것이다.

5_ 시아버님 아무개 분 : '皇舅'는 '君舅'의 뜻으로 시아버지를 높이는 말이다. '某子'는 시아버지의 字를 칭하여 '伯某甫'라고 일컫는 것이다. 『의례정의』, 201쪽 참조.

6_ 며느리는 시어머니 자리 위에 ~ 한다 : 배례를 하고 자리 위의 오른쪽에 채소를 내려놓고, 다시 돌아와 또 배례하는 것을 말한다. [經—92] 참조.

7_ 실의 일은 ~ 주고받는 것인데 : 『예기』「예기」에 "室의 일은 문에서 서로 주고받고, 堂의 일은 계단에서 서로 주고받는다"(室事交乎戶, 堂事交乎階)고 하였다. 이제 실의 일을 당의 일처럼 하므로 공경하는 의미를 가진다고 한 것이다.

8_ 시어머니에게 ~ 높기 때문이다 : 시아버지는 시어머니보다 지위가 높기 때문에 "敢奠嘉菜于皇舅某子"(감히 시아버님 아무개 분 앞에 아름다운 채소를 올립니다)라고 하지만, 시어머니에게는 '奠嘉菜'(아름다운 채소를 올립니다)라는 말을 생략하고 단지 "敢告于皇姑某氏"(감히 시어머님 아무개 씨에게 아뢉니다)라고만 말한다는 뜻이다.

9_ 노 : 정현은 羣吏들 가운데 존귀한 자라고 하였다. 그러나 성세좌는 [經—71]에서 '찬자가 시부모를 대신하여 며느리에게 예례를 행한다'(贊醴婦)고 하였을 때의 찬자(贊)가 바로 '老'로서, 시부모를 도와서 예를 행하기 때문에 '贊'(돕는다)이라고 한 데 비해, 여기서는 돕는 것이 아니라 자신이 직접 예를 행하기 때문에 '老'라고 한 것이라고 하였다. 또 성세좌는 '老'는 가신의 우두머리로서, 반드시 덕을 갖추고 나이가 많은 사람을 '老'로 삼는다고 하였다. 『의례정의』, 203쪽 참조.

해제 記—01에서 記—03까지는 혼례를 거행할 때의 시간, 장소, 언사, 사용하는 물품을 기록한 것이다.

[士昏禮02 : 記—01]

기記.

사士의 혼례昏禮이다. 무릇 혼례에 관한 일을 행할 때에는 반드시 저녁이나 새벽 시간을 이용하고, 녜묘에서 명을 받는다.[1] 빈이 신부 측에 예물을 올릴 때에는 "예물이 변변치 않습니다"라고 말하지 않고, 주인이 신랑 측에서 보낸 빈을 맞이할 때에는 "오시느라 욕보셨습니다"라고 사례하지 않는다.

記.

士昏禮. 凡行事, 必用昏昕, 受諸禰廟. 辭無"不腆", 無"辱."

정현주 새벽 시간을 이용하는 것은 사자使者이고, 저녁 시간을 이용하는 것은 신랑이다.[2] '전腆'은 좋다(善)는 뜻이다. 빈은 "예물이 변변치 않습니다"라고 말하지 않고, 주인은 "오시느라 욕보셨습니다"라고 사례하지 않는다.[3] 用昕, 使者, 用昏, 壻也. '腆', 善也. 賓不稱"幣不善", 主人不謝"來辱".

[士昏禮02 : 記—02]

예물(摯)로는 죽은 것을 쓰지 않고,[4] 가죽과 비단은 반드시 옷으로

만들어 입을 수 있는 것이어야 한다.[5]

摯不用死, 皮帛必可制.

정현주

'예물'(摯)은 기러기를 가리킨다. '가죽과 비단'(皮帛)은 사슴 가죽 두 장(儷皮)과 비단 열 단(束帛)을 가리킨다. '摯,' 鴈也. '皮帛', 儷皮·束帛也.

[士昏禮02 : 記—03]

동뢰同牢의 예에서 말린 토끼고기는 반드시 신선한 것을 사용하고, 건어는 반드시 붕어(鮒)를 사용하고, 새끼돼지고기는 반드시 온전한 것을 사용한다.[6]

腊必用鮮, 魚用鮒, 必殽全.

정현주

'새끼돼지고기는 온전한 것을 사용한다'(殽全)는 것은 부패하거나 손상되지 않은 것을 사용한다는 뜻이다. '殽全'者, 不餒敗, 不剝傷.

주

1_ 녜묘에서 명을 받는다 : 호배휘는 경문의 '受'는 "受命文考"(문왕의 사당에서 명을 받는다)라고 했을 때의 '受'의 뜻으로 읽는데, 禰廟(아버지의 사당)에서 명을 받은 후에 行事함을 말하는 것이니, 이는 신랑 측에 의거하여 말하는 것이라고 하였다. 『의례정의』, 204쪽 참조.

2_ 새벽 시간을 ~ 신랑이다 : 새벽(昕)은 陽이 시작되는 때이고, 저녁(昏)은 陰이 끝나는 때이다. 음양이 교차하는 때에 혼례를 거행한다는 뜻이다. 가공언에 의하면 저녁은 신랑이 친영을 하는 때이고, 새벽은 신랑 측 사자가 납채, 문명, 납징, 청기의 예를 행하는 때이다. 『의례주소』, 108쪽 참조.

3_ 빈은 ~ 사례하지 않는다. : 함부로 낮추는 겸사를 하지 않는다는 뜻이다. 그 의미에 대해서는 『예기』「교특생」에 "예물은 반드시 신실하고, 전하는 말은 선하지 않음이 없다. 이는 신부가 될 이에게 정직하고 신실한 행실을 가르쳐서 다른 사람을 섬기는 도리를 다하기를 진실하게 하고 신부의 덕을 잘 갖추기를 진실하게 하도록 하려는 것이다"(幣必誠, 辭無不腆. 告之以直信, 信事人也)라고 하였다.

4_ 예물로는 ~ 쓰지 않고 : '摯'는 사자나 신랑이 신부 집을 찾아갈 때에 들고 가서 바치는 예물을 말한다. 죽은 것은 꿩(雉)을 가리킨다. '죽은 것을 쓰지 않는다'는 것은 꿩을 쓰지 않고 기러기(雁)를 쓴다는 뜻이다.

5_ 가죽과 비단은 ~ 것이어야 한다 : 기문의 '制'자에 대해서 이여규, 오계공, 장이기 등은 '만든다'(作)는 뜻으로 해석하였고, 호배휘는 '통제한다'(制)는 뜻으로 해석하였다. 호배휘는 『예기』「교특생」에 "비단은 반드시 신실해야 한다"(幣必誠)고 하였고, [빙례08 : 記―42]에서는 "비단이 지나치게 아름다우면 예의 본질을 가리게 된다"(幣美, 則沒禮)고 한 것에 의거하여 지나치게 화려하거나 지나치게 조악하면 모두 통제할 수 없게 되므로, 통제할 수 있게 한다면 두 가지의 폐단이 없어진다고 하였다. 가공언은 옷으로 만들어 입을 수 있는 비단을 보내는 것도 신부에게 신실함을 가르치는 의리라고 하였다. 『의례정의』, 204쪽 및 『의례주소』, 109쪽 참조. 여기서는 이여규, 가공언에 따라 '制'를 만든다(作)는 뜻으로 번역하겠다.

6_ 말린 토끼고기는 반드시 ~ 사용한다 : 학경에 의하면, '鮒'는 붕어(鮒魚)로서 그 성질이 암수가 서로 의지하여 붙어 다니기 때문에 '鮒'라고 한다. 성세좌에 따르면 '殽全'은 새끼돼지고기를 올려놓은 희생제기(俎)를 가리켜 말한 것으로, '殽'는 뼈 붙은 희생고기를 가리킨다. '全'은 자르지 않는다(不析)는 뜻으로, 뼈 하나를 나누어 둘로 만드는 것은 '가르다'(析)라고 한다. 가공언도 신선한 말린 토끼고기를 사용하는 것은 부부가 날마다 새로워지는 의리를 취한 것이고, 붕어를 사용하는 것은 부부가

서로 의지하는 의리를 취한 것이고, 온전한 돼지고기를 사용하는 것은 부부 사이가 어긋나지 않는 의리를 취한 것으로, 여기의 기문은 부부가 희생고기를 함께 나누어 먹는 동뢰의 예에 의거하여 말한 것이라고 하였다. 『의례정의』, 204쪽; 『의례주소』, 109쪽, 가공언의 소 및 [經-43]~[經-53] 참조.

해제 記-04에서 記-05까지는 시집갈 딸에게 비녀를 꽂아주는 계례笄禮를 행하고 가르침을 주는 일을 기록한 것이다.

[士昏禮02 : 記-04]

여자가 혼인을 허락하면, 비녀를 꽂아 주는 예(笄禮)를 행한 후에 예주를 사용하여 예례醴禮를 베풀어 주고,[1] 자字를 지어 주어 부른다.

女子許嫁, 笄而醴之, 稱字.

정현주 '혼인을 허락했다'(許嫁)는 것은 이미 납징納徵의 예를 받았다는 뜻이다. 여자에게 비녀를 꽂아주는 예는 남자에게 관을 씌워 주는 예와 같은데, 주부主婦와 여빈女賓에게 그 예를 집전하게 한다.[2] '許嫁', 已受納徵禮也. 笄女之禮, 猶冠男也, 使主婦女賓執其禮.

[士昏禮02 : 記-05]

고조高祖의 묘廟를 아직 허물어 옮기지 않았다면,[3] 혼인을 허락한 여자는 공궁公宮[4]에서 3개월 동안 가르침을 받는다. 만약 고조의 묘를 이미 허물어 옮겼다면 종실宗室에서 가르침을 받는다.

祖廟未毁, 教于公宮, 三月. 若祖廟已毁, 則教于宗室.

정현주

'조묘祖廟'는 여자의 고조高祖로서 국군國君이었던 사람의 묘를 가리킨다. 고조는 시마복緦麻服을 입어 주는 친속 관계[5]가 있으므로 존귀한 자의 사당에 가서 부녀자의 덕과 말씨와 용모와 일에 대하여 가르침을 받는다. '종실宗室'은 대종大宗의 집을 가리킨다. '祖廟', 女高祖爲君者之廟也. 以有緦麻之親, 就尊者之宮, 敎以婦德·婦言·婦容·婦功. '宗室', 大宗之家.

주

1_ 예례를 베풀어 주고 : 가공언은 혼인을 정하지 않은 여성에게는 청주(酒)를 사용하여 초례를 베풀어 주는데, 혼인을 허락한 여성에게는 예주를 사용하여 예례를 베풀어 주는 것은, 일찍 혼례를 하게 된 것을 공경하는 것이라고 하였다.(許嫁者, 用醴禮之, 不許嫁者, 當用酒醮之, 敬其早得禮也) 『의례주소』, 109쪽 참조.

2_ 주부와 여빈에게 그 예를 집전하게 한다 : '女賓'은 主婦가 지명한 외가 쪽의 여자 인척을 말한다. 하창은 혼인을 허락했을 경우에는 주부가 계례를 행하고 여빈이 예례를 행하지만, 아직 혼인을 허락하지 않았을 경우에는 여빈을 두지 않고 주부가 직접 예례를 행한다고 하였다. 주희는 혼인을 허락한 경우에는 주부가 외가의 인척 가운데서 여빈을 정하여 그녀에게 계례와 예례를 행하게 하지만, 아직 혼인을 허락하지 않은 경우에는 여빈을 두지 않고 주부가 직접 계례를 행한다고 하였다. 『의례정의』, 205쪽 참조.

3_ 고조의 묘를 ~ 않았다면 : 가공언은 여기 기문은 제후와 同族의 딸이 시집가려고 할 때의 법도를 기술한 것이라고 하였다. 『의례주소』, 109쪽 참조. 禮制에서 國君(諸侯)은 5묘를 세운다. 이 가운데 태조묘(太祖廟)는 처음 봉지를 받은 군주의 묘로서 영원히 허물지 않는데, 이를 '不毁廟'라고 한다. 나머지 先君은 고조를 넘기면 그 묘를 허물고 神主를 太祖廟로 옮긴다. 이를 '四親廟'라고 한다. 따라서 기문에서 '고조의 묘를 아직 허물어 옮기지 않았다'(祖廟未毁)는 것은 고조가 아직 '四親廟' 안에 포함되어 있다는 뜻이다.

4_ 공궁 : 公宮은 祖廟 곧 국군이었던 고조를 모신 사당을 뜻한다. 公은 제후와 국군의 통칭이고, 宮은 고대에 종묘를 칭하는 말로도 사용되었다.

5_ 시마복을 입어 주는 친속 관계 : 緦麻之親은 동일한 고조를 같이하는 四世의 친속관계를 말한다. 가공언에 의하면, 증조를 같이하는 三世의 친속관계인 小功之親, 조부를 같이 하는 二世의 大功之親, 禰(父)를 같이하는 一世의 齊衰之親은 모두 공궁에서 교육을 받는다. 이제 緦麻之親을 들어서 전체를 가리킨 것이다. 『의례주소』, 109~110쪽 참조.

해제 記—06은 문명問名의 예를 행할 때에 주인이 빈을 접대하는 절차를 기록한 것이다.

[士昏禮02 : 記—06]

문명問名의 예를 행할 때, 주인(신부의 아버지)은 빈(신랑 측 사자)에게 기러기를 받은 후에 조계의 위쪽(東序의 앞)으로 돌아와 서쪽을 향해서 빈에게 딸의 이름을 대답해 준다. 빈은 딸의 이름을 들은 후에 비로소 당에서 내려간다.

問名, 主人受鴈, 還, 西面對. 賓受命乃降.

정현주 주인은 당 위의 동쪽 기둥(東楹)과 서쪽 기둥(西楹) 사이에서 남쪽을 향해 기러기를 받은 후 조계의 위쪽으로 돌아와서 빈에게 딸의 이름을 대답해 준다. 受鴈于兩楹間, 南面, 還于阼階上, 對賓以女名.

해제 記—07은 예주로 고수레하는 법을 기록한 것이다.

[士昏禮02 : 記—07]

예주로 고수레를 할 때,[1] 처음에 숟가락으로 예주를 떠서 한 차례 고수레를 하고, 다시 숟가락으로 예주를 떠서 두 차례로 나누어 고수레를 한다. 빈(신랑 측 사자)은 오른손으로 말린 고기를 집고 왼손으로 이를 받들어 고수레를 하고, 이어서 신랑 집으로 돌아가 말린 고기를 들고서 신랑의 아버지에게 복명復命을 한다.

祭醴, 始扱壹祭, 又扱再祭. 賓右取脯, 左奉之, 乃歸, 執以反命.

정현주 '반명反命'은 사자가 문명問名, 납길納吉, 납징納徵, 청기請期의 예를 행하고 돌아가서 신랑의 아버지에게 보고하는 것을 말한다. '反命,' 謂使者問名·納吉·納徵·請期, 還報於壻父.

주

1_ 예주로 고수례를 할 때 : 가공언은 여기 기문은 시부모를 대신하여 찬자가 며느리에게 예주를 따라 주어 예례를 행할 때([經－71]~[經－75] 참조)를 가리킨다고 하였지만, 호배휘는 예주로 고수례를 하는 일반적인 예법을 말한 것인데([經－12]~[經－21] 참조), 문명의 예를 거행하는 여러 절차에서 모두 빈에게 예주를 따라 주어 예례를 행하기 때문에 특별히 이곳에 기록해 둔 것이라고 하였다. 『의례주소』, 110쪽 및 『의례정의』, 206~207쪽.

해제

記-08에서 記-09까지는 납징納徵의 예를 행할 때에 신랑 측 예물을 신부 집 뜰에 진설하는 정실庭實의 절차를 기록한 것이다.

[士昏禮02 : 記-08]

납징納徵의 예를 행할 때에는 사슴가죽을 잡는다. 가죽의 무늬가 안쪽을 향하도록 하여 접은 후,[1] 왼손으로 앞쪽의 양다리를 함께 잡고 오른손으로 뒤쪽의 양다리를 함께 잡아서, 머리가 왼쪽을 향하도록 한다. 사슴가죽을 잡은 두 사람이[2] 앞뒤로 서로 뒤따르면서 묘문 안으로 들어가고, 묘문 안으로 들어간 후에는 가죽의 머리가 서쪽을 향하도록 하여 진설한다. 사슴가죽을 들고 있는 사람들은 뜰(庭)을 남북으로 3등분 했을 때 남쪽으로 1/3이 되는 지점에서 나란히 선다.[3]

納徵, 執皮. 攝之, 內文, 兼執足, 左首. 隨入, 西上, 參分庭一在南.

정현주

'섭攝'은 접는다(辟)는 뜻과 같다. '겸하여 다리를 잡는다'(兼執足)는 것은 왼손으로 앞쪽의 양다리를 잡고, 오른손으로 뒤쪽의 양다리를 잡는다는 뜻이다. '머리가 왼쪽을 향하도록 한다'는 것은 살아 있는 금수를 바칠 때의 방식을 본뜬 것이다. 『예기』「곡례」에 "날짐승을 잡을 때에는 머리가 왼쪽을 향하도록 한다"고 하였다. '앞뒤로 뒤따라서 들어간다'(隨入)는 것은 문이 좁기 때문이다.[4] '머리가 서쪽을 향하도록 한다'(西上)[5]는 것은 뜰 중앙(中庭)의 위치에서 나란히 선다는 것이다. '攝'猶辟也. '兼執足'者, 左手執

前兩足, 右手執後兩足. '左首', 象生. 曲禮曰, "執禽者左首." '隨入', 爲門中阨狹. '西上', 中庭位併.

[士昏禮02 : 記－09]

빈(신랑 측 사자)이 주인(신부의 아버지)에게 신랑의 아버지에게 받은 명을 바치면, 사슴가죽을 들고 있는 사람들은 가죽을 풀고 다리를 바깥쪽으로 펴서 무늬를 드러내 보인다. 주인은 비단을 받는다.[6] 사士(주인의 속리)[7]로서 가죽을 받는 사람들은 묘문 안의 동쪽을 따라 들어와 가죽을 들고 있는 사람의 뒤쪽에 이르러 그 왼쪽에서 가죽을 받고, 그대로 앉아서 가죽을 접고, 들어올 때와 반대 순서로 물러나서 당 아래의 동쪽 담장으로 간다.

賓致命, 釋外足見文. 主人受幣. 士受皮者自東出于後, 自左受, 遂坐攝皮, 逆退, 適東壁.

정현주

'빈이 주인에게 명을 바치고'(賓致命), '주인이 비단을 받는 것'(主人受幣)은 정실庭實[8]에 필요한 것으로 절차를 삼는 것이다. '사士'는 중사中士와 하사下士로서 군명君命을 받지 못한 자를 말하는데, 주인을 관장官長으로 삼는다. '자自'는 말미암는다는 뜻이다. '賓致命', '主人受幣', 庭實所用爲節. '士', 謂若中士·下士不命者, 以主人爲官長. '自', 由也.

주

1_가죽의 무늬가 ~ 접은 후 : 아직 예의 절차가 시작되지 않았기 때문에 아름다운 문양을 가리는 것이다.

2_사슴가죽을 잡은 두 사람이 : 납징의 예에서는 '儷皮' 즉 사슴가죽 두 장을 사용하므로 이를 들고 가는 사람도 두 사람이다. [經-23] 참조.

3_뜰을 남북으로 ~ 나란히 선다 : 뜰의 남북거리를 3등분 했을 때 서는 위치가 1/3에 해당한다. 그러므로 2/3는 북쪽에 있고, 1/3은 남쪽에 있다. 사슴가죽을 들고 있는 자들은 묘문 안으로 들어간 후에 이곳에 나란히 서는 것이다.

4_'앞뒤로 뒤따라서 들어간다'는 것은 문이 좁기 때문이다 : 묘문의 중앙이 좁아서 두 사람이 나란히 들어갈 수 없기 때문에 앞뒤로 서로 뒤따르면서 들어가는 것이다. 『의례정의』, 207쪽 참조.

5_머리가 서쪽을 향하도록 한다 : 호배휘에 의하면, '西上'의 '上'은 '머리'(首)를 가리키는데 묘문 안으로 들어갈 때에는 왼쪽이 서쪽이 되므로, 여기의 '西上'은 앞에서 말한 '左首'와 같은 뜻이다.(左首, 爲西上也) 또 머리가 서쪽을 향하도록 하는 것은 서쪽에 있는 빈에게 통섭되도록 하는 것이다.(西上, 統於賓也) 『의례정의』, 207쪽 참조.

6_주인은 비단을 받는다 : '幣'는 비단의 뜻으로, 여기서는 '검은색 엷은 진홍색의 束帛' 즉 '玄纁束帛'을 가리킨다. [經-23] 참조.

7_사 : 여기서의 '士'는 주인의 屬吏를 가리킨다.

8_정실 : 예물을 뜰(庭) 가운데에 진열하는 것을 '庭實'이라고 한다. 정실에는 말(馬), 짐승 가죽(皮), 희생(牲), 쌀(米), 젓갈(醢) 등이 포함된다.

해제 記―10에서 記―11까지는 부모가 딸을 보내는 절차에 관한 기록이다.

[士昏禮02 : 記―10]

아버지는 방 안에서 딸에게 예주를 따라 주어 예례醴禮를 행하고, 딸은 신랑이 친영親迎하러 오기를 기다리며, 어머니는 방 밖에서 남쪽을 향해 선다.[1]

父醴女而俟迎者, 母南面于房外.

정현주 딸이 머리에 가채(次)를 올리고 검은색의 비단 웃옷(純衣)을 갖추어 입으면, 아버지는 방 안에서 남쪽을 향하여 딸에게 예주를 따라 주어 예례를 행하는데, 어머니가 말린 고기와 고기젓갈을 올리니, 혼례를 중시하기 때문이다. 딸은 말린 고기와 고기젓갈의 동쪽에 술잔을 내려놓고, 자신의 위치에 서서 신랑을 기다린다. 신랑이 도착하면, 아버지는 묘문 밖으로 나가는데, 빈자擯者(예의 진행을 돕는 주인 쪽의 사람)를 시켜서 무슨 일로 왔는지 묻도록 한다. '어머니는 방 밖으로 나가서 남쪽을 향해 선다'(母出南面房外)고 한 것은 몸소 신랑에게 딸을 보내 주고, 또 마땅히 딸을 경계시킬 것임을 보이기 위해서이다. 女旣次純衣, 父醴之于房中, 南面, 蓋母薦焉, 重昏禮也. 女奠爵于薦東, 立于位而俟壻. 壻至, 父出, 使擯者請事. '母出南面房外', 示親授壻, 且當戒女也.

[士昏禮02 : 記－11]

딸은 어머니의 왼쪽으로 나온다.[2] 아버지는 조계 위에서 서쪽을 향해 딸을 훈계시키는데, 반드시 옷이나 비녀처럼 의지할 물건을 주어 훈계를 기억하고 잊지 않도록 한다.[3] 어머니가 서쪽 계단 위에서 딸을 경계시키는데, 딸을 전송하러 계단을 내려오지는 않는다.
女出于母左. 父西面戒之, 必有正焉, 若衣·若笄. 母戒諸西階上, 不降.

정현주 '반드시 의지할 물건을 주는 것'(必有正焉)은 그것을 의탁하고 경계하여 훈계를 잊지 않도록 하기 위함이다. '必有正焉'者, 以託戒之使不忘.

주

1_ 아버지는 방 안에서 ~ 향해 선다 : [記—10]과 [記—11]은 친영의 예에서 신부가 머리에 가채(次)를 올리고 옅은 진홍색 가선 장식을 한 검은색의 비단 웃옷(純衣纁袡)을 입은 이후의 절차에 대해서 설명한 것이다. [經—35]에서 [經—39] 참조.

2_ 딸은 어머니의 왼쪽으로 나온다 : 어머니는 방 안에서 나와 방문의 서쪽에서 남쪽을 향하고 있는데, 딸은 방 안에서 나와 서쪽을 향해 나아가기 때문에 어머니의 왼쪽을 지나가게 된다. 『의례주소』, 113쪽, 가공언의 소 참조.

3_ 반드시 옷이나 ~ 않도록 한다 : 성세좌는 "물건으로 의지할 것을 삼는 것을 '正'이라 한다"(以物爲憑曰正)고 하였고, 또 아버지가 딸을 훈계할 때 옷과 비녀를 주어 그것을 착용하게 함으로써 훈계를 기억하고 잊지 않도록 하는 것이라고 하였다. 『의례정의』, 208쪽 참조.

해제 記－12는 신부가 수레에 오르는 법을 기록한 것이다.

[士昏禮02 : 記－12]

신부가 디딤대(几)를 밟고 수레에 올라탈 때, 신랑 측 수종자 2명이 서로 마주하여 무릎을 꿇고 앉아서 디딤대를 붙잡아 준다.[1]

婦乘以几, 從者二人坐持几, 相對.

정현주 '디딤대를 붙잡아준다'(持几)는 것은 거듭 조심하는 것이다.

'持几'者, 重愼.

주

1_ 신부가 디딤대를 밟고 ~ 붙잡아 준다 : 가공언은 "왕후는 돌을 밟고 수레에 올라타고, 대부와 제후의 경우에도 물건을 두어 그것을 밟고 수레에 올라탄다. 다만 경문에는 이에 대한 언급이 없는데, 오늘날에도 디딤대(臺)를 사용한다"고 하였다. 성세좌은 두 사람이 서로 마주하여 각자 디딤대의 한쪽을 붙잡는데, 디딤대의 높이가 낮기 때문에 무릎을 꿇는 것이라고 하였다. 『의례주소』, 113쪽 및 『의례정의』, 209쪽 참조.

해제

記－13은 술동이에 물을 붓는 절차를 기록한 것이다.

[士昏禮02 : 記－13]

신부가 신랑 집의 침문 안으로 들어오면, 찬자는 술동이의 덮개보를 걷어 내고 술국자로 물을 떠서 술동이 안에 세 차례 붓고, 남은 물은 당 아래 계단 사이에 버린 후 술 국자를 술동이 위에 얹어 놓는다.[1]

婦入寢門, 贊者徹尊冪, 酌玄酒, 三屬于尊, 棄餘水于堂下階間, 加勺.

정현주 '속屬'은 붓는다는 뜻이다. '물'(玄酒)은 재로 거른 물(涚水)이니,[2] 신선한 것을 귀하게 여기는 것이다. 혼례도 또한 새로움을 귀하게 여기므로, 절차가 진행될 때에 이르러서야 물을 가져다가 술동이 안에 세 차례 붓는 것이다. '屬', 注也. '玄酒', 涚水貴新, 昏禮又貴新, 故事至乃取之, 三注于尊中.

주

1_ 신부가 신랑 집의 ~ 얹어 놓는다 : 이 기문은 신부가 신랑 집에 도착한 후 '成禮' 즉 혼례식을 거행하는 절차에 대한 설명이다. [經-43]에서 [經-44] 참조.

2_ '물'은 재로 거른 물이니 : 가공언에 따르면, '玄酒', '涚水', '明水' 세 가지는 일에 따라 이름을 달리하지만 실은 한가지이다. 玄酒는 물의 색깔에 따른 이름이고, 涚水는 재(灰)를 투과시켜 걸러낸 물로서 새롭게 한다는 뜻을 취해 붙인 이름이지만 실은 한가지이다. 明水는 주인의 정결함이 이 물에서 드러난다는 의미가 있다. 『의례주소』, 114쪽 참조.

해제 記－14는 폐백바구니(笲)의 장식과 시아버지가 폐백바구니를 받는 절차를 기록한 것이다.

[士昏禮02 : 記－14]

폐백바구니(笲)는 겉은 검은색 비단으로 입히고 안쪽은 옅은 진홍색 비단으로 입혀서 받침대(橋) 위에 올려놓는다. 시아버지가 폐백바구니를 받고 답배를 하면, 재宰는 폐백바구니를 거둔다.

笲, 緇被纁裏, 加于橋. 舅答拜, 宰徹笲.

정현주

'피被'는 겉(表)이란 뜻이다. 폐백바구니에 옷을 입히는 것은 며느리가 시부모를 뵐 때에는 문식을 내는 것으로 공경함을 삼기 때문이다. '교橋'는 폐백바구니를 올려놓는 기구인데, 그것의 제도에 대해서는 들어 본 적이 없다.[1] 금문본에는 '橋'가 '鐈'로 되어 있다. '被', 表也. 笲有衣者, 婦見舅姑, 以飾爲敬. '橋', 所以庪笲, 其制未聞. 今文'橋'爲'鐈'.

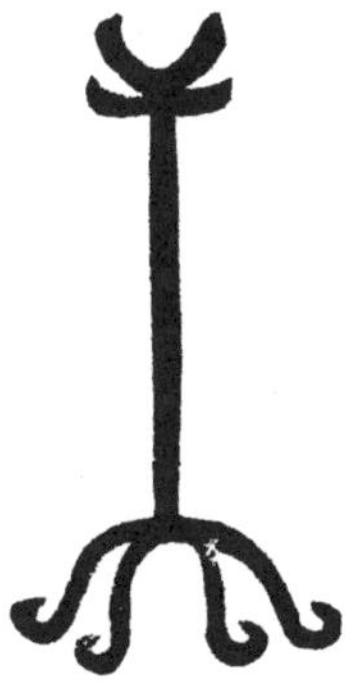

교橋

섭숭의(宋), 『삼례도』

주

1_ '교'는 폐백바구니를 ~ 적이 없다 : 섭숭의의 『삼례도』에 인용된 『舊圖』에는 "'橋舉'라고 할 때의 '橋'(들어 올리다)의 뜻으로 읽는다. 나무로 만드는데, 오늘날의 步案과 같다. 높이는 5척이고, 아래 부분의 받침대는 횡으로 교차되어 있고, 폐백바구니를 들어 올리는 부분도 역시 횡으로 교차되어 있다"(讀如'橋舉'之'橋'. 以木爲之, 似今之步案. 高五尺, 下跗午貫, 舉笲處亦午爲之)라고 하였다. 성세좌는 '橋'의 제도는 漢代에 이미 상고할 수 없게 되었는데, 『舊圖』에서 설명한 橋는 漢의 제도라고 하였다. 이에 반하여 학경은 '橋'는 폐백바구니의 덮개(笲蓋)로서, 다리처럼 높게 구부러져 있는데 그것으로 폐백바구니의 위를 덮고 받들어서 올린다고 하면서, 『예기』「곡례상」에서 "자리를 들 때에는 다리처럼 높게 저울대처럼 평평하게 든다"(奉席如橋衡)고 한 것을 예로 들었다. 그러나 호배휘는 여기서 "橋 위에 올려놓는다"(加于橋)라고 하였으므로 폐백바구니의 덮개(笲蓋)로 보는 것은 잘못이라고 비판하고, '橋'의 글자 자체가 '木'변이므로 이 기구는 나무로 만든 것임이 분명하므로 『舊圖』의 설명에 따라야 한다고 하였다. 『의례정의』, 210쪽 참조.

해제 記—15에서 記—20까지는 며느리에게 예례醴禮를 베풀어 줄 때와 향례饗禮를 베풀어 줄 때의 찬구饌具와 의절儀節을 기록한 것이다.

[士昏禮02 : 記—15]
며느리의 자리(席)와 음식(薦)은 방 안에 진설해 놓는다.
婦席·薦饌于房.

정현주 며느리에게 예례醴禮를 베풀어 주고[1] 며느리에게 향례饗禮를 베풀어 줄 때[2]의 자리와 음식을 가리켜 말한 것이다. 醴婦, 饗婦之席·薦也.

[士昏禮02 : 記—16]
며느리에게 향례饗禮를 베풀어 줄 때 시어머니는 말린 고기를 담은 대나무제기와 고기젓갈을 담은 나무제기를 올린다.
饗婦, 姑薦焉.

정현주 시아버지와 시어머니가 함께 며느리에게 향례를 베풀어 주는데, 시아버지는 술잔에 술을 따라 주고, 시어머니는 말린 고기를 담은 대나무제기와 고기젓갈을 담은 나무제기를 올린다. 舅姑共饗婦, 舅獻爵, 姑薦脯醢.

[士昏禮02 : 記－17]

며느리의 물받이 항아리(洗)는 북당北堂에 진설하는데, 실室의 동쪽 모퉁이와 마주하도록 놓는다. 며느리의 대광주리(篚)는 물받이 항아리의 동쪽에 놓는다. 며느리는 북쪽을 향하여 손을 씻는다.

婦洗在北堂, 直室東隅. 篚在東. 北面盥.

정현주 '물받이 항아리는 북당에 진설한다'(洗在北堂)는 것은 이른바 '북세北洗'를 가리킨다. '북당北堂'은 방房 안을 반으로 나눈 북쪽을 가리킨다. 물받이 항아리의 위치는 남북으로는 실室의 동쪽 모퉁이와 마주하고, 동서로는 방房의 문과 모퉁이의 사이와 마주한다. '洗在北堂', 所謂'北洗'. '北堂', 房中半以北. 洗南北直室東隅, 東西直房戶與隅間.

[士昏禮02 : 記－18]

며느리가 시아버지에게 술을 올려 작酢의 예를 행할 때에는 술잔을 새로 바꾸어 사용하고, 직접 말린 고기를 담은 대나무제기와 고기젓갈을 담은 나무제기를 올린다.[3]

婦酢舅, 更爵, 自薦.

정현주 '술잔을 새로 바꾸어 사용한다'(更爵)는 것은 남녀는 서로 잇닿지 못하기 때문이다. '更爵', 男女不相因也.

[士昏禮02 : 記－19]

시아버지가 술잔을 씻어 주고자 할 때 며느리는 감히 사양하지 못한다. 시아버지가 당에서 내려가 술잔을 씻을 때 며느리는 방 안으로 들어가 피한다. 시아버지가 술잔을 씻어 준 것에 감히 배례하지 못한다.[4]

不敢辭洗. 舅降則辟于房. 不敢拜洗.

정현주

감히 신분이 존귀한 자와 더불어 대등한 예를 행하지 못하기 때문이다. 不敢與尊者爲禮.

[士昏禮02 : 記－20]

무릇 부인들이 서로 향례饗禮를 베풀어 줄 때에는 당을 내려가지 않는다.

凡婦人相饗, 無降.

정현주

시어머니가 며느리를 전송하러 온 며느리 집안의 여자들에게 방에서 향례饗禮를 베풀어 줄 때 당에서 내려가지 않는 것은 북세北洗(북당에 진설한 물받이 항아리)와 대광주리가 당 위에 있기 때문이다. 姑饗婦人送者于房, 無降者, 以北洗·篚在上.

주

1_ 며느리에게 예례를 베풀어 주고 : [經—71]에서 [經—75] 참조.

2_ 며느리에게 향례를 베풀어 줄 때 : [經—83]에서 [經—85] 참조.

3_ 며느리가 시아버지에게 ~ 올린다 : 시부모가 며느리에게 향례를 베풀어 줄 때이다. [經—83] 참조.

4_ 시아버지가 술잔을 ~ 배례하지 못한다 : 호배휘는 시아버지가 당을 내려가서 술잔을 씻을 때, 며느리가 따라 내려갈 수도 없고 또 감히 당 위에서 편안히 있을 수도 없기 때문에 방 안으로 들어가서 피하는 것이라고 하였다. 장이기는 빈과 주인의 신분이 대등한 경우만 술잔을 씻어 줄 때 사양을 하거나 배례를 하므로 며느리는 시아버지에 대해서 감히 사양을 하거나 배례를 할 수 없다고 하였다. 『의례정의』, 212쪽.

해제

記—21은 며느리가 제사를 돕는 시기를 기록한 것이다.

[士昏禮02 : 記—21]

며느리는 시집에 들어가 3개월이 지난 후, 제사가 있을 때에 비로소 남편을 도와 제사를 행한다.[1]

婦入三月, 然後祭行.

정현주 ‘남편의 집에 들어가 3개월이 지난 후, 제사가 있을 때에 비로소 제사를 행한다’(入夫之室三月之後, 於祭乃行)는 것은 조제助祭[2]를 말한다.

‘入夫之室三月之後, 於祭乃行’, 謂助祭也.

주

1_ 며느리는 시집에 들어가 ~ 행한다 : 위협몽은 "記文의 '祭'는 四時의 常祭를 가리키니, '祭行'이란 3개월이 지난 후에 만약 제사가 있을 경우 며느리가 비로소 제사를 행한다는 뜻이다. 따라서 3개월 이전에는 비록 제사지내는 일이 있더라도 며느리는 또한 제사를 행하지 못한다. 제사를 행하지 못하는 것은 아직 정식 며느리가 되지 못하였기 때문이다"('祭'謂四時常祭, '祭行'謂至是遇有祭祀, 婦乃行也. 若然則三月之前, 雖有祭事, 婦亦不行. 不行者, 未成婦也)라고 하였다. 가공언은 適婦만 助祭할 수 있다고 해석한 반면 정요전은 適婦와 庶婦 모두 助祭할 수 있다고 하였다. 성세좌도 「특생궤사례」와 「소뢰궤사례」에서 부인이 助祭하는 경우 내빈과 종부도 모두 제사에 참여한다는 사실에 주목하여 여기서는 適婦의 경우만을 가리켜 말한 것은 아니라고 하였다. 『의례주소』, 116쪽 및 『의례정의』, 212쪽 참조.

2_ 조제 : 남편을 도와 종묘제사의 예를 행하는 것을 말한다.

해제

記—22는 서부庶婦의 예가 적부嫡婦의 경우와 다른 점을 기록한 것이다.

[士昏禮02 : 記—22]

서자의 아내라면 사람을 시켜서 그녀에게 초례醮禮를 베풀어 주게 한다. 서자의 아내는 시부모에게 음식을 올리지 않는다.

庶婦, 則使人醮之. 婦不饋.

정현주

'서부庶婦'는 서자의 아내이다. '사람을 시켜서 초례를 베풀어 주게 한다'(使人醮之)는 것은 향례饗禮를 베풀어 주지 않는다는 뜻이다.[1] 청주(酒)를 따라 주어 마시게 하지만 작酢과 수酬의 예를 행하지 않는 것을 초례醮禮라고 하는데,[2] 또한 말린 고기를 담은 대나무제기와 고기젓갈을 담은 나무제기는 올린다. 적자의 아내에게 예주(醴)를 따라 주는 것은 그를 높이는 것이다. 서자의 아내에게 청주(酒)를 따라 주는 것은 그를 낮추는 것이다. 그 의식절차는 동일하다. '음식을 올리지 않는다'는 것은 공양하는 일은 적자의 아내에게 통섭되기 때문이다. 庶婦, 庶子之婦也. 使人醮之, 不饗也. 酒不酬酢曰'醮', 亦有脯醢. 適婦酌之以醴, 尊之. 庶婦酌之以酒, 卑之. 其儀則同. 不饋者, 共養統於適也.

주

1_ '사람을 시켜서 초례를 베풀어 주게 한다'는 ~ 뜻이다 : 適婦의 경우라면 먼저 예례를 베풀어 주고 이어서 시부모가 향례를 베풀어 주는데, 庶婦의 경우에는 사람을 시켜서 대신 초례만 베풀어 주고 향례는 없다는 뜻이다.

2_ 청주를 따라 주어 ~ 초례라고 하는데 : 예주(醴)를 사용하고, 주인이 빈에게 술을 올리고 빈이 이에 대한 보답으로 술을 올리고 다시 주인이 빈에게 술을 권하는 獻-酢-酬의 과정으로 빈을 위로해 주는 것을 '醴禮'라고 한다. 청주(酒)를 사용하고, 주인이 빈에게 술을 올리는 獻만 행하고 주인과 빈이 술잔을 주고받는 酢과 酬의 과정이 없는 것을 '醮禮'라고 한다.

해제

記—23에서 記—26까지는 납채納采의 예를 행할 때의 언사를 기록한 것이다.

[士昏禮02 : 記—23]

혼인의 예를 행할 때 하는 말.(昏辭)[1] 납채納采의 예를 행할 때에 신랑 측 사자使者는 빈자擯者에게 말한다.[2] "그대(신부의 아버지)께서 은혜를 베푸시어 아무개(신랑의 이름)에게 따님을 아내로 내려 주셨습니다.

昏辭曰, "吾子有惠, 貺室某也.

정현주

'혼인의 예를 행할 때 하는 말'(昏辭)은 빈자가 무슨 일로 왔는지 물을 때에 사자가 고하는 말이다. '오자吾子'는 신부의 아버지를 가리킨다. '은혜를 베푸셨다'고 칭하는 것은 이미 신부 집에 혼인의 뜻이 전달되었음을 밝히는 것이다. '황貺'은 내려 준다는 뜻이다. '실室'은 아내와 같은 뜻이다. "공자께서 공야장公冶長을 평하시면서 '딸을 아내로 줄 만하다'라고 하셨다"[3]고 한 것과 같은 용법이다. '모某'는 신랑의 이름을 가리킨다. '昏辭', 擯者請事告之辭. 吾子, 謂女父也. 稱有惠, 明下達. 貺, 賜也. 室猶妻也. 子謂公冶長可妻也. 某, 壻名.

[士昏禮02 : 記－24]

아무개(신랑 아버지의 이름)는 선인先人에게 물려받은 예법이 있으니,[4] 아무개(사자의 이름)를 보내어 납채納采의 예를 올리고자 합니다."

某有先人之禮, 使某也請納采."

정현주

'모某'는 신랑 아버지의 이름이다. '모야某也'는 사자의 이름이다. 某, 壻父名也. 某也, 使名也.

[士昏禮02 : 記－25]

빈자는 신랑 측 사자에게 "아무개(신부 아버지의 이름)의 여식은 어리석은데다 가르침도 잘 받지 못했습니다만, 그대(사자)께서 납채의 예를 행하겠다고 명하시니, 아무개(신부의 아버지 이름)는 감히 사양하지 못하겠습니다"라고 대답한다.[5]

對曰, "某之子惷愚, 又弗能教, 吾子命之, 某不敢辭."

정현주

'대답하여 말한다'(對曰)는 것은 빈자가 대문 밖으로 나가서 빈(사자)을 맞이할 때에 하는 말이다. '모某'는 신부 아버지의 이름이다. '오자吾子'는 사자를 가리킨다. 금문본에는 '弗'이 '不'로 되어 있고, '能'자가 없다. '對曰'者, 擯出納賓之辭. '某', 女父名也. '吾子', 謂使者. 今文'弗'爲'不', 無'能'字.

[士昏禮02 : 記－26]

신랑 측 사자는 신부 아버지에게 신랑 아버지의 명을 바치면서

"감히 납채의 예를 올리고자 합니다"라고 말한다.[6]

致命曰, "敢納采".

주

1_ 혼인의 예를 행할 때 하는 말 : 오정화는 『의례장구』에서 '昏辭'는 납채, 문명, 납길 등 六禮의 辭를 통괄하여 말한 것으로, 이어지는 문명·납길의 사례에서 본다면 경문의 '曰'자 위에 '納采' 두 글자가 있어야 한다고 하였다.('昏辭'統六禮之辭言, 以下問名·納吉之禮準之, '曰'者上當有'納采'二字) 왕선겸 편/왕진상 중편, 『(중편본)황청경해속편』(漢京文化事業有限公司 : 이하 『황청경해속편』으로 칭함) 10, 7027쪽. 오정화의 설에 따라 번역하기로 하겠다.

2_ 신랑 측 사자는 빈자에게 말한다 : 신랑 측 사자가 대문 밖에서 주인 측 빈자에게 신랑 아버지의 말을 고하면, 빈자가 대문 안으로 들어가 그 말을 주인(신부의 아버지)에게 전달해 주는 것이다. [經－04] 참조.

3_ 공자께서 공야장을 ~ 하셨다 : 공자의 말은 『논어』「공야장」에 나온다.

4_ 선인에게 물려받은 예법이 있으니 : 이 말은 예를 행하는 것은 先人들에게 근본을 두는 것으로, 감히 자기 마음대로 하는 것이 아님을 보이는 것이다. 『의례정의』, 213쪽 참조.

5_ 빈자는 신랑 측 사자에게 ~ 대답한다 : 빈자가 대문 안으로 들어가서 주인(신부의 아버지)에게 빈이 도착하였음을 고하면, 주인은 빈과 동일한 복장을 하고 대문 밖으로 나가서 빈(사자)을 맞이한다. 이때 빈자가 주인(신부의 아버지)의 말을 사자에게 전해 주는 것이다. [經－05] 참조.

6_ 신랑 측 사자는 신부 아버지에게 ~ 말한다 : 이는 사자가 묘문 안으로 들어가고 당위로 올라간 후에 주인(신부의 아버지)에게 신랑 아버지의 말을 전해 올릴 때 하는 말이다. 위의 사자와 주인(신부의 아버지) 사이의 말들은 모두 중간에서 주인의 빈자가 말을 전달하는 것으로, 사자는 아직 묘문 안으로 들어가지 못한 상태였다. 이때에 비로소 사자가 묘문 안으로 들어가 주인을 뵙고 신랑 아버지의 명을 전해 올리는 것이다. [經－06]에서 [經－07] 참조. 현행 『의례주소』본에는 [記－26]이 [記－27]과 이어져 있지만, 여기의 기문까지가 '납채의 예'를 말한 것이고 아래의 기문부터는 '문명의 예'를 설명하고 있으므로 문단을 나누어야 한다.

해제 記—27에서 記—28까지는 문명問名의 예를 행할 때의 언사를 기록한 것이다.

[士昏禮02 : 記—27]

문명問名의 예를 행할 때에, 신랑 측 사자는 빈자에게 "아무개(사자의 이름)가 이미 납채의 예를 허락하신다는 명을 받았으니,[1] 장차 따님의 길흉을 점치고자 합니다. 감히 따님의 성씨가 무엇인지 묻고자 합니다"라고 말한다.[2]

問名, 曰, "某旣受命, 將加諸卜, 敢請女爲誰氏?"

정현주 '모某'는 사자의 이름이다.[3] '성씨가 무엇인지'(誰氏)라고 말하는 것은 겸사이니, 신부 될 사람이 반드시 주인의 딸이라고 기필하지 않는 것이다.[4] '某', 使者名也. '誰氏'者, 謙也, 不必其主人之女.

[士昏禮02 : 記—28]

빈자는 주인 측 사자에게 "그대(신랑의 아버지)께서 딸의 이름을 물어 주시고 또 신부의 후보자로 끼워 주어 택해 주셨으니,[5] 아무개는 감히 사양하지 못하겠습니다"라고 대답한다.

對曰, "吾子有命, 且以備數而擇之, 某不敢辭."

정현주

마지막에 '아무개 씨'(某氏)라고 말을 하는데, 이를 기록하지 않은 것은 주인의 딸임이 분명하기 때문이다.[6] 卒曰'某氏', 不記之者, 明爲主人之女.

주

1_ 아무개가 이미 ~ 받았으니 : 기문에서 '명을 받는다'(受命)라고 말한 것은 신랑 아버지의 겸사이다. 무릇 신랑 측에서 예를 행하고자 하는데 신부 측에서 이를 허락하면, 신랑의 아버지는 신부의 아버지에게 공경을 표하여 '명을 받았다'라고 스스로 겸사를 한다. '貺命', '嘉命', '賜命' 등도 모두 같은 의미이다. 여기서 '受命'은 앞에서 신랑 측에서 납채의 예를 올리고자 하였는데, 신부의 아버지가 이를 허락하였다는 뜻이다. 양톈위, 『의례역주』, 76쪽 참조.

2_ 신랑 측 사자는 빈자에게 ~ 말한다 : 호배휘는 [記-27]과 [記-28]은 모두 빈(신랑 측 사자)이 묘문 밖에 있을 때 주인의 빈자와 나누는 언사라고 하였고, 오계공도 사자가 빈자에게 고하는 말이라고 하였다. 사자는 신랑 아버지의 말을 빈자에게 전해 주고, 빈자는 신부 아버지의 말을 사자에게 전해 준다. 『의례정의』, 214쪽 및 [經-10] 참조.

3_ '모'는 사자의 이름이다 : 호배휘는 길흉을 점치는 일은 사자가 할 수 있는 일이 아니므로 이곳의 '某'는 신랑 아버지의 이름으로 보아야 한다고 하였다.(某, 壻父名. 加卜豈使者事乎?) 『의례정의』, 214쪽. 문맥에서 본다면 호배휘의 설이 타당하지만, 여기서는 일단 정현의 주에 따라 번역하기로 하겠다.

4_ '성씨가 무엇인지'라고 ~ 않는 것이다 : 정현은 신랑 측에서 이미 알고 있는 여자 집의 성씨를 다시 묻는 것은 혹시 주인의 딸이 아닌 경우도 있을 것을 배려하여 겸사로 묻는다고 해석한 것이다. 그러므로 가공언은 정현 주의 의미는 여식이 아버지의 친딸이 아니라 다른 사람의 딸을 거두어 양육하는 경우일 수도 있으므로 묻는 것이라고 보완하였다. 그러나 성세좌는 혼례의 문명에서 묻는 氏는 여자의 字이며, 사자는 완곡하게 字를 묻고 주인은 직절하게 名으로 대답하는 것이라고 해석하여 정현과 가공언을 모두 비판하였다. 『의례정의』, 214쪽 참조.

5_ 또 신부의 후보라고 ~ 택해 주셨으니 : 기문에서 '數'는 신부가 될 만한 후보들의 범위를 말한다. 자신의 딸만 유일하게 채택하였다고 말하지 않고 신부가 될 수 있는 여러 후보 중 한 사람으로 택해 주었다는 겸사의 뜻으로 말하는 방식이다. 호배휘, 『의례정의』, 215쪽 참조.

6_ 마지막에 '아무개 씨'라고 ~ 때문이다 : 주인(신부의 아버지)은 물론 자기 딸의 氏를 말하여 대답하지만, 이 記文을 기록한 자는 말을 하지 않아도 알 수 있기 때문에 기록하지 않았다는 뜻이다.

해제 記—29에서 記—32까지는 빈賓(사자)에게 예주를 따라 주어 예례醴禮를 행할 때의 언사를 기록한 것이다.

[士昏禮02 : 記—29]

신부의 아버지는 사자에게 예주를 따라 주며 예례醴禮를 행할 때에, "그대(사자)께서는 혼례의 일로 아무개(신부 아버지의 이름)의 묘실廟室에 오셨습니다. 아무개는 선인先人에게 물려받은 예법이 있으니, 종자從者께 예례를 베풀어 드리고자 합니다"라고 말한다.

醴, 曰, "子爲事故, 至於某之室. 某有先人之禮, 請醴從者."

정현주

(사자라고 말하지 않고) '종자從者'라고 말한 것은 겸양하여 감히 직접 가리켜 말하지 않은 것이다. 금문본에는 '於'가 '于'로 되어 있다. 言'從者', 謙不敢斥也. 今文'於'爲'于'.

[士昏禮02 : 記—30]

사자는 "아무개(사자의 이름)는 이미 혼례의 일을 행했습니다. 감히 사양하겠습니다"라고 대답한다.

對曰, "某旣得將事矣, 敢辭."

정현주

'장將'은 행한다는 뜻이다. '將', 行.

[士昏禮02 : 記－31]

신부의 아버지는 "선인께서 물려주신 예법이니, 감히 예례를 받아 주시기를 거듭 청합니다"라고 말한다.

"先人之禮, 敢固以請."

정현주 주인(신부의 아버지)의 말이다. '고固'는 이전과 같이 한다는 뜻이다. 主人辭. '固', 如故.

[士昏禮02 : 記－32]

사자는 "아무개(사자의 이름)는 사양하였지만 허락해 주시는 명을 받지 못하였으니, 감히 따르지 않을 수 있겠습니까!"라고 말한다.

"某辭不得命, 敢不從也!"

정현주 빈(사자)의 말이다. '명을 받지 못했다'(不得命)는 것은 자기 뜻을 허락해 주는 명을 받지 못했다는 말이다. 賓辭也. '不得命'者, 不得許己之命.

해제 記－33에서 記－34까지는 납길納吉의 예를 행할 때의 언사를 기록한 것이다.

[士昏禮02 : 記－33]

납길納吉의 예를 행할 때에, 신랑 측 사자는 "그대(신랑의 아버지)께서 따님의 이름을 알려 주셔서 아무개(신랑 아버지의 이름)가 점을 쳐 보았더니 점괘에 '길하다'라고 나왔으므로, 아무개(사자의 이름)를 보내어 감히 고합니다"라고 말한다.

納吉, 曰, "吾子有貺命, 某加諸卜, 占曰'吉', 使某也敢告."

정현주

'황貺'은 내려 준다는 뜻이다. '명을 내려 준다'(賜命)는 것은 딸의 이름을 알려 주는 것을 허락했다는 뜻이다. '모某'는 신랑 아버지의 이름이다. '貺', 賜也. 賜命, 謂許以女名也. 某, 壻父名.

[士昏禮02 : 記－34]

신부의 아버지는 "아무개(신부 아버지의 이름)의 여식은 가르침을 잘 받지 못하였으니, 감당하지 못할까 두렵습니다. 그대 쪽에서 길한 점괘를 얻으셨고 저희 쪽도 겸하여 그 길한 점괘 안에 포함되었으니,[1] 아무개는 감히 사양하지 못하겠습니다"라고 말한다.

對曰, "某之子不教, 唯恐弗堪. 子有吉, 我與在, 某不敢辭."

정현주 ‘여與’는 겸한다(兼)는 뜻과 같다. 고문본에는 ‘與’가 ‘豫’로 되어 있다. ‘與’猶兼也. 古文‘與’爲‘豫’.

주

1_ 저희 쪽도 겸하여 ~ 포함되었으니 : 가공언은 "부부는 한 몸이므로, 남편이 이미 길함을 얻었다면 아내도 길함을 알 수 있다. 그러므로 '저희 쪽도 겸하여 길한 점괘 안에 포함되었다'라고 말한 것이다"(以其夫婦一體, 夫既得吉, 婦吉可知. 故云, '我兼在占吉中也')라고 하였다. 『의례주소』, 118쪽 참조.

해제

記-35는 납징納徵의 예를 행할 때의 언사를 기록한 것이다.

[士昏禮02 : 記-35]

납징納徵의 예를 행할 때에, 신랑 측 사자는 "그대(신부의 아버지)께서 아름다운 명命을 내리시어 아무개(신랑의 이름)에게 아내를 주셨습니다. 아무개(신랑 아버지의 이름)는 선인先人에게 물려받은 예법이 있으니, 사슴가죽 두 장(儷皮)과 비단 열 단(束帛)을 가지고 아무개(사자의 이름)를 보내어 납징의 예를 올리고자 합니다"라고 말한다. 신랑 측 사자는 신랑 아버지의 명을 바치면서 "아무개(신랑 아버지의 이름)는 감히 납징의 예를 올리고자 합니다"라고 말한다. 신부의 아버지는 "그대(신랑의 아버지)께서 선인의 법도에 따라 아무개(신부 아버지의 이름)에게 중한 예를 내려 주셨으니, 아무개(신부 아버지의 이름)는 감히 사양하지 못하겠습니다. 감히 명을 받들지 않을 수 있겠습니까!"라고 대답한다.

納徵, 曰, "吾子有嘉命, 貺室某也. 某有先人之禮, 儷皮束帛, 使某也請納徵." 致命, 曰, "某敢納徵." 對曰, "吾子順先典, 貺某重禮, 某不敢辭, 敢不承命!"

정현주

'전典'은 떳떳함(常), 법도(法)를 가리킨다. '典', 常也, 法也.

주

1_ 致命 ~ 敢不承命! : 성세좌는 記文의 올바른 문장은 "對曰, '吾子順先典, 貺某重禮, 某不敢辭, 敢不承命', 致命曰, '某敢納徵'"이 되어야 한다고 하였다. 『의례정의』, 217쪽. 일단 현행본에 따라 번역하겠다.

해제 記—36에서 記—40까지는 청기請期의 예를 행할 때의 언사를 기록한 것이다.

[士昏禮02 : 記—36]

청기請期의 예를 행할 때에, 신랑 측 사자는 "그대(신부의 아버지)께서 혼인 승낙의 명을 내려 주셨습니다. 아무개(신랑 아버지의 이름)는 지금까지 거듭해서 명을 받아서 행했습니다.[1] 삼족三族에게 예기치 못한 일이 없는 이때에 아무개(사자의 이름)를 보내어 길일吉日을 명해 주시기를 청합니다[2]"라고 말한다.

請期, 曰, "吾子有賜命. 某旣申受命矣. 惟是三族之不虞, 使某也請吉日."

정현주 '삼족三族'은 아버지의 형제, 자신의 형제, 아들의 형제를 가리킨다. '우虞'는 헤아린다(度)는 뜻이다. 예기치 못한 일이라는 것은 갑작스럽게 상사喪事가 발생하는 것을 말한다. 이 삼족三族들은 자신과 아들이 모두 기년期年의 복服을 하는 대상들인데, 기년의 복을 하면 해를 넘기게 되므로, 지금의 길吉한 때에 행하고 싶다는 뜻이다. 『예기』「잡기雜記」에서 "대공복大功服이 끝나 갈 무렵에는 아들에게 관을 씌워 주고 딸을 시집보낼 수 있다"고 하였다. '三族', 謂父昆弟·己昆弟·子昆弟. '虞', 度也. 不億度, 謂卒有死喪. 此三族者, 己及子皆爲服期, 期服則踰年, 欲及今之吉也. 「雜記」曰, "大功之末, 可以冠子·嫁子."

[士昏禮02 : 記-37]

신부의 아버지는 "아무개(신부 아버지의 이름)는 이미 전부터 명을 받아서 행했습니다. 이번에도 명하시는 대로 따르도록 하겠습니다"라고 말한다.

對曰, "某旣前受命矣, 唯命是聽."

정현주

'전부터 명을 받았다'(前受命)고 말한 것은 거듭해서 이전의 일들을 행했던 대로 하겠다는 뜻이다. '前受命'者, 申前事也.

[士昏禮02 : 記-38]

신랑 측 사자는 "아무개(신랑 아버지의 이름)는 아무개(사자의 이름)에게 명하여 그대(신부의 아버지)께 명을 받아 따르도록 하였습니다"라고 말한다.

曰, "某命某聽命于吾子."

정현주

'왈모曰某'의 '모某'는 신랑 아버지의 이름이다. '曰某', 壻父名也.

[士昏禮02 : 記-39]

신부의 아버지는 "아무개(신부 아버지의 이름)는 반드시 명하시는 대로 따르도록 하겠습니다"라고 대답한다. 신랑 측 사자는 "아무개(신랑 아버지의 이름)는 아무개(사자)를 보내어 그대(신부의 아버지)께 명을 반도록 하였으나 허락하지 않으시니, 아무개(신랑 아버지의 이름)가 감히 고하지 않을 수 있겠습니까! 혼인날은 모일某日로 하겠습니다"라고 말한다.

對曰, "某固唯命是聽." 使者曰, "某使某受命, 吾子不許, 某敢不告期!" 曰某日.

정현주 '모某'는 길일의 일진日辰을 가리킨다. '某', 吉日之甲乙.

[士昏禮02 : 記—40]

신부의 아버지는 "아무개(신부 아버지의 이름)가 감히 삼가 기다리지 않을 수 있겠습니까!"라고 대답한다.

對曰, "某敢不敬須!"

정현주 '수須'는 기다린다는 뜻이다. '須', 待也.

주

1_ 아무개는 지금까지 ~ 행했습니다 : 납채 이래로 거듭해서 주인(신부의 아버지)의 명을 받아 왔으므로 이번에 혼인의 날짜를 정하는 것도 주인의 명을 받고자 한다는 뜻이다.

2_ 삼족에게 ~ 명해 주시기를 청합니다 : 호배휘는 기문에서 '不虞'의 '不'을 '無'의 뜻으로, '虞'를 '憂'의 뜻으로 보고 '無憂'(근심이 없다)란 喪事가 없음을 뜻하며, 삼족에게 喪事가 없다면 嘉禮를 행할 수 있으므로 삼족에게 喪事가 없는 때에 길일을 청하는 것이라고 하였다.('不', 無也, '虞', 憂也, 無憂謂無死喪也. 三族無死喪, 則可行嘉禮, 故惟用此三族無虞之時請吉日也) 『의례정의』, 217~218쪽 참조.

해제 記—41에서 記—42까지는 사자가 명을 완수하고 돌아가서 보고하는 반명反命의 언사를 기록한 것이다.

[士昏禮02 : 記—41]

무릇 사자는 명을 완수하고 돌아가서 주인(신랑의 아버지)에게 보고할 때에,[1] "아무개(사자의 이름)는 이미 맡은 일을 완수했습니다. 감히 예물을 가지고 고합니다"라고 말한다.

凡使者歸, 反命, 曰, "某旣得將事矣, 敢以禮告."

정현주 '예물'(禮)은 신부 집에서 가져온 말린 고기(脯)를 가리킨다. '告[2]禮'所執脯.

[士昏禮02 : 記—42]

주인은 "알겠다"라고 말한다.

主人曰, "聞命矣."

주

1_ 무릇 사자는 ~ 때에 : 기문에 '무릇'(凡)이라고 말한 것은 혼례뿐 아니라 五禮에서 사자는 모두 이와 같이 한다는 뜻이다. 『의례정의』, 219, 장이기의 설 참조.

2_ 告 : 『통전』에는 '告'자가 없으며, 완원의 교감기에도 '告'자는 없어야 한다고 하였다. 『의례주소』, 119쪽 校勘記 참조. 이에 따라 번역한다.

해제 記—43에서 記—46까지는 아버지가 자식에게 초례醮禮를 행할 때의 언사를 기록한 것이다.

[士昏禮02 : 記—43]

아버지가 아들에게 초례醮禮를 베풀어 준다.[1]

父醮子.

정현주 '아들'(子)은 신랑을 가리킨다. '子', 壻.

[士昏禮02 : 記—44]

아버지는 아들에게 훈계하면서 말한다. "가서 너의 도울 사람(相)[2]을 맞이하여 우리 종묘의 일을 잇도록 하라.

命之, 曰, "往迎爾相, 承我宗事.

정현주 '상相'은 돕는다는 뜻이다. '종사宗事'는 종묘의 일을 뜻한다. '相', 助也. '宗事', 宗廟之事.

[士昏禮02 : 記—45]

너는 신부를 공경함의 도리로 부지런히 이끌어서 신부가 선비先妣

(돌아가신 어머니나 조모)의 덕행을 계승할 수 있도록 하라.[3] 너 자신의 행실에도 떳떳함이 있어야 한다."
勖帥以敬先妣之嗣. 若則有常."

정 현 주

'욱勖'은 부지런하다는 뜻이다. '약若'은 '너'와 같은 뜻이다. 신부를 공경함의 덕으로 부지런히 이끌고 인도하면, 신부는 선비先妣의 덕행을 계승하게 된다는 뜻이다. '너 자신의 행실에도 떳떳함이 있어야 한다(女之行則當有常)'고 말한 것은 깊이 경계하는 것이다. 『시詩』에 "태사大姒는 선비先妣의 아름다운 덕을 계승하였네"[4]라고 하였다. '勖', 勉也. '若'猶'女'也. 勉帥道婦, 以敬其爲先妣之嗣. 女之行則當有常, 深戒之. 『詩』云, "大姒嗣徽音."

[士昏禮02 : 記－46]

아들은 "예. 오직 감당하지 못할까 두려울 뿐, 감히 명을 잊지 않겠습니다"라고 말한다.
子曰, "諾. 唯恐弗堪, 不敢忘命."

주

1_ 아버지가 아들에게 초례를 베풀어 준다 : 신랑이 친영을 하기 전에 아버지가 아들에게 초례를 행하는 것이다. 초례에서는 청주(酒)를 사용하는데 獻만 행하고 酢과 酬의 절차가 없다. 아버지가 아들에게 술을 따라 주어 獻의 예를 행하고 아들이 술로 고수레를 하고 술을 맛보면 예가 끝난다.

2_ 도울 사람 : '相'은 신부를 가리킨다. 신부는 신랑을 돕는 사람이기 때문에 '相'이라고 칭한 것이다.

3_ 너는 신부를 ~ 하라 : 기문의 '勖帥以敬先妣之嗣'에 대해서 오계공은 '勖帥以敬'으로 구를 끊고, '先妣之嗣'로 구를 끊어야 한다고 하면서 "너는 마땅히 공경함의 도리로 부지런히 이끌어야 하니, 신부가 공경할 수 있게 되면 며느리의 도리를 다하여 우리 先妣의 일을 계승할 수 있게 된다"(女當勉帥之以敬, 彼能敬則盡婦道, 而可以嗣續我先妣之事矣)는 뜻이라고 하였다. 장이기도 4글자씩 구를 끊어야 하며, [記-44]의 '事'와 여기의 '嗣'가 叶韻이고, [記-44]의 '相'과 여기의 '常'이 앞뒤로 叶韻이 된다고 하였다. 『의례정의』, 220쪽 참조.

4_ 태사는 ~ 덕을 계승하였네 : 『모시』「대아·사제」에 나온다. 大姒는 문왕의 부인이고, 先妣는 문왕의 어머니 太任을 가리킨다.

해제 記-47에서 記-48까지는 신랑이 신부 집에 이르러 친영親迎을 할 때의 언사를 기록한 것이다.

[士昏禮02 : 記-47]

빈(신랑)이 신부 집의 대문 밖에 이르면, 빈자가 무슨 일로 왔는지 묻는다. 빈은 "그대(신부의 아버지)께서 아무개(신랑 아버지의 이름)에게 명하셨기에,[1] 아무개(신랑 아버지의 이름)께서 오늘 초저녁에 아무개(신랑의 이름)로 하여금 친영親迎의 예를 행하도록 하셨습니다. 명을 받들고자 청합니다"라고 대답한다.[2]

賓至, 擯者請. 對曰, "吾子命某, 以玆初昏, 使某將, 請承命."

정현주 '빈賓'은 신랑이다. '명모命某'의 '모某'는 신랑 아버지의 이름이다. '자玆'는 '이'(此)라는 뜻이다. '장將'은 행한다(行)는 뜻이다. 아무개(某 : 신랑의 이름)로 하여금 혼례의 친영례를 행하게 하였다는 뜻이다. '賓', 壻也. '命某', '某', 壻父名. '玆', 此也. '將', 行也. 使某行昏禮來迎.

[士昏禮02 : 記-48]

빈자는 "아무개(신부 아버지의 이름)는 진작부터 공경스럽게 준비해 놓고 기다리고 있었습니다"라고 대답한다.[3]

對曰, "某固敬具以須."

주

1_ 그대께서 아무개에게 명하셨기에 : '命'은 [記－40]에서 신부의 아버지가 "감히 삼가 기다리지 않을 수 있겠습니까!"(某敢不敬須!)라고 한 말을 가리킨다.

2_ 빈이 신부 집의 ~ 대답한다 : 이는 賓(신랑)이 대문 밖에서 擯者에게 대답하는 말이 아니라, 빈자가 廟門 안으로 들어가 주인(신부의 아버지)에게 빈(신랑)의 대답을 전해 주는 것이다. 따라서 이 단계에서 빈(신랑)은 아직 대문 밖에 머물러 있고 묘문 안으로 들어가지 않는 상태이다.

3_ 빈자는 ~ 대답한다 : 이는 빈자가 다시 대문 밖으로 나가서 빈(신랑)을 맞이하여 묘문 안으로 들어올 때 주인(신부의 아버지)의 대답을 전해 주는 것이다.

해제 記—49에서 記—51까지는 부모가 딸을 보내면서 계명戒命하는 언사를 기록한 것이다

[士昏禮02 : 記—49]

신부의 아버지는 딸을 보낼 때 훈계를 하면서 "삼가고 공경하여 아침 일찍부터 밤늦게까지 시부모님의 가르침과 명령을 어기지 말도록 하라"라고 말한다.

父送女, 命之, 曰, "戒之敬之, 夙夜毋違命."

정현주

'숙夙'은 이른 아침이라는 뜻이니, 아침 일찍 일어나서 밤에 자리에 눕는다. '명命'은 시부모의 가르침과 명령이다. 고문본에는 '毋'가 '無'로 되어 있다. '夙', 早也, 早起夜卧. '命', 舅姑之教命. 古文'毋'爲'無'.

[士昏禮02 : 記—50]

신부의 어머니는 띠(衿)[1]를 몸에 둘러 주고 거기에 차고 다니는 수건(帨)을 묶어 주면서 "근면하고 공경하여 아침 일찍부터 밤늦게까지 부녀자[2]의 일을 어기지 말도록 하라"고 훈계를 한다.

母施衿結帨曰, "勉之敬之, 夙夜無違宮事."

정현주

'세帨'는 차고 다니는 수건이다. '帨', 佩巾.

[士昏禮02 : 記−51]

서모庶母는 묘문 안까지만 나와서 주머니(鞶)를 묶어 주고, 부모의 가르침과 명령을 거듭 당부하면서 "공경스럽게 네 부모님의 말씀을 따르고 존중하여 아침 일찍부터 밤늦게까지 허물을 짓지 않도록 하라. 띠(衿)와 주머니(鞶)를 보여 주노니, 부모님의 말씀을 잊지 않도록 하라"라고 말한다.

庶母及門內, 施鞶, 申之以父母之命, 命之曰, "敬恭聽, 宗爾父母之言, 夙夜無愆. 視諸衿鞶."

정현주

'서모庶母'는 아버지의 첩이다. '반鞶'은 주머니이다. 남자의 주머니는 가죽으로 만들고 여자의 주머니는 비단으로 만들었는데, 차고 다니는 수건 따위를 담는 것이니, 삼가고 공경하기 위함이다. '신申'은 거듭한다는 뜻이다. '종宗'은 존중한다는 뜻이다. '건愆'은 허물을 뜻한다. '저諸'는 '지之'의 뜻이다. 띠와 주머니를 보게 하는 것은 모두 그것에 의탁해서 경계하여 기억하게 하는 것이다. 옷과 비녀를 보여 주지 않는 것은 존귀한 자(아버지)의 경계는 잊어버릴 것을 염려하지 않기 때문이다.[3] '視'가 곧 정자正字이니, 금문본에 '示'로 되어 있는 것은 세속에서 잘못 그렇게 사용하는 것이다.[4]

'庶母', 父之妾也. '鞶', 鞶囊也. 男鞶革, 女鞶絲, 所以盛帨巾之屬, 爲謹敬. '申', 重也. '宗', 尊也. '愆', 過也. '諸', '之'也. '示之以衿鞶'者, 皆託戒使識之也. 不示之以衣笄者, 尊者之戒, 不嫌忘之. '視'乃正字, 今文作'示', 俗誤行之.

주

1_ 띠 : '衿'에 대해서는 정현의 주와 가공언의 소에 모두 설명이 없다. 장이기는 "'衿'은 '웃옷의 작은 띠'로서 '衣領'이라고도 한다"(『의례정주구두』 권2, "'衿'衣小帶, 一云'衣領'")고 하였다. 『이아』「석기」의 "衿을 袸이라 한다"(衿謂之袸)라고 한 것에 대해 곽박은 "웃옷의 작은 띠이다"(衣小帶)라고 하였다. 그러나 성세좌는 『예기』「내칙」의 정현 주에서 "衿은 묶는다는 뜻과 같다"(衿猶結也)라고 한 것과 의미가 통하지 않는다고 장이기의 설을 비판하고, 『한서』의 응소 주에서 "衿은 帶이다"라고 한 것에 의거하여 몸에 띠(帶)를 두르고 띠에 수건을 묶어서 표지를 삼는 것이라고 하였다"(『의례집편』 권4, "「內則」註云'衿猶結也', 又與此義不合 … 『漢書』註應劭曰, '衿, 帶也', 竊疑此說于此義稍近, 蓋施帶于身, 而結巾于帶, 以爲識也)라고 하였다.

2_ 부녀자 : 경문의 '宮'에 대해 가공언은 『주례』「내재직」의 "왕후가 육궁을 가르친다"(后敎六宮)라고 한 것에 의거하여 '宮'은 婦人을 가리킨다고 하였다. 『의례주소』, 121쪽.

3_ 존귀한 자의 경계는 ~ 때문이다 : 아버지는 딸에게 옷(衣)과 비녀(笄)를 주면서 훈계를 하고,([記－11]) 어머니는 띠(衿)를 몸에 둘러 주고 거기에 차고 다니는 수건(帨)을 묶어 주면서 훈계를 하는데,([記－50]) 서모는 단지 띠와 주머니(鞶)만을 보여 주고 옷과 비녀를 보여 주지 않기 때문에 정현이 이렇게 판단한 것이다. 『의례주소』, 121쪽 참조.

4_ '시'가 곧 정자이니 ~ 것이다 : 금문에서는 눈으로 물건을 바라보는 것은 '視'로 썼고, 물건을 남에게 주는 것은 '示'로 써서 구분하였지만, 고문에는 글자 수가 적었기 때문에 남에게 물건을 보여 주는 것도 '視'로 썼다. 따라서 '視'자가 正字라는 뜻이다. 『의례주소』, 121쪽 및 『의례정의』, 223쪽 참조.

해제 記－52은 보모(姆)의 언사와 신랑이 수레 손잡이 줄(綏)을 줄 때의 언사를 기록한 것이다.

[士昏禮02 : 記－52]

신랑이 신부에게 수레 손잡이 줄(綏)을 건네주면, 보모(姆)가 신부를 대신하여 "아직 가르침을 받지 못하여 더불어 예를 행하기에 부족합니다"라고 사양을 한다.

壻授綏, 姆辭曰, "未教, 不足與爲禮也."

정현주

'모姆'는 사람을 가르치는 자이다. '姆', 教人者.

해제 記—53에서 記—55까지는 사명使命이 나오는 곳, 즉 사자使者에게 명을 내리는 사람을 기록한 것이다.

[士昏禮02 : 記—53]

종자宗子에게 아버지가 안 계시면 어머니가 사자使者에게 명을 한다. 부모님이 모두 돌아가셨을 경우 자기가 직접 사자에게 명을 한다.

宗子無父, 母命之. 親皆沒, 己躬命之.

정현주

'종자宗子'[1]란 적장자嫡長子를 말한다. '명을 한다'(命之)는 것은 사자에게 명을 하는 것이다.[2] 어머니가 사자에게 명을 한다는 것은 『춘추』에서 "기나라의 대부인 열수裂繻가 노나라에 와서 신부를 맞이하였다"[3]고 한 것이 그러한 사례이다. '궁躬'은 친히 한다(親)는 뜻과 같으니, 친히 사자에게 명을 한다는 것은 즉 "송공宋公이 공손수公孫壽를 사자로 보내어 노나라에 와서 납폐納幣(納徵)의 예를 행하게 하였다"[4]고 한 것이 그러한 사례이다. '종자에게 아버지가 안 계신다'고 말한 것에 아버지가 계시는 경우가 있는데, 예禮의 규정에 따라 70세가 되어 늙게 되면 가업을 물려주고, 80세가 되면 자최齊衰의 상喪에 참여하지 않기 때문이다. 이와 같은 경우라면 아들은 자기 아버지를 대신해서 종자가 되지만, 그가 장가를 갈 때에는 아버지가 사자에게 명을 한다. '宗子'者, 適長子也. '命之', 命使者. 母命之, 在『春秋』"紀裂繻來逆女"是也. '躬'猶'親'也, 親命之, 則"宋公使公孫壽來納幣"是也. 言宗子無父, 是有

父者, 禮, 七十老而傳, 八十齊喪之事不及. 若是者, 子代其父爲宗子, 其取也, 父命之.

[士昏禮02 : 記－54]

지자支子[5]인 경우에는 종자宗子를 칭하면서 사자에게 명을 한다.[6]

支子, 則稱其宗.

정현주 '지자支子'는 종자의 서곤제庶昆弟를 가리킨다. 종자를 칭하면서 사자에게 명하는 것이다. '支子', 庶昆弟也. 稱其宗子命使者.

[士昏禮02 : 記－55]

동생은 형을 칭하면서 사자에게 명을 한다.[7]

弟稱其兄.

정현주 '동생'(弟)은 종자의 동모제同母弟를 가리킨다. '弟', 宗子之母弟.

주

1_ 종자 : 가공언은 여기서의 종자에는 『예기』 「상복소기」의 別子를 계승한 大宗과 아버지를 계승한 小宗이 모두 해당된다고 하였다. 『의례주소』, 122쪽 참조.

2_ '명을 한다'는 ~ 것이다 : 납채 이하 청기에 이르기까지 모두 사자에게 명을 하여 신부 집에 보낸다.

3_ 기나라의 대부인 열수가 ~ 맞이하였다 : 『춘추』 은공 2년조의 문장이다. 기나라의 군주에게 아버지가 없었기 때문에 기나라 군주의 어머니 명에 따라 대부인 열수가 사자로 간 것이다. 여자는 바깥일을 하지 않으므로 아들의 父兄과 師友를 시켜 사자에게 명하게 한다.

4_ 송공이 공손수를 ~ 하였다 : 『춘추』 성공 8년조의 문장이다. 송공은 아버지뿐 아니라 어머니도 없었기 때문에 직접 공손수를 사자로 명하여 예를 행하게 하였다는 뜻이다. 이 문장은 『춘추공양전』 은공 2년조에도 보이는데, 이에 대한 하휴의 주에 "禮의 규정에서 어머니가 있으면 어머니가 父兄이나 師友를 사자로 명하니, 부형이나 사우를 칭하여 사행을 떠나게 한다. 송공은 어머니가 없었기 때문에 명하게 할 사람이 없어서 칭하는 말이 곤궁하였다. 이 때문에 직접 명한 것이다. 직접 명하면 '使'라고 칭하지 않을 수 없다"(禮, 有母, 母當命諸父兄·師友, 稱諸父兄·師友, 以行. 宋公無母, 莫使命之, 辭窮. 故自命之. 自命之則不得不稱使)고 하였다.

5_ 지자 : 오계공은 여기서 支子는 '宗子의 族人'이라고 하였다. 성세좌는 支子와 庶子를 다음과 같이 구별한다. "'庶'는 '適'과 짝하여 말하는 것이고, '支'는 '宗'과 짝하여 말하는 것이다. 庶子로서 宗이 되는 경우가 있으니, 庶子로서 아버지의 후사가 된 경우가 그것이다. 宗子로서 支가 되는 경우가 있으니, 자신은 繼禰의 宗(아버지를 계승한 종)이지만 아버지가 적장자가 아닌 경우에는 祖에 대해서 支가 된다. 자신은 繼祖의 宗(할아버지를 계승한 종)이지만 할아버지가 적장자가 아닌 경우에는 증조 할아버지에 대해서 支가 된다. 이를 미루어 올라가면, 심지어 繼高祖의 宗(고조 할아버지를 계승한 종)이 되기도 하는데, 大宗에 대해서는 여전히 支子가 된다. 『예기』 「곡례」에 '支子는 마음대로 제사를 지내지 못한다. 제사를 지낼 때에는 반드시 宗子에게 고한다'고 하였으니, 支子를 宗子와 짝하여 말한 것으로 이와 같은 경우이다. '宗'에는 다섯 가지의 宗이 있으니, 大宗이 하나이고, 小宗이 넷이다"('庶'者對'適'而言, '支'者對'宗'而言. 有庶子而爲宗者, 如庶子爲父後者, 是也. 有宗子而爲支者, 如身是繼禰之宗, 而父非適長, 則於祖爲支矣. 身是繼祖之宗, 而祖非適長, 則於曾祖爲支矣. 推而上之, 卽至爲繼高祖之宗, 而於大宗仍爲支子也. 「曲禮」云, '支子不祭. 祭必告於宗子', 以支子對宗子言, 與此同. '宗', 五宗也. 大宗一, 小宗四)고 하였다. 『의례정의』, 224~225쪽 참조.

6_ 종자를 칭하면서 ~ 명을 한다 : 가공언은 사자에게 명할 때 종자를 칭하면서 명하는 것이라고 하였고, 오계공도 종자가 직접 명하는 것은 아니라고 하였다. 또 오계공에 따르면 여기서의 지자는 부모와 친형이 없는 경우를 가리킨다. 따라서 이런 경우의 지자 역시 직접 사자에게 명을 하는데, 다만 종자의 이름을 칭하면서 명을 한다. 성세좌에 따르면 사자는 신부 집에 가게 되면 종자의 이름을 칭하여 昏辭를 전하는데, 예를 들면 "아무개(종자의 이름)는 선인에게 물려받은 예법이 있습니다"(某有先人之禮)라고 하는 식이다. 『의례주소』, 123쪽 및 『의례정의』, 224쪽 참조.

7_ 동생은 형을 ~ 명을 한다 : 이 경우도 아버지가 없는 경우를 말한다.

「서현처지부모도壻見妻之父母圖」

(淸),『흠정의례의소』

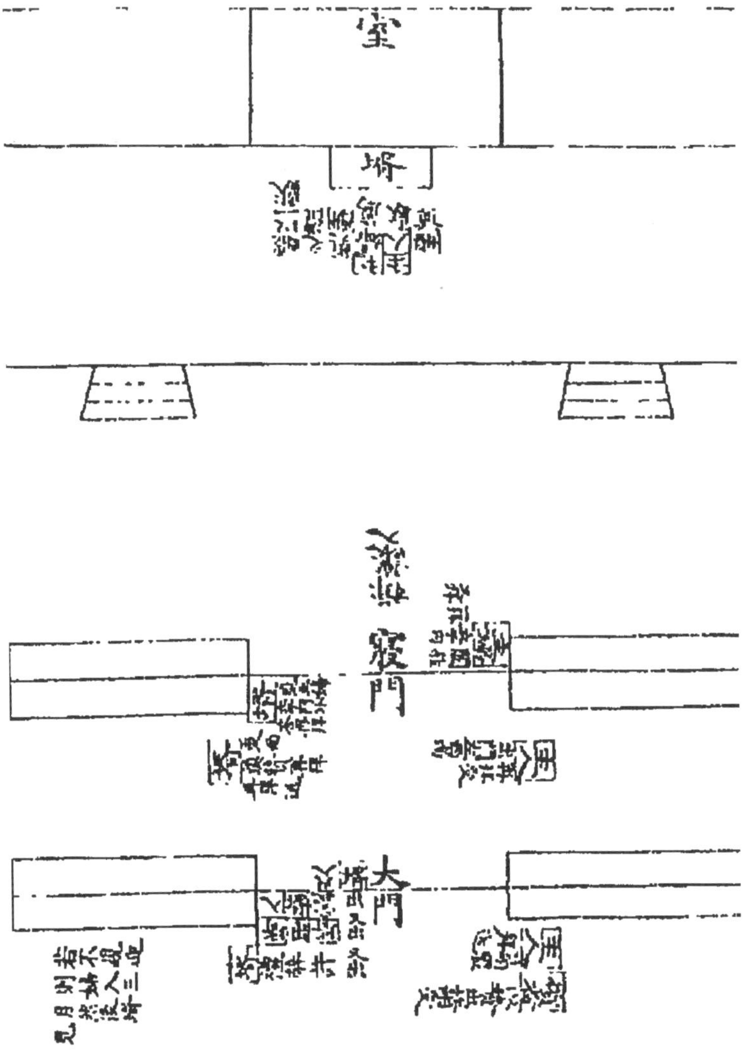

해제 記－56에서 記－66까지는 친영親迎을 하지 않은 신랑이 신부의 부모를 뵙는 예를 기록한 것이다.

[士昏禮02 : 記－56]

만약 친영親迎을 하지 못했다면,[1] 신부가 시집에 들어온 지 3개월이 지난 후에 신랑은 신부의 부모를 찾아뵙는다.[2] 신랑은 "아무개(신랑의 이름)는 외혼인外昏姻[3]의 친족이 되었으니, 뵙기를 청합니다"라고 말한다.[4]

若不親迎, 則婦入三月然後壻見. 曰, "某以得爲外昏姻, 請覿."

정현주 여자 집안을 '혼昏'이라고 부르고, 신랑 집안을 '인姻'이라고 부른다.[5] '적覿'은 뵙는다는 뜻이다. 女氏稱'昏', 壻氏稱'姻'. '覿', 見.

[士昏禮02 : 記－57]

신부의 아버지(주인)는 "아무개(신부 아버지의 이름)는 그대의 외혼인外昏姻의 친족의 수를 채울 수 있게 되었습니다만, 아무개의 여식이 여전히 제사에 참여하여 제기를 씻지 못하고 있으니, 아직은 감히 만날 수 없습니다. 이제 그대께서 오시느라 욕보았으니, 청컨대 그대께서는 댁으로 돌아가 계시기 바랍니다. 아무개가 장차 찾아가서 뵙도록 하겠습니다"라고 대답한다.

主人對曰, "某以得爲外昏姻之數, 某之子未得濯溉於祭祀, 是以未敢見. 今吾子辱, 請吾子之就宮. 某將走見."

정현주

'주인主人'은 신부의 아버지이다. 흰 물건을 검은색으로 만들어 더럽히는 것을 '욕辱'이라고 한다. '主人', 女父也. 以白造緇曰'辱'.

[士昏禮02 : 記-58]

신랑은 "아무개(신랑의 이름)는 남의 일로 찾아온 것이 아니므로 장차 찾아오시겠다는 명命을 감당할 수 없습니다. 청컨대, 반드시 뵙도록 해 주시기를 바랍니다"라고 대답한다.

對曰, "某以非他故, 不足以辱命. 請終賜見."

정현주

'남의 일로 찾아온 것이 아니다'(非他故)라고 말한 것은 더욱 친근하게 여기는 말이다. '명命'은 '장차 찾아가서 뵙겠습니다'라고 한 말을 가리킨다. 금문본에는 '終賜' 두 글자가 없다. '非他故', 彌親之辭. '命', 謂'將走見'之言. 今文無'終賜'.

[士昏禮02 : 記-59]

신부의 아버지는 "아무개(주인의 이름)는 혼인의 친족이 되었으므로 감히 거듭 사양하지 못하겠습니다. 감히 따르지 않을 수 있겠습니까!"라고 대답한다.

對曰, "某得以爲昏姻之故, 不敢固辭. 敢不從!"

정현주 '외外'를 말하지 않은 것은 또한 더욱 친근하게 여기는 말이다. 고문본에는 '外昏姻'이라고 하였다. 不言'外', 亦彌親之辭. 古文曰'外昏姻'.

[士昏禮02 : 記－60]

신부의 아버지(주인)는 내문內門(寢門) 밖으로 나아가 왼쪽으로 가서 서쪽을 향해 선다. 신랑은 대문大門(外門) 안으로 들어가서 동쪽을 향해 예물(摯)을 내려놓고 배례를 한 후 대문 밖으로 나간다.

主人出門左, 西面. 壻入門, 東面. 奠摯, 再拜, 出.

정현주 '문 밖으로 나간다'(出門)는 것은 내문內門 밖으로 나간다는 뜻이다. '문 안으로 들어간다'(入門)는 것은 대문大門 안으로 들어간다는 뜻이다. 내문 밖까지 나가고 대문 밖으로 나가지 않는 것이 빈객을 맞이할 때와 달리하는 것이다. 신랑은 적침適寢에서 신부의 부모를 뵙는다.[6] '예물을 내려놓는다'(奠摯)는 것은 신랑에게는 자식의 도리가 있어 감히 직접 주지 못하기 때문이다.[7] '예물'(摯)은 꿩을 가리킨다. '出門', 出內門. '入門', 入大門. 出內門不出大門者, 異於賓客也. 壻見於寢. '奠摯'者, 壻有子道, 不敢授也. '摯', 雉也.

[士昏禮02 : 記－61]

빈자擯者는 예물(摯)을 들고 대문 밖으로 나가서 신랑에게 도로 받아 줄 것을 청한다.

擯者以摯出, 請受.

정현주 빈객의 예로 상견相見하게 하고자 하는 것이다.[8] 欲使以賓客禮相見.

[士昏禮02 : 記－62]

신랑이 한 번 사양을 한 후 허락하고, 예물(摯)을 받아 들고 대문 안으로 들어간다. 신부의 아버지(주인)는 재배를 한 후에 예물을 받는다. 신랑은 예물을 보내 준 후에 재배를 하고 대문 밖으로 나간다.

壻禮辭, 許, 受摯, 入. 主人再拜受. 壻再拜送, 出.

정현주 '나간다'고 한 것은 이미 신부의 아버지를 뵈었기 때문이다. '出', 已見女父.

[士昏禮02 : 記－63]

신랑은 주부主婦(주인의 며느리)를 뵙는다. 주부는 침문의 왼쪽 문짝을 닫고 그 안에 선다.

見主婦. 主婦闔扉, 立于其內.

정현주 '주부主婦'는 주인의 며느리이다. 주부를 뵙는 것은 형제의 도리이니, 마땅히 서로 친애해야 한다. '문짝을 닫는다'(闔扉)는 것은 부인은 밖으로 나오는 일이 없기 때문이다.[9] '문짝'(扉)은 왼쪽 문짝을 가리킨다. '主婦', 主人之婦也. 見主婦者, 兄弟之道, 宜相親也. '闔扉'者, 婦人無外事. '扉', 左扉.

[士昏禮02 : 記－64]

신랑은 대문 밖에 서서 동쪽을 향한다. 주부는 일배一拜를 한다.[10] 신랑은 재배를 하여 답한다. 주부가 또 배례를 한다. 신랑은 물러 나가려 한다.

壻立于門外, 東面. 主婦一拜. 壻答再拜. 主婦又拜. 壻出.

정현주 반드시 먼저 일배一拜를 하는 것은 부인이 장부丈夫에게 반드시 협배俠拜[11]를 하기 때문이다. 必先一拜者, 婦人於丈夫必俠拜.

[士昏禮02 : 記－65]

신부의 아버지(주인)는 신랑에게 예주를 따라 주어 예례를 행하고자 한다고 청한다. 신부의 아버지는 신랑과 함께 읍을 하고 양보를 하면서 침문 안으로 들어가 당 위로 올라간다. 신부의 아버지는 일헌一獻의 예로 신랑에게 예례를 행한다. 주부는 말린 고기를 담은 대나무제기와 고기젓갈을 담은 나무제기를 올린다. 신랑은 신부의 아버지가 수酬의 예를 행할 때 건네준 술잔을 내려놓고 마시지 않는다. 신부의 아버지는 신랑에게 비단을 선물하지 않는다.

主人請醴. 及揖讓入. 醴以一獻之禮. 主婦薦. 奠酬. 無幣.

정현주 '급及'은 '함께'의 뜻이다. '신부의 아버지가 신랑에게 비단을 선물하지 않는 것'(無幣)은 빈객에 대한 예와 달리하는 것이다.[12] '及', 與也. '無幣', 異於賓客.

[士昏禮02 : 記－66]

신랑이 대문 박으로 나가면, 신부의 아버지(주인)는 전송을 하면서 재배를 한다.

壻出, 主人送, 再拜.

주

1_ 만약 친영을 하지 못했다면 : 양톈위에 따르면, 신랑이 疾病 등의 연고가 있어 친영하지 못한 경우를 가리킨다. 『의례역주』(2004), 53쪽 참조.

2_ 신부가 시집에 ~ 찾아뵙는다 : 가공언은 3개월이 지나면 신부가 廟見을 하는 것처럼, 한 계절의 기후가 변하여 婦道가 이루어지는 시기이기 때문이라고 하였다. 『의례주소』, 123쪽 참조. 그러나 오계공은 신부에게 시부모가 없는 경우 시집에 들어간 지 3개월이 지난 후에 廟見을 하는데, [記-57]에서 '신부가 여전히 제사에 참여하지 못하고 있다'고 하였으므로 廟見 이후 제사 이전에 신랑이 신부의 부모를 찾아뵙는 것이라고 하였다. 『의례정의』, 225쪽 참조.

3_ 외혼인 : '外昏姻'은 외부에서 들어와 혼인 관계를 맺게 된 친족을 말한다. 『시』「소아·아행기야」에 대한 공영달의 소에 "'昏'과 '姻'은 對文으로 사용하면 남자는 '婚'이 되고, 여자는 '姻'이 되지만, 散文으로 사용하면 뜻이 서로 통한다. 그러므로 밖에서 온 부인을 '外昏'이라 한다"(昏姻對文, 則男婚女姻, 散則通. 故外來之婦爲'外昏'也)고 하였고, 오정화는 "경문에서 '혼인'이라 한 것은 散文으로 사용된 것이다. '昏'과 '姻'은 뜻이 서로 통하니, 外別族을 말한다"(『의례장구』 권4, "此言'昏姻'者, 散文. 昏姻通, 外別族也")라고 하였다.

4_ 신랑은 ~ 말한다 : 여기서부터 [記-59]까지의 신랑과 신부 아버지의 말은 모두 중간에서 빈자가 오가면서 전해 주는 말이다. 이때 신랑은 대문 밖에 있고, 신부의 아버지는 適寢에 있다.

5_ 여자 집안을 ~ 부른다 : 『이아』「석친」에는 "사위의 아버지는 姻이 되고, 신부의 아버지는 婚이 된다"(壻之父爲姻, 婦之父爲婚)고 되어 있다.

6_ 신랑은 적침에서 ~ 뵙는다. : 가공언은 빙례에서 빈을 맞이하거나 혼례에서 신랑이 친영을 할 때에는 모두 묘에서 주인을 뵙는데, 여기서 신랑이 장인과 장모를 뵙는 것은 빈의 경우도 아니고 친영하는 것도 아니기 때문에 適寢에서 뵙는다고 하였다. 『의례주소』, 124쪽 참조.

7_ '예물을 내려놓는다'는 ~ 때문이다 : 가공언은 예물을 가지고 相見하는 경우에는 직접 주고받는 것이 예인데 여기서 예물을 내려놓는 것은 父子 사이의 질박함을 본뜬 것이라고 하였다. 『의례주소』, 124쪽.

8_ 빈객의 예로 상견하게 ~ 것이다 : 오계공에 따르면, 신랑이 대문 밖으로 나가면 빈자가 동쪽을 향해 예물을 들고 나가서 대문의 동쪽에서 서쪽을 향해 서서, "아무개

(신부의 아버지)가 빈자 아무개로 하여금 예물을 도로 거두게 하라고 시키셨습니다"라고 말한다. 『의례주소』, 125쪽.

9_ 부인은 밖으로 나오는 일이 없기 때문이다 : 가공언에 따르면, 부인은 전송하거나 맞이할 때에 문을 나가지 않고, 형제를 볼 때도 문지방(閾)을 넘지 않는다. 『의례주소』, 125쪽.

10_ 주부는 일배를 한다 : 호배휘에 따르면, 신랑은 동쪽을 향하고 주부는 남쪽을 향하므로 서로 마주 대하고 배례하는 것이 아니다.

11_ 협배 : 여자가 먼저 一拜를 하면, 남자가 再拜를 하여 답하고, 여자가 다시 배례하는 것을 말한다.

12_ 빈객에 대한 예와 달리하는 것이다 : 가공언에 따르면, 관례에서 醴賓을 할 때는 비단을 선물로 주고, 혼례에서 饗賓을 할 때는 束帛을 선물로 주고, 연례와 향사례에서도 빈객에게 비단을 선물하는데, 여기서는 비단을 선물하지 않기 때문에 빈객의 예와는 다르다고 한 것이다. 『의례주소』, 125쪽.

士相見禮 第三

역주 박례경

儀禮

士相見禮 第三

소 정현鄭玄(127~200)의 『삼례목록三禮目錄』에서 말한다. "처음 벼슬을 하여 사士가 된 사람은 직위를 가지고 서로 친교를 맺으니, 비로소 예물(摯)을 들고 이전에 사가 된 사람을 찾아가 서로 뵙는 예(相見禮)[1]를 행한다.[2] 『예기』「잡기하雜記下」에 장례葬禮에 참가하는 예에 대해서 '서로 예물을 들고 찾아뵙는 예를 행한 사이라면 상주喪主가 반곡反哭[3]을 마친 후에 물러난다. 붕우朋友 사이라면 상주가 우제虞祭[4]와 부제祔祭[5]를 마친 후에 물러난다'[6]고 하였다. 사士들이 서로 예물을 들고 찾아뵙는 것은 오례五禮 가운데 빈례賓禮에 속한다.[7] 대대본과 소대본의 『의례』 및 유향劉向의 『별록』에 모두 제3으로 되어 있다."

疏 鄭『目錄』云, "士以職位相親, 始承摯相見禮. 「雜記」會葬禮曰, '相見也, 反哭而退, 朋友虞祔而退.' 士相見於五禮屬賓禮. 大·小戴及『別錄』皆第三."

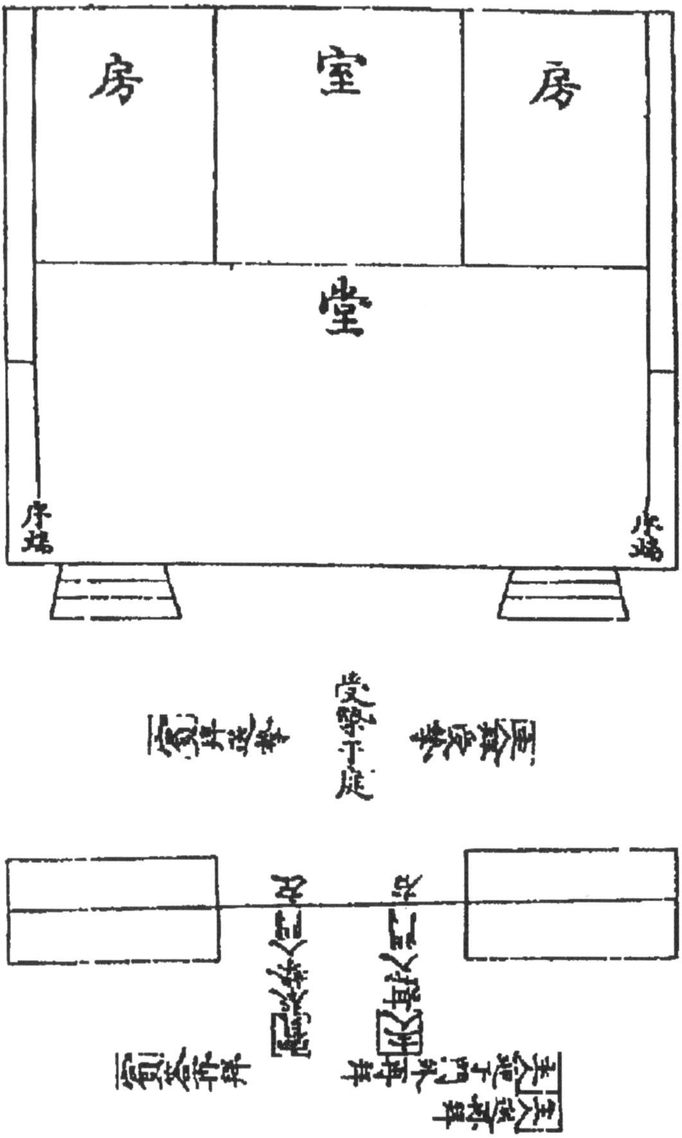

「사상견수지도士相見受摯圖」

(淸),『흠정의례의소』

주

1_ 서로 뵙는 예 : 빈이 처음 摯를 들고 주인을 찾아뵙고, 주인이 다시 摯를 되돌려 주고 빈을 찾아뵈어 서로 번갈아가며 빈과 주인이 된다. 따라서 '相見禮'는 서로 찾아뵙는 예가 되는 것이다. 『의례정의』, 236쪽, 호배휘의 설 참조.

2_ 처음 벼슬을 하여 ~ 행한다 : 정현은 직위를 가지고 있는 士를 근거로 말한 것이다. 그러나 호배휘는 아직 벼슬을 하지 않은 士의 경우에도 道藝를 가지고 서로 친교를 맺어 찾아뵙는 데 이 예를 사용한다고 하였다. 또 이 편은 侯國의 士를 위주로 말하였지만 天子의 士도 이 예의 적용대상이 된다고 하였다. 『의례정의』, 236쪽 참조.

3_ 반곡 : 죽은 이를 매장한 후에 돌아와서 곡을 하는 절차를 말한다. 주인 이하 近親者는 죽은 이를 매장하고 집으로 돌아와 먼저 祖廟에서 곡을 하고, 다음으로 殯宮에서 곡을 한다.

4_ 우제 : '虞祭'는 상제의 명칭으로, 사의 경우 3개월 만에 장례를 치르고 장례를 치른 후 4일 안에 殯宮에서 세 차례 우제를 지내는데, 이를 '三虞'라고 칭한다. [기석례13 : 經-157]의 '三虞'에 대해 정현은 "'虞'는 안정시킨다는 뜻이다. 骨肉은 흙으로 돌아갔지만, 精氣는 돌아다니지 않는 곳이 없다. 효자는 그 정기가 방황하고 있기 때문에 세 차례 제사를 지내서 안정시켜 주는 것이다. 아침에 매장을 하였는데, 한낮에 우제를 지내는 것은 차마 하루라도 떨어지지 못하기 때문이다"라고 하였다.

5_ 부제 : '祔祭'는 제사의 명칭으로, 우제를 지내고 卒哭祭를 마친 이튿날에 신주를 조묘에 올려서 제사를 지내는데, 『예기』「상복소기」에 "부제는 반드시 昭穆에 따라 한다"(以其昭穆)고 하였듯이 이미 죽은 조상들의 신주와 나란히 배열하여 合祀를 한다. 부제를 마친 후에 신주를 寢으로 되돌려 놓았다가 大祥 이후에 비로소 廟에 옮겨 놓는다.

6_ 서로 예물을 들고 ~ 물러난다 : 장례의 절차는 啓殯 → 埋葬 → 反哭 → 虞祭 → 卒哭 → 祔祭의 순서로 이루어진다. 따라서 반곡을 한 후에 물러나는 相見者는 우제·부제를 모두 마친 후에 물러나는 붕우보다 죽은 자와의 恩誼가 소원함을 알 수 있다. 그러나 相趨(상주와 서로 이름을 알고 있던 사이), 相揖(상주와 서로 만나 인사를 나눈 적이 있던 사이), 相問(상주와 서로 음식 등을 보내 준 적이 있던 사이)보다는 친밀한 관계이다.

7_ 사들이 서로 ~ 빈례에 속한다 : 『주례』「춘관·대종백」에는 賓禮를 8가지로 구분한다. 春朝·夏宗·秋覲·冬遇·時會·殷同 및 問·視이다. 앞의 6가지는 5등급의 제후가 천자를 알현할 때 겸해서 서로 朝覲하는 예이다. 뒤의 問과 視는 제후가 사신을 보

내어 빙문하게 하는 것이다. 8가지 빈례는 빈과 주인이 서로 '相見'한다. 사상견례는 사신을 보내어 빙문하는 것은 아니지만 이 역시 빈과 주인이 상견하는 예법이다. 즉 빈이 처음 摯를 들고 주인을 방문하여 인사를 하면, 주인이 다시 예물을 되가지고 빈을 방문하여 인사를 해서 서로 번갈아가며 빈과 주인이 된다. 그래서 '빈례'에 속한다고 한 것이다.

해제

經-01에서 經-11까지는 사와 사가 서로 찾아뵙는 상견相見의 예 가운데 처음 벼슬을 하여 사가 된 사람이 이전에 이미 사가 되었던 사람을 뵙고자 청하는 '청견請見'의 절차이다.

[士相見禮03 : 經-01]

사士들이 서로 찾아뵙는 예.[1]

자신의 신분을 나타내는 예물(摯)[2]로 겨울에는 죽은 꿩(雉)을 사용하고, 여름에는 말린 꿩고기(腒)를 사용한다. 빈은 꿩의 머리가 왼쪽을 향하도록 하여 받든 후 "아무개(빈의 이름)는 뵙고자 하였지만, 스스로 찾아뵐 방법이 없었습니다.[3] 아무개 분(소개자의 성명)께서 주인의 명이라고 칭하면서 아무개(빈의 이름)에게 찾아뵙도록 명하였습니다"라고 말한다.[4]

士相見之禮.

摯, 冬用雉, 夏用腒. 左頭奉之, 曰, "某也願見, 無由達. 某子以命命某見."

정현주

'지摯'는 받들고 가는 것이다. 군자가 존경하는 사람을 찾아뵐 때에는 반드시 예물(摯)을 받들고 가서 그 돈독한 마음을 전달한다. 사士가 예물로 꿩을 사용하는 것은 꿩의 굳세고 강직한 성정을 취한 것으로,[5] 꿩은 교미하는 것에 때가 있고 헤어져도 윤서倫序가 있다.[6] 꿩 가운데서도 반드시 죽은 것을 사용하는 것은 산 채로는 길들일 수 없기 때문이다.[7] 여름에 말린 꿩고기를 사용하는 것은 썩어서 냄새날 것에 대비하는 것이다.[8] '머리가 왼쪽을 향하도록 한다'(左頭)는 것은 머리는 양陽이기 때문이다.[9] '찾아뵐 방법이 없었다'(無由達)는 것은 오랫동안 찾아뵙고 싶었지만 스스로 찾아뵐 수 있도록 소개시켜 주는 사람이 없었다는 뜻이다. '모자某子'는 이제 소개시켜 준 사람의 성명姓名을 가리킨다.[10] '명으로'(以命)라는 것은 주인의 뜻이라고 칭하면서 말했다는 뜻이다.[11] 금문본에는 '頭'가 '脰'로 되어 있다. '摯', 所執以至者. 君子見於所尊敬, 必執摯以將其厚意也. 士摯用雉者, 取其耿介, 交有時, 別有倫也. 雉必用死者, 爲其不可生服也. 夏用腒, 備腐臭也. '左頭', 頭, 陽也. '無由達', 言久無因緣以自達也. '某子', 今所因緣之姓名也. 以命者, 稱述主人之意. 今文'頭'爲'脰'.

치雉

(淸), 『흠정의례의소』

[士相見禮03 : 經－02]

주인은 "아무개 분(소개자의 성명)께서 아무개(주인의 이름)에게 찾아뵈라고 명했었는데, 그대(빈)께서 또 스스로 수고롭게 찾아오셨습니다. 청컨대, 그대께서는 댁으로 돌아가 계시기 바랍니다. 아무개(주인의 이름)가 장차 찾아가서 뵙도록 하겠습니다"라고 대답한다.

主人對曰, "某子命某見,[12] 吾子有辱. 請吾子之就家也. 某將走見."

정현주

'유有'는 또(又)의 뜻이다. 아무개 분(소개자의 성명)이 아무개(주인의 이름)에게 찾아가서 뵈라고 명하였는데 이제 그대(빈)께서 또 스스로 욕되게 찾아왔다는 것으로, 자신의 뜻을 서술한 것이다. '주走'는 간다(往)는 뜻과 같다. 금문본에는 '走'가 없다. '有', '又'也. 某子命某往見, 今吾子又自辱

來, 序其意也. '走', 猶往也. 今文無'走'.

[士相見禮03 : 經－03]

빈은 "아무개(빈의 이름)는 장차 수고롭게 찾아오시겠다는 명을 감당할 수 없습니다. 청컨대, 반드시 뵙도록 해 주시기를 바랍니다"라고 대답한다.

賓對曰, "某不足以辱命, 請終賜見."

정현주 '명命'은 "청컨대, 그대께서는 댁으로 돌아가 계시기 바랍니다"라고 말한 것을 가리킨다.[13] '命', 謂"請吾子之就家."

[士相見禮03 : 經－04]

주인은 "아무개(주인의 이름)가 감히 겉치레 말로 하는 것이 아닙니다. 거듭 청컨대, 그대께서는 댁으로 돌아가 계시기 바랍니다. 아무개(주인의 이름)가 장차 찾아가서 뵙도록 하겠습니다"라고 대답한다.

主人對曰, "某不敢爲儀, 固請吾子之就家也. 某將走見."

정현주 '감히 겉치레 말로 하는 것이 아니다'(不敢爲儀)라는 것은 감히 겉모습으로 형식만을 갖추어 하는 것이 아니라 진심으로 댁으로 돌아가 계시기를 바란다는 뜻이다. '고固'는 이전과 같이 한다(如故)는 뜻이다.[14] 금문본에는 '不'이 '非'로 되어 있고, 고문본에는 ('固請'이) '固以請'으로 되어 있다. '不敢爲儀', 言不敢外貌爲威儀, 忠誠欲往也. '固', 如故也. 今文'不'爲'非', 古文云

'固以請'也.

[士相見禮03 : 經－05]

빈은 "아무개(빈의 이름)는 감히 겉치레 말로 하는 것이 아닙니다. 반드시 뵙도록 해 주시기를 거듭 청합니다"라고 대답한다.

賓對曰, "某不敢爲儀. 固以請."

정현주 이전과 마찬가지로 반드시 뵙도록 해 달라고 청한다는 말이다. 금문본에는 '不'이 '非'로 되어 있다. 言如固請終賜見也. 今文'不'爲'非'.

[士相見禮03 : 經－06]

주인은 "아무개(주인의 이름)가 거듭 사양했는데도 허락하는 명을 받지 못하였으니, 장차 대문 밖으로 나가서 뵙도록 하겠습니다. 그대께서 예물을 들고 오셨다고 들었는데, 감히 예물은 사양하겠습니다"라고 대답한다.

主人對曰, "某也固辭, 不得命, 將走見. 聞吾子稱摯, 敢辭摯."

정현주 '명을 받지 못하였다'(不得命)라는 것은 허락하는 명을 받지 못하였다는 뜻이다. '주走'는 나아간다(出)는 뜻과 같다.[15] '칭稱'은 든다(擧)는 뜻이다. 빈이 들고 온 예물을 사양하는 것은 그 예가 너무 중하기 때문이다.[16] 고문본에는 ('將走見'이) '某將走見'으로 되어 있다. '不得命'者, 不得見許之命也. '走', 猶出也. '稱', 擧也. 辭其摯, 爲其大崇也. 古文曰'某將走見'.

[士相見禮03 : 經－07]

빈은 "아무개(빈의 이름)는 예물을 받들지 않고서는 감히 뵐 수 없습니다"라고 대답한다.

賓對曰, "某不以摯不敢見."

정현주 존경하는 분을 뵙는데 예물이 없으면 너무 소홀하다는 혐의가 있기 때문이다.[17] 見於所尊敬而無摯, 嫌大簡.

[士相見禮03 : 經－08]

주인은 "아무개(주인의 이름)는 예를 충분히 익히지 못하였으니, 감히 거듭 사양하겠습니다"라고 대답한다.

主人對曰, "某不足以習禮, 敢固辭."

정현주 '예를 충분히 익히지 못하였다'(不足習禮)고 말한 것은 감히 빈이 중한 예로 찾아와서 자기를 만나고자 하는 것을 감당하지 못하겠다는 뜻이다. 言'不足習禮'者, 不敢當其崇禮來見己.

[士相見禮03 : 經－09]

빈은 "아무개(빈의 이름)는 예물에 의지하지 않고서는 감히 뵙지 못하겠습니다. 반드시 뵙도록 해 주시기를 거듭 청합니다"라고 대답한다.

賓對曰, "某也不依於摯不敢見. 固以請."

정현주 '예물에 의지한다'(依於摯)고 말하는 것은 겸손히 스스로를 낮추는 것이다. 금문본에는 '也'가 없다. 言'依於摯', 謙自卑也. 今文無'也'.

[士相見禮03 : 經-10]

주인은 "아무개(주인의 이름)가 거듭 사양했는데도 허락하는 명을 받지 못하였으니, 감히 공경히 따르지 않을 수 있겠습니까!"라고 대답한다. 주인은 대문 밖으로 나아가서 빈을 맞이하고 재배를 한다.[18] 빈은 답례로 재배를 한다. 주인은 읍을 하고 대문 안으로 들어가 오른쪽으로 나아간다. 빈은 예물을 받들고 대문 안으로 들어가 왼쪽으로 나아간다.[19] 주인은 뜰에서 재배를 한 후 예물을 받는다.[20] 빈은 예물을 보내 드린 후 재배를 하고 다시 대문 밖으로 물러 나온다.

主人對曰, "某也固辭, 不得命, 敢不敬從!" 出迎于門外, 再拜. 賓答再拜. 主人揖, 入門右. 賓奉摯, 入門左. 主人再拜受. 賓再拜送摯, 出.

정현주 '우右'는 오른쪽으로 나아간다는 뜻이다. '좌左'는 왼쪽으로 나아간다는 뜻이다. 주인은 뜰에서 예물을 받는데 배례를 한 후에 받으며, 빈은 예물을 보내 드린 후에 대문 밖으로 나온다.[21] 주인이 당에서 예물을 받지 않는 것은 군주보다 낮추는 것이다.[22] 금문본에는 '也'가 없다. '右', 就右也. '左', 就左也. 受摯於庭, 既拜受, 送則出矣. 不受摯於堂, 下人君也. 今文無.[23]

[士相見禮03 : 經－11]

주인이 빈자擯者(예의 진행을 돕는 주인 쪽의 사람)를 보내서 뵙기를 청하면, 빈은 다시 돌아와서 주인을 만나 뵌 후 물러간다.[24] 주인은 대문 밖에서 빈을 전송하고 재배를 한다.

主人請見, 賓反見, 退. 主人送于門外, 再拜.

정현주

'뵙기를 청한다'(請見)는 것은 빈이 중한 예로 찾아와 근엄하고 엄숙하여 서로 만나서 아직 기쁜 마음을 주고받지 못하였기 때문이다.[25] 빈이 '돌아와서 뵙는다'(反見)는 것은 사적으로 편안하게 뵙는다는 뜻이다. 아래에서 말한 '무릇 사적으로 군주를 알현할 때'(凡燕見於君)에서부터 '무릇 군자를 모시고 앉아 있을 때'(凡侍坐於君子)까지는[26] '돌아와서 뵙는 것'(反見)이 사적인 의리임을 두루 기록한 것이다. 신하가 처음 군주를 알현할 때에는 재배를 한 후 예물을 내려놓고 나간다. '請見'者, 爲賓崇禮來, 相接以矜莊, 歡心未交也. 賓'反見', 則燕矣. 下云'凡燕見於君'至'凡侍坐於君子', 博記反見之燕義. 臣初見於君, 再拜, 奠摯而出.

주

1_ 사들이 서로 찾아뵙는 예 : 왕개운은 이는 "처음 벼슬을 하여 서로 찾아뵙는 예"(始仕相見之禮)라고 하였다. 처음 벼슬을 하여 사가 된 사람이 이미 사가 된 사람을 찾아뵙고 인사를 드리는 예이다. 「사상견례」는 ① 사들이 서로 찾아뵙는 의절 → ② 사가 대부를 찾아뵙는 의절 → ③ 대부들이 서로 찾아뵙는 의절 → ④ 尊長을 찾아뵙는 의절의 순으로 기술되어 있는데, 모두 사상견의 예를 기초로 하기 때문에 '士相見禮'로 편명을 삼은 것이다. 『의례정의』, 236쪽, 장이기의 설 참조.

2_ 자신의 신분을 나타내는 예물 : '摯'는 빈이 주인을 찾아뵐 때 들고 가는 예물을 가리키는데, 들고 간 사람의 신표로서 신분을 나타낸다. 『예기』「표기」에 "辭(언사)가 없으면 서로 교유하지 않고, 禮(예물)가 없으면 서로 만나지 않는다"(無辭不相接也, 無禮不相見也)라고 한 것에 대해 정현은 "'禮'는 '摯'를 가리킨다"('禮', 謂摯也)고 하였다. 이는 빈이 주인을 찾아뵐 때에는 반드시 '摯'가 있어야 한다는 뜻이다. '摯'는 작위에 따라서 玉, 帛(비단), 禽(짐승) 등을 사용하는데, 예가 끝나면 주인은 그 예물을 되돌려 준다. 『예기』「곡례하」에는 상대를 만날 때 천자는 울창주(鬯), 제후는 명규(圭), 경은 새끼 양(羔), 대부는 기러기(雁), 사는 꿩(雉), 서인은 집오리(匹)를 '摯'로 쓴다고 하였다.(凡摯, 天子鬯, 諸侯圭, 卿羔, 大夫鴈, 士雉, 庶人之摯匹) 『주례』「춘관 · 대종백」에서는 "玉으로 여섯 가지의 瑞玉을 만들어서 제후들의 신분을 통일한다. 왕은 鎭圭를 잡는다. 公은 桓圭를 잡는다. 侯는 信圭를 잡는다. 伯은 躬圭를 잡는다. 子는 穀璧을 잡는다. 男은 蒲璧을 잡는다. 짐승으로 여섯 가지의 摯를 만들어 신하들의 신분을 통일한다. 孤는 皮帛(짐승 가죽으로 덮어서 장식을 한 비단 묶음)을 잡고, 卿은 羔(새끼 양)를 잡고, 大夫는 雁(기러기)을 잡고, 士는 雉(꿩)를 잡고, 庶人은 鶩(집오리)를 잡고, 工·商은 鷄(닭)를 잡는다"(以玉作六瑞, 以等邦國. 王執鎭圭. 公執桓圭. 侯執信圭. 伯執躬圭. 子執穀璧. 男執蒲璧. 以禽作六摯, 以等諸臣. 孤執皮帛, 卿執羔, 大夫執雁, 士執雉, 庶人執鶩, 工商執雞)고 하였다. 이는 작위의 차이에 따라 사용하는 '摯'가 다름을 보여 주는 것으로, 따라서 '摯'는 빈의 신분 및 빈과 주인의 관계를 표시하는 것이라고 할 수 있다. 『삼례사전』, 1055쪽 '摯' 항목 참조. 가공언은 '摯'는 빈과 주인이 동등한 신분이거나 낮은 신분의 사람이 높은 신분의 사람을 찾아뵐 때 사용하며, 신분이 높은 사람이 摯를 들고서 신분이 낮은 사람을 찾아뵙는 의리는 없다고 하였다. 『의례주소』, 134쪽 참조.

3_ 아무개는 ~ 방법이 없었습니다 : 이는 처음 벼슬을 하여 사가 된 사람이 오래 전에 사가 된 사람을 찾아뵙는 것으로, 뵙고 싶은 마음은 오래되었지만 중간에서 소개시켜 주는 사람이 없어서 주인을 찾아뵐 방법이 없었다는 뜻이다. 『의례주소』, 127쪽, 가공언의 소 참조.

4_ 빈은 꿩의 머리가 ~ 말한다 : 빈은 주인의 집에 도착하였지만 아직 대문 안으로는

들어가지 못하고 대문 밖에 있는 상태이다. 따라서 여기부터 [經—10]까지 보이는 주인과 빈의 말은 직접 대면하고서 주고받는 것이 아니라 중간에서 擯者(예의 진행을 돕는 주인 쪽의 사람)가 왕래하면서 주인과 빈의 말을 전달해 주는 것이다.

5_ 사가 예물로 ~ 취한 것으로 : 『설원』「수문」에 "사는 꿩을 예물로 사용한다. 꿩은 맛난 먹이를 먹이거나 새장에 넣어서 기르더라도 길들일 수가 없다. 그러므로 사는 꿩을 예물로 사용한다"(士, 以雉爲贄. 雉者, 不可指食籠狎而服之. 故士以雉爲贄)고 하였다.

6_ 교미하는 것에 때가 있고 헤어져도 윤서가 있다 : 이여규는 "꿩은 봄에 교미를 하고 가을에 헤어지는데, 헤어진 후에도 다른 것들과 뒤섞여 교합하지 않는다. 이것이 때가 있고 윤서가 있다는 말이다"라고 하였다. 『의례정의』, 238쪽 참조.

7_ 꿩 가운데서도 ~ 없기 때문이다 : 『서경』「순전」에 "다섯 가지 瑞玉, 세 가지 비단, 두 가지 살아 있는 짐승, 한 가지 죽은 짐승으로 각각 자신의 신분을 나타내는 예물을 삼는다"(五玉, 三帛, 二生, 一死贄)고 한 것에 대해 채침은 한 가지 죽은 짐승은 사가 잡고 있는 꿩을 가리킨다고 하였다.(一死, 士執雉) 또한 『백호통』「서지」에 "사가 꿩을 예물로 쓰는 것은, 먹이로 유혹하거나 위협으로 두려워하게 할 수 없고, 반드시 죽을지언정 산 채로 길러질 수 없는 성정을 취한 것이다. 사는 위의를 행하여 절개를 지키고 의리에 목숨을 바쳐서 다른 곳으로 옮겨서는 안 된다"(士以雉爲贄者, 取其不可誘之以食, 懾之以威, 必死不可生畜. 士行威守節死義, 不當移轉也)고 하였다.

8_ 여름에 ~ 대비하는 것이다 : 『주례』「포인」에 "여름에는 腒와 鱐을 사용한다"(夏行腒鱐)라고 한 것에 대해 정중은 "'腒'는 말린 꿩고기이고, '鱐'는 말린 물고기"(腒, 乾雉. 鱐, 乾魚)라고 해석하였고, 정현은 "'腒'와 '鱐'은 열을 가해서 말린 것이다"(腒·鱐, 暵熱而乾)라고 하였다. 말리면 부패하거나 냄새가 나지 않기 때문에 여름철에는 말린 것을 사용한다.

9_ 머리가 왼쪽을 ~ 때문이다 : 『예기』「곡례상」에 "날짐승을 받들 때에는 머리가 왼쪽을 향하도록 한다"(執禽者左首)고 하였다. 정현은 "왼쪽과 머리는 존귀한 것이다"(左首尊)라고 하였고, 공영달은 "왼쪽은 양이고, 머리 또한 양이다"(左, 陽也, 首亦陽也)라고 하였다. 따라서 '머리가 왼쪽을 향하도록 한다'(左首)는 것은 머리는 존귀하며 주인은 왼쪽에 있으므로 가로 방향으로 받들고서 머리 쪽으로 주인에게 준다는 뜻이다.

10_ 모자는 이제 ~ 성명을 가리킨다 : 정현은 [향음주례04 : 經—105]의 '某子受酬'에 대

해 "'모자'는 중빈의 성이다"('某子', 衆賓姓也)라고 하였고, [향사례05 : 經-276]의 '某子受酬'에 대해서는 "'모자'는 씨이다"('某子'者, 氏)라고 하였다. 그런데 여기서는 '姓名'을 가리킨다고 하였다. 이에 대해 가공언은 앞의 두 편에서는 직접 대면하면서 이야기를 나누는 것이므로 '名'(이름)을 거론할 필요가 없지만, 여기서는 직접 대면하고 하는 말이 아니기 때문에 姓만 말하고 名(이름)을 말하지 않으면 어떤 사람인지 알 수 없기 때문이라고 하였다. 『의례주소』, 128쪽.

11_ '명으로'라는 것은 ~ 것이다 : 오계공에 의하면, '명으로'(以命)라는 말은 '주인의 명으로'라는 뜻이다. 소개시켜 주는 사람이 주인의 명이라고 칭하면서 빈에게 주인을 찾아뵙도록 명하였기 때문에 비로소 감히 찾아뵙게 되었다는 뜻이다. 『의례정의』, 239쪽.

12_ 某子命某見 : 漢簡本 「士相見之禮」에는 '某子以命命某見', 즉 '아무개 분(소개자의 성명)께서 빈의 명이라고 칭하면서 아무개(주인의 이름)에게 찾아뵙도록 명하였습니다'로 되어 있다. 사상견의 예에서 주인과 빈은 모두 사로서 신분이 대등하기 때문에, [經-01]에서 빈이 '소개자가 주인의 명이라고 칭하면서 자기(빈)에게 찾아뵈라고 명하였다'고 하였으므로, 주인도 '소개자가 빈의 명이라고 칭하면서 자기(주인)에게 빈을 찾아뵈라고 명하였다'라고 말해야 서로 문장이 대응된다. 따라서 '某子以命命某見'이 문장으로서는 타당한 듯하다. 양톈위, 『의례역주』, 88쪽 참조. 여기서는 일단 리쉐친 주편, 『의례주소』본에 따라 번역하기로 하겠다.

13_ '명'은 앞의 ~ 것을 가리킨다 : [經-02]에서 주인이 빈에게 댁으로 돌아가 있으면 장차 찾아가서 뵙겠다고 한 명을 감당하지 못하겠다는 뜻이다.

14_ '고'는 이전과 같이 한다는 뜻이다 : 정현 주의 '如故'에 대해서 호배휘는 앞에서 '그대께서는 댁으로 돌아가 계시기 바랍니다'라고 말했고 이제 또 그렇게 말하는 것이기 때문에 '如故'라고 한 것이라고 하였다. 『의례정의』, 240쪽 참조. 예에서 한 번 사양하고 허락하는 것을 '禮辭'라 하고, 거듭 사양하는 것을 '固辭'라고 하고 끝내 사양하고 허락하지 않는 것을 '終辭'라고 한다. 이 경문에서의 '固'는 '이전과 마찬가지로 거듭 청한다'는 뜻이다. 『예기』 「곡례상」에서 "무릇 빈객과 함께 문 안으로 들어갈 때, 문마다 주인은 빈객에게 먼저 들어가라고 양보한다. 빈객이 寢門 앞에 이르면, 주인은 들어가 자리를 펼쳐 놓겠다고 청하고, 자리를 펼쳐 놓은 후에 다시 나와서 빈객을 맞이한다. 빈객이 固辭를 하면, 주인은 빈객에게 肅拜를 한 후 앞서서 들어간다(凡與客入者, 每門讓於客. 客至於寢門, 則主人請入爲席, 然後出迎客. 客固辭, 主人肅客而入)"라고 한 것에 대해 공영달은 "'固'는 이전과 같이 한다는 뜻이다. 예에서는 세 번 사양을 하는데, 첫 번째 사양하는 것을 '禮辭'라고 하고, 두 번째 사

양하는 것을 '固辭'라고 하고, 세 번째 사양하는 것을 '終辭'라고 한다"('固', 如故也. 禮有三辭, 初曰'禮辭', 再曰'固辭', 三曰'終辭')고 하였다.

15_ '주'는 나아간다는 뜻과 같다 : 정현은 [經-02]에서는 빈이 집으로 돌아가는 것이므로 '走'를 '간다'(往)는 뜻으로 해석하였고, 여기서는 주인이 대문 밖으로 나아가는 것이므로 '나아간다'(出)는 뜻으로 해석하였다. 『의례주소』, 129쪽, 가공언의 소 참조.

16_ 빈이 들고 ~ 때문이다 : 빈과 주인이 서로 만나는 상견례에서 처음 벼슬을 하여 새롭게 士가 된 사람만이 예물을 든다. 또한 애초에 서로 알고 지내던 사이가 아니기 때문에 주인이 그것을 감당하지 못하여 사양하는 것이다.

17_ 존경하는 분을 뵙는데 ~ 때문이다 : 『백호통』「서지」에 "사적으로 서로 찾아뵐 때에도 예물(摯)을 드는 것은 무엇 때문인가? 서로 존경하여 화목함을 증진시키기 위함이다. 그러므로 재화와 비단은 지극한 뜻을 돕기 위한 것이다"(相見有摯何? 所以相尊敬, 長和睦也. 故財帛者, 所以副至意也)라고 하였다. 따라서 동등한 신분으로 만날 때에도 서로 존경하는 뜻이 있으므로, 존경하는 분을 뵈면서 예물(摯)이 없으면 너무 소홀하다는 혐의를 받는다고 한 것이다. 『의례정의』, 241쪽 참조.

18_ 주인은 대문 밖으로 ~ 한다 : 이전까지 빈은 주인 집의 대문 밖에서 예물을 들고 서 있었고, 주인의 빈자가 중간에서 왕래하면서 주인과 빈의 말을 전달하였는데, 이제 주인은 만나는 것을 허락하였으므로 대문 밖으로 나아가 빈을 맞이하고 배례를 하는 것이다.

19_ 대문 안으로 들어가 왼쪽으로 나아간다 : 원문의 '門左', 즉 '문의 왼쪽'이라는 말은 두 가지 뜻을 갖는다. 첫째는 문의 왼쪽 즉 闑의 왼쪽을 통해서 문 안으로 들어간다는 뜻이고, 둘째는 문 안으로 들어간 후 왼쪽으로 나아가거나 또는 왼쪽에 선다는 뜻이다. 문은 남쪽을 향해 있으므로, 문 밖으로 나아갈 때에는 동쪽이 왼쪽이 된다. 문 안으로 들어갈 때에는 서쪽이 왼쪽이 된다. 여기서의 정현 주에 따르면 문 안으로 들어가서 왼쪽으로 나아가는 것인데, 들어가는 상황이므로 빈의 자리인 서쪽이 되는 것이다. 바로 위의 '門右', 즉 '문의 오른쪽'도 마찬가지로 해석된다.

20_ 주인은 뜰에서 ~ 받는다 : 이여규에 따르면 [經-35]에는 "군주가 당에 있으니, 당 위로 올라가 뵙는다"(君在堂升見)라고 하였는데, 이 경문에서는 '당 위로 올라간다'는 문장이 없으므로 뜰(庭)에서 예물을 받는 것임을 알 수 있다. 『의례정의』, 242쪽 참조.

21_주인은 뜰에서 ~ 나온다 : 호배휘는 정현 주의 '既拜受, 送則出矣'를 "주인은 배례를 한 후에 예물을 받고, 빈은 예물을 보내 준 후에 배례를 하여 예가 끝나면 대문 밖으로 나간다"(云既拜受送則出矣, 謂主人既拜受摯, 賓既拜送摯而禮畢, 則出矣)는 뜻이라고 해석하고, 예를 마치고 빈이 문을 나오는 것은 주인과 빈 사이에 은근한 정서가 아직 교감되지 않은 상태이기 때문에 반드시 나갔다가 주인이 뵙기를 청한 후에 되돌아와서 인사를 나누게 됨을 밝힌 것이라고 하였다. 『의례정의』, 242쪽 참조.

22_당에서 ~ 낮추는 것이다 : 정현은 신하가 군주를 뵐 때 군주는 당에서 예물을 받는데, 이 경우는 뜰(庭)에서 받기 때문에 군주보다 낮춘다고 해석한 것이다. 양복은 당에서 받는 것은 무겁고, 뜰에서 받는 것은 가볍기 때문이라고 하였다. 『의례정의』, 242쪽 참조.

23_今文無 : 이여규의 『집석』, 주희의 『통해』, 毛本에는 '今文無也'로 되어 있고, 嚴本과 徐本에는 '今文無'로 되어 있다. 호배휘의 『의례정의』, 242쪽에는 '今文無也'로 되어 있다. 이에 따라 번역한다.

24_주인이 빈자를 보내서 ~ 물러간다 : 앞의 경문에서 빈이 예물을 보내 준 후 대문 밖으로 나온다고 하였는데, 이때 주인은 전송을 하지 않고 빈자를 시켜서 만날 것을 청한다. 빈도 사양하지 않고 되돌아와서 인사를 나눈다. 빈은 본래 인사를 나누러 왔기 때문이다. 『의례정의』, 242쪽 참조.

25_'뵙기를 청한다'는 것은 ~ 때문이다 : 빈이 찾아올 때, 介를 통해서 이름을 전하고, 예물을 바쳐서 공경을 다하므로 그 예는 매우 중한 것이다. 이때는 서로 공경스럽고 엄숙한 예로 만나기 때문에 빈과 주인 양쪽의 마음이 모두 펼쳐지지 못한다. 이 때문에 주인이 반드시 뵙기를 청해서 기쁜 마음을 주고받을 수 있도록 한다. 빈이 되돌아와서 뵙는 '反見'은 사적으로 뵙는 '燕見'이다. '燕見'의 예는 처음의 존경과 엄숙함을 다할 때와는 다르지만 연회를 베풀어 술을 마시는 燕飮의 燕은 아니다. 『의례정의』, 242쪽.

26_[經-34]에서 [經-41]까지를 가리킨다.

해제

經-12에서 經-18의 전반부까지는 사와 사가 서로 찾아뵙는 상견의 예에서 '청견請見'을 받았던 사가 빈이었던 사를 다시 찾아뵙는 '부견復見'의 절차이다. 經-18의 후반부는 사가 대부를 찾아뵙는 절차이다.

[士相見禮03 : 經-12]

주인이 다시 빈을 찾아뵙는데,[1] 빈이 들고 왔던 예물을 가지고 간다. 빈[2]은 "지난번 그대께서 수고롭게 찾아오셔서 아무개(빈의 이름)로 하여금 뵐 수 있게 해 주셨습니다. 빈자擯者를 통해 예물을 돌려드리고자 합니다"[3]라고 말한다.[4]

主人復見之, 以其摯. 曰, "鄉者吾子辱, 使某見. 請還摯於將命者."

정현주

'다시 찾아뵙는다'(復見之)는 것은 예禮는 오고가는 것을 숭상하기 때문이다. '그 예물을 가지고 간다'(以其摯)는 것은 지난번 빈이 들고 왔던 예물을 가리켜 말한 것이다. '향鄉'은 지난번(曩)의 뜻이다. '장將'은 전한다(傳)는 뜻과 같으니, '명을 전하는 자'(傳命者)는 예의 진행을 돕는 자를 가리킨다.[5] '復見之'者, 禮尙往來也. '以其摯', 謂鄉時所執來者也. '鄉', '曩'也. '將'猶傳也, '傳命者', 謂擯相者.

[士相見禮03 : 經-13]

주인은 "아무개(주인의 이름)가 이미 찾아뵈었으니, 감히 사양하겠습니다"라고 대답한다.

主人對曰, "某也既得見矣, 敢辭."

정현주 빈이 와서 자신에게 답례하는 것을 사양하는 것이다. 讓其來答己也.

[士相見禮03 : 經-14]

빈은 "아무개(빈의 이름)는 감히 뵙고자 하는 것이 아니라, 빈자擯者를 통해 이 예물을 돌려드리고자 할 뿐입니다[6]"라고 대답한다.

賓對曰, "某也非敢求見, 請還摯于將命者."

정현주 '감히 뵙고자 하는 것이 아니다'(不敢求見)라고 말한 것은 주인을 번거롭게 한다는 혐의 때문에 감히 상견相見의 예법을 감당하지 못한다는 것이다. 금문본에는 '也'가 없다. 言'不敢求見', 嫌褻主人, 不敢當也. 今文無'也'.

[士相見禮03 : 經-15]

주인은 "아무개(주인의 이름)가 이미 찾아뵈었으니, 감히 거듭 사양하겠습니다"라고 대답한다.

主人對曰, "某也既得見矣, 敢固辭."

정현주 '고固'는 이전과 같이 한다는 뜻이다. '固', 如故也.

[士相見禮03 : 經-16]

빈은 "아무개(빈의 이름)는 감히 예물을 돌려드리겠다고 아뢰고자 하는 것이 아니라, 빈자擯者를 통해 이 예물을 돌려드리고자 거듭 청할 뿐입니다"라고 대답한다.

賓對曰, "某不敢以聞, 固以請於將命者."

정현주 '감히 아뢰고자 하는 것이 아니다'(不敢以聞)라고 말한 것은 또 더욱 상견相見의 예를 감당하지 못한다는 것이다. 言'不敢以聞', 又益不敢當.

[士相見禮03 : 經-17]

주인은 "아무개(주인의 이름)가 거듭 사양했는데도 허락하는 명을 받지 못하였으니, 감히 따르지 않을 수 있겠습니까!"라고 대답한다.

主人對曰, "某也固辭, 不得命, 敢不從!"

정현주 허락하고 예물을 받는 것이다. 빈이 방문받았던 날과 다른 날에 찾아가면 주인은 대문 밖으로 나가서 맞이하고, 같은 날에 찾아가면 대문 밖으로 나가서 맞이하지 않는다.[8] 許受之也. 異日則出迎, 同日則否.

[士相見禮03 : 經-18]

빈이 예물을 받들고 대문 안으로 들어가면, 주인은 재배를 한 후 예물을 받는다. 빈은 예물을 보내 드린 후에 재배를 하고 대문 밖으로 물러나간다.[9] 주인은 대문 밖에서 전송하는데 재배를 한다. 사士가 대부大夫를 찾아뵙는 경우, 대부는 사가 들고 온 예물(摯)을 끝까지 사양하고 받지 않는다. 빈(사)이 대문 안으로 들어오면, 주인(대부)은 그가 욕되게 찾아온 것에 일배一拜를 할 뿐이다. 빈이 대문 밖으로 물러나면, 주인(대부)은 전송을 하는데 재배를 한다.

賓奉摯入, 主人再拜受. 賓再拜送摯, 出. 主人送于門外, 再拜. 士見於大夫,[10] 終辭其摯. 於其入也, 一拜其辱也. 賓退, 送, 再拜.

정현주

'그 예물을 끝까지 사양하고 받지 않는다'(終辭其摯)는 것은 장차 친히 답방을 하지 않을 것이기 때문이다.[11] 무릇 답방을 하지 않으면서도 예물을 받는 것은 오직 군주가 신하에 대해서만 그렇게 한다.[12] 대부가 사에 대해서 대문 밖으로 나가서 맞이하지 않고, 대문 안으로 들어왔을 때 일배一拜를 하는 것은 정식의 예(正禮)이다.[13] 전송할 때 재배를 하는 것은 빈을 높이는 것이다.[14] '終辭其摯', 以將不親答也. 凡不答而受其摯, 唯君於臣耳. 大夫於士, 不出迎, 入一拜, 正禮也. 送再拜, 尊賓.

주

1_ 주인이 다시 빈을 찾아뵙는데 : 빈이 주인을 찾아뵌 후에, 주인이 다시 빈의 집을 방문하여 뵙는 것이다. 이것이 이른바 '復見'이다. 여기서의 '주인'과 '빈'은 이전에 방문을 받았던 사와 방문을 하였던 사를 각각 가리킨다.

2_ 빈 : 여기서의 빈은 이전에 방문을 받았던 사를 가리킨다. 이하에서 '主人'이라 칭하는 이는 이전에 빈이었던 사람이고, '賓'이라 칭하는 이는 전에 주인이었던 사람이다.

3_ 빈자를 통해 예물을 돌려드리고자 합니다 : 호배휘에 따르면 신분이 같은 사끼리는 예물을 끝까지 사양하지 못하고 받지만 후에 이 예물을 다시 돌려주며, 대부가 사의 인사를 받을 경우에는 끝까지 예물을 사양하기 때문에 이를 되돌려 주는 일이 없으며, 군주는 자기의 신하에 대해서 그 예물을 받으며, 外臣에 대해서는 일단 받았다가 빈자를 통해서 되돌려 주는데, 대부가 일찍이 자신의 신하였던 자에 대해서도 또한 마찬가지로 한다. 『의례정의』, 243쪽 참조.

4_ 빈은 ~ 말한다 : 여기부터 [經－17]까지의 빈과 주인의 말은 모두 주인의 빈자가 중간에서 왕래하면서 전달해 주는 말이다. 『의례정의』, 245쪽, 장이기의 설 참조.

5_ '명을 전하는 자'는 ~ 가리킨다 : 『주례』「추관·사의」의 정현 주에 "나아가서 빈을 대접하는 것을 '擯'이라 하고, 들어와 예를 돕는 것을 '相'이라고 한다"(出接賓曰擯, 入贊禮曰相)고 하였다. 擯과 相은 실제로는 한 사람이므로 명을 전하는 자는 곧 '擯者'를 가리킨다. '빈자'는 예의 진행을 돕는 주인 쪽의 사람이다. 『의례정의』, 244쪽 참조.

6_ 감히 뵙고자 하는 ~ 뿐입니다 : 경문의 '褻'(번거롭게 하다)은 빈과 주인이 자주 만나는 것을 말한다. '감히 뵙고자 하는 것이 아니다'라고 말한 것은 주인을 번거롭게 한다는 혐의 때문에 감히 相見의 예법을 감당하지 못하고 단지 '예물을 돌려드리고자 할 뿐입니다'라고 말한 것이다. 『의례정의』, 244쪽, 호배휘의 설 참조.

7_ 감히 예물을 돌려드리겠다고 ~ 뿐입니다 : 장이기는 "'감히 주인께 아뢰는 것이 아니다'라고 말한 것은 감히 예물을 돌려드리는 일을 가지고 주인에게 아뢰고자 하는 것이 아니라, 단지 명을 전달하는 찬자에게 거듭 청할 뿐임을 말하는 것이니, 더욱 스스로 겸손해하는 말이다"라고 하였다. 『儀禮正義』, 244쪽 참조.

8_ 빈이 방문받았던 날과 ~ 않는다 : 가공언은 경문에 '주인이 대문 밖으로 나가서 맞이한다'(主人出迎), '그 이튿날에 찾아간다'(厥明)는 문장이 보이지 않는 점에 주목해

서 새롭게 士가 된 사람이 이전에 이미 사가 되었던 사람을 방문하여 인사를 드리는 예와 이에 응하여 이전에 이미 사가 되었던 사람이 집으로 돌아간 신임 사를 다시 방문하여 인사를 하는 예는 같은 날에 행하는 것이라고 하였고, 이여규도 같은 입장을 취하였다. 한편 저인량은 오늘날에는 빠르게 답례하는 것을 공경함으로 여기지만, 옛날에는 날을 달리하여 답례하는 것을 공경함으로 여겼기 때문에 빈이 다른 날에 방문하여 인사를 하면 주인은 대문 밖으로 나가서 맞이하는 것이라고 정현의 해석을 보강하여 설명하였다. 그러나 오계공은 주인이 맞이하기를 기다리지 않고 곧바로 찾아가는 것은 급히 예물을 돌려주려는 것이고 또한 주인을 존중하는 뜻이라고 하였다. 또 빈이 답방을 하여 주인을 이미 존중하였는데, 주인이 도리어 오만하게 스스로를 높여서 대문 밖으로 나와서 맞이하지 않는 일은 있을 수 없다고 하여 정현의 해석을 반박하였다. 즉 같은 날에 찾아가든 다른 날에 찾아가든 주인은 대문 밖으로 나가서 맞이해야 한다는 것이다. 『의례정의』, 245쪽 참조.

9_ 빈은 예물을 보내 드린 후에 ~ 물러나간다 : 이때 빈이 주인에게 보내 주는 예물에 대해서 오정화는 예는 오고가는 것을 숭상하기 때문에 復見할 때에는 별도의 예물(摯)을 가지고 간다(禮尙往來, 復見宜別有摯)고 하였고, 호배휘는 경문에 '還摯' 즉 '예물을 되돌려 준다'고 하였으므로 처음 벼슬을 하여 사가 된 사람이 가지고 온 예물을 다시 되돌려 주는 것이라고 하였다. 『의례정의』, 245쪽 참조.

10_ 士見於大夫 : 호배휘의 『의례정의』에는 [經－01]의 '士相見之禮'부터 [經－18]의 전반부인 '主人送于門外, 再拜'까지를 '사와 사가 相見하는 예', [經－18]의 후반부인 '士見於大夫'에서 '賓退, 送, 再拜'까지를 '사가 대부를 찾아뵙는 예'로 구분하였다. 양복 역시 [經－18]의 전반부인 '主人送于門外, 再拜'까지를 '사와 사가 상견하는 예'에서의 '復見' 절차로 보았다. 여기서는 일단 리쉐친 주편, 『의례주소』본에 따라 [經－18]의 전반과 후반을 한 절로 묶어서 번역하겠다.

11_ 그 예물을 ~ 때문이다 : 끝까지 사양한다(終辭)는 것은 받지 않는다는 뜻이다. 사는 사에 대해서 예물을 받은 후 친히 답방할 때 그 예물을 되돌려 준다. 대부는 사에 대해서 친히 답방을 하지 않기 때문에 예물을 받지 않는다. 오계공은 대부가 사의 예물을 받은 후 답방을 하지 않으면 군주의 예로 오해되고, 답방을 하면 대등한 관계로 오해되며, 사람을 시켜서 예물을 되돌려 주면 舊臣을 대하는 것으로 오해되기 때문에 끝까지 사양하고 받지 않는 것이라고 하였다. 『의례정의』, 246쪽.

12_ 무릇 답방을 ~ 한다 : 호배휘에 따르면, 여기서의 군주는 본국의 군주를 말한다. 타국의 군주인 경우 빈자를 시켜서 그 예물을 되돌려 준다. 따라서 답방을 하지 않으면서도 예물을 받는 것은 군주가 자기의 신하에 대해서만 그렇게 하는 것임을

알 수 있다. 『의례정의』, 246쪽 참조.

13_ 대문 밖으로 나가서 ~ 정식의 예이다 : 주인이 빈에 대해서 대문 밖으로 나가서 맞이하지 않고, 대문 밖으로 나가서 전송하지 않는 것은 모두 신분이 자기보다 낮은 사람에게 행하는 예이다. 『예기』「곡례하」에 "사가 대부를 찾아뵈면, 대부는 그가 수고롭게 찾아온 것에 대해 배례를 한다"(士見於大夫, 大夫拜其辱)고 하였다. 따라서 자기보다 신분이 낮은 사람이 찾아왔을 때 직접 대문 밖으로 나가서 맞이하지 않고, 대문 안으로 들어온 후에는 재배를 행하지 않고 단지 一拜만 하는 것을 정현은 正禮라고 한 것이다.

14_ 전송할 때 ~ 높이는 것이다 : 빈을 전송할 때에는 신분의 존비를 막론하고 모두 재배를 한다. 다만 喪禮의 경우에는 빈을 전송할 때에 一拜를 한다. 『의례정의』, 246쪽 참조.

해제 經—19에서 經—26까지는 사의 신분으로 일찍이 대부의 가신家臣이었던 자가 대부를 찾아뵙는 절차이다.

[士相見禮03 : 經—19]

일찍이 대부의 가신이었다가 지금은 제후의 신하가 된 사士[1]가 예전의 주군인 대부를 찾아뵐 경우라면, 대부는 사가 들고 온 예물을 한 번 사양한 후에 허락하면서, "아무개(대부의 이름)가 사양하였지만 허락하는 명을 받지 못하였으니, 감히 거듭 사양하지 못하겠습니다"라고 말한다.

若嘗爲臣者, 則禮辭其摯, 曰, "某也辭, 不得命, 不敢固辭."

정현주 '예사禮辭'는 예물을 한 번 사양한 후에 허락한다는 뜻이다.[2] 대부는 장차 답방을 하지 않을 것인데도 사가 예물을 들고 들어오는 것을 허락하는 것은 (사에게) 신하의 도리가 있기 때문이다. '禮辭', 一辭其摯而許也. 將不答而聽其以摯入, 有臣道也.

[士相見禮03 : 經—20]

빈(사)은 대문 안으로 들어가서 예물을 내려놓고 재배를 한다. 주인(대부)은 답례로 일배壹拜를 한다.[3]

賓入, 奠摯, 再拜. 主人答壹拜.

정현주 '예물을 내려놓는다'(奠摯)는 것은 주인과 빈의 신분이 달라서 직접 줄 수 없기 때문이다. 고문본에는 '壹'이 '一'로 되어 있다. '奠摯', 尊卑異, 不親授也. 古文'壹'爲'一'.

[士相見禮03 : 經-21]
빈(사)이 대문 밖으로 물러 나가면, 주인(대부)은 빈자를 시켜서 대문 밖에서 그 예물을 돌려주게 하는데,[4] 빈자는 "아무개(주인, 대부의 이름)께서 아무개(빈자의 이름)를 시켜서 예물을 돌려주게 하셨습니다"라고 말한다.
賓出, 使擯者還其摯于門外, 曰, "某也使某還摯."

정현주 '그 예물을 돌려준다'(還其摯)는 것은 정식 군주의 예와 동일하게 한다는 혐의를 피하기 위함이다.[5] '還其摯'者, 辟正君也.

[士相見禮03 : 經-22]
빈은 "아무개(빈 : 대부)는 이미 뵈었으니, 예물을 되돌려 받는 것은 감히 사양하겠습니다"라고 대답한다.
賓對曰, "某也既得見矣, 敢辭."

정현주 군주[6]가 예물을 돌려주는 것에 대해 사양하는 것이다. 금문본에는 '也'가 없다. 辭君還其摯也. 今文無.[7]

[士相見禮03 : 經-23]

빈자는 "아무개(주인 : 대부)께서는 아무개(빈자의 이름)에게 명하시면서, '아무개(주인 : 대부)는 감히 겉치레 말로 하는 것이 아닙니다'라고 말씀하셨습니다.[8] 감히 이 예물을 받아 주시기를 청합니다"라고 말한다.

擯者對曰, "某也命某, '某非敢爲儀也.' 敢以請."

정현주 예물을 돌려주는 사람(빈자)이 예물을 받아 주도록 청하는 것이다. 還摯者請使受之.

[士相見禮03 : 經-24]

빈은 "아무개(빈 : 사)는 부자夫子(주인 : 대부)의 천한 가신이었으므로 빈객의 예를 행할 수 없으니, 감히 거듭 사양하겠습니다"라고 대답한다.

賓對曰, "某也, 夫子之賤私, 不足以踐禮, 敢固辭."

정현주 가신家臣은 사私라고 칭한다.[9] '천踐'은 행한다(行)는 뜻이다. 아무개(빈)는 신하이니, 빈객의 예를 행할 수 없다고 말한 것이다. 빈객 가운데 답방을 받지 못하는 자는 예물을 돌려받지 않는다.[10] 家臣稱私. '踐', 行也. 言某臣也, 不足以行賓客禮. 賓客所不答者, 不受摯.

[士相見禮03 : 經－25]

빈자는 "아무개(주인 : 대부)께서 아무개(빈자의 이름)에게 시키시면서, 감히 겉치레 말로 하는 것이 아닙니다'라고 말씀하셨습니다. 이 예물을 받아 주시기를 거듭 청합니다"라고 대답한다.

擯者對曰, "某也使某, '不敢爲儀也.' 固以請."

정현주

'아무개(빈자의 이름)에게 시키다'(使某)라고 말한 것은 군주를 높이는 것이다. 혹 '아무개(빈자의 이름)에게 명하다'(命某)라고 말한 것은 주인의 말을 전하는 것일 뿐이다.[11] 言'使某', 尊君也. 或言'命某', 傳言耳.

[士相見禮03 : 經－26]

빈은 "아무개(빈 : 사)가 거듭 사양했는데도 허락하는 명을 받지 못하였으니, 감히 따르지 않을 수 있겠습니까!"라고 말하고, 재배를 한 후에 받는다.

賓對曰, "某固辭, 不得命, 敢不從!" 再拜受.

정현주

그 예물을 받고 떠나는 것이다.[12] 受其摯而去之.

주

1_ 일찍이 ~ 신하가 된 사 : 왕사양은 『의례순해』에서 "경문의 '嘗爲臣'은 예전에는 대부의 가신이었는데, 이제 제후의 士가 된 사람으로, 예를 들면 조문자가 천거한 관고의 士 등이 그러한 경우이다. 일찍이 신하였다면 처음 뵙는 것이 아닌데도 반드시 예물을 가지고 찾아뵙는 것은 제후의 신하로 승진한 후 처음 찾아뵙는 것이기 때문이다"라고 하였다. 『의례정의』, 246쪽.

2_ '예사'는 ~ 허락한다는 뜻이다 : 오계공에 따르면 한 번 사양한 후에 받는 것은 현재 자신의 신하의 경우와 달리하는 것으로, 현재 자신의 신하라면 사양하지 않고 받는다. 『의례정의』, 246쪽.

3_ 주인은 답례로 일배를 한다 : 오계공은 주인은 신분이 존귀하기 때문에 옛 신하가 욕되게 찾아온 수고로움에 대해서는 배례를 하지 않는다고 하였다. 그러나 호배휘는, 『예기』「곡례하」에 "대부는 자기 신하에 대해서 그가 아무리 천하더라도 반드시 그에게 답배를 한다"(大夫於其臣, 雖賤, 必答拜之)고 하였고 정현은 주에서 "정식 군주의 예와 동일하게 한다는 혐의를 피하기 위한 것이다"(辟正君)라고 하였으니, 현재 자기의 신하에 대해서도 답배를 하는데 舊臣에 대해서도 당연히 일배로 답배를 해야 한다고 주장하였다. 『의례정의』, 247쪽 참조.

4_ 빈이 대문 밖으로 ~ 돌려주게 하는데 : 오계공에 따르면, 빈이 물러날 때 주인이 배례를 하면서 전송하지 않는 것은 신하가 된 적이 없는 사람에게 행하는 예와 다른 것이다. 『의례정의』, 247쪽 참조.

5_ 정식 군주의 ~ 것이다 : 오계공에 따르면, 빈이 현재 자신의 신하가 아님을 뜻한다. 『의례정의』, 247쪽 참조.

6_ 군주 : 호배휘에 따르면, 실은 '대부'인데 '군주'라고 한 것은 찾아온 빈이 일찍이 그의 신하였으므로 군주의 의리가 있기 때문이다. 『의례정의』, 247쪽 참조.

7_ 今文無 : 이여규의 『의례집석』, 주희의 『의례경전통해』, 毛本에는 '今文無也'로 되어 있고, 嚴本과 徐本에는 '今文無'로 되어 있다. 호배휘의 『의례정의』, 247쪽에는 '今文無也'로 되어 있다. 이에 따라 번역한다.

8_ 아무개는 감히 ~ 말씀하셨습니다 : 학경은 '某非敢爲儀也'에 대해 빈자가 자기에게 주인이 명한 말을 기술한 것이라고 하였고(擯者述主人命己之辭), 오계공은 빈자 스스로가 한 말(擯者自爲之辭)이라고 하였다. 성세좌는 학경의 해석에 손을 들어준다. 경문에 보이는 세 번째 '某'자를 빈자의 이름으로 본다면 문장의 뜻에 맞지 않는

데, 그것은 예물을 돌려주는 것은 빈자의 뜻에서 나온 것이 아니기 때문이다. 따라서 학경의 견해가 타당하다고 하였다.(第三'某'字, 若作擯者自名, 終於義未協, 以還摯, 非出自擯者意也. 郝說似勝) 『의례정의』, 247쪽 참조.

9_ 가신은 사라고 칭한다 : 『예기』 「옥조」에 私는 "대부에 대해서 外私라고 칭한다"(於大夫曰'外私')고 한 것에 대해 정현은 "사는 신하로서 대부를 섬길 경우 그 대부에 대해서 '私人'이라고 칭한다"(士臣於大夫者, 曰'私人')라고 해석하였다.

10_ 빈객 가운데 ~ 돌려받지 않는다 : 빈객의 예에서는 무릇 답방을 하지 않는 경우 예물을 받지 않는다. 대부는 사에 대해서 친히 답방을 하지 않기 때문에 예물을 받지 않으려 하는 것이다. 그러므로 아무개(빈)는 신하이므로 빈객에게 예물을 돌려주는 예를 행하기에 부족하다고 말하는 것이다. 『義禮正義』, 254쪽. ([經-18]의 주석 11 참조.)

11_ 혹 아무개에게 ~ 것일 뿐이다 : '還摯' 즉 예물을 돌려보낼 때 처음에는 '使某'([經-21])라고 하였고, 다음으로 '命某'([經-23])라고 하였고, 마지막에 다시 '使某'([經-25])라고 하였기 때문에, 정현은 '使某'(빈자에게 시키다)라고 말한 것은 군주를 높이는 의리이고, '命某'(빈자에게 명하다)라고 한 것은 말을 전하는 의리를 취한 것뿐이라고 구분한 것이다. 그러나 오계공은 '使'와 '命'을 같은 뜻으로 보고 커다란 차이가 없다고 하였다. 『의례정의』, 248쪽.

12_ 그 예물을 받고 떠나는 것이다 : 오계공은, 경문에 '빈은 대문 밖으로 물러나간다'(賓退)는 문장이 없기 때문에 정현이 보충한 것이라고 하였다. 『의례정의』, 248쪽.

해제 經-27에서 經-29까지는 대부大夫들이 서로 찾아뵙는 절차이다.

[士相見禮03 : 經-27]

하대부下大夫[1]가 서로 찾아뵐 때에는 자신의 신분을 나타내는 예물로 기러기(雁)를 사용한다.[2] 베로 기러기 몸에 옷을 입히고, 밧줄로 다리를 묶는데, 꿩을 받들 때와 마찬가지로 기러기의 머리가 왼쪽을 향하도록 하여 받든다.[3]

下大夫相見, 以鴈. 飾之以布, 維之以索, 如執雉.

정현주

안雁

(淸),『흠정의례의소』

기러기를 예물로 하는 것은 기러기의 계절을 알고 날 때 항렬을 이루는 성정을 취한 것이다.[4] '베로 몸에 옷을 입힌다'(飾之以布)는 것은 베를 마름질하고 꿰매어서 그 몸에 옷을 입힌다는 뜻이다.[5] '묶는다'(維)는 것은 그 다리를 묶는다는 뜻이다.[6] 鴈, 取知時, 飛翔有行列也. '飾之以布', 謂裁縫衣其身也. '維', 謂繫聯其足.

[士相見禮03 : 經-28]

상대부上大夫가 서로 찾아뵐 때에는 자신의 신분을 나타내는 예물로 새끼 양(羔)을 사용한다. 베로 몸에 옷을 입히고, 밧줄로 네 다리를 묶어 가슴 앞부분에서 맺는다. 새끼 양의 머리가 왼쪽으로 향하도록 하는데, 새끼 사슴(麛)을 받들 때와 마찬가지로 왼손으로 앞다리를 잡고 오른손으로 뒷다리를 잡는다.

上大夫相見, 以羔. 飾之以布, 四維之, 結于面. 左頭, 如麛執之.

정현주 '상대부上大夫'는 경卿을 가리킨다. 새끼 양을 예물로 사용하는 것은 새끼 양의 우두머리를 따르고 무리를 이루지만 편을 가르지 않는 성정을 취한 것이다.[7] '면面'은 앞(前)의 뜻이다. 네 다리를 묶어 배 위에서 교차해 내어서 가슴 앞에서 그것을 맺는다.[8] '새끼 사슴을 받들 때와 마찬가지로 방식으로 잡는다'(如麛執之)[9]는 것은 가을에 새끼 사슴을 받들 때는 규정된 예법이 있어 그와 같이 한다는 뜻이다. 어떤 사람은 "새끼 사슴(麛)은 고孤[10]가 사용하는 예물이다"라고 하였다. 새끼 사슴을 받드는 예는 대체로 왼손으로 앞다리를 잡고 오른손으로 뒷다리를 잡는 것을 가리킨다. 금문본에는 '頭'가 '脰'로 되어 있다. '上大夫', 卿也. 羔取其從帥, 羣而不黨也. '面', 前也. 繫聯四足, 交出背上, 於胸前結之也. '如麛執之'者, 秋獻麛, 有成禮, 如之. 或曰"麛, 孤之摯也." 其禮蓋謂左執前足, 右執後足. 今文'頭'爲'脰'.

[士相見禮03 : 經-29]

사士들이 서로 찾아뵙는 예와 동일한 절차로 한다.

如士相見之禮.

정현주 대부의 경우 비록 사용하는 예물은 다르지만 그 의식 절차는 사의 경우와 동일하다.[11] 大夫雖摯異, 其儀猶如士.

주

1_ 하대부 : 제후국에는 모두 3卿 5大夫가 있는데, '上大夫'라고 하면 3경을 가리키며, '下大夫'는 5대부를 가리킨다. 『의례주소』, 134쪽, 가공언의 소 참조.

2_ 하대부가 서로 ~ 사용한다 : 『주례』「춘관·대종백」에 경은 새끼 양(羔)을 잡고, 대부는 기러기(雁)를 잡는다고 하였고, 『예기』「곡례하」에서도 경은 예물로 새끼 양(羔)을 사용하고, 대부는 예물로 기러기(雁)를 사용한다고 하였다. 호배휘는 하대부끼리 서로 찾아뵐 때에는 기러기를 사용하고, 상대부끼리 서로 찾아뵐 때에는 새끼 양을 사용한다고 하였다. 『의례정의』, 248쪽 참조.

3_ 꿩을 받들 때와 마찬가지로 ~ 받든다 : 사들이 서로 뵐 때 꿩의 머리가 왼쪽을 향하도록 받드는 것과 마찬가지로 기러기 머리가 왼쪽을 향하도록 받든다는 뜻이다. [經—01] 참조.

4_ 기러기를 예물로 ~ 취한 것이다 : 가공언에 따르면 '계절을 안다'는 것은 기러기가 나뭇잎이 떨어지는 가을에 남쪽으로 날고 얼음이 어는 겨울에 북쪽으로 날아가는 것을 가리키며, '날 때에 항렬을 이룬다'는 것은 기러기가 날 때 열을 짓는데 장유의 예가 있음을 뜻한다. 『의례주소』, 134쪽, 가공언의 소 참조. 『백호통』「문질」에는 "대부가 기러기를 예물로 쓰는 것은 그것이 날아갈 때 항렬을 짓고, 멈출 때 도열을 이루는 성정을 취한 것이다. 대부의 직무는 군주의 명을 받들어 사방으로 다니는 것에 있으니, 행동할 때마다 마땅히 스스로 올바르게 하여 군주를 섬길 수 있어야 한다"(大夫以鴈爲贄者, 取其飛成行, 止成列也. 大夫職在奉命之適四方, 動作當能自正以事君也)고 하였다.

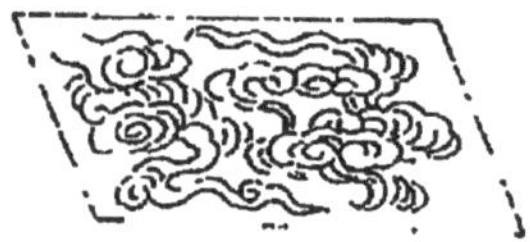

궤績

(淸), 『흠정의례의소』

5_ 베를 ~ 입힌다는 뜻이다 : 『예기』「곡례상」에 "飾羔鴈者以繢"(새끼 양과 기러기를 문식할 때에는 그림을 그려 넣은 베를 사용한다)고 한 것에 대해 정현은 "'繢'는 그림을 그려 넣는다는 뜻이다. 제후의 대부는 베를 사용하고, 천자의 대부는 그림을 그려 넣은 베를 사용한다"(繢, 畫也. 諸侯大夫以布, 天子大夫以畫)라고 하였다. 공영달은 "'飾'은 덮는다는 뜻이다. '羔'는 양의 뜻이다. '繢'는 그림을 그려 넣는다는 뜻이다. 베에 그림을 그려 넣어 구름 문양을 만들고, 그것으로 새끼 양이나 기러기를 덮어서 문식을 삼아 서로 찾아뵙는 것이다. 「사상견례」에서 '하대부는 기러기를 쓰고, 상대부는 새끼 양을 쓰는데, 베로 문식을 하여 몸에 옷을 입힌다'고 하여 모두 '繢'라고 말하지 않았는데, 여기서 '繢'를 말한 것에 대해 정현은 (『주례』「춘관·대종백」의 주에서) '「사상례」의 경우는 제후의 경·대부이므로 신분이 낮아서 단지 베를 사

용하고, 「곡례」의 경우는 천자의 경·대부이므로 신분이 존귀하기 때문에 그림을 그려 넣는 것이다'라고 하였다"(飾, 覆也. 羔, 羊也. 繢, 畫也. 畫布爲雲氣, 以覆羔雁爲飾以相見也. 「士相見禮」云, '下大夫以雁, 上大夫以羔, 飾之以布', 並不言繢, 此言繢者, 鄭云, '彼是諸侯之卿大夫, 卑, 但用布, 此天子之卿大夫, 尊, 故畫之也')라고 하였다. 그러나 오정화는 예물(摯)은 문식하는 것을 중시하므로 천자의 나라와 제후의 나라를 구분할 수 없으며, 경문에서 분명하게 '문식을 한다'고 한 이상 베만 사용하고 그림을 그려 넣은 베를 사용하지 않는다면 '문식'이라 할 수 없다고 하여 정현의 해석을 비판하였다. 호배휘도 여기서의 「사상례」에서 '베로 문식을 한다'고 한 것은 베로 바탕을 삼고 그 위에 그림을 그려 넣은 것으로 보아야 한다고 하였다. 『의례정의』, 249쪽 참조. 여기서는 일단 정현 주에 의거하여 경문을 번역하기로 하겠다.

6_ '묶는다'는 것은 ~ 뜻이다 : 호배휘는 꿩을 예물로 사용하는 경우에는 '묶는다'(維)라고 말하지 않았는데, 새끼 양과 기러기에 대해서는 '묶는다'고 한 것은 새끼 양과 기러기는 살아 있는 것을 사용하기 때문이라고 하였다. 저인량은 베로 몸에 옷을 입힐 때 날개까지 감싸므로 다리만을 묶는 것이라 하였고, 오계공은 다리와 날개를 함께 묶는 것이라고 하였다. 『의례정의』, 249쪽 참조.

7_ 새끼 양을 ~ 취한 것이다 : 가공언에 따르면 羔나 羊의 무리는 모두 이끄는 우두머리가 있는데, 卿이 무리를 이끌고 군주의 명령에 따르는 것과 같다. 『의례주소』, 134쪽 참조. 『백호통』 「문질」에는 "卿이 새끼 양을 예물로 쓰는 것은 그것의 무리를 짓지만 편을 가르지 않는 성정을 취한 것이다. 경의 직무는 충성을 다하고 아랫사람을 이끄는 데 있으니, 아첨하고 편을 갈라서는 안 된다"(卿以羔者, 取其羣不黨. 卿職在盡忠率下, 不阿黨也)고 하였다.

8_ 네 다리를 ~ 맺는다 : 밧줄로 그 앞다리를 묶고 또 다시 그 뒷다리를 묶은 후 배 위에서 교차하여 가슴 앞에서 맺는 것이다.

9_ 새끼 사슴을 ~ 잡는다 : 경문에서 '머리가 왼쪽을 향하도록 한다'(左頭)고 하였으므로 士가 예물로 사용하는 꿩(雉)이나 下大夫가 예물로 사용하는 기러기(雁)와 같은 방식으로 하는 것이다. 그런데 다시 '새끼 사슴을 받들 때와 마찬가지 방식으로 한다'고 한 것은 꿩과 기러기는 다리가 둘이고, 새끼 양은 다리가 넷이기 때문에 다리가 넷인 새끼 사슴을 받드는 방식에 따른다는 것이다. 『의례정의』, 250쪽 참조.

10_ 고 : 孤卿을 가리킨다. 『주례』 「대종백」·「대행인」이나 「빙례」에서 천자나 제후의 孤卿은 皮帛을 예물로 사용한다. 여기서 새끼 사슴(麛)이 孤의 예물이라고 한 것은 막 승진하여 孤가 된 경우를 가리킨다. 『의례주소』, 134쪽 가공언의 소 참조.

11_ 대부의 경우 ~ 동일하다 : 下大夫 및 上大夫의 경우, 사용하는 예물에는 새끼 양과 기러기라는 차이는 있지만 서로 찾아뵐 때의 절차는 사의 경우와 같은 방식으로 한다는 뜻이다. 오계공은 경문에서 '서로 찾아뵙는 예' 즉 '相見의 예'라고 한 것에는 주인이 빈을 다시 찾아뵙는 '復見의 예'도 포함되었음을 의미한다 하였다. 즉 대부나 경이 '復見'의 예를 행할 때에도 사의 경우와 마찬가지로 한다는 것이다. 장이기는 사나 대부 모두 동일한 절차로 하는 것은 대등한 신분 사이에서 행하는 의례이기 때문이라는 입장을 취한다. "사와 사가 서로 찾아뵙는 것은 신분이 동등한 사람끼리의 예인데, 두 대부가 서로 찾아뵙는 것도 신분이 대등한 사람의 예이다. 이 때문에 그 의식 절차도 동일하다"(士與士相見, 敵者之禮也, 兩大夫相見亦敵者. 故其儀如之)라고 하였다. 이불의 말에 따르면 아랫사람이 윗사람을 찾아뵐 때에는 사가 대부를 뵙는 절차([經-18]의 '士見于大夫' 이하)에 따르고, 윗사람이 아랫사람을 만날 때에는 先生이나 異爵者가 사를 만나는 절차([經-48]) 및 『예기』「옥조」의 대부가 사를 만나는 절차에 의거한다고 하였다. 『의례정의』, 250쪽 참조.

해제 經－30에서 經－32까지는 대부·사·서인이 군주를 찾아뵙는 절차이다.

[士相見禮03 : 經－30]

처음 군주를 찾아뵐 때[1] 자신의 신분을 나타내는 예물(摯)을 받들고 가는데, 군주가 있는 곳에 이르면 용모를 더욱 공손히 한다.

始見于君, 執摯, 至下, 容彌蹙.

정현주

'하下'는 군주가 있는 곳을 가리킨다.[2] '축蹙'은 촉促의 뜻이니, '촉促'은 공손하고 성실한 모습이다. 이때에 공손히 하는 것은 사의 경우나 대부의 경우나 마찬가지이다. '下', 謂君所也. '蹙'猶'促'也, '促', 恭愨貌也. 其爲恭, 士·大夫一也.

[士相見禮03 : 經－31]

서인庶人[3]이 군주를 뵐 경우에는 용모를 갖추지 않고, 나아가거나 물러날 때에는 빠르게 달려서 간다.[4]

庶人見於君, 不爲容, 進退走.

정현주

'용모'(容)는 빠른 걸음으로 손을 맞잡은 두 팔을 벌리고 걷는 것을 가리킨다.[5] '容', 謂趨翔.

[士相見禮03 : 經-32]

사나 대부가 군주를 뵐 경우에는 자신의 신분을 나타내는 예물(摯)을 내려놓고,[6] 머리를 바닥에 대면서 군주에게 재배를 한다.[7] 군주는 답례로 일배一拜를 한다.[8]

士·大夫則奠摯, 再拜稽首. 君答壹拜.

정현주 군주가 사와 대부에게 답례로 일배一拜를 한다고 말하였으므로 서인에게는 답배를 하지 않는 것이다. 서인이 사용하는 예물은 집오리(鶩)이다.[9] 고문본에는 '壹'이 '一'로 되어 있다. 言君答士·大夫一拜, 則於庶人不答之. 庶人之摯鶩. 古文'壹'作'一'.

주

1_ 처음 군주를 찾아뵐 때 : 가공언은 경문에서 단지 '군주를 찾아뵐 때'라고 하였으므로 신하의 귀천에 상관없이 모두 똑같이 한다는 뜻이라고 하였다. 『의례주소』, 135쪽.

2_ '하'는 군주가 있는 곳을 가리킨다 : 가공언은 정현의 해석을 부연하여 경문에서 '군주가 있는 곳(所)'이라고 하지 않고 '군주의 아래(下)'라고 한 것은 신하는 군주의 옷소매 아래를 보기 때문이라고 하였다. 그러나 오계공은 경문의 '至下'는 '허리띠에 이르는 것'(當帶) 즉 군주의 허리띠가 있는 곳을 보는 것으로서, 신하는 지극히 낮은 곳을 보아야 한다고 해석한다. 호배휘는 '下'를 '堂下'로 보고, 경문을 '예물을 들고 있는 자가 걸어서 군주가 있는 당 아래에 이른다'는 뜻으로 해석한다. 『의례주소』, 135쪽 및 『의례정의』, 251쪽 참조.

3_ 서인 : 가공언은 경문의 '庶人'을 서인으로서 관직에 있는 자 즉 府·史·胥·徒로 해석하였다. 그러나 왕소우는 府·史·胥·徒뿐 아니라 民도 포함된다고 보았으며, 호배휘도 이 설을 지지한다. 방포도 옛날에 천자·제후가 籍田의 예나 巡方·大詢·時田 등의 의례를 행할 때 서인과 만나는 경우가 있음을 근거로 서인도 군주를 알현하는 예가 있다고 하였다. 『의례주소』, 135쪽 및 『의례정의』 252쪽 참조.

4_ 서인이 ~ 빠르게 달려서 간다 : 걸음은 빠르기에 따라 표현하는 한자가 다르다. 『이아』「석궁」에서는 時(실내의 걸음) → 行(당상의 걸음) → 步(당하의 걸음) → 趨(문외의 빠른 걸음) → 走(중정의 달려가는 걸음) → 奔(대로의 뛰는 걸음)의 순서로 느린 걸음부터 빠른 걸음을 표기하고 있다.(室中謂之時. 堂上謂之行, 堂下謂之步. 門外謂之趨, 中庭謂之走, 大路謂之奔)

5_ '용모'는 ~ 걷는 것을 가리킨다 : 장이기는 서인이 군주를 알현할 때 趨翔의 容을 하지 않고, 나아가거나 물러날 때에는 오직 빠르게 달려갈 뿐이라고 하였다.(庶人見于君, 不爲趨翔之容, 進退唯疾走而已) 『의례정의』, 252쪽 참조. 『예기』「곡례상」에서 "휘장과 주렴 밖에서는 빠른 걸음으로 걷지 않고, 당 위에 있거나 玉을 받들고 있을 때에는 빠른 걸음으로 걷지 않는다. 당 위에서는 발자국이 서로 반쯤 겹치게 걷고, 당 아래에서는 발자국이 서로 잇닿게 걷고, 실내에서는 손을 맞잡은 두 팔을 벌리고 걷지 않는다"(帷薄之外不趨, 堂上不趨, 執玉不趨. 堂上接武, 堂下布武, 室中不翔)고 한 것에 대해 정현은 "걸을 때 다리를 크게 벌리고 걷는 것을 '趨'라고 하고, 걸을 때 손을 맞잡은 두 팔을 벌리고 걷는 것을 '翔'이라고 한다"(行而張足曰趨, 行而張拱曰翔)고 하였다. 정현이 경문의 '進退走'에 대해서 '容'으로 주를 단 것은 서인의 '進退走'가 趨翔의 容이 아님을 비교하여 보인 것이라고 하겠다. 『논어』「향당」에는 조정에서의 공자의 용모를 "빠르게 나아간다는 것은 새가 날개를 펴듯이 하는 것이다"

(趨進 翼如也)라고 하였는데, 『정의』에서는 "'빠르게 나아간다는 것은 새가 날개를 펴듯이 하는 것이다'라는 것은 빠르게 걸어서 나아가는데 손을 맞잡은 두 팔을 벌린 것이 단정하여 새가 날개를 편 모양이 되는 것이다"('趨進, 翼如也'者, 謂疾趨而進, 張拱端好, 爲鳥之張翼也)라고 하였다. 이것은 조정에서의 용모를 나타내는 '趨'가 '趨翔'의 의미임을 밝힌 것이다. 그러므로 정현은 경문에서의 용모(容)를 곧바로 '趨翔'으로 해석한 것이다.

6_ 자신의 신분을 ~ 내려놓고 : 예물을 내려놓는 위치에 대해서 성세좌는 「빙례」와 「근례」에 의거하여 신하들은 당 위로 올라가 예물을 바치는 일이 없으므로 마땅히 문의 동쪽에 내려놓는다고 하였고, 호배휘는 경문에 명문 규정이 없으므로 억측할 필요는 없다고 하였다. 『의례정의』, 252쪽 참조.

7_ 머리를 바닥에 ~ 재배를 한다. : 호배휘에 의하면 머리를 바닥에 대는 무거운 배례를 '稽首'라고 하는데, 이러한 '稽首'를 두 번 하는 것이 '再拜稽首'이다. '再拜稽首'를 하는 것은 신하가 군주를 뵙는 예이다. 『의례정의』, 252쪽 참조.

8_ 군주는 답례로 일배를 한다 : 『예기』「곡례하」에서는 "군주는 사에 대해서 답배를 하지 않는다"(君於士, 不答拜也)고 하였으므로, 경문과 다르다. 호배휘는 경문에서 '군주는 답례로 일배를 한다'고 한 것에 대해서 사가 군주를 처음 알현하는 것이기 때문에 답배를 하는 것이라고 해석하였다. 호배휘는 또 경문의 '壹拜'는 『주례』「春官·大祝」에서 말하는 '奇拜'라고 하였는데, '奇拜'는 '一拜' 즉 한 번 배례하는 것을 말한다. 무릇 경문에서 '拜'라고 하고 '再拜'라고 하지 않는 것은 모두 '一拜'를 가리킨다. 『의례정의』, 252쪽 및 『삼례사전』, 463쪽 참조.

9_ 서인이 사용하는 예물은 집오리이다 : 호배휘는 혹자의 설을 인용하여 이 정현의 주는 [經一30]에 있어야 한다고 하였다. 『의례정의』, 252쪽 참조.

해제

經-33은 다른 나라 사람이 군주를 뵙는 예를 기록한 것이다.

[士相見禮03 : 經-33]

만일 다른 나라 사람이 군주를 뵐 경우,[1] 군주는 빈자擯者를 시켜 그 예물을 돌려주는데,[2] 빈자는 "과군寡君께서 아무개(빈자의 이름)를 시켜서 예물을 돌려주게 하셨습니다"라고 말한다. 빈은 "군주께서 외국의 신하를 자신의 신하로 대우하지 않으시니, 신은 감히 사양하지 않겠습니다"라고 대답한다. 빈은 머리를 바닥에 대면서 재배를 한 후 예물을 돌려받는다.

若他邦之人, 則使擯者還其摯, 曰, "寡君使某還摯." 賓對曰, "君不有其外臣, 臣不敢辭." 再拜稽首, 受.

주

1_ 만일 다른 나라 ~ 경우 : 가공언에 따르면 신하는 국경을 넘어 타국의 군주나 신하를 만날 수 없는데, 이 경문에서처럼 예물을 받들고 타국의 군주를 알현할 수 있는 것은 타국의 군주가 來朝하러 왔을 때 본국의 신하가 알현할 수 있도록 주선해 주었기 때문이다. 그러나 호배휘는 타국의 신하로서 본국으로 出奔한 경우에도 예물을 받들고 알현할 수 있다고 반박하였다. 『의례주소』, 136쪽 및 『의례정의』, 253쪽 참조.

2_ 군주는 ~ 돌려주는데 : 빈자를 시켜서 예물을 돌려준다는 것은 앞에서 보았듯이 대부의 家臣이었던 사가 제후의 臣으로 승진한 후 옛 주군을 찾아뵙는 예([經一19]~[經一26])와 동일하다. 그러나 앞의 경우에는 일단 예물을 받은 후에 되돌려 주었는데, 이 경문에서는 '받는다'(受)는 말없이 '돌려준다'(還)고만 하였으며, 또 앞의 경우에는 세 번 사양한 후에 돌려받았는데, 여기서 賓은 사양하지 않고 곧바로 돌려받은 점이 다르다. 이에 대해 왕사양은 『의례순해』에서 "예법에 군주는 타국의 신하에게 예물을 받는다는 규정이 없으므로 빈이 예물을 내려놓는 즉시 돌려주고, 또한 신하는 타국의 군주와 예를 대등하게 한다는 규정이 없으므로 군주가 사양하는 즉시 돌려받는 것"이라고 하였다. 『의례정의』, 253쪽 참조.

해제 經–34에서 經–35까지는 군주를 사적으로 뵙는 '연견燕見'의 절차를 기록한 것이다.[1]

[士相見禮03 : 經–34]

무릇 신하가 사적으로 군주를 뵐 경우(燕見)[2]에는, 반드시 군주가 남쪽을 향하고 있는가를 변별하여 방향을 바르게 한다. 만약 군주가 남쪽을 향하고 있지 않을 경우, 군주의 방향에 따라 신하도 방향을 바르게 한다. 군주가 있는 곳을 추측하여 비스듬히 향해서는 안 된다.

凡燕見于君, 必辯君之南面. 若不得, 則正方. 不疑君.

정현주

'변辯'은 바르게 한다(正)는 뜻과 같다.[3] 군주가 남쪽을 향하고 있으면, 신하가 알현할 때에는 방향을 바르게 하여 북쪽을 향한다. 군주가 혹시라도 남쪽을 향하고 있지 않을 경우에는, 바르게 동쪽을 향하거나 바르게 서쪽을 향해야지,[4] 군주가 있는 곳을 추측하여 비스듬히 향해서는 안 된다. 이 경문은 때때로 뵙고 일을 도모하는 경우를 말한 것이지, 주인과 빈을 세우는 연례燕禮의 경우가 아니다. '의疑'는 헤아린다(度之)는 뜻이다. '辯'猶正也. 君南面, 則臣見正北面. 君或時不然, 當正東面, 若正西面, 不得疑君所處邪鄉之. 此謂時見圖事, 非立賓主之燕也. '疑', 度之.

[士相見禮03 : 經-35]

군주가 당堂 위에 있으면 당 위로 올라가서 뵙는데 올라가는 일정한 계단이 없이 군주가 있는 곳을 변별해서 올라간다.[5]

君在堂, 升見無方階, 辯君所在.

정현주 '올라가서 뵙는다'(升見)는 것은 당 위로 올라가서 군주를 뵙는다는 뜻이다. 군주가 동쪽 가까이 있으면 동쪽 계단으로 올라가고, 군주가 서쪽 가까이 있으면 서쪽 계단으로 올라간다. '升見', 升堂見於君也. 君近東, 則升東階. 君近西, 則升西階.

주

1_ 가공언과 호배휘는 [經—34] 이하에 대해 모두 여러 의식 절차를 잡다하게 기록한 일종의 記文으로 이해한다. 이하의 기록은 크게 6개의 절차로 구분된다. ① 사적으로 군주를 알현하는 절차, ② 進言하는 절차, ③ 모시고 앉아 있을 때의 절차, ④ 음식과 음료수를 하사하는 절차, ⑤ 선생이나 작위가 다른 사람이 사를 만나는 절차, ⑥ 칭위 및 패옥을 착용하는 절차이다.

2_ 무릇 신하가 사적으로 군주를 뵐 경우 : 정현은 '燕見'을 燕飮의 燕禮가 아니라고 하였고, 학경도 사적으로 만나는 것 즉 '私見'이지 公朝에서 예를 행하는 것이 아니라고 하여 정현의 해석을 부연하였다. 장이기도 燕禮에서는 군주가 조계에서 西面을 하는 것을 正位로 삼는데, 이 경문에서는 군주가 향하는 위치 즉 面位가 일정하지 않다는 데서도 燕禮가 아님을 알 수 있다고 하였다. 『의례정의』, 254쪽 참조.

3_ '변'은 ~ 뜻과 같다 : 정현은 『예기』「옥조」에서 "조정에서 신하들은 안색을 바르게 하고 비로소 應門 안으로 들어간다"(朝, 辯色始入)고 한 것에 대해서도 "'辯'은 바르게 한다(正), 변별한다(別)는 뜻과 같다"(辯猶正也·別也)고 하였다. 정현은 신하가 군주를 알현할 때에는 북쪽을 향하는 것으로 올바름을 삼는다. 이 때문에 반드시 군주가 남쪽을 향하고 있는가를 변별하여 방향을 바르게 해야 비로소 북쪽을 향하여 군주와 마주할 수 있다고 생각한 것이다. 따라서 주에서 "군주가 남쪽을 향하고 있으면 신하는 알현할 때에 방향을 바르게 하여 북쪽을 향한다"고 한 것이다.(鄭意蓋謂臣之見君, 當以北面爲正. 故必正君之南面, 乃可北面鄕之. 故注又云, '君南面, 則臣見正北面'也) 『의례정의』, 254쪽 참조.

4_ 군주가 혹시라도 ~ 서쪽을 향해야지 : 군주가 서쪽을 향하고 있다면 신하는 방향을 바르게 하여 동쪽을 향해야 하고, 군주가 동쪽을 향하고 있다면 신하는 방향을 바르게 하여 서쪽을 향해야 한다는 뜻이다.(謂君西面, 則臣當正東面, 君東面, 則臣當正西面也) 『의례정의』, 254쪽, 호배휘의 설 참조.

5_ 일정한 계단이 없이 ~ 올라간다 : 오계공은 경문의 '方階'에서 '方'은 '일정하다'(常)는 뜻과 같다고 하였다.(方猶常也) 燕禮의 경우에는 군주는 조계로 올라가고, 빈과 주인은 西階로 올라가서, 올라가는 일정한 계단이 있다. 호배휘는 "천자와 제후에게는 모두 3곳의 조정이 있다. 外朝는 庫門 밖에 있고, 治朝는 路門 밖에 있는데, 모두 평지여서 당도 없고, 옥도 없고, 계도 없다. 오직 燕朝만이 路門 안에 있어 당도 있고, 계도 있다. 따라서 경문에서의 燕見은 당연히 燕朝에서 행해지는 것이다"라고 하였다. 『의례정의』, 254쪽 참조.

해제 經—36에서 經—37까지는 상견相見할 때 진언進言하는 예를 기록한 것이다.

[士相見禮03 : 經—36]

군주에게 말씀을 올리는 경우, 대답할 때가 아니라면 군주가 편안히 앉은 후에 말을 꺼낸다.[1]

凡言, 非對也, 妥而後傳言.

정현주 '범언凡言'은 자기가 군주를 위해서 일에 대해 말하는 것을 가리킨다. '타妥'는 편안히 앉는 것을 가리킨다. '전언傳言'은 말을 꺼낸다는 뜻과 같다. 만약 군주가 질문을 했다면, 대답할 수 있으면 대답을 하고 편안히 앉기를 기다리지는 않는다. 고문본에는 '妥'가 '綏'로 되어 있다. '凡言', 謂己爲君言事也. '妥', 安坐也. '傳言', 猶出言也. 若君問, 可對則對, 不待安坐也. 古文'妥'爲'綏'.

[士相見禮03 : 經—37]

군주에게 말씀을 올릴 때에는 주로 신하를 부리는 예禮에 대해서 말한다.[2] 대인大人(경·대부)에게 말씀을 올릴 때에는 주로 군주를 섬기는 의리에 대해서 말한다.[3] 노인에게 말씀을 올릴 때에는 주로 제자弟子를 부리는 예에 대해서 말한다.[4] 어린 사람과 말을 나눌 때에는 주로 부모에게 효도하고 형제에게 우애하는 예에 대해서 말한다. 백성(衆)[5]과 말을 나눌 때에는 주로 충심과 신실함(忠信),[6] 자애로움과 선함(慈祥)에 대해서 말한다. 관직에 있는 자와 말을 나눌 때에는 주로 충심과 신실함에 대해서 말한다.[7]

與君言, 言使臣. 與大人言, 言事君. 與老者言, 言使弟子. 與幼者言, 言孝弟於父兄. 與衆言, 言忠信慈祥. 與居官者言, 言忠信.

정현주 사적으로 뵐 때 말을 나누는 예의를 두루 진술한 것이다. '신하를 부리는 것에 대해 말한다'(言使臣)는 것은 신하를 부리는 예禮에 대해서 말한다는 뜻이다. '대인大人'은 경卿과 대부大夫이다.[8] '군주를 섬기는 것에 대해서 말한다'(言事君)는 것은 신하는 충심으로 군주를 섬긴다는 뜻이다. '상祥'은 선하다는 뜻이다. '거관居官'은 사士 이하를 가리킨다.[9] 博陳燕見言語之儀也. '言使臣'者, 使臣之禮也. '大人', 卿大夫也. '言事君'者, 臣事君以忠也. '祥', 善也. '居官', 謂士以下.

주

1_ 편안히 ~ 말을 꺼낸다 : 오계공은 자신의 마음을 편안히 가라앉힌 후에 말을 하는 것이라고 하였고, 저인량은 군주가 편안히 앉기를 기다린 후에 말을 꺼내는 것이라고 하였다. 『의례정의』, 255쪽 참조.

2_ 군주에게 말씀을 ~ 말한다 : 방포는 "군주의 정치는 하루에 만 가지나 되지만 그 요체는 신하를 부리는 것만한 것이 없다. 대신과 군신으로 하여금 그 직무에 걸맞게 하여 각자 자신의 재능을 다할 수 있게 한다면 만사가 다스려지고 백성이 편안하게 된다"고 설명하였다. 『의례정의』, 256쪽.

3_ 대인에게 말씀을 ~ 말한다 : 방포는 "처음 벼슬을 하는 사람은 비록 맡은 일이 있지만 오히려 아직은 군주와 직접 통할 수 없다. 그러므로 관직에 있는 사람들에게 말씀을 올릴 때에는 단지 충신만을 말한다. 대인에게 말씀을 올릴 때에는 굳이 충신을 말할 필요가 없으며, 군주를 섬기는 대의에 힘써야 한다. 이것이 이른바 도를 가지고 군주를 섬긴다는 것이다"라고 설명한다. 『의례정의』, 256쪽.

4_ 노인에게 말씀을 ~ 말한다 : 가공언과 뇌차종은 '老人'을 제자들을 가르치는 사람으로 해석한다. 가공언에 의하면 '노인'은 나이 70세가 되어 벼슬에서 물러난 사람이다. 복생의 『상서대전』에는 "禮에 있어서 벼슬에서 물러난 사람은 향리에서 가르치는데, 대부였던 사람은 父師가 되고, 사였던 사람은 少師가 되어 아침저녁으로 門塾에 앉아서 출입하는 제자들을 가르친다"고 하였다. 뇌차종은 "배우는 사람은 스승을 섬길 때 비록 그를 위해 喪服을 입어주지는 않지만 父兄의 은혜가 있기 때문에 '弟子'라고 칭한다"고 한다. 그러나 호배휘는 여기서의 '老人'은 연령이 많고 덕이 높은 사람일 뿐 반드시 父師나 少師 등 제자들을 가르치는 선생으로 한정할 필요는 없다고 하였다. 『의례주소』, 137쪽 및 『의례정의』, 256쪽 참조.

5_ 백성 : 호배휘는 경문의 '衆'은 '관직에 있는 자'(居官者)와 구별되므로, 아직 지위를 갖고 있지 못한 民庶를 두루 가리키는 말이라고 하였다. 『의례정의』, 256쪽 참조.

6_ 충심과 신실함 : 오계공은 '忠信' 두 글자는 뒤 문장의 '言忠信'으로 인해 잘못 들어간 衍文이라고 보지만, 성세좌는 '忠信' 두 글자가 있어도 뜻이 통하므로 함부로 삭제해서는 안 된다고 반박한다. 『의례정의』, 255쪽 참조.

7_ 관직에 있는 자와 ~ 말한다 : 衆에 대해서는 忠信과 慈祥을 함께 말한 반면 관직에 있는 자에 대해서는 '忠信'만을 말한 것에 대해 방포는 "관직에 있으면서 자애롭고 선한 마음에만 치중하면 간악한 사람을 용인하게 되어 오히려 백성에게 해가 되기 때문"이라고 하였다. 『의례정의』, 256쪽 참조.

8_ '대인'은 경과 대부이다 : 가공언은 '군주를 섬기는 것에 대해 말한다'(言事君)라고 한 말에 근거해서 '大人'은 천자·제후도 아니며 또 사도 아니므로 경·대부임을 알 수 있다고 하여 정현의 해석을 부연 설명하였다. 『의례주소』, 137쪽 참조.

9_ '거관'은 사 이하를 가리킨다 : 옛날에 나라를 세울 때는 반드시 3卿을 세우고 또 5大夫를 두었는데, 모두 군주를 보좌하여 정치를 하는 사람들이다. 그 아래에 上士·中士·下士 및 庶人으로서 관직에 있는 자를 두었는데, 모두 경·대부에 예속되어 군주와 직접 통할 수 없다. 사 이하는 경·대부와 존비관계가 현격한 것이다. 정현은 경문에서 '君'의 아래에 '大人'을 언급하고 또 다시 별도로 '居官者'를 말하였기 때문에 경·대부를 '大人'으로, 사 이하를 居官者로 구분한 것이다. 『의례정의』, 257쪽 참조.

해제

經-38에서 經-40까지는 상견相見을 할 때에 시선을 바르게 하는 예를 기록한 것이다.

[士相見禮03 : 經-38]

무릇 대인大人[1]에게 말씀을 올릴 때, 처음에는 얼굴(面)을 보고, 중간에는 옷깃 아래에서 허리띠 위 부분(抱)[2]을 보고,[3] 마지막에는 얼굴(面)을 보면서 몸가짐을 흐트러뜨리지 않도록 한다. 뭇사람(衆)의 경우에도 모두 이와 같이 한다.

凡與大人言, 始視面, 中視抱, 卒視面, 毋改. 衆皆若是.

정현주

'처음에는 얼굴을 본다'(始視面)는 것은 말을 꺼낼 수 있을지 어떨지 그 안색을 살피는 것이다. '중간에는 옷깃 아래 허리띠 위 부분을 본다'(中視抱)는 것은 말이 용납될 것인지를 생각하면서 더욱 공경히 하는 것이다. '마지막에는 얼굴을 본다'(卒視面)는 것은 자기의 말이 받아들여졌는지를 살피는 것이다. '몸가짐을 흐트러뜨리지 않도록 한다'(毋改)는 것은 말씀을 올리고 응답을 살피는 사이에는 용모와 몸가짐을 바르게 하고 기다려야지 스스로 몸을 움직여서는 안 된다는 뜻으로, 게으르고 나태하여 마음을 비우지 않는다는 혐의를 받을 수 있기 때문이다. '뭇사람'(衆)은 여러 경·대부들로서, 자리에 함께 있는 자들을 가리킨다. '모두 이와 같이 한다'(皆若是)는 것은 그 보는 절차에는 다름이 없다는 뜻이다.[4] 고문본에는 '毋'가 '無'로 되어 있고, 금문본에는 '衆'이 '終'으로 되어 있다. '始視面', 謂觀其顔色可傳言未也. '中視抱', 容其思之, 且爲敬也. '卒視面', 察其納己言否也. '毋改', 謂傳言見答應之

間, 當正容體以待之, 毋自變動, 爲嫌解惰不虛心也. '衆', 謂諸卿大夫同在此者. '皆若是', 其視之儀無異也. 古文'毋'作'無', 今文'衆'爲'終'.

[士相見禮03 : 經-39]

만약 아버지에게 말씀을 올릴 경우에는 눈동자를 움직일 수는 있지만,[5] 얼굴 위로 올려보지 않도록 하며 허리띠 아래로 내려다보지 않도록 한다.[6]

若父, 則遊目, 毋上於面, 毋下於帶.

정현주 아들은 아버지에 대해서 효를 위주로 하고 공경을 위주로 하지 않으니, 바라보는 범위가 넓다. 이를 통해서 편안하신지 어떤지를 살펴보는 것이다. 금문본에는 '父'가 '甫'로 되어 있고, 고문본에는 '毋'가 '無'로 되어 있다. 子於父, 主孝不主敬, 所視廣也. 因觀安否何如也. 今文'父'爲'甫', 古文'毋'作'無'.

[士相見禮03 : 經-40]

만약 말을 나누지 않을 경우,[7] 서 계시면 발을 보고 앉아 계시면 무릎을 본다.[8]

若不言, 立則視足, 坐則視膝.

정현주 말을 나누지 않을 경우에는 그 걷고 일어나는 동작을 엿볼 뿐이다.[9] 不言則伺其行起而已.

주

1_대인 : 이 경문의 '大人'에 대해서 가공언은 '君'으로 한정한다. 한편 오정화는 天子·諸侯·卿·大夫를 포함한 덕과 지위가 높은 사람들로서, [經一36]의 '大人'과는 다르다고 하였다. 저인량도 君과 公·卿·大夫를 포함한다고 하면서, 정현이 군주만을 가리킨다고 한 것이나 오계공이 公·卿·大夫를 가리킨다고 한 것은 모두 잘못이라고 비판하였다.(此大人, 君與公·卿·大夫俱在內, 注專指君, 敖專指公·卿·大夫, 俱偏)『의례주소』, 138쪽 및『의례정의』, 257쪽 참조.

2_옷깃 아래에서 허리띠 위 부분 : 호배휘는 '抱'는 옷깃(袷) 아래에서 허리띠(帶) 위 부분이라고 하였다.『의례정의』, 257쪽.

3_중간에는 ~ 위 부분을 보고 :『예기』「곡례하」에는 "천자를 볼 때에는 (눈길이) 옷깃 위로 올라가지 않고, 허리띠 아래로 내려가지 않는다. 제후를 볼 때에는 얼굴 아래 옷깃 위 사이를 본다. 대부를 볼 때에는 나란하게 얼굴을 본다. 사를 볼 때는 좌우 5보 사이에서 곁으로 볼 수 있다"(天子視, 不上於袷, 不下於帶. 國君綏視, 大夫衡視. 士視五步)고 하였다. 처음에 말을 꺼내기 전에는 안색을 살피다가 말을 꺼낸 후에는 경의를 표하기 위해 얼굴을 조금 수그려 상대의 옷깃 아래 허리띠 위 부분을 보는 것이다.

4_'뭇사람'은 여러 ~ 없다는 뜻이다 : 가공언은 함께 자리한 卿·大夫가 군주에게 말씀을 올릴 때에도 군주의 안색 등을 살피는 절차와 말의 내용에는 차이가 없다는 뜻이라고 하였다.『의례주소』, 138쪽 참조.

5_아버지에게 말씀을 ~ 있지만 :『예기』「곡례하」에 "사를 볼 때에는 좌우 5보 사이에서 곁으로 볼 수 있다"(士視五步)고 한 것에 대해 정현은 "사를 볼 때에는 5보 안에서 곁으로 눈동자를 움직여 볼 수 있다. 대부 이상을 볼 때에는 상하로만 눈동자를 움직이고 곁으로는 움직일 수 없다"(士視得旁遊目五步之中也. 視大夫以上, 上下遊目不得旁)고 하였다. 호배휘는 경문에서의 '遊目'을 '旁目' 즉 곁으로 눈동자를 돌릴 수 있지만 상하로는 움직일 수 없는 뜻으로 해석하였다.『의례정의』, 258쪽.

6_얼굴 위로 ~ 않도록 한다 :『예기』「곡례하」에 "무릇 상대를 볼 때, 얼굴보다 위를 보면 오만한 것이고, 허리띠 아래를 보면 근심하는 것이고, 흘겨보면 간사한 것이다"(凡視, 上於面則敖, 下於帶則憂, 傾則姦)라고 하였다.

7_만약 말을 나누지 않을 경우 : 호배휘는 이 경문은 大人과 말을 나누는 경우와 아버지와 말을 나누는 경우를 모두 포함한다고 하였다.『의례정의』, 259쪽 참조.

8_ 만약 말을 ~ 무릎을 본다 : 『순자』「대략」에 "앉아 있을 때에는 무릎을 보고, 서 있을 때에는 발을 보고, 응대하면서 이야기를 나눌 때에는 얼굴을 본다"(坐視膝, 立視足, 應對言語視面)고 하였다.

9_ 말을 나누지 않을 ~ 뿐이다 : 오계공은 발을 보고 무릎을 보는 것을 더욱 공손히 하기 위한 것으로 해석한다. 그러나 호배휘는 "서 있다가 걸어가면 발이 먼저 움직이고, 앉아 있다가 일어나면 무릎이 먼저 움직인다. 그러므로 정현은 그 걸어가고 일어나는 것을 가지고 경문의 '발을 보고 무릎을 본다'고 한 문장을 풀이한 것이다"라고 하여, 그 동작을 엿볼 뿐이라고 하였다. 『의례정의』, 259쪽 참조.

해제 經—41에서 經—42까지는 군자를 모시고 앉아 있을 때의 예를 기록한 것이다.

[士相見禮03 : 經—41]

무릇 군자君子를 모시고 앉아 있을 때, 군자가 하품을 하거나 기지개를 켜며 시간을 묻고 음식이 갖추어졌는지 고하게 하고[1] 몸가짐을 흐트러뜨리면, 물러가겠다고 청해도 괜찮다.

凡侍坐於君子, 君子欠伸, 問日之早晏, 以食具告, 改居, 則請退可也.

정현주

'군자君子'는 경·대부 및 국중國中의 현명한 자를 가리킨다.[2] 마음이 피곤하면 하품을 하고, 몸이 피곤하면 기지개를 켠다.[3] 시간을 묻는 것은 때가 오래되었기 때문이다. '구具'는 갖춘다(辨)는 뜻과 같다.[4] '몸가짐을 흐트러뜨린다'(改居)는 것은 스스로 몸가짐을 바꾸어 움직인다는 뜻이다.[5] 고문본에는 '伸'이 '信'으로 되어 있고, '早'가 '蚤'로 되어 있다. '君子', 謂卿·大夫及國中賢者也. 志倦則欠, 體倦則伸. 問日晏, 近於久也. '具'猶辨也. '改居', 謂自變動也. 古文'伸'作'信', '早'作'蚤'.

[士相見禮03 : 經—42]

밤에 모시고 앉아 있을 경우, 시간을 물어보고 매운 음식을 먹으면, 물러나겠다고 청해도 괜찮다.

夜侍坐, 問夜, 膳葷, 請退可也.

정현주

'문야問夜'는 그 시간의 수를 물어본다는 뜻이다. '선훈膳葷'은 훈葷을 먹는다는 뜻이다. '훈葷'은 매운 음식으로 파나 부추 등을 가리키는데, 그것을 먹어 졸음을 막는 것이다. 고문본에는 '葷'이 '薰'으로 되어 있다. '問夜', 問其時數也. '膳葷', 謂食之. '葷', 辛物, 葱薤之屬, 食之以止卧. 古文'葷'作'薰'.

주

1_ 음식이 갖추어졌는지 고하게 하고 : 학경과 장이기는 '모시는 사람이 음식을 갖추어 군자에게 고한다'는 뜻으로 해석하였고, 오계공과 성세좌는 '군자가 모시는 사람에게 고하게 하는 것'으로 해석하였다. 호배휘도 후자의 설을 지지하면서, '먹을 음식이 이미 갖추어졌는지 어떤지를 고하게 한다는 뜻'이라고 하였다. 『의례정의』, 259쪽 참조. 여기서는 호배휘의 해석에 따라 번역한다.

2_ '군자'는 ~ 자를 가리킨다 : 가공언은 예의 통례에서 대부를 '君子'나 '貴人'이라고 칭할 수 있지만 士는 신분이 낮아서 그렇게 칭할 수 없다고 하였고, 또 [鄕射禮05 : 經-318]의 정현 주에 "군자는 큰 덕행을 지니고 있으면서 벼슬을 하지 않는 사람"(君子, 有大德行不仕者)이라고 한 것에 근거해서, '君子'는 덕망과 지위가 높은 자의 칭호라고 하여 정현의 해석을 부연하였다. 『의례주소』, 139쪽.

3_ 마음이 피곤하면 ~ 켠다 : 『예기』「곡례상」에 "군자를 모시고 앉아 있을 때, 군자가 하품을 하고 기지개를 켜거나 지팡이와 신을 만지작거리고 시간을 살펴보면, 모시고 앉아 있는 사람은 물러가겠다고 말씀드린다"(侍坐於君子, 君子欠伸, 撰杖屨, 視日蚤莫, 侍坐者請出矣)고 하였다. 진호는 "기운이 모자라면 하품을 하고, 몸이 피곤하면 기지개를 켠다"(氣乏則欠, 體疲則伸)고 하였다. 학경은 "입을 벌리는 것을 하품이라고 하고, 몸을 펼치는 것을 기지개라고 한다"(張口曰欠, 舒體曰伸)고 하였다. 『의례정의』, 260쪽 참조.

4_ '구'는 갖춘다는 뜻과 같다 : 『廣雅』「釋詁」에 '具'를 '備'(갖춘다)의 뜻으로 해석하였는데, 정현의 주에서 '辨'(갖춘다)으로 해석한 것은 '備辨'의 뜻이다. 『의례정의』, 260쪽 참조.

5_ 스스로 ~ 움직인다는 뜻이다 : 군자가 그 자리에 편안하지 못하여 스스로 몸가짐을 흐트러뜨리는 것으로, 이는 피곤하기 때문이다.

해제 經—43에서 經—45까지는 신하가 군주를 모시고 앉아 있을 때 군주가 음식과 술을 하사하는 예를 기록한 것이다.

[士相見禮03 : 經—43]

만약 군주가 신하인 사士에게 음식을 하사할 경우,[1] 군주가 고수레를 하는 동안 신하인 사는 먼저 밥을 먹고 두루 반찬을 맛본 후 음료수를 마시면서 기다린다.[2] 사는 군주가 먹으라고 명을 내린 후에 먹는다.

若君賜之食, 則君祭先飯, 徧嘗膳, 飲而俟. 君命之食, 然後食.

정현주 '군제선반君祭先飯'은 군주가 음식으로 고수레를 하는 동안 신하는 먼저 밥을 먹음으로써 군주를 위해 음식을 맛보는 뜻을 보여 주는 것이다.[3] 이 음식은 군주가 신하에게 하사한 예사禮食[4]이다. '선膳'은 여러 가지 반찬을 가리킨다. 여러 가지 반찬을 맛보고 나서 음료수를 마시는 것은 군주가 두루 맛보기를 기다리는 것이다. 금문본에는 '呫膳'으로 되어 있다.[5] '君祭先飯', 食其祭食,[6] 臣先飯, 示爲君嘗食也. 此謂君與之禮食.[7] '膳', 謂進庶羞.[8] 既嘗庶羞, 則飲, 俟君之徧嘗也. 今云'呫嘗膳'.

[士相見禮03 : 經—44]

만약 음식을 올리는 사람이 별도로 있다면, 신하인 사士는 군주가

식사하기를 기다린 후에 먹는다.[9]

若有將食者, 則俟君之食, 然後食.

정현주

'장사將食'는 음식을 올린다는 뜻과 같으니, 선재膳宰를 가리킨다. 선재가 음식을 올릴 경우에는 신하는 음식을 맛보지 않는다. 『주례』「천관天官·선부膳夫」에 "(선부가) 음식마다 맛을 본 후에 왕이 비로소 식사를 한다"고 하였다. '將食'猶進食, 謂膳宰也. 膳宰進食, 則臣不嘗食. 『周禮』「膳夫」, "品嘗食, 王乃食."

[士相見禮03 : 經－45]

만약 군주가 신하인 사에게 술잔을 내려 줄 경우, 신하인 사는 자리(席)에서 내려와 머리를 바닥에 대면서 재배를 한 후에 술잔을 받고, 다시 자리로 올라와 고수레를 하고 술잔의 술을 다 마시고 기다린다. 군주는 술잔의 술을 다 마신 후에 빈 술잔을 찬자贊者에게 건네준다.[10]

若君賜之爵, 則下席, 再拜稽首, 受爵, 升席祭, 卒爵而俟. 君卒爵, 然後授虛爵.

정현주

술잔을 받을 때에는 술동이를 진설한 곳(尊所)[11]에서 받고, 술잔을 줄 때에는 앉아서 사람에게 건네준다. 반드시 군주가 술잔을 비우기를 기다리는 것은 군주가 술잔의 술을 다 마시기를 바라는 듯이 하는 것이다. 금문본에는 ('若君賜之爵'이) '若賜之爵'으로 되어 있어 '君'이 없다. 受爵者於尊所, 至於授爵, 坐授人耳. 必俟君卒爵者, 若欲其釂然也. 今文曰'若賜之爵', 無'君'也.

주

1_ 군주가 신하인 ~ 경우 : 가공언에 따르면 [經－43]과 [經－44]는 신하가 군주를 모시고 앉아 있을 때 군주가 음식을 하사하는 법을 말한 것이다.

2_ 신하인 사는 먼저 ~ 기다린다 : 하흔은 다음과 같이 설명한다. "'먼저 밥을 먹는다'는 것은 기장밥(黍稷)을 먹는다는 뜻이다. '두루 반찬을 맛본다'는 것은 여러 가지 반찬을 맛본다는 뜻이다. 먹고 맛보는 일이 끝나면 술로 입가심을 하고 마시면서 기다린다."('先飯'者, 飯黍稷也. '徧嘗膳'者, 嘗庶羞也. 飯嘗畢, 則以酒漱口而飮而俟) 『의례정의』, 262쪽 참조.

3_ 군주가 음식으로 ~ 보여 주는 것이다 : 『논어』「향당」에 "군주를 모시고 식사를 할 때, 군주가 고수레를 하는 동안 먼저 밥을 먹는다"(侍食於君, 君祭, 先飯)라고 하였다. 이에 대해 정현은 "군주가 고수레를 하는 동안에 먼저 밥을 먹는 것이니, 마치 군주를 위해 음식을 맛보는 것처럼 하는 것이다"(於君祭, 則先飯矣, 若爲君嘗食然)라고 해석하였고, 주희는 "군주를 모시고 식사를 하는 자는 군주가 고수레를 하면 자기는 고수레를 하지 않고 먼저 밥을 먹어 마치 군주를 위하여 음식을 맛보는 것처럼 하니, 감히 빈객의 예를 감당하지 못하기 때문이다"(侍食者君祭, 則己不祭而先飯, 若爲君嘗食然, 不敢當客禮也)라고 하였다.

4_ 예사 : 군주가 신하에게 하사하는 음식을 말한다. 이 경문은 군주와 신하 사이에 행해지는 소소한 禮食의 법으로, 정식의 禮食는 아니다. 정식의 예는 「공사대부례」에 보인다.

5_ 금문본에는 '呫膳'으로 되어 있다. : 노문초의 『의례상교』에는 '云'을 '文'으로 바꾸었다. 장림은 "『釋文』에는 '呫嘗에서의 呫은 음이 貼이다'고 하였고, 『곡량전』에서는 '未嘗有呫血之盟'이라고 하였는데, '呫'은 '嘗'(맛보다)의 뜻이다"고 하였다. 완원의 『의례교감기儀禮校勘記』에는 "'呫'이 '嘗'의 뜻으로 해석된다면, '呫' 아래에 다시 '嘗' 자를 붙여서는 안 된다. 고문에는 '徧嘗膳'으로 되어 있고, 금문에는 '徧呫膳'으로 되어 있으므로, 정현의 주는 '今文云呫膳'이 되어야 하는데 글자가 떨어져 나간 것이다. '嘗'자는 衍文이다. 『설문』 '口部'에는 '呫'이 없으며, '食部'에 '飳'이 있다. 『광아』 「석고」에서는 '呫'과 '嘗'을 똑같이 '먹는다'(食)는 뜻으로 해석했다. 그렇다면 '飳'은 '呫'의 본래 글자임이 틀림없다"고 하였다. 여기서는 장림과 완원의 교감에 따라 번역하였다.

6_ 食其祭食 : 엄본 · 모본 및 『집석』에는 모두 '食其'로, 오계공의 『의례집설』에는 '謂君'으로 되어 있는데, 宋本과 戴校集釋에는 '於其'로 되어 있다. 黃氏校錄에는 "'於其'로 되어 있는 것이 옳다. 군주가 음식을 고수레 하는 동안을 말한다"(謂於君祭食之

頃也)라고 하였다. 『예기주소』, 140쪽 및 『儀禮正義』, 262쪽 참조.

7_ 此謂君與之禮食 : 嚴本 및 각종 판본에는 모두 이와 같이 되어 있는데, 양씨는 '此'는 '食'가 되어야 한다고 하였으며, 『集釋』에는 '與' 아래에 '臣'자가 있다. 『예기주소』, 140쪽 및 『의례정의』, 262쪽 교감 참조.

8_ '膳', 謂進庶羞 : 오계공의 『의례집설』에는 '進'자가 없다. 『의례정의』, 262쪽 참조.

9_ 군주가 ~ 후에 먹는다 : 『예기』「옥조」에 "만약 음식을 맛보는 자가 있다면, 군주가 식사하기를 기다린 후에 식사를 하는데, 음료수를 마시면서 기다린다"(若有嘗羞者, 則俟君之食, 然後食, 飯飲而俟)고 한 것에 대해 정현은 "(모시고 있는 사람이) 음식을 맛보지 않는 것은 膳宰가 있기 때문이다"(不嘗羞, 膳宰存也)라고 하였다. 이는 경문 [經-43]의 의미와 통한다.

10_ 만약 군주가 ~ 건네준다 : 『예기』「옥조」에 "군주가 술잔을 하사하면, 자리(席)에서 벗어나 머리를 바닥에 대면서 재배를 한 후에 술잔을 받고, 자리로 올라와서 고수레를 한 뒤 술잔의 술을 다 마시고 기다린다. 군주는 술잔의 술을 다 마신 후에 빈 술잔을 건넨다"(君若賜之爵, 則越席再拜稽首受, 登席祭之, 飲, 卒爵而俟. 君卒爵, 然後授虛爵)고 하였다. 공영달은 소에서 이것은 아침저녁으로 모시고 있는 자가 술잔을 받는 예법이지 燕飮의 大禮는 아니라고 하였다.(此謂朝夕侍者始得爵也. 若其大禮, 則君先飲而臣後飲) 이 『예기』「옥조」와 [사상견례03 : 經-45]에서는 모두 군주보다 모시고 있는 사람이 먼저 술잔을 비운다고 되어 있는데, 『예기』「곡례상」과 『의례』「연례」에서는 반대로 長者와 公이 먼저 마신 후에 모시고 있는 자가 마시는 것으로 되어 있다. 이는 『예기』「玉藻」와 [사상견례03 : 經-45]에서의 예가 正禮가 아니기 때문이다. 『의례정의』, 265쪽 참조.

11_ 술동이를 진설한 곳 : 『예기』「곡례상」에 "어른을 모시고 술을 마실 때, 술이 나오면 일어나고, 尊所에서 배례를 하고 받는다"(侍飲於長者, 酒進則起, 拜受於尊)고 한 것에 대해 정현은 "尊所는 술동이를 놓아 둔 곳이다"(尊所, 置尊之所也)라고 해석하였다.

해제 經—46에서 經—47까지는 사士가 군주나 대부를 뵙고 물러나는 의식 절차를 기록한 것이다.

[士相見禮03 : 經—46]

신하인 사士는 물러날 때에는 앉아서 신발을 집어 들고 몸을 구부리고 뒷걸음질로 물러난 후에 신발을 신는다. 군주가 일어나면 신하인 사는 "군주께서는 일어나지 마십시오. 신은 감히 사양하지 못합니다"[1]라고 말한다. 군주가 만약 계단을 내려와 전송할 경우 신하인 사는 감히 뒤돌아보면서 사양하지 않고 그대로 나간다.

退, 坐取屨, 隱辟而后屨. 君爲之興, 則曰, "君無爲興, 臣不敢辭." 君若降送之, 則不敢顧辭, 遂出.

정현주 군주가 음식을 하사하거나 술을 하사한 경우에 물러나는 것을 가리킨다. '은벽隱辟'은 몸을 구부리고 뒷걸음질로 물러나는 것을 뜻한다.[2] '흥興'은 일어난다(起)는 뜻이다. 군주가 일어나는 것은 사양하지만, 계단을 내려오는 것에 대해 감히 사양하지 못하는 것은 자기에게 너무 융숭한 것이어서 감히 감당하지 못하기 때문이다. 謂君若食之飮之而退也. '隱辟', 俛而逡巡. '興', 起也. 辭君興而不敢辭其降, 於己大崇, 不敢當也.

[士相見禮03 : 經-47]

대부의 경우에는 사양을 하는데,[3] 물러날 때, 계단을 내려올 때, 문에 이를 때 세 차례 사양을 한다.[4]

大夫則辭, 退下, 比及門, 三辭.

정현주

'하下'는 또한 내려온다(降)는 뜻이다. '下'亦[5]降也.

주

1_ 군주께서는 일어나지 ~ 못합니다 : 장이기는 '군주께서는 일어나지 마십시오. 신은 감히 사양하지 못합니다'라는 말은 신하가 군주가 일어나는 것을 사양하는 말이라고 하였고, 양톈위는 '군주가 자신을 위해 일어나기 때문에 예가 너무 중하여 비록 사양을 하더라도 감히 사양을 할 수 없다'는 뜻으로 감당하지 못한다는 의미로 해석하였다. 그러나 이케다 수에토시는 경문 뒤 부분의 '臣不敢辭(신은 감히 사양하지 못합니다'의 문장이 문법적으로 의문스러우며, 아마 아래의 '不敢顧辭'로 인해서 잘못 들어간 것이 아닐까 추론한다. 『의례정의』, 266쪽; 양톈위, 『의례역주』, 98쪽; 이케다 수에토시, 『의례』(Ⅰ), 204쪽 참조.

2_ 몸을 구부리고 ~ 뜻한다 : 『예기』「곡례상」에 "어른을 향해서 신을 신을 때, 무릎을 꿇고 신을 옮겨 놓고, 몸을 구부려서 신을 신는다"(鄕長者而屨, 跪而遷屨, 俯而納屨)고 하였다. 『예기』「옥조」에서는 "물러날 때에는 앉아서 신을 집어 들고, 隱辟한 후에 신는다"(退則坐取屨, 隱辟而后屨)고 한 것에 대해 정현은 "'隱辟'은 몸을 구부려 뒷걸음질로 물러나서 신을 신는다는 뜻이다"(俛逡巡而退著屨)라고 해석하였다.

3_ 대부의 경우에는 사양을 하는데 : [經一46]에서 '군주가 계단을 내려와 전송하면 감히 사양하지 못한다'고 한 것은 '士'의 경우로서 사는 신분이 낮기 때문에 감히 사양하지 못하는 것이다. 여기서의 '大夫'에는 3卿과 5大夫가 포함되는데 이들은 신하 가운데 존귀한 자이므로 군주가 계단을 내려오는 것을 사양할 수 있다. 『의례주소』, 142쪽 가공언의 소 참조.

4_ 세 차례 사양을 한다 : 오계공에 따르면, 대부가 일어나 물러나면 군주도 일어나고, 계단을 내려오면 군주도 내려오고, 문에 이르면 군주가 전송을 한다. 이 세 절차에서 신하는 모두 사양을 하기 때문에 '세 차례 사양을 한다'고 한 것이다. 『의례정의』, 267쪽 참조.

5_ 亦 : 호배휘는 '亦'이 '猶'로 해석된다고 하였다.

해제 經-48은 벼슬에서 물러난 사람이나 경·대부 등 신분이 다른 사람이 사를 만나는 절차를 기록한 것이다.

[士相見禮03 : 經-48]

만약 선생先生이나 작위가 다른 사람이 대문 밖에 이르러서 만나기를 청하면, 사士는 사양을 한다. 사양을 했는데도 허락을 받지 못하면, 주인(사)은 빈자를 통해서 빈에게 "아무개(사)는 찾아뵐 기회가 없었습니다.[1] 사양을 했는데도 허락하는 명을 받지 못했으니, 장차 나가서 뵙겠습니다"라고 말하고, 대문 밖으로 나가서 빈에게 먼저 배례를 한다.

若先生·異爵者請見之, 則辭. 辭不得命, 則曰, "某無以見. 辭不得命, 將走見", 先見之.

정현주

'선생先生'은 벼슬에서 물러난 사람이다.[2] '이작異爵'은 경卿과 대부大夫를 가리킨다. '사양한다'(辭)는 것은 상대가 스스로 낮추어서 오는 것을 사양한다는 뜻이다. '주走'는 나간다(出)는 뜻과 같다. '먼저 뵙는다'(先見之)는 것은 대문 밖으로 나가서 먼저 배례를 한다는 뜻이다. 『예기』「곡례하曲禮下」에 "주인이 빈을 공경하면 빈에게 먼저 배례를 한다"고 하였다.

'先生', 致仕者也. '異爵', 謂卿大夫也. '辭', 辭其自降而來. '走'猶出也. '先見之'者, 出先拜也. 「曲禮」曰, "主人敬賓, 則先拜賓."

주

1_ 찾아뵐 기회가 없었습니다 : 경문의 '某無以見'에 대해 장이기는 '까닭 없이 감히 가볍게 찾아뵐 수가 없었다'(謂無故不敢輕見)는 뜻으로 보았고, 성세좌는 '자기가 존귀한 자를 뵙고자 하였지만 뵐 기회가 없었다'(言己欲見尊者而無因見)는 뜻이라고 하였다. 호배휘는 '見'자는 先生과 異爵者를 뵙는 것을 가리켜 말한 것이므로 성세좌의 설이 타당하다고 하였다. 『의례정의』, 268쪽 참조.

2_ '선생'은 벼슬에서 물러난 사람이다 : 호배휘에 따르면 여기서의 선생 역시 벼슬에서 물러난 경·대부이다. 『의례정의』, 268쪽.

해제

經－49는 칭위稱謂 방법에 관해 기록한 것이다.

[士相見禮03 : 經－49]

대부가 군주의 명으로 사신을 가는 정식의 빙례聘禮가 아니라면, 대부를 수행하는 빈擯이나 찬자贊者는 자기의 대부를 '과군寡君의 아무개'라고 칭하지 않는다. 대부·경사卿士가 사신으로 갔을 때에는 '과군의 늙은이'(寡君之老)라고 칭한다.[1]

非以君命使, 則不稱寡. 大夫·士, 則曰'寡君之老'.

정현주

빈擯이나 찬자贊者가 칭하는 말을 가리킨다.[2] '과寡라고 칭하지 않는다'(不稱寡)는 것은 '과군의 아무개'(寡君之某)라고 말하지 않고 성명姓名을 칭할 뿐이라는 뜻이다.[3] 대부大夫·경사卿士는 사신으로 갔을 때에는 모두 '과군의 아무개'라고 칭한다.[4] 『예기』「단궁하檀弓下」에서 "사士로서 아직 정식 봉록을 받지 않는 자는 군주에게 음식을 올릴 때 '헌獻'이라고 칭하고, 사신으로 가서는 '과군寡君의 늙은이'라고 칭한다"[5]고 하였다. 謂擯·贊者辭也. '不稱寡'者, 不言寡君之某, 言姓名而已. 大夫·卿·士, 其使則皆曰'寡君之某.'「檀弓」曰, "士而未有祿者, 君有饋焉曰'獻', 使焉曰寡君之老."[6]

주

1_ 대부·경사가 사신으로 ~ 칭한다 : 『예기』「옥조」에 "上大夫는 자신의 군주에게 '下臣'이라 자칭하고, 타국에 사신으로 가면 수행하는 擯은 그를 '寡君之老'라고 칭한다. 下大夫는 자신의 군주에게 이름으로 자칭하고, 타국에 사신으로 가면 수행하는 擯은 그를 '寡大夫'라고 칭한다. … 대부가 군주의 사적인 명을 받들어 사신으로 갈 경우, 자신의 屬臣인 私人을 擯으로 삼으면 그 擯은 대부의 이름을 칭한다. 公의 士를 擯으로 삼으면 그 擯은 대부를 '寡大夫'·'寡君之老'라고 칭한다"(上大夫曰'下臣', 擯者曰'寡君之老.' 下大夫自名, 擯者曰'寡大夫'. … 大夫私事使, 私人擯則稱名. 公士擯, 則曰'寡大夫'·'寡君之老')라고 하였다. 이는 私事 즉 군주의 사적인 명으로 사신을 갈 경우와 公事 즉 정식의 빙례를 행할 때 수행하는 擯者가 그 大夫를 칭하는 명칭에 차이가 있음을 규정한 것이다. 대진은 위 『예기』「옥조」에서 公의 士를 擯으로 삼는 정식의 빙례 즉 公事에서만 그 擯이 대부를 '寡大夫', '寡君之老'라고 칭할 수 있다고 했으므로, 사적인 군주의 명으로 사신을 가는 경우 즉 私事를 규정한 [經-49]의 문장은 "非以君命使, 則不稱'寡大夫'·'寡君之老'"(군주의 명으로 사신을 가는 정식의 빙례가 아니라면 '과대부'·'과군지로'라고 칭하지 않는다)가 되어야 하며, 이렇게 해야 『예기』「玉藻」의 "公士擯, 則曰'寡大夫'·'寡君之老'"와 의미가 통한다고 하고, 따라서 '士則曰' 세 글자는 衍文이라고 주장한다. 왕인지, 노문초, 주대소는 모두 대진의 설에 동의한다. 왕인지는 『경의술문』에서 "가공언의 소에 의하면, 본래 '大夫' 아래에 '士'자가 없다. 경문의 '士'자는 후세 사람들이 첨입한 것이다. '則曰' 두 글자는 아래 경문([經-51])의 '士·大夫則曰下臣'으로 인해 잘못 들어간 것이다"라고 하였다. 왕중의 校本에는 '士則曰'의 '士'자를 '使'자로 바꾸었으며, 방포도 '士'는 '使'가 되어야 한다고 보았다. 이에 대해 호배휘는 唐石經이나 각종 판본에 '士則曰'의 세 글자가 있으며, 또 '士'를 '使'로 고치는 것도 근거가 불명확하다는 점을 들어 판단을 유보하였지만, [經-49]의 경문에는 분명 탈오가 있다는 점을 지적하였다. 『의례정의』, 269쪽 참조. 여기서는 일단 정현의 주에 따라 번역한다.

2_ 빈이나 찬자가 ~ 가리킨다 : 이는 모두 擯과 贊者가 稱謂하는 말이지 대부 스스로 칭하는 말이 아니라는 뜻이다.

3_ '과라고 칭하지 않는다'는 ~ 뜻이다 : 성세좌는 "'과군의 아무개'는 대부를 가리켜 말한 것으로 '士'는 포함되지 않는다. 하대부를 '과대부'라고 칭하고, 상대부를 '과군의 늙은이'라고 칭하기 때문에 '아무개'(某)라고 말하여 '士'를 포함시킨 것이다"라고 하였다. '성명을 칭할 뿐'이라는 것은 『예기』「옥조」에 "대부가 군주의 사적인 명으로 사신을 가서 私人을 擯으로 삼으면 擯은 대부의 이름을 칭한다"고 한 것에 해당된다. 『의례정의』, 269쪽 참조.

4_ 대부·경사는 사신으로 ~ 칭한다 : 호배휘는 '卿士'는 '上大夫'를 가리킨다고 하였고,

'卿'자는 衍文이라는 혹자의 설을 인용하면서도 명확한 근거가 없다고 지적한다. 『의례정의』, 269~270쪽 참조.

5_ "사로서 아직 정식 봉록을 ~ 칭한다" : 현행 『예기』「단궁하」에는 "벼슬을 하면서도 아직 정식 봉록을 받지 못하는 자는 군주에게 음식을 올릴 때 '獻'이라고 칭하고, 사신으로 가서는 (자기 군주를) '寡君'이라고 칭한다"(仕而未有祿者, 君有饋焉曰'獻', 使焉曰'寡君')로 되어 있다. 『의례정의』 교감기에 따르면, 성세좌는 '之老' 두 글자는 衍文이라고 하였고, 新疏에서는 "이 구절에는 아마도 잘못된 것이 있는 듯하다. … 정현의 이 주는 경문의 뜻과 잘 맞지 않는다"고 하였다. 그러나 호배휘는 "벼슬을 하면서 아직 정식 봉록을 받지 못하는 자가 사신으로 가면, 사신으로 보내준 군주를 '寡君'이라 칭할 수 있으니, 봉록이 없다고 하여 '君'이라 칭할 수 없는 것은 아니라는 뜻이다. 정현이 「단궁」을 인용한 것은 이러한 의리를 밝히기 위한 것이지, 公事·私事와는 관계가 없다"(仕而無祿者其奉使, 則得稱使之之君曰'寡君', 不以無祿不稱'君'. 鄭引「檀弓」但明此義, 與公事·私事無涉)고 하였다. 『의례정의』, 275쪽 교감기 참조.

6_ 士而未有祿者, 君有饋焉曰獻. 使焉曰寡君之老 : 현행 『예기』「단궁하」에는 '士'가 '仕'로 되어 있고, '寡君之老'가 '寡君'으로 되어 있다.

해제 經—50에서 經—51까지는 폐幣·옥玉을 받들고 군주를 뵙는 방법에 대해서 기록한 것이다.

[士相見禮03 : 經—50]

무릇 비단(幣)[1]을 받들고 군주를 뵙는 경우에는 빠른 걸음으로 걷지 않으며, 용모를 더욱 공손히 하여 위의를 갖춘다.

凡執幣者, 不趨, 容彌蹙以爲儀.

정현주 '빠른 걸음으로 걷지 않는다'(不趨)는 것은 신중함을 위주로 하기 때문이다.[2] 나아가면서 더욱 공손히 하는 것으로 위의威儀를 삼는다. 금문본에는 '容'이 없다. '不趨', 主愼也. 以進而益恭爲威儀耳. 今文無'容'.

[士相見禮03 : 經—51]

옥玉을 받들고 군주를 뵙는 경우에는 발자국을 천천히 옮겨 발의 코끝을 들고 발뒤꿈치를 끌면서 걷는다.[3]

執玉者, 則唯舒武, 擧前曳踵.

정현주 '천천히 옮긴다'(唯舒)는 것은 옥기玉器를 소중하게 여겨 더욱 신중히 한다는 뜻이다. '무武'는 발자국(跡)의 뜻이다. 발의 코끝을 들고 발뒤꿈치를 끌면서 걷는 것은 발에 채여서 넘어지는 것에 대비하는 것이다.

금문본에는 '者'가 없으며, 고문본에는 '曳'가 '抴'로 되어 있다. '唯舒'者, 重玉器, 尤愼也. '武', 迹也. 擧前曳踵, 躐備蹇跲也. 今文無'者', 古文'曳'作'抴'.

주

1_ 비단 : 『주례』 「추관·소행인」에 "여섯 가지 예물의 법을 정한다. 圭에는 馬를 짝지우고, 璋에는 皮를 짝지우고, 璧에는 帛을 짝지우고, 琮에는 錦을 짝지우고, 琥에는 繡를 짝지우고, 璜에는 黼를 짝지운다. 이 여섯 가지 물건은 제후간의 우호를 꾀하기 위한 것이다"(合六幣, 圭以馬, 璋以皮, 璧以帛, 琮以錦, 琥以繡, 璜以黼. 此六物者, 以和諸侯之好故)라고 하여 馬, 皮, 帛, 錦, 繡, 黼를 六幣라고 하였다. [經-51]에 '執玉'이라고 하였으므로, [經-50]의 예물(幣)은 六幣를 가리킨다고 생각된다. 경문에서 '執摯'라고 하지 않고 '執幣'라고 한 것에 대해 호배휘는 조빙을 가서 타국의 군주를 알현하는 것을 겸해서 말했기 때문이라고 하였다. 『의례정의』, 270쪽 참조.

2_ 빠른 걸음으로 ~ 하기 때문이다 : 『예기』 「옥조」에 따르면 '趨'에는 疾趨와 徐趨 두 가지가 있다. '疾趨'는 신발의 코끝이 일어날 정도로 빠르게 걷는 것이다. '徐趨'는 천천히 종종걸음으로 걷는 것인데, 신분에 따라 약간의 차이가 있다. 이곳 [經-50]에서 '빠른 걸음으로 걷지 않는다'(不趨)고 한 것은 '疾趨하지 않는다'는 뜻이다. 이 때문에 정현의 주에서 '신중함을 위주로 한다'(主慎)고 한 것이다. 가공언은 경문의 '不趨'는 疾趨와 徐趨의 중간 걸음으로 걷는 것이라고 하였다. 『의례주소』, 143~144쪽 참조.

3_ 옥을 받들고 ~ 끌면서 걷는다 : 가공언은 「사상견례」는 단지 국내에서 예물을 들고 서로 방문하여 인사를 드리는 예를 말한 것이지 玉을 받들고 이웃나라를 조빙하는 일이 아닌데, 이 경문에서 '執玉'의 경우를 말한 것은 '執摯相見'의 예로 인해서 조빙할 때 옥을 받드는 예를 함께 보여 준 것이라고 하였다. 『의례주소』, 144쪽 참조.

해제

經－52는 군주에게 스스로를 칭하는 방법을 기록한 것이다.

[士相見禮03 : 經－52]

무릇 군주에게 스스로를 칭할 때, 사士와 대부大夫[1]는 '하신下臣'이라고 하며, 벼슬에서 물러나 집에 있는 사람은 국중國中에 있을 경우에는 '시정의 신하'(市井之臣)라고 하고 야野에 있을 경우에는 '초모의 신하'(草茅之臣)라고 하며, 서인庶人은 '풀 베는 신하'(刺草之臣)라고 한다. 타국의 사람은 '외신外臣'이라고 한다.

凡自稱於君, 士大夫則曰'下臣'. 宅者在邦, 則曰'市井之臣', 在野, 則曰'草茅之臣', 庶人則曰'刺草之臣'. 他國之人則曰'外臣'.

정현주

'택宅'은 벼슬에서 물러난 사람을 가리킨다. 벼슬에서 물러난 사람은 관직을 떠나 집에 거주하는데, 그 집이 국중國中에 있기도 하고 야野에 있기도 한다. 『주례』「지관地官 · 재사載師」의 직職에 "근교近郊의 땅[2]을 택전宅田[3]으로 사용한다"고 하였다. '자刺'는 깎아서 베어 버린다(剗除)는 뜻과 같다. 금문본에는 '宅'이 '託'으로 되어 있고, 고문본에는 '茅'가 '苗'로 되어 있다. '宅'者, 謂致仕者也. 致仕者, 去官而居, 宅或在國中, 或在野. 『周禮』「載師」之職"以宅田任近郊之地." '刺'猶剗除也. 今'宅'爲'託', 古文'茅'作'苗'.

주

1_ 사와 대부 : 대진은 경문의 '士大夫'는 '上大夫'의 잘못이라고 하였다. 唐石經에 '上'字가 마모되었는데, 각 판본에 '士'로 잘못되어 있다고 하면서, 『예기』 「옥조」에 "上大夫曰下臣"이라 한 것을 그 근거로 제시한다. 노문초는 石經에는 '士'자로 되어 있는 것이 분명하다고 하여 대진의 설을 반박한다. 호배휘는 대진의 설에 따르면 [經一51]에 탈오가 있게 되지만, 각 판본에 '士'로 되어 있으므로 이에 따른다고 하였다. 『의례정의』, 271쪽 참조.

2_ 근교의 땅 : 國中 밖 100리에 이르는 곳을 '遠郊', 50리까지를 '近郊'라고 한다. 원교 100리 안에 六鄕 7만 5천家가 있다.

3_ 택전 : 『주례』 「지관·재사」의 정현 주에 "'宅田'은 벼슬에서 물러난 자의 집안에서 받는 토지이다"('宅田', 致仕者之家所受田也)라고 하였다. 녹위를 군주에게 되돌려 주고 물러나면 봉록이 없기 때문에 토지를 지급하여 생활할 수 있게 하는 것이다.

색인

ㄴ

ㄷ

ㅇ